IM SCHULBUCH MARKIEREN

Im **gedruckten Schulbuch** darfst du auf den Seiten nichts anstreichen oder markieren. Du kannst aber die Folientechnik nutzen:
Schneide eine Prospekthülle an der Längsseite und unten auf und schneide sie in zwei Hälften. Schiebe die Prospekthülle über die Buchseite. Schreibe mit einem wasserlöslichen Folienstift auf die Folie und wische deine Notizen mit einem feuchten Papiertuch ab, wenn du sie nicht mehr brauchst.

Wenn du Klartext als **digitales Schulbuch** nutzt, kannst du darin ohne weitere Hilfsmittel anstreichen und markieren, deine Markierungen speichern und jederzeit wieder entfernen.

LERNBEGLEITBOGEN

Der **Lernbegleitbogen** begleitet dich durch das Kapitel.
Hier trägst du ein, wie du mit den Teilkompetenzen zurechtgekommen bist, und findest Verweise auf Aufgaben zum Weiterüben.

FACHWORTSCHATZ

Im **Fachwortschatz** findest du wichtige Fachwörter und Methoden kompakt zusammengefasst – optimal, um dich auf die Klassenarbeit vorzubereiten.

FREIRAUM

Im **Freiraum** bekommst du spannende und lustige Aufgaben zum Thema des Kapitels – falls du schneller fertig bist oder einfach nicht genug bekommst!

westermann

Klar|text 8

Differenzierende Ausgabe
Nordrhein-Westfalen

Erarbeitet von

Andrea Heinrichs
Heike Helber
Niklas Reichel
Saskia Richter
Jana Tillmann
Johanna Wand-Greve
Martina Wolff

Herausgeberinnen

Andrea Heinrichs
Martina Wolff

Wir machen die Welt ein Stück besser! 62–87

Aufgabentyp 3: Argumentierendes Schreiben

Werbung – Die Kunst der Verführung 88–121

Aufgabentyp 4a: Werbung analysieren

Auszeit | *Aufgabentyp 4a: Gedichte analysieren* 122–147

Unsere „grüne" Klassenfahrt 148–177

Aufgabentyp 4b: Informationen ermitteln, vergleichen und bewerten

Berufsfelder erkunden | *Aufgabentyp 5: Überarbeitendes Schreiben* 178–203

Einfach nur Paul 204–235

Aufgabentyp 6: Produktionsorientiertes Schreiben

Sieger sein – Mein „Buch zum Film“ | *Projektkapitel* 236–259

Richtig schreiben 289–315

Immer auf dem Laufenden

1 **a)** In der Zeitungsredaktion gibt es viel zu sehen! Beschreibe die dargestellte Situation: Wer spricht hier mit wem und warum?
b) Lass deinen Blick durch die **Redaktion** schweifen: Was kannst du alles entdecken? Nutze die **SPRACHBOX**.

» Fachwortschatz, S. 32

2 Betrachte das Redaktionsplakat oben rechts: Über welche Medien informiert die Redaktion über Ereignisse in der Region und der Welt? Nutze die **SPRACHBOX**.

3 **a)** Wie haltet ihr euch über Nachrichten in der Welt oder in der Region „auf dem Laufenden“? Führt dazu eine **Umfrage** durch. Ihr könnt euch auch für mehrere Informationsquellen entscheiden oder die Tabelle um weitere Kategorien ergänzen.
b) Wertet die Ergebnisse aus: Welche Medien nutzt ihr häufig, welche kaum?

» Fachwortschatz, S. 32

Podcasts	soziale Medien	Videos	Fernseher	Printzeitungen	E-Zeitung	gar nicht
ll		l			lll	

SPRACHBOX

Nomen: die Redaktion – der Redakteur/die Redakteurin – die Redaktionskonferenz – das Praktikum – der Praktikant/die Praktikantin – der Reporter/die Reporterin – die Zeitung – die Presseagentur – der Korrespondent/die Korrespondentin – die Recherche – die Informationen – das (digitale/soziale) Medium/die Medien – die Mediennutzung – die Statistik – der Bericht – die Textsorten – die Nachrichten-agentur – die Flipchart – die Informationsquelle – die Kanäle – der Podcast – der Instagram-Post – der Videobeitrag – die Facebook-Seite – die Print-Zeitung – die E-Zeitung – das Headset – die Videokonferenz

Verben: (sich) bewerben – (sich) auf dem Laufenden halten – nutzen – verfassen – erreichen – (sich/andere) informieren – verarbeiten – recherchieren – interviewen – überarbeiten – platzieren – befragen – nachfragen – hineinschnuppern – kürzen

Adjektive: interessant – informativ – auffordernd – aufklärend – fragend – aufwühlend – argumentierend – neugierig

Digital+
Interaktive Aufgabe
WES-126428-001

AUSBLICK

In diesem Kapitel lernst du, wie du dich über Nachrichten in der Welt und deiner Region „auf dem Laufenden" hältst. Du lernst dabei unterschiedliche journalistische Textsorten und ihre Funktion kennen und verfasst eigene Berichte.

Wie sich Jugendliche informieren

Umfrageergebnisse mit einem Diagramm vergleichen

1 Beurteilt die Auswertung zu den Quellen, über die ihr euch informiert (Aufgabe **3 b**), S. 8): Besprecht, ob das Ergebnis auf alle Jugendlichen in Deutschland zutrifft.

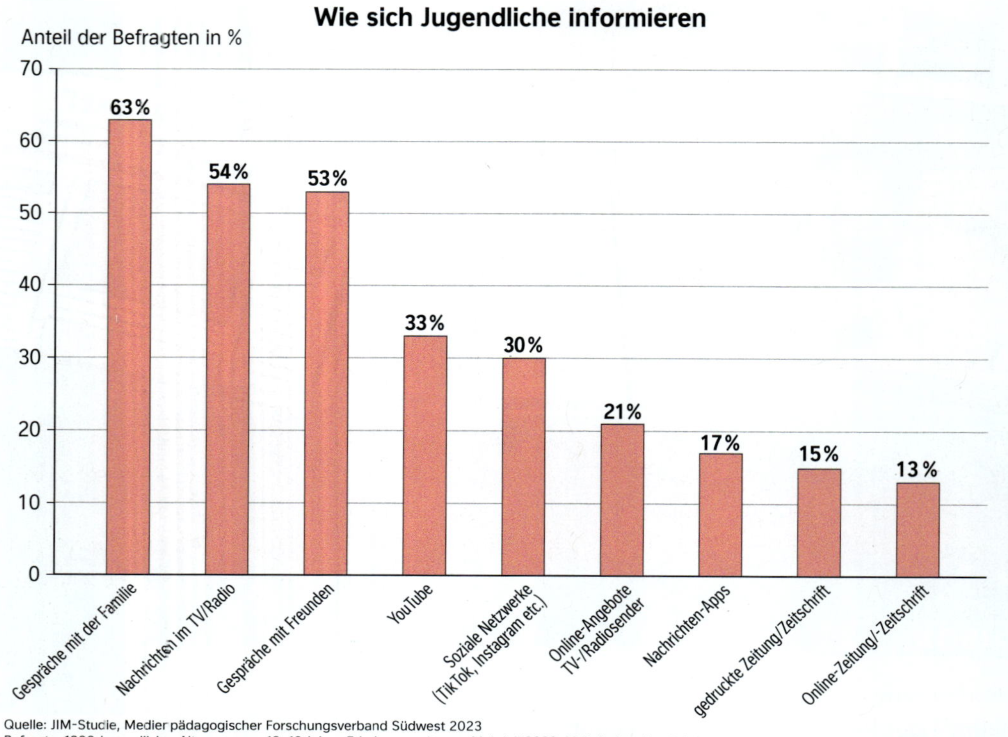

Quelle: JIM-Studie, Medienpädagogischer Forschungsverbund Südwest 2023
Befragte: 1200 Jugendliche, Altersgruppe: 12–19 Jahre, Erhebungszeitraum Mai–Juli 2023; Mehrfachwahl möglich

47844EX © Westermann

2 Werte das **Diagramm** aus. Gehe so vor:

» Fachwortschatz, S. 32

a) Informiere dich anhand der Überschrift, worum es in der Umfrage geht.

b) Mache dir klar, welche Form der Darstellung gewählt wurde.

Balkendiagramm – Säulendiagramm – Kreisdiagramm – Kurvendiagramm.

c) Lies die Angaben und Zahlen ab: Welche Informationen kannst du auf der x- (waagerecht) und welche auf der y-Achse (senkrecht) ablesen? Beachte dazu die Beschriftung.

d) Lies die Informationen in der Fußzeile des Diagramms.

Wie viele Jugendliche wurden befragt? In welcher Altersgruppe befanden sie sich? Auf welchen Zeitraum beziehen sich die Daten?

e) Benenne die vier höchsten und niedrigsten Werte und ziehe daraus Schlussfolgerungen. Nutze dazu die **SPRACHBOX**.

Formuliere so: *Der größte Teil der Jugendlichen informiert sich … – Danach folgt … – Die wenigsten Jugendlichen informieren sich über … – Insgesamt zeigt sich durch die Umfrage, dass …*

SPRACHBOX

- In dem …diagramm zum Thema … zeigt sich …
- Die Zahlen stammen aus dem Jahr …
- Bei den Befragten handelt es sich um …
- … konnte aufgegriffen werden.

3 Vergleiche nun das Umfrageergebnis in deiner Klasse (S. 8, Aufgabe **3**) mit der Darstellung im Diagramm, um zu klären, wie sich Jugendliche informieren.

a) Bereite deinen Vergleich vor, indem du zunächst die Inhalte eurer Umfrage und die des Diagramms in einer Tabelle gegenüberstellst. Nutze dazu die **LERNBOX** (Hinweise 1–2) und ergänze Zeile 1–4 in der Tabelle.

b) Ermittle Gemeinsamkeiten und Unterschiede. Nutze die **SPRACHBOX.**

c) Vergleiche beide Ergebnisse in einem zusammenhängenden Text (Hinweis 3 der **LERNBOX**). Nutze dazu die **SPRACHBOX**.

d) Schlussfolgere dazu, ob sich das Ergebnis in eurer Klasse mit den Ergebnissen im Diagramm deckt.

Beginne so: Sowohl die Umfrage als auch das Diagramm stellen die Informationsquellen dar, die Jugendliche nutzen, um sich auf dem Laufenden zu halten. Für das Diagramm wurden 1.200 Jugendliche im Alter von ...

	Eigene Umfrage	Diagramm
1. Thema	...	...
2. Anzahl der Befragten, Alter, Erhebungszeitraum		1200
3. höchste Werte		
4. niedrigste Werte		
5. Gemeinsamkeiten/Unterschiede		
6. Zusammenfassung und Schlussfolgerung zu möglichen Gründen		

Digital+ Vorlage Tabelle WES-126428-002

4 Viele Redaktionen informieren nicht mehr nur über die klassische Zeitung. Erkläre auf Grundlage des Diagramms, warum dies notwendig ist. Erläutere auf Grundlage deiner Schlussfolgerungen mögliche Gründe dafür.

SPRACHBOX

3 b) Vergleicht man ... mit ..., – ... weicht von der Umfrage ab, da ... – Auffällig ist der Wert bei ..., weil ... – Während unsere Umfrage ... als wichtiger darstellt, ist im Diagramm ... – Bei ... sind die Werte bei unserer Umfrage und im Diagramm etwa gleich hoch, jedoch ... – Unsere Umfrage unterscheidet sich bei ... vom Diagramm.

3 c) Sowohl die Umfrage als auch das Diagramm stellen ... dar. – Für die Umfrage wurden ... befragt, während für das Diagramm ... – Das Alter der Befragten lag bei der Umfrage ... – Der Erhebungszeitraum ... – Die Umfrage zeigt, dass ... – Anhand des Diagramms wurde deutlich, dass ... – Als Unterschied lässt sich herausstellen, dass ... – Gemeinsamkeiten betreffen ... – Insgesamt wird deutlich, dass sowohl die Befragung als auch das Diagramm ... zeigt. – Daraus ergibt sich die Notwendigkeit ...

LERNBOX

So vergleichst du Umfrageergebnisse:

1. **Werte** zunächst **M1** (z. B. eine Umfrage) und **M2** (z. B. ein Diagramm) in einer **Tabelle aus**:
   a) Stelle das **Thema beider Materialien** dar.
   b) Benenne, **wie viele Personen** in welchem **Alter** befragt und **wann** die Umfragen durchgeführt wurden.
   c) Benenne jeweils die **höchsten** und **niedrigsten Werte**.
2. Vergleiche die Angaben von M1 und M2: Welche **Gemeinsamkeiten** und **Unterschiede** gibt es bei den Werten und/oder Rangfolgen?
3. Fasse zentrale Ergebnisse zusammen und ziehe **Schlussfolgerungen** zur gestellten Aufgabe.
4. Formuliere die Ergebnisse in einem **eigenen Text.** Orientiere dich beim Aufbau an: *M1 + M2 + Gemeinsamkeiten + Unterschiede → Schlussfolgerung*.

METHODEN

Vom Ereignis bis zum Leser

Ein Flussdiagramm erstellen

1 Lies die Überschrift und betrachte das Bild: Über welches Thema könnte die **Redakteurin** Frederike informieren?

2 Um etwas mehr über den Weg einer Nachricht zu erfahren, erschließe den Text unten mit der Lesemethode für Sachtexte (Schritt 2–3). Gehe so vor:
a) Lies den Text „mit dem Stift“: Markiere mit einer Wellenlinie Begriffe und Ausdrücke, die du nicht kennst. Kläre sie aus dem Kontext oder besprecht sie in der Klasse.
b) Markiere Schlüsselstellen, die Informationen über den Weg einer Nachricht geben. Beim Verstehen des Textes helfen dir die Interviewfragen, die den Text strukturieren. Nutze die gleichen Farben wie in den Kästen am Rand.

Fachwortschatz, S. 32

2. Schritt: unbekannte Begriffe klären

3. Schritt: Schlüsselstellen markieren

Der Weg einer Nachricht: Vom Ereignis zum Leser

Digital+ Textvorlage WES-126428-003

Redakteurin: Frederike, ich möchte dir als Erstes erklären, wie die Information vom Ereignis bis zum Leser kommt.
Frederike: Das klingt spannend!
Redakteurin: Ist es auch! Grund dafür, dass wir innerhalb kürzester Zeit über alle Ereignisse auf der Welt Bescheid wissen, ist ein detailliertes Informationssystem. Am Anfang des langen Weges steht immer ein Ereignis, zum Beispiel die Brückensprengung der Autobahnbrücke in Lüdenscheid auf der A45.
Frederike: Okay. Und wie gelangt man dann an Informationen über das Ereignis?
Redakteurin: In Lüdenscheid recherchieren die Reporter Informationen, befragen die Verantwortlichen sowie die Bewohnerinnen und Bewohner und machen Fotos.
Frederike: Wie geht es weiter, wenn die Infos bereitliegen?
Redakteurin: Nachrichtenagenturen, wie z. B. dpa, die „Deutsche Presseagentur“, oder „Reuters“ bieten Artikel und Bilder zu überregionalen und internationalen Ereignissen an. An diese gelangen sie durch ihre Mitarbeiterinnen und Mitarbeiter, sogenannte Korrespondenten, die als Redakteure im In- und Ausland Artikel für die Nachrichtenagenturen verfassen. Bei der Brückensprengung handelt es sich aber um ein Ereignis, das in der Region geschieht. In diesem Fall schreiben oft Reporter vor Ort einen Artikel über das Ereignis.
Frederike: Das habe ich verstanden! Wie geht es dann mit den Artikeln weiter?
Redakteurin: Die Nachrichtenagenturen leiten die verschiedenen Artikel an die Zeitungsredaktionen weiter. Dort sichten die Redakteure der Abteilungen – Kultur, Sport, Politik und Wirtschaft – die Artikel. Wir überprüfen, kürzen oder ergänzen die Artikel oder verfassen neue Beiträge wie zur Brückensprengung in Lüdenscheid.
Frederike: Entscheidet die Redakteurin oder der Redakteur, welche Artikel in der Zeitung aufgenommen werden?
Redakteurin: Nein. In der Redaktionskonferenz besprechen Redakteure aus den Abteilungen unter Leitung der Chefredaktion, welche Artikel in welchem Umfang und

1) Ereignis
-Brückensprengung, A45

2) Informationsbeschaffung

3) Artikel
-Reporter...
-

4) ...

auf welcher Seite aufgenommen werden. In der Redaktionskonferenz findet auch eine letzte Kontrolle der Informationen statt, bevor die Zeitung für die Veröffentlichung freigegeben wird.
Frederike: Und danach kann ich über das Ereignis in Lüdenscheid lesen?
Redakteurin: Fast. Die nächste Station ist die Veröffentlichung. Hier gibt es nun zwei Möglichkeiten. Deshalb teilt sich der Weg: Wenn die Zeitung digital als E-Paper oder auf der Homepage veröffentlicht werden soll, ist die Nachricht von der Brückensprengung sehr zügig jedem Leser zugänglich. Falls du von der Brückensprengung allerdings in der Printausgabe lesen möchtest, musst du auf den Druck, die Verteilung und die Zustellung durch den Zeitungsboten warten. Zumeist gibt es beide Wege parallel.
Frederike: Vielen Dank für die Erklärung! Es ist beeindruckend, was für ein langer Weg zwischen einem Ereignis und der Meldung liegt und wie schnell es dann doch geht!

5) 1. Möglichkeit:
...

5) 2. Möglichkeit:
...

3 Erstelle ein **Flussdiagramm** mit den wichtigsten Informationen über den Weg einer Nachricht vom Ereignis bis zum Leser. Gehe vor, wie in der **LERNBOX** beschrieben:
a) Drucke die Vorlage des Flussdiagramms (Webcode) aus und schneide die Pfeile aus.

Fachwortschatz, S. 32

Digital+
Vorlage Diagramm
WES-126428-004

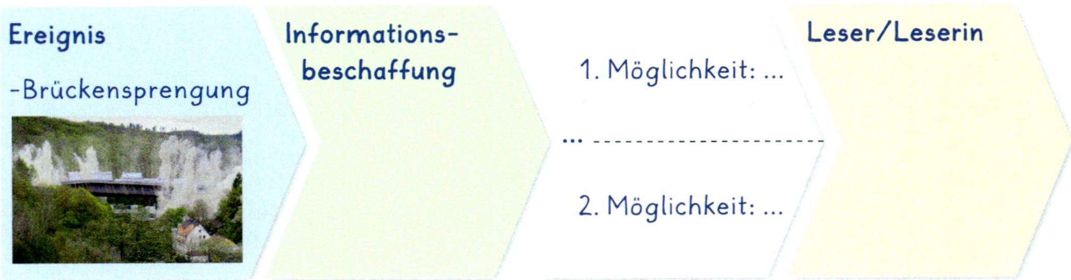

b) Sichte noch einmal alle Schlüsselstellen. Ordne sie den Informationsschritten zu, indem du dich an deinen Markierungen orientierst.

Du findest insgesamt 6 Stationen.

c) Notiere die ausgewählten Informationen wie im Beispiel auf den Pfeilen. Nutze auch passende Begriffe aus der **SPRACHBOX** von Seite 9.
d) Tauscht euch zu zweit über eure inhaltlichen Ergebnisse und die gewählte Struktur aus. Ergänzt oder korrigiert diese, wenn nötig.
e) Wertet euer Flussdiagramm aus: Habt ihr das Thema notiert, die richtige Reihenfolge eingehalten, Verzweigungen verdeutlicht und durch Symbole oder Anschauungsmaterial visualisiert? Was könntet ihr noch verbessern?
f) Wie könnte man die Ergebnisse anders grafisch darstellen? Notiere deine Ideen.

4. Schritt: Wichtiges herausschreiben

AH S. 5–6

LERNBOX
So erstellst du ein Flussdiagramm:
Mithilfe von **Flussdiagrammen** kannst du **Abläufe und Reihenfolgen** darstellen:
1. Schreibe das **Thema** des Flussdiagramms auf, z. B. *der Weg der Nachricht*.
2. Ordne die Ereignisse oder Vorgänge **unter-** oder **nebeneinander** an und verbinde sie mit **Pfeilen**, die die **Reihenfolge verdeutlichen.**
3. Wenn Schritte gleichzeitig passieren, stellst du das als **Verzweigung** dar.
4. Du kannst Inhalte durch **Symbole** oder **Anschauungsmaterial** ersetzen oder ergänzen, z. B. 1./2. oder  = *Printzeitung*.

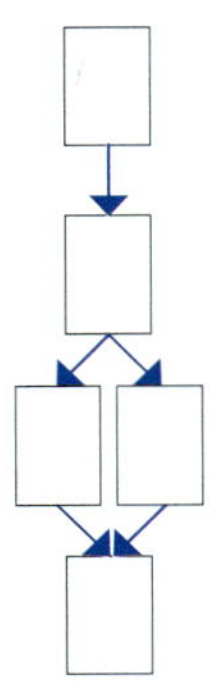

In der Zeitungsredaktion

Fachbegriffe aus der Zeitungswelt nutzen

Der zweite Tag beginnt in der Redaktion mit einer Konferenz ...

1 Betrachtet die Situation rechts und klärt in einer Murmelphase: Wer sitzt hier zusammen? Welche Aufgaben haben die Personen? Was könnte in dieser Konferenz besprochen werden?

Lies auf Seite 8 noch einmal die Informationen in der Sprechblase über die Aufgaben einer Redakteurin bzw. Redakteurs nach.

2 Die Redakteurinnen und Redakteure sind für verschiedene **Ressorts** zuständig. Sie sorgen dafür, dass die Artikel in der Zeitung erscheinen.

» Fachwortschatz, S. 32

a) Lies die Überschriften der Zeitungsartikel von Seite 15: Welchen Text würdest du zuerst lesen? Begründe deine Entscheidung.

Digital+
Textvorlage
WES-126428-005

b) Lies die Texte und ermittle die Themen der Texte. Markiere dazu zentrale Informationen (= Schlüsselwörter).

Gehe so vor wie im Beispiel. Orientiere dich an den W-Fragen.

c) Übertrage die Tabelle unten und ordne die Titel der Artikel den Ressorts aus der Lernbox zu.

Nutze zur Begründung die Definitionen aus der **LERNBOX** und die markierten Schlüsselwörter, z. B. „Die drei ???" → Ressort Kultur: Theaterstück (Z. 3).

Begründe deine Zuordnungen mithilfe von Textbelegen.

d) Vergleiche deine Zuordnungen und Begründungen mit denen eines Lernpartners oder einer Lernpartnerin.

» Sprache untersuchen, S. 272
» Richtig schreiben, S. 292

Artikel	Ressort	inhaltliche Begründung/Thema
„Das Kabinett des Zauberers – Die drei ??? ermitteln"	Kultur	Theatervorstellung (Z. 3)

3 Die Redaktionsmitglieder sollen entsprechend ihrer Ressorts Termine wahrnehmen. Sichte die Pressetermine auf dem Notizzettel rechts und bestimme, zu welchem Termin die Ressort-Redakteure gehen sollten.

Ordne zu: *Lokales, Politik, Sport, „Aus aller Welt"*.

14.06. Pressekonferenz zum EM-Eröffnungsspiel
27.06. Stolpersteinputzen durch Schüler in Herne
03.07. Ergebnisse der Europawahl
18.07. Adele-Konzert

LERNBOX

Welche Funktionen haben Ressorts?

1. Eine Zeitungsredaktion besteht aus mehreren **Ressorts**. Das sind Abteilungen mit **unterschiedlichen inhaltlichen Schwerpunkten**:

a) **Lokales**: Artikel zu einer Stadt/Region, z. B. über Einbrüche, Unfälle, Schulen ...,
b) **Politik**: Artikel zu Politikern/Parteien, außenpolitischen Ereignissen, Bundestag ...,
c) **Kultur**: Artikel über Kunst, Musik, Literatur, Theater, Medien ...,
d) **Wirtschaft**: Artikel über Unternehmen, Wirtschaftsentwicklungen ...,
e) **Sport**: Artikel zu lokalen und überregionalen Spielen, Vereinen ...,
f) **„Aus aller Welt"**: Artikel über bekannte Personen, kuriose Ereignisse ...

» Freiraum, S. 33

① Das Kabinett des Zauberers – Drei ??? ermitteln

Auf der Suche nach einem verschwundenen Zauberer ermittelt das berühmte Detektiv-Trio „Die drei ???“ seit Samstag in Hamburg im Altonaer Theater. Mit großem Jubel bedachte das Publikum die Uraufführung von „Das Kabinett des Zauberers“ rund um die Amateur-Spürnasen Justus Jonas, Peter Shaw und Bob Andrews. Die Bühnenfassung von Axel Schneider in der Regie von Sarah Speiser bot die richtige Mischung aus großer Spannung, lustigen Szenen und fetziger Musik. […]

② Verbraucher geben mehr für Computerspiele aus

Für neue Computer- und Videospiele haben die Bundesbürger im vergangenen Jahr deutlich tiefer in die Tasche gegriffen. Der Umsatz mit Games, dazugehöriger Hardware und Online-Services sei im vergangenen Jahr um sechs Prozent auf 9,97 Milliarden Euro gestiegen, teilte der Branchenverband Game am Dienstag in Berlin mit und berief sich dabei auf eine Marktanalyse der GfK.
Die Zahl der verkauften Spiele sank allerdings um acht Prozent. […] Dass der Umsatz dennoch stieg, begründete Verbandsgeschäftsführer Felix Falk nicht mit einem Preisanstieg. […].

③ Kinderspiel für Schimpansen: Auch Affen können „Schnick-Schnack-Schnuck“

Seit mehr als hundert Jahren spielen die Menschen „Schnick, Schnack, Schnuck!" Jetzt fanden Forscher heraus: Auch Schimpansen finden Spaß an dem Zeitvertreib. Die geistigen Fähigkeiten der Primaten[1] lassen sich demnach mit denen vierjähriger Kinder vergleichen, ergab eine Studie der Kyoto-Universität und der Peking-Universität. Die Tiere brauchten zwar weit länger als Kindergartenkinder zum Lernen, meisterten das Spiel am Ende aber ähnlich gut. […]

[1] **der Primat:** Menschenaffen

④ Schüler lassen Friedensballons steigen

Die Wolfgang-Borchert-Gesamtschule aus Recklinghausen feiert ihren Namenspatron. Am Donnerstag stiegen zu Ehren des deutschen Schriftstellers, der an diesem Tag 100 Jahre alt geworden wäre, bunte Luftballons in den Recklinghäuser Himmel. „Mit der Ballon-Aktion erinnern wir an den großen Pazifisten[2] und Kriegsgegner Wolfgang Borchert. Als Schule der vielen Kulturen werden wir hautnah mit einzelnen Flüchtlingsschicksalen konfrontiert und wollen mit den Luftballons auch ein Friedenszeichen setzen“, erläutert Lehrerin Kati Schmidt. *(Text verändert)*

[2] **der Pazifist:** Person, die sich für Frieden einsetzt

⑤ Jugendliche werben für die EU und fürs Wählen ab 16

Bei der Europawahl am 9. Juni [2024] dürfen erstmals über eine Million Jugendliche ab 16 Jahren wählen. Doch für viele junge Menschen scheint Brüssel weit weg. Das Europäische Parlament setzt deshalb auf Jugendliche, um andere von der EU zu begeistern. […]

⑥ Der ewige Zweite wird zum Giganten

Mit einer Fußball-Gala gegen Bremen beendet Bayer 04 Leverkusen die Serie der Bayern und wird erstmals deutscher Meister. […] Ganz ohne Zweifel ist Bayer Leverkusen ein würdiger deutscher Meister des Jahres 2024, aber für den allerletzten Schritt über die Ziellinie benötigte der Klub am Sonntagabend noch Hilfe von unerwarteter Seite. Am Ende des 5:0-Sieges gegen Werder Bremen waren die Rheinländer auf die Vernunft des Schiedsrichters Harm Osmers angewiesen, der die Partie nach genau 90 Minuten und damit viel zu früh beendete. […]

Gleitzeitmodell in der Testphase

Bericht und Meldung unterscheiden

Frederike ist beim Scrollen durch die digitale Zeitung auf folgenden Bericht gestoßen:

Schule testet späteren Unterrichtsbeginn ← A

An einem Gymnasium in Baden-Württemberg können einige Lernende ab sofort selbst entscheiden, ob sie schon zur ersten Stunde erscheinen – oder später. ← B

C → **Plochingen**. Ein Gymnasium in Plochingen in Baden-Württemberg geht bei den Unterrichtszeiten neue Wege. Dort dürfen die Lernenden von diesem Montag an (08.04.2024) an zwei Tagen in der Woche selbst entscheiden, ob sie um 7:40 Uhr oder erst 9:40 Uhr mit dem Unterricht beginnen. ← D (Wo?)

Ziel des Gleitzeitmodells ist es, Konzentration und Aufnahmebereitschaft von Jugendlichen zu fördern. Schlafforscher fordern schon lange, den täglichen Schulbeginn zu verschieben, da Jugendliche in der Pubertät mehr Schlaf brauchen als Erwachsene. „Der jugendliche Organismus braucht diese Ruhephasen für die Entwicklung des Gehirns“, erklärt Schlafforscher und Mediziner Michael Feld. „Dabei ist der Schlaf am Morgen besonders wichtig.“ Jeweils dienstags und donnerstags stehen in den ersten beiden Schulstunden der Klasse die Fächer Englisch und Deutsch auf dem Stundenplan. An beiden Tagen werden den Schülern Aufgaben gestellt. Wer möchte, erscheint wie gewohnt zum Unterricht um 7:40 Uhr und erledigt die Aufgaben mit Unterstützung der Lehrer. Alle anderen Lernenden erscheinen um 9:40 Uhr, müssen die Aufgaben allerdings in Eigenregie erarbeiten. 6 Wochen lang wird der flexible Schulanfang getestet. Wenn es gut läuft, soll mit der Schulaufsicht geklärt werden, ob das Gleitzeitmodell zur Regel werden könnte. Sowohl für die Schulleitung als auch für die Lernenden des Gymnasiums hat sich das System bereits jetzt mehr als bewährt. *(Text verändert)* ← E (Welche Reaktionen?)

Lernende stehen vor einer schweren Entscheidung ← F

1 **a)** Lies den **Bericht**: Was hältst du von der Idee, den Unterricht zu unterschiedlichen Zeiten zu beginnen? Tauscht euch dazu aus.
b) Klärt, zu welchem Ressort von Seite 14 der Bericht gehört.

» Fachwortschatz, S. 32

Digital+ Textvorlage WES-126428-006

2 **a)** Ein Redakteur erklärt Frederike, wie der Bericht aufgebaut ist. Lies Hinweis 1a) der **LERNBOX** (S. 17), um etwas über den Aufbau eines Berichts zu erfahren.
b) Benenne die Bestandteile des Berichts, indem du zu den Buchstaben die Fachausdrücke notierst: A = Überschrift (Headline), B = …

Ordne folgende Begriffe zu: *Vorspann (Leadtext) – Überschrift (Headline) – Bildunterschrift – Ort des Geschehens – der erste Absatz (Was?, Wann?, Wo?, Wer?) – folgende Absätze (Wie?, Warum?, Welche Folgen/Reaktionen?).*

3 Untersuche die Darstellungsweise im Bericht:
a) Erkläre, wie in dem Bericht über das Gleitzeitmodell berichtet wird. Begründe deine Beobachtungen, indem du dich auf Textstellen und einzelne Wörter beziehst. Nutze die Adjektive in der **SPRACHBOX**.
b) Tauscht euch darüber aus, welche Wirkung die aufgeführten Zitate (Z. 9–11) des Schlafforschers auf die Leserinnen und Leser haben.
c) Überprüft eure Ergebnisse, indem ihr Hinweis 1b) der **LERNBOX** lest.

SPRACHBOX

sachlich – persönlich – wertend – informierend – neutral – meinungsbildend

4 Um sich als Redakteurin zu erproben, soll Frederike den Bericht in eine **Meldung** umschreiben. Dazu will sie zunächst die W-Fragen beantworten.
a) Markiere im Text die Antworten auf die W-Fragen in den Teilen Ⓒ–Ⓔ und notiere die Fragen am Rand (vgl. **LERNBOX**, Hinweis 2). Nutze die Farben der Pyramide unten.
b) Lege dir eine Tabelle an und ergänze stichwortartig die Antworten auf die W-Fragen.
c) Vergleicht die Stichworte miteinander.

» Fachwortschatz, S. 32
» Sprache untersuchen, S. 271
Digital+ Vorlage Tabelle WES-126428-007

W-Fragen	Bericht
Was?	Gymnasium testet neues Unterrichtsmodell; Lernende entscheiden selbst ...
Wann?	ab Montag, 08.04.2024

5 Verfasse nun eine Meldung zu dem Bericht. Lies dazu den 2. Hinweis der **LERNBOX** und formuliere aus den Stichpunkten deiner Tabelle aus Aufgabe **3** ganze Sätze. Denke daran, eine Überschrift zu formulieren. Nutze das **Journalistikon** von Seite 25.

» Freiraum, S. 33

Du kannst diesen Lückentext nutzen: Schule testet neues ... Ein Gymnasium in Plochingen erprobt... Die Schülerinnen und Schüler des Gymnasiums können selbst entscheiden, ob sie ... mit dem Unterricht beginnen oder ... Seit dem ...

Beginne so: Ein Gymnasium in Plochingen testet ein neues Unterrichtsmodell ...

LERNBOX

So unterscheidest du Bericht und Meldung:

1. Ein **Zeitungsbericht** ist die sachliche, ausführliche Darstellung einer Nachricht und liefert zum Teil auch Hintergrundinformationen. Ein **Bericht** gibt meistens Antworten auf alle **W-Fragen**:

a) **Aufbau:**
- **Überschrift** (**Headline**) und **Vorspann** (**Leadtext**) benennen und konkretisieren das Thema.
- der erste Absatz enthält die wichtigsten **Informationen zu diesen W-Fragen: Was?, Wann?, Wer?** Der **Ort des Geschehens** steht häufig am Anfang des ersten Absatzes.
- in den nächsten Absätzen folgen die **Einzelheiten des Ereignisses**; der Leser bzw. die Leserin erhält Antworten auf die Fragen **Wie?, Warum?, Welche Folgen?, Welche Reaktionen?**

b) **Darstellung:**
- **Originalaussagen** (Zitate) von Zeuginnen und Zeugen sowie Fachleuten unterstreichen die Wichtigkeit und gestalten den Bericht lebendig und glaubwürdig.
- Es überwiegt das **Präteritum**, Überschriften und allgemeingültige Aussagen stehen im **Präsens**.
- Die **Bildunterschrift** erklärt den Zusammenhang zwischen Text und Bild.

2. Die Kurzform einer Nachricht nennt man **Meldung**. Sie gibt in **knapper Form** und **sachlich** Antworten auf die W-Fragen (*Was?, Wann?, Wo? Wer?*), häufig auch auf ausgewählte weitere Fragen (*Wie?, Warum?, Welche Folgen und Reaktionen?*).

Gleitzeit: eine ausgeschlafene Idee

Einen Kommentar untersuchen

1 Frederike hat einen Kommentar als **Blog-Eintrag** im Netz gefunden. Vermute, welche Meinung die Autorin zum Gleitzeitmodell an Schulen vertritt.

» Fachwortschatz, S. 32

Gleitzeitmodell – Eine ausgeschlafene Idee

KOMMENTIEREN

Laura Vorberg | 11. Juni 2024

Im Morgengrauen aus dem Bett quälen, um pünktlich zur ersten Stunde in der Schule zu sitzen: Für Generationen von Schülerinnen und Schülern in Deutschland war und ist das immer noch der normale Alltag.
Eine Schule in Baden-Württemberg macht jetzt möglich, wovon wohl Millionen Morgenmuffel in der Mittel- und Oberstufe träumen: An zwei Tagen in der Woche gilt am Gymnasium Plochingen ab sofort eine Gleitzeit-Regelung.
Richtig ist, dass aktuell weder Busfahrpläne noch die Bürozeiten Berufstätiger zu einem späteren Schulbeginn passen. Da jedoch der Trend in immer mehr Berufen in Richtung Homeoffice geht, sollten diese Herausforderungen kein unlösbares Problem bleiben. Der sich in der Pubertät verändernde Biorhythmus führt dazu, dass Jugendliche oft nicht vor 23 Uhr einschlafen können. Wenn kurz nach sechs Uhr der Wecker klingelt, sind sie noch mitten in der Tiefschlafphase. Würde die Schule morgens nur 20 Minuten später starten, wären Schüler, Forschenden der Universität Basel zufolge, ausgeschlafener, fitter und leistungsfähiger.
Mehr Schlaf und bessere Noten – den Schülerinnen und Schülern wäre es zu wünschen, dass das Gleitzeitmodell in Deutschland Schule macht – Argumente, die sich das Bildungsministerium zu Herzen nehmen sollte.

2 **a)** Gib wieder, an wen sich die Verfasserin wendet und wozu sie auffordert.
b) Erkläre, welche Funktion ein **Kommentar** im Gegensatz zum Bericht erfüllt, und begründe deine Einschätzung anhand von Textstellen.

» Fachwortschatz, S. 32

Wähle aus: *appellieren – argumentieren – informieren*.

c) Untersuche den Aufbau des Kommentars. Lies dazu die **LERNBOX**.

Ordne die fett gedruckten Wörter aus der **LERNBOX** diesen Zeilenangaben im Text zu: Z. 4–5, 6–7, 8–11, 13.

Ordne die passenden fett gedruckten Wörter aus der **LERNBOX** zu.

LERNBOX

Merkmale und Aufbau eines Kommentars:

Ein **Kommentar** gibt die **persönliche Meinung** einer Autorin/eines Autors zu einem Ereignis wieder: Oft wird ein Missstand aufgezeigt und Verantwortliche werden dazu aufgefordert, zu handeln. Es handelt sich um eine **argumentative** Schreibform, die beide Seiten eines Themas beleuchtet, aber eindeutig Stellung bezieht.
Meistens ist ein Kommentar so aufgebaut:

1. **kurze Darstellung des Ereignisses**, auf das sich der Kommentar bezieht,
2. oft wird ein **Gegenargument** zur Meinung der Autorin/des Autors genannt,
3. die **Meinung der Autorin bzw. des Autors** wird durch Argumente begründet,
4. am Schluss steht meistens eine **Forderung** (Appell),
5. unterhalb/oberhalb des Kommentars steht meist der **Name** der Autorin/des Autors.

Gleitzeit: ein müdes Experiment

Rechtschreibung am PC überprüfen

Klugsprech | 13. Juni 2024 um 18:43 Uhr

Ein Modell, dass Schülerinen und schülern erlaubt, selbst zu entscheiden, wan sie in die Schule kommen möchten? Davon halte ich nichts. Wir Schüler brauchen feste Struckturen und Regeln. Auch wenn es villeicht Jugendliche gibt, die zu einer speteren Zeit leistungstärker sind, muss dass Gleitzeitmodell mit Vosicht betrachtet werden. Das soziale würde darunter leiden, da wir viel weniger Zeit im Klassenverbant verbringen würden. Einen Teil von uns könnte das Modell dazu verleiten, nicht mehr regelmäsig im Untericht zu erscheinen. Es wird viele Lernende geben, denen es schwer fallen wird, die Aufgaben eigenständig von Zuhause aus zu erarbeiten – so wie es die Schule in Plochingen vorsiet. Dass Notenbild dieser Schülerinnen und Schüler könnte sich mit der Zeit drastisch verschlechtern, im schlimsten Fall soga zum sitzen bleiben führen … Muss es so weit kommen???

Digital+
Textvorlage
WES-126428-008

1 Frederike hat die Kommentarfunktion unter dem Blog-Eintrag genutzt, um ihre Meinung kundzutun: Wie positioniert sich Frederike in ihrem Kommentar zu der Frage? Ist sie für oder gegen das Gleitzeitmodell? Woran wird das deutlich? Erläutert ihre Position.

2 **a)** Sprecht über die roten und blauen Wellenlinien: Welche Fehler zeigen sie an?
b) Überprüft eure Ergebnisse mithilfe der **LERNBOX** (Hinweis 1).
c) Schreibe 7, 10, alle gekennzeichneten Wörter richtig auf (Hinweis 2).

3 **a)** Untersuche auch die unterstrichenen Fehler. Sie werden von der **Rechtschreibüberprüfung des PCs** nicht erkannt. Um welche Fehlerarten handelt es sich?
b) Gleiche deine Überlegungen mit dem 3. Hinweis in der **LERNBOX** ab und ordne die Wörter den Buchstaben a) bis d) zu. Korrigiere auch diese Fehler.

Fachwortschatz, S. 32

LERNBOX

So korrigierst du Fehler mit einer Rechtschreibprüfung am PC:

1. Die **automatische Rechtschreibprüfung** zeigt **Rechtschreibfehler** rot und **Grammatikfehler** blau unterschlängelt an.
2. Klicke mit der **rechten Maustaste** auf die **unterschlängelten Wörter.** Dir werden **Korrekturvorschläge** angezeigt. Prüfe sie, wähle einen aus und klicke ihn an, z.B. → *Unterricht*.
3. Passe auf bei **Fehlerarten**, die das **Rechtschreibprogramm manchmal nicht** oder sogar fälschlicherweise **erkennt**, z. B.
   a) *das* (Artikel, Pronomen) im Gegensatz zu *dass* (Konjunktion),
   b) **Großschreibung** von **nominalisierten Verben** und **Adjektiven**: *das Lachen*,
   c) **Zusammenschreibung** von **Adjektiven und Verben**, die eine neue Gesamtbedeutung anzeigen: *einen Angeklagten freisprechen*,
   d) **Zusammenschreibung** von **Verbindungen** aus **„anderen Wortarten“** und **Verben.**
4. **Prüfe** deinen Text **selbstständig** und nutze ggf. den **Online-Duden.**

Richtig schreiben, S. 307

In der Fake-Falle

Den Wahrheitsgehalt einer Nachricht prüfen

Nachdem Frederike ihren Kommentar veröffentlicht hat, ploppt plötzlich diese Nachricht auf ihrem Handy auf:

Ilana Acil
2 Std.

4.761

Schulfrei für immer!

Breaking News: In einer krassen entscheidung hat die deutsche Bildungsbehörde bekant gegeben, das schüler ab sofort nur noch freiwillig zur Schule geen müssen! 😱 🎉
Lererinnen und Lerer bereiten sich darauf vor ihre Klassenräume mit Konsolen und besserem Wlan zu fersehen, um 100.0000 Schüler glüklich zu machen. 🥳 🤩
Folkt mier für mer Infos!

1 **a)** Was ist euer erster Eindruck nach dem Lesen? Tauscht euch in der Klasse dazu aus.
b) Sammelt in einer Stichwortliste alles, was euch merkwürdig vorkommt.

2 Prüfe mithilfe der **LERNBOX**, ob es sich bei den Angaben um wahre oder falsche Aussagen handelt.
a) Übertrage die Tabelle und führe 3, 4, alle Checks durch. Notiere die Ergebnisse dazu rechts in der Tabelle.
b) Vergleicht zu zweit eure Ergebnisse.

3 Bist du schon einmal in die **Fake**-Falle getappt? Tauscht euch aus: Wo ist dir der Fake begegnet? Wie habt ihr darauf reagiert?

46775EX

1) Autoren-Check	
2) Vergleichs-Check	
3) Fakten-Check	
4) Bilder-Check	
5) Sprach-Check	

Digital+
Vorlage Tabelle
WES-126428-009

Fachwortschatz, S. 32
Freiraum, S. 33

LERNBOX

So erkennst du Fake News:

Wenn du am **Wahrheitsgehalt** einer **Nachricht** zweifelst, kannst du diese mithilfe von **Checks** überprüfen:

1. **Autoren-Check**: Prüfe, wer den Artikel geschrieben hat, ob die Zeitung und die Autorin bzw. der Autor vertrauenswürdig erscheinen und ob es für die Internetseite ein Erscheinungsdatum oder ein Impressum gibt. Recherchiere auch über die Person, z. B. im Internet. ☑
2. **Vergleichs-Check**: Stelle sicher, dass die Nachricht auch noch auf einer anderen bekannten Nachrichten-Seite erscheint und sich dort die gleichen Infos finden. ☑
3. **Fakten-Check**: Kontrolliere, ob die Informationen überhaupt wahr sein können. Werden Zahlen und Fakten belegt und die Informationsquellen benannt? ☑
4. **Bilder-Check**: Gleiche ab, ob die Bilder oder Videos das zeigen, was in der Meldung steht. Lade ggf. über die Bildersuche von Suchmaschinen Bilder hoch, um zu sehen, woher sie stammen oder ob sie veraltet oder aktuell sind. Bedenke, dass Avatare als Profilbilder in der Regel nicht vertrauenserweckend sind. ☑
5. **Sprach-Check**: Überprüfe, ob die Sprache sachlich ist und ob Emojis bzw. Symbole enthalten sind. Kontrolliere, ob auffällige Rechtschreib- und Grammatikfehler, z. B. in der Groß- und Kleinschreibung oder Kommasetzung, vorkommen. ☑

„Vielfalt ist wichtig!“

Merkmale einer Reportage untersuchen

1 **a)** Welchen Eindruck hat Frederike von dem folgenden Text?
b) Erkläre, wie die Praktikantin zu dieser Annahme kommt.

2 Erschließe den Text genauer, indem du die Antworten auf die W-Fragen unterstreichst und die passenden Fragen an den Rand schreibst.
Nutze diese W-Fragen: *Was? – Wann? – Wo? – Wer? – Wie? – Warum? – Welche Folgen? – Welche Reaktionen?*

Schul-Iftar: Gemeinsames Fastenbrechen[1] an der Wolfgang-Borchert-Gesamtschule

Das alljährliche Fastenbrechen verstanden viele Lernende der Recklinghäuser Gesamtschule bislang als ein Ritual, das außerhalb des Unterrichts stattfindet. Ein Lehrer der Gesamtschule wollte dies ändern – und hatte eine großartige Idee.

Der Duft frisch zubereiteter Speisen durchzieht am Mittwochabend, dem 18.04.2024, die Luft der Mensa an der Gesamtschule in Recklinghausen und lautes Lachen hallt von den Wänden wider. Menschen, bunt durchmischt von kleinen Kindern bis alten Leuten, treten in unterschiedlichen Sprachen miteinander in den Dialog. Für einen Moment entsteht Ruhe, als der Schulleiter, Herr Dambeck, die Bühne betritt. Wann?

„Schön, dass ihr so zahlreich zu unserem gemeinsamen Iftar erschienen seid. Die Iftar-Feier soll uns daran erinnern, wie wichtig es ist, aufeinander zuzugehen, Unterschiede zu akzeptieren und Gemeinsamkeiten zu feiern.“ Mit diesen Worten eröffnet Herr Dambeck das gemeinsame Iftar, ein Fest, das auf Arabisch „Fastenbrechen“ bedeutet und ein Mahl ist, das während des Fastenmonats Ramadan von muslimischen Menschen nach Sonnenuntergang eingenommen wird.

Erwartungsvoll lauschen neben ca. 250 Gästen auch die Veranstalter den einleitenden Worten des Schulleiters: „Die erste Idee für ein solches Fest entstand im Rahmen unserer Islam-AG. Sowohl Schülerinnen und Schüler, als auch die Lehrkräfte hatten schon lange den Wunsch nach einem interkulturellen Austausch, durch den wir nicht nur unterschiedliche Traditionen und Bräuche kennenlernen und Vorurteile abbauen, sondern auch unsere soziale Verbundenheit stärken könnten.“

„Unter den Besuchern finden wir Vertreterinnen und Vertreter aller möglichen Religionen und jeden möglichen Alters“, erklärt der Lehrer und Initiator dieses Projektes, Herr Abdulazim. „Damit jeder von euch weiß, worum es heute Abend geht und welche Bedeutung dieses Fest für unsere Kultur hat, möchten wir euch ein paar Dinge dazu erklären“, äußert die 14-jährige Amna. Gebannt hören insbesondere die nicht-muslimischen Besucherinnen und Besucher zu und stellen Nachfragen. „Es ist toll, so viel Hintergrundwissen über eine andere Religion zu erhalten. Tagtäglich hören wir all die Worte und wissen doch nicht, was sie bedeuten“, berichtet die 17-jährige Maja.

[1] **das Fastenbrechen:** muslimisches Fest zum Ende der Fastenzeit

Nach den spannenden Vorträgen erfolgt das Maghrib-Gebet. Hierbei handelt es sich um eines der fünf Gebete im Islam. Es ist das vierte Gebet des Tages und findet in den frühen Abendstunden statt. „Das Gebet markiert das Ende des alltäglichen Fastens. Danach findet das Fastenbrechen statt“, hat der 15-jährige Finn gelernt. Nach dem Gebet ruft der Muezzin, der Vorbeter, zum gemeinsamen Fastenbrechen auf und eröffnet damit das Buffet. Geduldig reihen sich die Teilnehmenden in den Schlangen davor ein. Während die Besucherinnen und Besucher den Düften der Gewürze folgen, um die vielen unbekannten, aber köstlichen Speisen zu probieren, können sie im Hintergrund traditioneller Musik lauschen.

Nach dem Essen findet noch ein kleines Quiz über das Iftar-Fest statt, bei dem um kleine Preise gewetteifert wird. Anschließend beendet Herr Abdulazim das Fest: „Wir sind mehr als begeistert vom Ablauf dieser Veranstaltung.“ „Es war beeindruckend, zu sehen, was unsere Lernenden mit ein wenig Unterstützung auf die Beine gestellt haben“, bewertet der Schulleiter. „Wir hatten ganz viel Spaß. Ich habe mich gefreut, auch mit meinen deutschen Freundinnen das Iftar-Fest feiern zu können. Und ich habe sogar neue türkische Speisen kennengelernt“, erzählt die 16-jährige Marah strahlend. Und über eins sind sich alle einig: Das Iftar soll auch im nächsten Jahr wiederholt werden, denn Vielfalt ist wichtig!

3 Der Redakteur möchte Frederike erklären, was eine **Reportage** ist. Dazu nimmt er den Text mit ihr gemeinsam näher unter die Lupe.

» Fachwortschatz, S. 32

a) Untersucht den Textaufbau: Markiert dazu Textstellen, die den Hinweisen der **LERNBOX** entsprechen. Orientiert euch bei den Markierungen an den Farben der **LERNBOX** (s. Beispiele). Arbeite mit 3, 4, allen Merkmalen der **LERNBOX**.

b) Vergleicht eure Ergebnisse in Kleingruppen. Achtet darauf, dass jedes Merkmal innerhalb eurer Gruppen untersucht wurde.

Digital+ Textvorlage WES-126428-010

» Sprache untersuchen, S. 274

4 **a)** Erläutere, warum die Textsorte Reportage zur Darstellung eines solchen Ereignisses besonders geeignet ist. Nutze die Formulierungen der **SPRACHBOX**.

b) Formuliere die Reportage mithilfe der W-Fragen zu einer kurzen Meldung um.

LERNBOX

Merkmale einer Reportage

Die Reportage berichtet vom **Ort des Geschehens** und vermittelt der Leserin bzw. dem Leser **persönliche** und **direkte Eindrücke** des Autors/der Autorin oder der Beteiligten. Zugleich informiert die Reportage umfassend über **Hintergründe**:

1. Die Reportage hat eine **lebendige Überschrift** und enthält einen **interesseweckenden Einstieg** (z. B. Beschreibung der Situation vor Ort).
2. **Schilderungen persönlicher Eindrücke** der Reporterin/Reporters oder der Beteiligten wechseln mit **sachlichen Informationen** (Antworten auf die W-Fragen).
3. Häufig gibt der Reporter auch seine **Gedanken und Gefühle** wieder.
4. Viele **Äußerungen von Gesprächspartnerinnen und -partnern** werden in direkter (wörtlicher) oder indirekter Rede wiedergegeben, um die Darstellung lebendig und glaubwürdig erscheinen zu lassen.
5. Es überwiegt das **Präsens**, um die Situation gegenwärtig erscheinen zu lassen.

SPRACHBOX

- Die Leserin/der Leser erfährt etwas über ...
- ... können die Stimmung nachvollziehen.
- ... wird informiert über ...
- ... enthält Zusatzinformationen.
- Die Beziehung zwischen allen Besucherinnen ...
- ... ist mitten im Geschehen.

Ein Essen, das verbindet

Einen Zeitungsbericht schreiben

1 Frederike soll die Reportage in einen Bericht für die Online-Version der Zeitung umschreiben. Dazu legt sie eine Tabelle (Schreibplan) an, um die Informationen zu strukturieren. Gehe ebenso vor und übertrage die Tabelle unten oder nutze den Webcode.

a) Überfliege erneut deine Notizen aus Aufgabe **2** von Seite 21.

b) Streiche alle Textstellen mit zusätzlichen Informationen mit dem Korrekturzeichen, z.B. in Z. 29–31.

c) Notiere die Antworten auf die W-Fragen rechts in deiner Tabelle.

d) Vergleiche deine Stichworte mit denen eines Partners oder einer Partnerin und ergänze sie, wenn nötig.

|-| = Streichen

Überschrift Was? Wann? Wo? Wer?	 ... 18.04.20... Schülerinnen und Schüler ...
Wie? Warum? Welche Folgen? Welche Reaktionen?	 Traditionen und Bräuche kennenlernen ... Fortsetzung ...

Digital+
Schreibplan
WES-126428-011

2 Frederike hat damit begonnen, die wichtigsten Informationen zusammenzustellen. Sie hat dazu zwei Varianten erstellt. Für welchen Anfang sollte sie sich entscheiden? Wähle einen aus und begründe deine Entscheidung.

(A) Am Mittwochabend, dem 18.04.20..., veranstaltete die Islam-AG der Wolfgang-Borchert-Gesamtschule in Recklinghausen in der Mensa das 1. gemeinsame Fastenbrechen unter der Leitung des Islam-Lehrers ...

(B) Am 18.04.20... fand in der Mensa der Wolfgang-Borchert-Gesamtschule ein Fastenbrechen statt. Lernende, Lehrkräfte und weitere Teilnehmerinnen und Teilnehmer unterschiedlichster Religionen ...

3 Schreibe nun einen eigenen Zeitungsbericht über die Aktion „Gemeinsames Fastenbrechen". Orientiere dich dabei an der **LERNBOX** (Seite 17):

a) Formuliere eine passende Überschrift.

Nutze die Überschriften im grauen Kasten auf Seite 25.

b) Greife einen der Anfänge von Frederike auf und setze ihn fort. Berichte, wie die Veranstaltung abgelaufen ist. Gib Antworten zu den Fragen: *Was? Wann? Wo? Wer? Wie? Warum? Welche Folgen und Reaktionen?* Beachte das Präteritum. Du kannst Formulierungen aus der **SPRACHBOX** und dem **Journalistikon** (S. 25) nutzen.

c) Verwende in deinem Text ein Zitat, das die Reaktion auf diese Veranstaltung deutlich macht.

SPRACHBOX
- Der Grund für dieses Fest bestand darin ...
- Im Vorfeld plante ...
- Die Veranstaltung begann mit ...
- Anschließend präsentierten die Mitglieder der Islam-AG ...
- Daran schloss sich ... an.
- Während des Mahls konnten die Gäste ...
- Diesen Tag rundete ... ab.
- Der Abend war für alle ...
- Die Schule plant ...
- Der Schulleiter begrüßte diese Aktion ...

Freiraum, S. 33

1 Schule, 250 Gäste, 1 Mahl

Zeitformen richtig verwenden

1 Frederike unterhält sich mit einem Redakteur, um eine Rückmeldung zu ihrem Bericht zu erhalten. Der Redakteur hat einige Fehler gefunden. Lies den Bericht und erkläre mithilfe der **LERNBOX**, was Frederike überarbeiten sollte.

1 Schule, 250 Gäste, 20 Nationen hatten ein gemeinsames Mahl verzehrt

Am Mittwochabend, dem 18.04.2024, hatte die Islam-AG der Wolfgang-Borchert-Gesamtschule in Recklinghausen in der Mensa ein gemeinsames Fastenbrechen unter der Leitung des Islam-Lehrers, Herrn Abdulazim, durchgeführt.
Unter den 250 Gästen sind Personen jeden Alters sowie jeder Religionszugehörigkeit. Der Grund für dieses Fest hatte darin bestanden, dass die Schule die soziale Verbundenheit unter der Schülerschaft stärken wollte und Gemeinsamkeiten feiern will.
Nachdem der Schulleiter eine kurze Willkommensrede hielt, präsentieren die Mitglieder der Islam-AG mithilfe von Plakaten wesentliche Fakten über das Iftar. Dann folgt ein Maghrib-Gebet, woraufhin der Muezzin das Buffet eröffnet hatte. Während die 250 Gäste sich am Buffet bedienen, haben Anwesende im Hintergrund traditionelle Musik gespielt. Diesen farbenfrohen Tag hatte ein Quiz zum Iftar abgerundet. Der Abend ist für alle Beteiligten ein voller Erfolg. Die Schule plante auch im nächsten Jahr wieder ein Schul-Iftar, worauf sich Schülerinnen und Schüler bereits jetzt gefreut haben.

T führte
durch
T

2 Bestimme die Zeitformen im Bericht. Gehe dabei so vor:

a) Markiere im Text alle Verbformen und bestimme diese näher. Vergleiche mit einem Partner oder einer Partnerin im Lerntempoduett.

Du musst 15 Verbformen markieren. Acht bestehen aus je zwei Teilen (P1 + P2).

b) Überprüfe mit der **LERNBOX**, ob die **Zeitformen** richtig gewählt wurden.

c) Setze die Verben, wenn nötig, in die richtigen Zeitformen. Nutze die Korrekturzeichen und schreibe sie verbessert an den Rand.

Setze die Verben 4 × ins Präsens, 10 × ins Präteritum und 1 × ins Plusquamperfekt.

Digital+
Textvorlage
WES-126428-012

Fachwortschatz, S. 32

LERNBOX

Diese Zeitformen verwendest du in einem Zeitungsbericht:

1. Verwende das **Präsens**:
   - in den **Überschriften**,
   - bei **allgemeingültigen Aussagen**: *Solch eine Idee zahlt sich aus …*,
   - wenn etwas **Zukünftiges** ausgedrückt wird: *Zukünftig findet von nun an häufiger ein Schul-Iftar an der Schule statt.*
2. Verwende das **Präteritum,** wenn du über etwas Vergangenes berichtest: *Die Gästen probierten die Speisen.*
3. Verwende das **Plusquamperfekt**, wenn ein Geschehen vor dem Zeitpunkt eines berichteten Ereignisses liegt: *Als sie das Schul-Iftar beendet hatten, räumten alle gemeinsam die Mensa auf.*
4. Achte auf Konjunktionen (*nachdem, als*) und Zeitangaben (*vorher*).

Sprache untersuchen, S. 263

Journalistikon

W-Fragen:
Was?, Wann?, Wo?, Wer?, Wie?, Warum?, Welche Folgen und Reaktionen?

Funktionen der journalistischen Textsorten:
Zeitungsbericht: informierend, sachlich, narrativ (erzählend)
Meldung: informierend, sachlich (Bericht in gekürzter Form)
Kommentar: argumentierend, appellierend, informierend
Reportage: unterhaltend, informierend (mit einem Gefühl der Nähe), narrativ, beschreibend

Zeitungsberichte schreiben:
Überschriften: Gemeinsam stark: Fastenbrechen verbindet – Augenlust und Tafelfreuden: das gemeinsame Fastenbrechen – Farbenfrohe Kunst: Graffiti-Projekt begeistert Schüler – Street Art an der Schule – Mut zur Farbe: Schülerinnen und Schüler leben sich kreativ aus – Ein Tag im Zeichen der Europawahl – Politische Teilhabe erwünscht – Europawahl: Es lebe die Demokratie!
Der erste Absatz (Was?, Wann?, Wo?, Wer?): In Recklinghausen veranstaltete eine Gesamtschule ein Schul-Iftar ... – Eine Schülergruppe widmete sich in den Sommerferien drei Wochen ... – Entlang der Schulfassade nahm eine Schülergruppe sichtliche Veränderungen vor ... – Am 03.06.2024 wurde im Rahmen der Europawahlen ein Europawahltag ... – In den frühen Morgenstunden ereignete sich ...
Einzelheiten des Ergebnisses (Wie?, Warum?, Welche Folgen und Reaktionen?): Im Vorfeld hatte eine Arbeitsgruppe den Tag ... – Der Grund für diese besondere Feierlichkeit bestand darin ... – Zunächst präsentierten ... – Bereits seit einigen Wochen ... – Die Veranstaltung wurde organisiert, um ... – Am Ende des Tages wurde deutlich ... – Die Reaktionen waren eindeutig ... – Zu den Höhepunkten des Tages gehörten ... – Ein Teilnehmer äußerte sich: „...“ – Wie die Teilnehmerinnen und Teilnehmer einstimmig angaben ... – Mit gutem Gefühl ... – Zukünftig soll der Europawahltag ... – Abschließend lässt sich sagen ... – Es bleibt abzuwarten ...

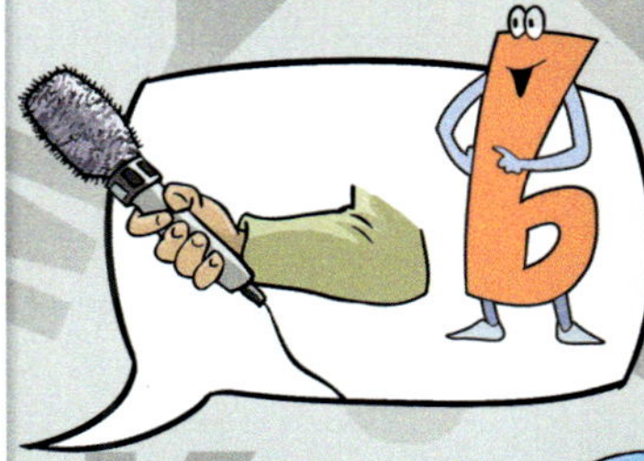

Ein Beispiel für eine Meldung (*Was?*, *Wann?*, *Wo?*, *Wer?*, *Warum?*, *Wie?*)
Schul-Iftar: Ein Abend voller Lachen und Leckereien
Am vergangenen Freitagabend, dem 18.04.2024, fand an der Wolfgang-Borchert-Gesamtschule in Recklinghausen ein gemeinsames Fastenbrechen (Iftar) statt. Schüler und Lehrer versammelten sich, um dieses besondere Ereignis zu feiern. Die Veranstaltung bot eine Gelegenheit für alle, zusammenzukommen und die Vielfalt der Schulgemeinschaft zu erleben.

Riesiges Graffito für die fade Fassade

Einen Bericht planen und schreiben

Frederike war auf einem Termin an einer Gesamtschule in Waltrop und soll über ein dort entstandenes Graffito berichten:

1 **a)** Tauscht euch dazu aus, was ihr mit Graffiti verbindet.
b) Klärt, wer Adressatin oder Adressat (z. B. Künstler/-innen, Eltern, Schulgemeinschaft, Interessierte ...) des Berichts, den Frederike schreiben soll, sein könnte.
c) Lies die Materialien Ⓐ und Ⓑ, Ⓐ bis Ⓔ zu der Graffiti-Aktion: Welche Information könnten interessant für die Leser und Leserinnen sein?

Digital+ Materialvorlage WES-126428-013

Ⓐ

- Umgestaltung der 30 m langen und tristen Fassade der Sporthalle der Schule Gesamtschule Nord in Waltrop, einer Stadt mit knapp 30.000 Einwohnern — Wo?
- drei Wochen in den Sommerferien (15.07.20...-05.08.20...)
- Lernende der Gesamtschule im Rahmen der Schulkunst-AG, geleitet durch den Graffitikünstler Jounes Zharki, der bereits viele Preise erlangt hat
- Graffitikünstler bemalen die Fassade der Sporthalle mit Symbolen zum Thema Sinneswahrnehmungen; im Rahmen der Kunst-AG „Schulkunst" ~~hatten sie alles genau geplant~~ : von der Planung des Gemäldes bis zum letzten Sprühstoß aus der Farbdose; Pausen gab es während der Vorbereitung kaum
- die Schülerinnen und Schüler hatten zuvor zu einer Spendenaktion aufgerufen, um Geld für die Farben zu erhalten; die Stadt beteiligte sich und stellte benötigte Mittel zur Verfügung; die Menschen zeigten sich sehr großzügig
- viele Schülerinnen und Schüler sowie Lehrkräfte der Schule empfanden das Gebäude als trist, wünschten sich Fassaden mit mehr Leben
- verschiedene Meinungen: manchen gefällt die bunte Farbe sehr; der Schulleiter: „Die Gruppe hat alle Arbeit geleistet! So schön hätte sich wahrscheinlich keiner das Ergebnis vorgestellt!" Die Graffitikünstler sind erleichtert „obwohl es bis zur Eröffnung knapp wurde, haben wir es dennoch zeitlich geschafft."

Ⓓ

Ⓑ

Henry Kaulitz (Mitglied der Kunst-AG): „Unser Ziel besteht darin, dass wir das Gemälde auch immer mal wieder aufbessern möchten. Zudem haben wir an der Schule noch viele weitere triste Wände gefunden: Diese würden wir uns gern als Nächstes vornehmen! Vielleicht haben noch andere Schülerinnen und Schüler Lust, an der Verschönerung der Schule mitzuwirken!"

Ⓒ

Planungszettel des Projekts:
- Graffiti-Symbole mit den AG-Teilnehmern bestimmen; Ideen vom Schulleiter absegnen lassen
- Skizzen anlegen
- Farben sowie weitere Materialien einkaufen (Atemmasken, Bandana ...)
- Symbole an der Fassade anordnen
- Graffitibemalung mit den Teilnehmern üben
- Graffitisymbole an die Fassade bringen

Ⓔ

Weitere Reaktionen: Frau Meier (Hausmeisterin): „Hoffentlich bleibt die Fassade lange schön, damit ich nicht wieder regelmäßig Schmierereien entfernen muss!"; **Frau Heringhans** (Lehrerin): „Ich bin nicht der größte Fan solcher Abbildungen. Aber es muss auch nicht jedem gefallen!"

Texte | Produktion: aus Aufgabenstellungen konkrete Schreibziele ableiten, Texte planen und zunehmend selbstständig eigene Texte adressaten- und situationsgerecht formulieren

2 Plane anhand der Materialien (Seite 26) einen Bericht zur Graffiti-Aktion:

a) Lege dir einen Schreibplan wie unten an. Orientiere dich dabei an der **LERNBOX**.

b) Lies noch einmal die Materialien zu dem Graffiti-Projekt auf Seite 26. Markiere dabei die Antworten auf die W-Fragen in den Materialien in den Farben, die du schon benutzt hast (Pyramide, Seite 17). Schreibe die Fragen an den Rand.

c) Streiche die Informationen durch, die Frederike nicht in ihrem Bericht aufnehmen sollte. Nutze das Korrekturzeichen „streichen".

d) Notiere die Antworten auf die W-Fragen rechts in deinem Schreibplan.

e) Entscheide, welche Zitate du an welcher Stelle einbeziehst.

H = Streichen

	Inhalte/Zitate
Überschrift (Headline)	
Was? Wann? Wo? Wer?	Fassade verschönert drei Wochen in den Sommerferien
Wie? Warum? Welche Folgen? Welche Reaktionen?	Graffiti-Künstler organisiert ... Zitat (Frau Meier):

Digital+
Schreibplan
WES-126428-014

3 Schreibe einen Zeitungsbericht über die Graffiti-Aktion in Waltrop. Gehe so vor, wie in der **LERNBOX** beschrieben. Nutze das **Journalistikon** (Seite 25).

Sprache untersuchen, S. 273
AH S. 7–9

So kannst du beginnen: **Graffiti-Künstler im Einsatz gegen die fade Fassade**
An der Gesamtschule Nord in Waltrop wurde die Sporthallen-Fassade verschönert. Die Schulkunst-AG der Gesamtschule nutzte drei Wochen ihrer Sommerferien in der Zeit vom 15.07. bis 05.08.20..., um eine 30 m lange Fassade der Sporthalle der Schule mit Symbolen zu Sinneswahrnehmungen zu verschönern ...

LERNBOX

So planst und schreibst du einen Zeitungsbericht:

1. Inhalt:

a) Formuliere eine **Überschrift** (Headline), die den Leser/die Leserin neugierig macht, und ergänze einen **Vorspann** (Leadtext).

b) Nenne im **ersten Absatz** die **wichtigsten Informationen** (*Was?, Wann?, Wo?, Wer?*).

c) Stelle in den **folgenden Absätzen** die **Einzelheiten** des Geschehens dar (*Wie?, Warum?, Welche Folgen und Reaktionen?*).

d) Gliedere deinen Bericht durch **sinnvolle Absätze**, so ist er besser lesbar.

2. Darstellung:

a) Kläre, wer den Bericht liest. Schreibe **adressatengerecht**, d. h. verständlich, und erkläre z. B. Namen und Fachbegriffe.

b) Schreibe **sachlich** und **verzichte auf persönliche Wertungen**.

c) Gib die Aussagen von Beteiligten **direkt als Zitat** oder **indirekt** wieder.

d) Überprüfe die Rechtschreibung, z. B. mit der **Rechtschreibüberprüfung** am PC, und beachte die richtigen Zeitformen.

Sprache untersuchen, S. 267–268
Richtig schreiben, S. 307

Graffiti-Künstler im Einsatz

Einen Bericht mit Jokern überarbeiten

Digital+ Textvorlage WES-126428-015

An einer Gesamtschule kam es zu einer Verschönerung der Sporthallen-Fassade — Endlich Verschönerung der Fassade in Waltrop

Schülerinnen und Schüler der Schulkunst-AG der Gesamtschule nutzen drei Wochen der sommerferien, um eine 30 m lange Fassade der Sporthalle ihrer Schule mit Symbolen zu Sinneswahrnehmungen zu verschönern. Sie treffen sich teglich mit dem Graffiti-Künstler Jounes Zharki. ~~Vielleicht hätte sich die Gruppe ein spannenderes Thema für die Symbole aussuchen können als „Sinneswahrnehmungen".~~ — R, Wann? Wo? / R / H persönlicher Kommentar

Im Vorfeld war das Projekt in einer durch den Graffitkünstler geleiteten Sport-AG genau vorbereitet worden. In der Planungsphase wurden zunächst Ideen für Symbole gesammelt und besprochen. Anschließend wurde geprüft, welche Materialien für die Umsetzung benötigt wurden. Um das Projekt finanzieren zu können hatte die AG ein Sportfest veranstaltet. Die Stadt hatte sich dazu bereit erklärt, benötigte Mittel zu spenden. In der Gruppe überlegen die Teilnemer gemeinsam, an welchen Stellen der Fassade sie die Symbole anbringen wollten. ʃ Der Grund für das Projekt besteht darin, das sich sowohl Schüler- als auch Lehrerschaft für eine Verschönerung der Fassade ausgesprochen hatte. ~~Wussten Sie das?~~ — Z / R / ʃ / R / H

Zukünftig soll die Fassade nicht nur regelmäßig renoviert werden sondern auch die übrigen Fassaden sollen eine Verschönerung erhalten. — Z

1 **a)** Lies den Zeitungsbericht, den Frederike zu dem Graffiti-Projekt verfasst hat: Hat sie die Aktion richtig dargestellt? Nutzt zum Vergleich die Notizen von Seite 26–27.
b) Überarbeite den Text mithilfe der **Checkliste**. Hilfe zu den Kriterien findest du bei den Jokern im Webcode. So viele Joker hast du zur Verfügung: ▯ bis zu fünf, ▯ bis zu drei, ▯ bis zu zwei Joker.

Digital+ Joker WES-126428-016

2 Tauscht euch zu zweit über eure vorgenommenen Korrekturen aus.

Freiraum, S. 33

CHECKLISTE

So überarbeitest du einen Zeitungsbericht:

1. Hast du eine **Überschrift** (Headline) formuliert, die den Leser/die Leserin neugierig macht, und einen **Vorspann** (Leadtext) ergänzt? ☑
2. Hast du im **ersten Absatz** die **wichtigsten Informationen** (*Wer?, Was?, Wann?, Wo?)* genannt? ☑
3. Hast du in den **folgenden Absätzen** die **Einzelheiten** des Ereignisses dargestellt (*Wie?, Warum?, Welche Folgen und Reaktionen?*)? ☑
4. Hast du deinen Bericht durch **sinnvolle Absätze** gegliedert? ☑
5. Hast du **adressatengerecht** geschrieben und alle Namen und Begriffe erklärt? ☑
6. Hast du **sachlich** geschrieben und **auf persönliche Wertungen** verzichtet? ☑
7. Hast du die Aussagen von Beteiligten **direkt als Zitat** oder **indirekt** wiedergegeben? ☑
8. Hast du die richtigen **Zeitformen** verwendet? ☑
9. Hast du die **Rechtschreibung** und **Zeichensetzung** überprüft? ☑

H = streichen
Γ = erweitern
└×┘ = ersetzen
ʃ = Absatz
R = Rechtschreibfehler
T = Fehler bei der Zeitform
Z = Zeichensetzung

Einen Zeitungsbericht schreiben

Verfasse auf Grundlage des Notizzettels einen Zeitungsbericht zur Sichtung eines Wolfs in Arnsberg:
- Formuliere eine interesseweckende Überschrift zum Thema.
- Fasse zu Beginn die wichtigsten Informationen (*Was?, Wann?, Wo?, Wer?*) zusammen.
- Stelle die wesentlichen Informationen zum Ereignis in weiteren Absätzen dar (*Wie?, Warum?, Welche Folgen und Reaktionen?*).

– Sichtung eines Wolfs in der Innenstadt von Arnsberg durch mehrere Fußgänger, die den Vorfall über Notruf meldeten – das war auch gut so! Was?
– Wolf, einzelnes Tier von stattlicher Größe, mit grauem Fell, wirkt ruhig und sucht nach Nahrung
– bediente sich an den Inhalten der Mülltonnen sowie Abfallcontainer und hielt sich in der Nähe von Restaurants auf
– Wolf war noch Jungtier, macht sich auf den Weg, eigenes Revier zu suchen, dabei muss es den natürlichen Lebensraum verlassen haben
– Datum und Uhrzeit der Sichtung: 15. Mai 20..., 13:23 Uhr
– Behörden, die verständigt wurden: Polizei, Feuerwehr, Wildtierexperten, Tierärzte
– durch Einsatz von Polizei und Feuerwehr konnte Tier eingefangen werden
– wurde zur Untersuchung in Wildreservat (= Gebiet für den Schutz von Wildtieren) gebracht
– Aufregung und Angst in der Bevölkerung vor erneuter Wolfssichtung, einige Schulen und Kindergärten blieben geschlossen – fällt dann morgen auch mein Praktikum aus?
– in sozialen Medien verbreiteten sich Videos und Bilder des Wolfs schnell, was eine breite Diskussion über das Zusammenleben von Mensch und Wildtier auslöste; völlig überflüssig!
– Diskussionen über Wildtiere in städtischen Gebieten, mögliche Maßnahmen wie Wildzäune; Passanten aufgebracht: „Ein Wolf hat unter Menschen nichts zu suchen!" Ich finde, die Anwohnerinnen und Anwohner übertreiben total!

1 Plane deinen Zeitungsbericht:

a) Markiere die Antworten auf die W-Fragen. Schreibe die Fragen an den Rand.
b) Streiche diejenigen Informationen durch, die du für unnötig hältst.
c) Notiere im Schreibplan, welche Informationen du wo darstellen willst.

Überschrift	
Erster Absatz	– Sichtung eines Wolfes ...
Weitere Absätze	– ...

Digital+ Textvorlage WES-126428-017

Digital+ Schreibplan WES-126428-018

2 Verfasse deinen Zeitungsbericht mithilfe deines Schreibplans. So kannst du beginnen:
In der Innenstadt von Arnsberg wurde am 15. Mai ... ein Wolf von Fußgängern gesichtet ... Er befand sich vermutlich in der Innenstadt, weil ...

3 Überarbeite deinen Entwurf mithilfe der **Checkliste** auf S. 28.

Einen Zeitungsbericht schreiben

Verfasse auf Grundlage der Materialien einen Zeitungsbericht über den Europawahltag an der Gesamtschule Nord:

- Formuliere eine interesseweckende Überschrift zum Thema.
- Fasse zu Beginn die wichtigsten Informationen zusammen.
- Stelle die wesentlichen Informationen zum Ereignis in weiteren Absätzen dar.

B

A

Protokoll der Vorbereitungsgruppe

Top 1: Ablauf des Europawahltags Was?

1. Präsentation der Plakate zu den Wahlprogrammen unterschiedlicher Parteien
2. Rede des Bürgermeisters
3. Luftballonaktion mit Wünschen, die die Lernenden an die Politik stellen
4. Wahldurchgang in den aufgebauten Wahlkabinen, Auswertung folgt in den kommenden Tagen
5. Museumsgang durch die Wahlplakate mit Quiz

Top 2: ...

C

Von:	buergermeister@waltrup.de
An:	jahrgang10@gesamtschule-nord.de
Betreff:	**Danke, dass ich dabei sein durfte!**

Liebe Lernende des 10. Jahrgangs,
ich bedanke mich herzlich bei euch für eure Einladung an die Schule. Ich würde mich freuen, wenn ihr auch im Rahmen der Bundestagswahl für das nächste Jahr eine ähnliche Veranstaltung ausrichten würdet! Nun seid ihr alle vorbereitet auf die in den kommenden Tagen anstehende Wahl …

D

Sei dabei!

In der Zeit vom 06.06.–09.06.20... stehen die Europawahlen an! Weil Schülerinnen und Schüler seit 2024 ab 16 wählen dürfen, müsst ihr darauf vorbereitet werden und Interesse an Politik gewinnen. Damit ihr wisst, wie die Wahlen ablaufen und welche Parteien am besten zu euch passen, möchten wir mit allen Lernenden des 10. Jahrgangs am 03.06. von 10–12 Uhr in der Mensa der Gesamtschule Nord zusammenkommen, um einen Europawahltag zu veranstalten.

E

Äußerungen nach dem Europawahltag

„Jetzt habe ich endlich eine Idee davon, wie das Wählen funktioniert!“ (Alma, 16 Jahre); „Es ist schön, zu sehen, dass sich junge Leute für Politik interessieren!“ (Bürgermeister); „Die Lernenden haben einen tollen Tag mit vielen Programmpunkten vorbereitet!“ (Schulleiter)

1 Plane deinen Zeitungsbericht:

a) Markiere die Antworten auf die W-Fragen. Schreibe die Fragen an den Rand.

b) Streiche diejenigen Informationen durch, die du für unwichtig hältst.

c) Lege einen Schreibplan an und notiere darin, welche Informationen du an welcher Stelle deines Berichts darstellen willst.

Digital+ Materialvorlage WES-126428-019

Digital+ Schreibplan WES-126428-020

2 Verfasse deinen Zeitungsbericht mithilfe deines Schreibplans.

3 Überarbeite deinen Entwurf mithilfe der **Checkliste** auf S. 28.

Einen Zeitungsbericht schreiben

Kompetenz / Inhalt	Selbsteinschätzung ☺ 😐 ☹	Fremdeinschätzung ☺ 😐 ☹	Bemerkungen	Hier kannst du weiterüben:
Ich kann …				
Beobachtungen zu einer Zeitungsredaktion darstellen und eine Umfrage zum eigenen Informationsverhalten durchführen und auswerten. (S. 8–9)				
eigene Umfrageergebnisse mit den Ergebnissen eines Säulendiagramms zum Informationsverhalten Jugendlicher vergleichen. (S. 10–11)				
die Wege einer Nachricht vom Ereignis bis zum Leser in einem Flussdiagramm übersichtlich darstellen. (S. 12–13)				AH, S. 5–6
Zeitungstexte anhand von Textbelegen begründet bestimmten Ressorts zuordnen. (S. 14–15)				SB, S. 272 & 292
einen Bericht untersuchen und als Meldung planen und umschreiben. (S. 16–17)				SB, S. 271
Merkmale und Aufbau eines Blog-Eintrags (Kommentar) untersuchen. (S. 18)				
einen Kommentar mithilfe der Rechtschreibüberprüfung am PC überarbeiten. (S. 19)				SB, S. 307
den Wahrheitsgehalt einer Nachricht prüfen. (S. 20)				
eine Reportage bezüglich Darstellung und Inhalt untersuchen. (S. 21–22)				SB, S. 274
Informationen nach W-Fragen ordnen und eine Reportage in einen Bericht umschreiben. (S. 23)				
Zeitformen in einem Bericht richtig verwenden. (S. 24)				SB, S. 263
zum Berichten passende Formulierungen verwenden. (S. 25)				
auf der Grundlage von Materialien einen Zeitungsbericht planen und schreiben und dabei (S. 26–27) - Informationen nach W-Fragen ordnen, - einen Schreibplan anlegen, - einen Bericht formulieren und dabei den Aufbau, sachliches Schreiben und die Zeitformen beachten.				SB, S. 267–268 & 307 AH, S. 7–9
einen Bericht nach einer Checkliste überarbeiten. (S. 28)				

FREIRAUM

Diese Aufgaben aus dem Freiraum habe ich gemacht:	

AH = Arbeitsheft, SB = Schülerband

Fachwörter und Methoden

der Blog-Eintrag	= ein einzelner **Beitrag** auf einer Blog-**Website**, der Texte, Bilder und Videos enthält und verschiedene Themen (z. B. **persönliche Erfahrungen, Fachwissen**) behandelt. Leser können oft über **Kommentare** in Kontakt treten.
das Diagramm	In einem Diagramm werden **Informationen und Daten grafisch dargestellt**. So werden beispielsweise Zahlen anschaulicher und Werte vergleichbarer. Man unterscheidet z.B. **Säulen-, Kreis- und Balkendiagramme**.
die Fake News	Fake-News sind **bewusst verbreitete Falschinformationen** oder irreführende Nachrichten, die oft mit der Absicht erstellt werden, die öffentliche **Meinung zu manipulieren**, **Verwirrung zu stiften** oder bestimmte **Interessen zu fördern**. Sie können über verschiedene Medienkanäle verbreitet werden.
das Flussdiagramm	In solch einem Diagramm kannst du **Reihenfolgen und Abläufe** übersichtlich darstellen. Die Abfolge der aufeinanderfolgenden Handlungsschritte machst du **mit Pfeilen** deutlich: ... → ... Nutze auch Symbole.
die Lesemethode für Sachtexte	Diese Lesemethode hilft dir, Sachtexte zu erschließen. Du gehst dabei so vor: 1. Schritt: **sich orientieren**, 2. Schritt: **unbekannte Begriffe klären**, 3. Schritt: **Schlüsselstellen markieren**, 4. Schritt: **Wichtiges herausschreiben**, 5. Schritt: **Inhalt zusammenfassen**.
der Redakteur/ die Redakteurin	Sie verfassen die **Artikel** für eine Zeitung. Dazu sammeln sie zu einem Ereignis Informationen und recherchieren die Hintergründe, z. B. durch Befragungen. Häufig **nutzen** und **bearbeiten** sie auch Artikel von Agenturen.
die Redaktion	Abteilung des Zeitungsverlags, in der **Informationen** gesammelt, für die **Veröffentlichung** ausgewählt und bearbeitet (überprüft, gekürzt, ergänzt ...) werden. Oft ist eine Redaktion in verschiedene Ressorts aufgeteilt.
die Rechtschreibüberprüfung am PC	Die automatische Rechtschreib- und Grammatiküberprüfung zeigt dir **Rechtschreibfehler rot** und **Grammatikfehler blau** unterschlängelt an. Mithilfe der Rechtschreibüberprüfung deines PCs werden dir mögliche Korrekturvorschläge angezeigt. Zweifelsfälle sind gelegentlich ebenfalls blau unterschlängelt.
die Ressorts	Eine Zeitungsredaktion besteht aus unterschiedlichen Ressorts. Das sind **Abteilungen mit verschiedenen inhaltlichen Schwerpunkten** (Lokales, Politik, Kultur, Wirtschaft, Sport, „Aus aller Welt“).
die journalistischen Textarten	– Der **Bericht** informiert sachlich über aktuelle Ereignisse. Nach der Überschrift (Titel) und einem Vorspann (Leadtext) gibt der erste Absatz Antworten auf wichtige W-Fragen (*Was?, Wann?, Wo?, Wer?*). Im Folgenden wird ausführlich über Hintergründe (*Wie?, Warum?*) und Folgen des Ereignisses berichtet. – Die **Meldung** ist die Kurzform eines Berichts. Sie gibt in **knapper Form** auf die wichtigsten **W-Fragen** (*Was?, Wann?, Wo?, Wer?*) Antworten. Die Zeitungsredaktion entscheidet dann, ob über das Ereignis in der nächsten Ausgabe ausführlich berichtet wird. Dazu sind zusätzliche Recherchen notwendig. – Der **Kommentar** gibt die **persönliche Meinung** eines Autors zu Ereignissen oder politischen und kulturellen Entwicklungen wieder. Oft wird ein Missstand aufgezeigt und Verantwortliche werden aufgefordert, zu handeln (Appell). Er hat oft einen festen Aufbau: Erst wird der **Sachverhalt** kurz **dargestellt**. Oft folgt ein Gegenargument. Die Meinung des Autors wird durch **Argumente** begründet. Er entkräftet auch Gegenargumente. Am Schluss wird eine **Forderung** (Appell) formuliert. Unter dem Kommentar steht der **Name des Autors**. – In **Reportagen** stellt der Autor/die Autorin Ergebnisse informativ, aber aus ihrer/seiner Sicht lebendig und anschaulich dar. Ein lebendiger Einstieg (interessante Sachverhalte, Zitat, Schilderung einer Situation) führt die/den Leser/-in in das Geschehen ein. Die Reportage enthält erzählende, beschreibende und berichtende Textteile sowie persönliche Eindrücke. Deshalb werden Meinungen, O-Töne, Gefühle und Äußerungen wörtlich wiedergegeben und atmosphärisch geschildert. Als Zeitform wird das Präsens verwendet.
die Umfrage	Eine Umfrage ist eine **Erhebung von Daten**, bei der eine Gruppe von **Personen** befragt wird, um Meinungen, Einstellungen, Verhaltensweisen oder Informationen zu einem bestimmten Thema zu sammeln.
die Zeitformen	In Zeitungsberichten solltest du auf die richtige Verwendung der Zeitformen achten. In den Überschriften, wenn etwas Zukünftiges angekündigt wird oder bei allgemeingültigen Aussagen benötigst du das **Präsens**. Wenn du über Vergangenes berichtest, verwendest du das **Präteritum**, und wenn ein Geschehen vor dem Zeitpunkt eines vergangenen Ereignisses liegt, das **Plusquamperfekt**.

1 Prüfe dein Wissen mithilfe des digitalen Tests.

Digital+
Interaktive Aufgabe
WES-126428-021

Aufgaben zum Weiterarbeiten

ZU SEITE 14

Lies die Überschriften dieser Meldungen und ordne sie ihren Ressorts zu:
- Tech-Gigant Apple meldet Rekordgewinne
- Packende Aufführung: „Woyzeck“ begeistert Theaterpublikum in Recklinghausen
- Bundestag verabschiedet neues Klimaschutzgesetz

ZU SEITE 17

Lies die Meldung und formuliere mögliche Überschriften dazu.

Düsseldorf – Am Dienstag, dem 10. Oktober, hat eine Ratte in einem Tresor einer Düsseldorfer Firma erheblichen Schaden angerichtet, indem sie mehrere Geldscheine zerkaute. Der kleine Eindringling wurde entdeckt, als Angestellte den Tresor öffneten. Der Vorfall sorgte für viele erstaunte Gesichter und einiges Schmunzeln.

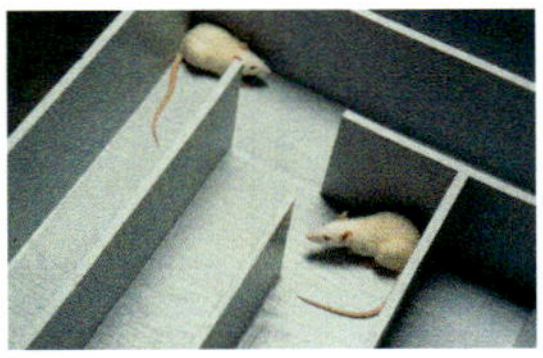

ZU SEITE 20

Löwe95
4 Std.

Schokoriegel-Regen verblüft Köln!

Am samstak, dem 7.Oktober, erlepten die Bewoner des Statteils Ehrenfeld ein unglaubliches Fenomen: Stat des angekündigten Regens vielen plötzlich Schokorigel vom Himel. Augenzeugen berichten von bekanten Marken wie Mars und Snickers. „Es war wie ein Traum aus Schokolade!“ schwermte anwonerin Sabine Müller. Polizei und meteorologen sind ratlos. Die Stadtverwaltung warnt dafor, die schokoriegel zu essen. In den sozialen Medien kursieren wilde Spekulationen über Aliens und geheime Experimente. Während die Anwohner staunen, bleibt die Frage: Wer oder was steckt hinter diesem misteriösen schokorigel-Regen?

420

Lies den Post und prüfe ihn im Hinblick auf seine Glaubwürdigkeit. Nutze dazu die Hinweise der **LERNBOX** auf Seite 20.

ZU SEITE 23

Gehe auf den Webcode und finde die passenden Memory-Pärchen: Setze die Berichte aus Überschrift, dem ersten Absatz und dem Folgeabsatz zusammen.

Digital+
Vorlage Memory
WES-126428-022

ZU SEITE 28

Wie sicher bist du im Umgang mit dem Zeitungs-Fachwortschatz? Finde und markiere die neun Fachbegriffe.

A	F	U	I	J	D	R	E	M	N	K	P	F	D	B	M	R	E	N
R	E	P	O	R	T	A	G	E	S	K	O	N	F	E	R	E	N	Z
T	O	U	H	G	D	S	B	L	O	G	N	J	R	R	E	S	T	Z
I	V	R	O	U	W	E	L	D	M	O	N	D	E	I	S	S	E	R
K	F	G	H	A	K	T	E	U	R	Z	D	E	I	C	H	O	F	O
E	C	F	K	O	M	M	E	N	T	A	R	Z	A	H	E	R	I	K
L	P	R	V	E	R	L	A	G	X	S	I	T	Z	T	A	T	E	M

Viele Bilder – ein Maler: Edward Hopper

1 **a)** Schau dich in dieser Kunstausstellung um und beschreibe mithilfe der **SPRACHBOX**, was du dort entdecken kannst.
b) Tauscht euch zu folgenden Fragen in einer Murmelphase aus:
- Von welchem Maler stammen die Bilder?
- Welches der ausgestellten Bilder würdest du als Erstes genauer betrachten wollen?
- Welche Motive entdeckst du auf den Bildern? Schau sie dir dazu über den Webcode genauer an.
- Welche Gemeinsamkeiten stellst du im Vergleich der Bilder fest?

Digital+
Bildershow
WES-126428-023

2 Betrachte nun die Besucherinnen und Besucher der Ausstellung:
- Wer besucht die Ausstellung?
- Womit beschäftigen sie sich und aus welchen Gründen?
- Wie informieren sich die Besucherinnen und Besucher jeweils über die Gemälde?
- Wer begrüßt die Besuchergruppe? Welche Aufgabe hat die Person?

Nutze für die Antworten die **SPRACHBOX**.

SPRACHBOX

Nomen: das Motiv – die Landschaft – die Personen – der Eindruck – die Perspektive – das Licht – die Farben – das Paar – die Umgebung – das Tastmodell – das Tablet – der Audioguide – der Katalog – der Gesichtsausdruck – die Körperhaltung – die Ausstellungsbegleiterin – die Museumspädagogin – das Hologramm – die Kopfhörer – die Braille-Schrift

Verben: betrachten – auf etwas deuten – jemandem etwas zeigen – erklären – beschreiben – entdecken – sich austauschen über ... – sich orientieren – zuhören – erfühlen – ertasten – blättern in – aufrufen – anklicken – auf etwas hinweisen – nachfragen

Adjektive: hilfreich – informativ – ansprechend – alltäglich – anschaulich – blind – interessiert – konzentriert

3 a) Eine Besucherin hört gerade den Informationen ihres **Audioguides** zu. Höre dir den Text ebenfalls über den Webcode an und benenne, vor welchem Bild sie sich befindet.

b) Notiere in einem kurzen Text, worüber der Audioguide-Text informiert.

Ergänze den Lückentext: Der Text enthält Angaben zum T____ und zum Entstehungsj___, Informationen über den M____, eine genaue Bildb___________, Hinweise auf interessante Einzelheiten und Aussagen über die Wi_____ des Bildes.

c) Tauscht euch darüber aus, worin der Nutzen eines Audioguides besteht. Für wen könnte er besonders hilfreich sein?

» Fachwortschatz, S. 60

Digital+ Audio WES-126428-024

AUSBLICK

In diesem Kapitel hast du die Gelegenheit, einige Bilder des Malers Edward Hopper genau zu betrachten. Du verfasst dazu Audioführertexte für Jugendliche, um ihnen die Bilder und die Personen darauf anschaulich und lebendig zu beschreiben. So könnt ihr zum Beispiel eine Ausstellung im Schulgebäude durchführen.

Wissenswertes über Edward Hopper

Audiotexten Informationen entnehmen

1 Die Schulklasse betrachtet gespannt das Hologramm des Malers:

a) Wie alt mag Hopper darauf sein? Wie wirkt er auf dich? Zu welcher Zeit hat er wohl gelebt? Nutze die **SPRACHBOX** und mache dir zu den Fragen Notizen.

b) Vergleicht eure Eindrücke zu zweit miteinander.

SPRACHBOX

- Ich schätze, Hopper ist … Jahre alt.
- Vermutlich ist Hopper zu dem Zeitpunkt …
- Hopper wirkt auf mich alt/jugendlich /traurig/konzentriert/aufmerksam/eitel …, denn …
- Er sieht so aus, als hätte er in der Zeit von … gelebt, denn …

Liebe Besucherinnen und Besucher, ich freue mich, dass Sie heute hier sind. Ich möchte mich Ihnen zu Beginn gerne vorstellen. Sicher interessiert Sie ja, wie ich zum Malen gekommen bin und welche Bildmotive mir besonders wichtig gewesen sind. Wer mag, kann sein Wissen über mich im Anschluss in einem Quiz überprüfen. Nun …

2 Bevor du dir den Text anhörst, um dich über den Maler zu informieren und seine Bilder besser zu verstehen, überlege, was Hopper über sich erzählen könnte:

a) Was weißt du schon über ihn? Was möchtest du noch über ihn erfahren? Halte deine Fragen fest, damit du weißt, worauf du beim Hören achten kannst, z. B.:

Wo hat er gelebt? Welchen Beruf hatte er? Wie kam er zum Malen? …

Dazu kannst Fragen formulieren: *Berufe, Familie, Reiseziele, Verlauf der Künstlerkarriere, Bildmotive, Lebensdaten.*

b) Sammelt eure Fragen in der Klasse.

Digital+ Hörstrategiefächer WES-126428-025

1. Schritt: a) Erwartungen äußern

3 Erschließe den Text des Hologramms mithilfe der **Hörstrategie** (vgl. **LERNBOX**, S. 37). Sie hilft dir dabei, das Quiz im Anschluss durchzuführen. Gehe dazu so vor:

a) Lege vor dem ersten Hören deine **Hörziele** fest: Worauf willst du genau achten? Wähle dazu 3, 4, 5 Fragen aus Aufgabe **2** b) aus. Dies sind deine Hörziele.

1. Schritt: b) Hörziel festlegen

» Fachwortschatz, S. 60

b) Höre dir die Abschnitte des Hörtextes ein erstes Mal aufmerksam an. Beachte deine Hörziele.

Digital+ Audio WES-126428-026

c) Notiere Stichwörter zu deinen Fragen, z. B. *Wo hat er gelebt? → geb. in Nyack/New York, lebte in South Truro/Cape Cod ...*

2. Schritt: Stichwörter notieren

d) Hast du zusätzliche Informationen herausgehört? Notiere auch sie. Falls du Fragen zum Gehörten hast, schreibe sie ebenfalls auf, z. B. *Wo liegt Cape Cod? ...*

e) Höre dir den Hörtext noch einmal an und überprüfe deine Notizen. Wenn du sichergehen möchtest, dass du alles verstanden hast, höre dir den Text ruhig erneut an.

3. Schritt: Notizen ergänzen/Fragen beantworten

4 a) Was habt ihr über Edward Hopper erfahren? Setzt euch zu zweit zusammen, stellt euch gegenseitig eure Ergebnisse vor und vergleicht sie. Übernehmt gegenseitig die Informationen, die euch noch fehlen.

4. Schritt: Verstandenes sichern

Nehmt zum Vergleich die Textvorlage über den Webcode zu Hilfe.

b) Welche Fragen bleiben offen (vergleiche Aufgabe **3** d)? Recherchiere die Antworten im Internet.

Digital+ Textvorlage WES-126428-027

5 **Reflektiere**, inwieweit du dein Hörziel erreichen konntest: Konntest du genau zuhören? Was hat dazu beigetragen?
Ich habe mein Hörziel vollständig/teilweise/nicht erreicht, weil ... Das lag daran, dass ... Für mich war hilfreich, dass ...

Fachwortschatz, S. 60

5. Schritt: das Zuhörziel reflektieren

Sprache untersuchen, S. 260

6 Bist du bereit für das Quiz? Beantworte die Fragen im Webcode und kreuze die richtigen Antworten an: Die Buchstaben der richtigen Antworten ergeben ein Lösungswort.

Digital+ Quiz WES-126428-028

Freiraum, S. 61

LERNBOX

So erschließt du aufmerksam Audiotexte mit der Hörstrategie

Vor dem Hören

1. Schritt: Erwartungen äußern/ein Hörziel festlegen – Notiere, was du vom **Inhalt** des Hörtextes **erwartest**: *„Ich erwarte, dass ich etwas über Hoppers **Lebenslauf** erfahre“* und lege ein **Hörziel** fest: *„Ich beantworte die Frage, wo Hopper gelebt hat“.* Leite von deinen Erwartungen **Schlüsselbegriffe** ab: *Lebenslauf/Orte ...*

Während des Hörens

2. Schritt: erstmaliges Hören: Antworten auf Fragen notieren – Notiere nach dem ersten Hören, was du in Bezug auf deine Hörziele (deine Fragen) verstanden hast. Notiere weitere **Fragen** sowie zusätzliche Informationen, die du wichtig findest: *Orte (geb. in Nyack/New York)*...

3. Schritt: erneutes Hören: Notizen ergänzen und prüfen – **Höre** dir den Hörtext **erneut an**. Du kannst ihn auch mehrmals oder abschnittsweise anhören und die Pausen für deine Notizen nutzen. **Überprüfe** und **ergänze deine Antworten**.

Nach dem Hören

4. Schritt: Verstandenes sichern – **Tausche dich** mit einer anderen Person darüber **aus**, was du verstanden hast: Vergleicht eure Notizen und **überprüft**, ob sie **vollständig** und die **Informationen richtig** sind.

5. Schritt: Das Hörziel reflektieren – **Reflektiere:** Hast du deine Hörziele erfüllt? Was hat dazu beigetragen, dass du gut zuhören konntest?

„Mietshäuser“

Den Aufbau eines Audioguide-Textes untersuchen

Zu Beginn der Ausstellung kommen die Schülerinnen und Schüler zu dem Bild „Mietshäuser“:

Digital+
Bildvorlage
WES-126428-029

INFOTAFEL

- *„Mietshäuser" (entstanden 1923)*
- *erstes Gemälde von Hopper, das in ein Museum kam*
- *Blick von außen in ein Schlafzimmer*

1 **a)** Stell dir vor, du stehst auch vor diesem Gemälde. Wohin fällt dein Blick zuerst? Kreuze den **Eyecatcher** im Bild an.
b) Was könnte die Person bei der Arbeit denken? Notiere dies in der Gedankenblase.
c) Stellt euch zu zweit die Gedanken vor und begründet, warum diese Gedanken passend sein könnten.
d) Vermutet gemeinsam, womit die Person wohl beschäftigt ist und um wen es sich deshalb auf dem Bild handeln könnte. Nehmt die **SPRACHBOX** zu Hilfe.

SPRACHBOX
die Angestellte – die Hausfrau – die Schürze – die Bettwäsche – der Haardutt – wechseln – aufschütteln – die Kittelschürze – der Bettbezug – aufräumen – lüften

Fachwortschatz, S. 60

Digital+
Audio
WES-126428-030

2 **a)** Höre dir den Audioguide-Text zum Bild über den Webcode an. Folge der Beschreibung mit einem Stift. Nutze die Bildvorlage im oberen Webcode.
b) Vergleicht zu zweit die Linienführung miteinander. Wertet dazu die entstandenen Linien aus: An welchen Stellen im Bild habt ihr eine Pause gemacht? Worauf wurde euer Blick durch die Beschreibung gelenkt? Wo wurde detailliert beschrieben?
c) Haltet die Punkte, auf die euer Blick gelenkt wurde, als Gliederungspunkte für einen eigenen Audioguide-Text fest: *Informationen zum Bild, Eyecatcher …*

Dies ist die Bildbeschreibung, die ihr euch gerade angehört habt:

(1) „Hier stehst du nun vor einem besonderen Bild: Dem Gemälde „Mietshäuser". Es war das erste Gemälde von Edward Hopper, das in einem Museum ausgestellt wurde. Hopper hat es 1923 gemalt. Es ist also schon älter als 100 Jahre. Der Maler lässt uns darauf in das Schlafzimmer eines Wohnhauses blicken.

Titel, Maler (s. Infotafel)

(2a) Dein Blick fällt bestimmt zuerst auf die Frau mittleren Alters, die sich dort im Zimmer befindet. Kommt es dir nicht auch so vor, als würdest du die Person heimlich beobachten? Das liegt daran, dass Hopper uns einen Blick durch ein Fenster werfen lässt, ohne dass die Person auf dem Bild dies mitbekommt. Wenn du genau hinschaust, kannst du einiges an der Frau und ihrer Umgebung erkennen. Sie ist recht rundlich. Ihre rotblonden Haare trägt sie zu einem Dutt zusammengebunden am Hinterkopf. Vielleicht fragst du dich, um wen es sich bei der Person handelt? Ist es eine Hausangestellte oder wohnt sie dort selbst? Durch ihre Kleidung sieht sie wie eine Hotelangestellte aus, die für das Housekeeping[1] zuständig ist. Dieser Eindruck entsteht dadurch, dass sie ein recht unscheinbares graues Kleid mit langen Ärmeln und darüber eine weiße Kittelschürze trägt, die auf dem Rücken mit einer Schleife zusammengebunden ist. Allerdings ist ihr Kleid recht tief ausgeschnitten. Zum Kleid trägt sie flache schwarze Schuhe ohne Schnürsenkel. Ob die wohl bequem sind?

Wirkung

Aussehen der Frau

Wirkung/Kleidung

[1] **das Housekeeping**: jemand, der dafür sorgt, dass die Räume gereinigt werden

(2b) Wenn du die Frau betrachtest, dann siehst du sie seitlich von links. Somit kannst du ihren Gesichtsausdruck nicht genau erkennen. Dir fallen aber sicherlich ihre geröteten Wangen auf. Was meinst du? Ist sie geschminkt oder kommt die Röte vielleicht von ihrer anstrengenden Tätigkeit? Du kannst sie nämlich beim Bettenmachen beobachten. Dazu steht sie ein wenig vorgebeugt und ihre Hände stecken in dem Bettbezug. Wahrscheinlich wechselt sie gerade die Bettwäsche. Hast du nicht auch den Eindruck, dass die Frau diese Arbeit regelmäßig erledigt? Sie wirkt recht routiniert, vielleicht ist sie auch etwas ausgepowert.

Wirkung

---

(3) Wende deinen Blick einmal von der Frau ab und schau dir das Innere des Zimmers an: Entdeckst du einige Gegenstände, nämlich einen ovalen[2] Spiegel mit einem dicken Holzrahmen, ein Wandbild und am rechten unteren Bildrand einen dunkelgrünen Sessel? Vielleicht fällt dein Blick aber auch durch das rechte Fenster und du erkennst auf der Fensterbank im Haus gegenüber eine Topfpflanze. Denkst du auch, dass die Häuser ganz schön nah beieinanderstehen? Die Bewohner der Häuser können sich offensichtlich gegenseitig gut beobachten. Würdest du dich in diesen Mietshäusern wohlfühlen?"

[2] **oval**: eine Form, die einem Ei ähnlich sieht

3 Untersuche, wie der Audioguide-Text (S. 39) aufgebaut ist, denn er soll dir als Beispiel für deine eigenen Texte dienen. Orientiere dich dabei an der **LERNBOX**.

a) Ermittle, welche Informationen in den einzelnen Absätzen enthalten sind. Im Text sind dazu bereits einige Informationen unterstrichen. Unterstreiche ebenfalls weitere Informationen und schreibe in die Randspalte, welche Elemente hier genannt werden.

In diesen Zeilen findest du Informationen zu *Körpermerkmalen der Frau: Z. 5, 9–10 & 18–19; Körperhaltung: Z. 21; Kleidung: Z. 13–16; Gegenständen: Z. 26–29; Umgebung: Z. 29–31; Wirkung und Erklärungen: Z. 12–14, 19–20, 23 –25 & 29–31.*

Du findest im 2. Absatz drei Informationen zu den Körpermerkmalen, einen zur Körperhaltung, vier Informationen zur Kleidung sowie sechs Beschreibungen der Wirkung. Im 3. Absatz findest du Informationen zu Gegenständen und der Umgebung sowie zwei Beschreibungen der Wirkung.

Digital+ Textvorlage WES-126428-031

Orientiere dich an der **LERNBOX** und spüre die Informationen und die Beschreibung der Wirkung sowie Erklärungen auf.

b) Ergänze den Audioguide-Text an einer geeigneten Stelle und beschreibe auch das Äußere der beiden Gebäude: Beide Mietshäuser ...

c) Vergleicht eure Ergebnisse und ergänzt die Randspalte und fehlende Informationen.

» Freiraum, S. 61

d) Gestaltet ein Lernplakat zur inhaltlichen Struktur des Audioguide-Textes.

AH S. 10–11

LERNBOX

So strukturierst du einen Audioguide-Text inhaltlich:

1. **Führe** in das Bild **ein**:
   Informiere mithilfe der **Infotafel** über das Bild: Nenne den **Titel des Bildes**, den **Maler/die Malerin**, das **Entstehungsjahr** und den **Schauplatz** bzw. **den Ort**, den du auf dem Bild erkennst. Ergänze auch **Zusatzinformationen**, falls sie dir vorliegen.
2. **Beschreibe** Personen, Gegenstände, Umgebung und ggf. Tiere:
   a) Beschreibe die **Personen**:
   - Nenne das **Geschlecht** und das ungefähre **Alter**: *Die Frau scheint mittleren Alters zu sein, wahrscheinlich um die 50.*
   - die **Körpermerkmale**: Größe, Körperbau, Augenfarbe, Haarfarbe, Hautfarbe, Besonderheiten wie *Sommersprossen, Tätowierungen* ...
   - die **Körperhaltung** sowie die **Mimik** und **Gestik**, z. B. *aufrecht, verschränkte Arme, aufgestützt, griesgrämig, schwungvoll* ...
   - die **Kleidung**: Was trägt die Person? Welche Farbe hat die Kleidung?

   b) Beschreibe erkennbare **Gegenstände**, z. B. *Im Zimmer steht ein dunkelgrüner Sessel*, sowie **Gebäude** und die **Umgebung**: *Die Frau befindet sich in einer höheren Etage eines grauen Wohnhauses. Gegenüber steht ein weiteres Haus.*
3. Nach jeder Beschreibung kannst du die **Wirkung** dessen darstellen, was du siehst, oder nachvollziehbare **Erklärungen** zu deiner Beschreibung äußern, z. B. *Die Frau wirkt, als würde sie sich beim Bettenmachen sehr anstrengen, denn sie steht sehr vorgebeugt. / Durch ihre Kleidung sieht die Frau wie eine Hotelangestellte aus, die für die Zimmereinigung zuständig ist.*

» Bildbeschreibungspalette, S. 43

„Bild“haft formulieren!
Die sprachliche Gestaltung untersuchen

Das Kunstmuseum hat auch Audiotexte im Programm, die sich vorrangig an Jugendliche richten. Der Audiotext „Mietshäuser“ ist ein Beispiel dafür:

1 Finde heraus, woran du erkennst, dass sich dieser Audiotext an Jugendliche richtet. Gehe so vor:

a) Höre dir den Audioguide-Text noch einmal konzentriert an und achte auf Formulierungen, die sich an dich richten könnten. Mache dir dazu Notizen.

b) Tauscht euch zu zweit über eure Ergebnisse aus. Nutzt dazu die Formulierungen der **SPRACHBOX**.

Digital+ Audio WES-126428-032

SPRACHBOX

Mir ist aufgefallen, dass ... – Ich fühle mich durch ... angesprochen, weil ... – Ich konnte der Beschreibung gut folgen, weil ... – Die Formulierung „...“ (Z. ...) sorgt dafür, dass Jugendliche ..., denn so ... – Ich kann mir alles gut vorstellen, denn ... – Es wurden Formulierungen verwendet, die alle Jugendlichen verstehen. – Dies wirkt besonders anschaulich / weckt meine Neugier / ist sehr verständlich / hört sich interessant an, weil ...

2 Untersucht nun den Audioguide-Text auf Seite 39 genauer, um herauszufinden, wie ihr selbst solch einen Text formulieren solltest, um das Interesse eurer Adressatinnen und Adressaten zu wecken. Arbeitet dazu arbeitsteilig zu dritt:

a) Teilt euch als Stammgruppe die Bildbeschreibung untereinander auf: Abschnitt (1) und Abschnitt (2a), Abschnitt (1) und Abschnitt (2a) und (2b), Abschnitt (2a) und (2b) und Abschnitt (3).

b) Spürt in euren Textabschnitten **adressatenorientierte Formulierungen** auf. Einige Beispiele sind im Text bereits farbig markiert. Markiert weitere Beispiele aus dem Text zu den Hinweisen 1–4 der **LERNBOX** auf Seite 42 farbig.

» Fachwortschatz, S. 60

c) Trefft euch mit einer anderen Dreiergruppe: Bildet Expertenteams mit jeweils der Person, die die gleichen Textabschnitte untersucht hat, und vergleicht eure Ergebnisse. Fasst sie zusammen, um sie eurer Stammgruppe vorstellen zu können. Nennt dazu Beispiele aus dem Text und erläutert, worin die adressatenorientierte Formulierung besteht. Orientiert euch an der **LERNBOX** auf Seite 42.

Formuliert so: *Der Einstieg weckt Interesse, weil auf ... aufmerksam gemacht wird. / In den Zeilen ... sind Beispiele für eine Anrede: ... / In den Zeilen ... finden sich folgende Fragen: ... / Beispiele für anschauliche und lebendige Ausdrücke: ... / Der Text enthält Vergleiche, nämlich in Zeile ... und Zeile ... Es werden ... verglichen. / Der Blick wird durch Formulierungen wie ... in den Zeilen ... gelenkt.*

d) Stellt eurer Stammgruppe eure Ergebnisse vor. Die Zuhörerinnen und Zuhörer verfolgen die Darstellung am Text und stellen Fragen, wenn sie etwas nicht verstehen. Zuerst stellt Abschnitt 1 vor und ergänzt. Anschließend stellt die Abschnitte 2a und 2b vor und ergänzt. Abschließend stellt Abschnitt 3 vor.

3 Probiere dich aus und experimentiere mit dem Audioguide-Text: Ergänze dazu weitere adressatenorientierte Formulierungen (Ansprache und Fragen / Vergleiche / anschauliche Adjektive, Verben oder Nomen / Formulierungen aus der Sprache der Jugendlichen).

a) Markiere mit dem Korrekturzeichen „austauschen ⌊×⌋“ oder „einfügen ⌈“ im Audioguide-Text von Seite 39 die Stellen, die du verändern (Ersatzprobe) oder ergänzen (Erweiterungsprobe) möchtest.

b) Setze deine Formulierungen in den Text ein.

Diese Formulierungen kannst du nutzen:

- *Vergleiche: Das Zimmer erinnert an … – … wirkt so gemütlich wie … – so sauber wie … – … ähnelt einer Uniform – der Sessel/der Spiegel sehen aus wie …*
- *Nomen: eine funktionale Einrichtung – die Möblierung – zusammengeraffte Haare – einen Schatten werfen …*
- *Verben: aufschütteln – vertieft sein in – beschäftigt sich mit …*
- *Adjektive: sorgfältig – täglich – auffallend – blütenweiß – reinlich – konzentriert …*
- *Fragen: Hättest du das gedacht? – Entdeckst du, was sich rechts/links … befindet? – Erinnert dich das Gebäude nicht auch an …? – Woran erinnert dich die Situation? Vielleicht an …?*

c) Beschreibe auch die Fassade des Mietshauses gegenüber mit adressatenorientierten Formulierungen.

d) Stellt euch zu zweit eure Formulierungen vor. Tauscht euch darüber aus, ob ihr Formulierungen gewählt habt, von denen sich Jugendliche besonders angesprochen fühlen: Ich habe in Zeile 27 die Farben der Einrichtung genauer beschrieben, denn …

Digital+
Textvorlage
WES-126428-033

LERNBOX

So formulierst du adressatengerecht:

1. Wecke mit einem **interessanten Einstieg** die Neugier auf das Bild: Nenne, worauf dein Blick als Erstes fällt (**Eyecatcher**), oder gib einen besonderen Hinweis zum Bild und wecke eine bestimmte Erwartung: *Hier stehst du nun vor einem auf den ersten Blick sehr schlichten Bildmotiv …*
2. **Sprich** deine Adressatinnen und Adressaten **direkt an** (*Wenn du genau hinschaust, siehst du …*) oder **stelle Fragen** an sie (*Woran denkt sie wohl gerade?*). Damit regst du ihre Gedanken an.
3. Beschreibe **genau**, **anschaulich** und **abwechslungsreich**:
   - Schreibe für die Adressatinnen und Adressaten **verständlich**. Erkläre ihnen z. B. unbekannte Wörter.
   - Verwende **anschauliche Adjektive, Verben** oder **Nomen**: *sich unbeobachtet fühlen, verträumt blicken, in Gedanken sein.*
   - Verwende **Vergleiche**: *Der Blick in das Fenster wirkt wie bei einer Filmeinstellung.*
   - Nutze Formulierungen, die aus der **Erfahrungswelt** von Jugendlichen stammen: *wenig modisch unterwegs, ausgepowert.*
4. Verwende für Überleitungen **abwechslungsreiche Satzanfänge** oder **lenke den Blick** deiner Adressaten: *Richte den Blick nun auf … / Wende dich jetzt dem linken Bildrand zu …*

Bildbeschreibungspalette

Adjektive zur Beschreibung von Personen und Tieren

Körper/Körperhaltung: muskulös – schlank – trainiert – knochig – kurvig – breitschultrig – zierlich – jugendlich – rundlich – athletisch – aufrecht – der gesenkte Kopf – gebeugt – die Arme verschränkt – entspannt – unnahbar – zugewandt – die Beine übereinandergeschlagen – aktiv – lebendig – gespannt

Gesichtsausdruck: aufmerksam – freundlich – nachdenklich – cool – überheblich – verträumt – lustlos – bedrückt – konzentriert – müde – erwartungsvoll – offener/stechender/durchdringender Blick – genervt – freudig

Kleidung

modisch – elegant – lässig – leger – sportlich – seriös – knapp bekleidet – unauffällig – auffallend – schulterfrei – trägerlos – der Anzug – das Sommerkleid – die Schürze – das Abendkleid – das Kostüm – die Krawatte

Umgebung

der Waldrand – die Lichtung – die Schnellstraße – die Wiese – die Großstadt – der Collie – hügelig – trostlos – einsam – idyllisch – dunkel – weitflächig – einladend

Beziehungen zwischen Personen

verliebt – befreundet – miteinander vertraut – distanziert – sind sich fremd – zerstritten – ein angespanntes Verhältnis – zärtlich – stehen sich nah

Gebäude/Räume

das Wohnhaus – die Holzfassade – der Erker – die Holzschindeln – die Veranda – die Terrasse – der Wintergarten – die Brüstung – die Fensterläden – die Vorhänge – der Lampenschirm – die Zapfsäulen – der Lehnstuhl – gemütlich – eng – kahl – hell – beleuchtet – verziert – einladend – farbenfroh

Farben

dunkelgelb – zitronengelb – ockergelb – limonengrün – grasgrün – schokoladenbraun – rotbraun – kirschrot – cremeweiß – hellblau – türkis – himmelblau – dunkelblau – graublau – azurblau – kobaltblau

Wirkung

Die Stimmung auf dem Bild ist/wirkt ... – Es scheint so, als ob ... – fröhlich – verträumt – entspannt – einsam – trostlos – einladend – niedergeschlagen – gemütlich – gelassen – Die Umgebung erscheint ... – Es sieht so aus, als wären ... – Vermutlich sind die Personen miteinander ... – Das Bild vermittelt den Eindruck, als ob ...

Blick lenken

Dein Blick fällt bestimmt zuerst auf ... – In der Mitte/rechts/links von ... siehst du ... – Wende dich nun der/dem ... zu. – Wenn du genau hinschaust, entdeckst du ... – Das Gemälde, vor dem du jetzt stehst, ... – Wie du auf ... erkennen kannst ...

Vergleiche

so sauber/eindrucksvoll/... wie ... – ... erinnert an ... – wie ein Serienhund – wie eine Künstlerin – ähnelt einer Schauspielerin

Fragen

Geht es dir auch so, dass ...? – Findest du nicht, dass ...? – Denkst du dabei vielleicht auch an ...?

„Blick aufs Meer“
Ein Standbild bauen

Am Bild „Blick aufs Meer“ angekommen, wird den Besucherinnen und Besuchern der Kunstausstellung während der Führung die Möglichkeit geboten, selbst aktiv zu werden:

Digital+ Bildvorlage WES-126428-034

INFOTAFEL
- *„Blick aufs Meer" (entstanden 1952)*
- *ein Strandhaus auf Cape Cod*

1 **a)** Tauscht euch darüber aus, was die Besucherinnen und Besucher der Ausstellung an dieser Stelle wohl ausprobieren können.
b) Was könnte das Ausprobieren bewirken?

2 Probiert euch ebenfalls aus und versetzt euch in die Personen und die Situation. Stellt dazu zu dritt die Situation auf dem Bild als **Standbild** nach. Geht dabei so vor, wie in der **LERNBOX** auf Seite 45 beschrieben.

Fachwortschatz, S. 60

3 Wertet gemeinsam die Darstellung des Standbilds aus. Verwendet dazu die Formulierungen aus der **SPRACHBOX**.
- Vermutet, was die Körperhaltung der Frau sowie die des Mannes ausdrücken.
- Benennt, in welcher Beziehung die Personen eurer Meinung nach zueinander stehen, und begründet, woran dies zu erkennen ist.
- Schildert jeweils, wie ihr euch in eurer Rolle gefühlt habt, und erläutert, woran es gelegen hat, dass ihr euch in der dargestellten Rolle so gefühlt habt.
- Besprecht, ob die geäußerten Gedanken für alle nachvollziehbar sind.
- Notiert auf dem Foto eures Standbildes die geäußerten Gedanken der jeweiligen Person, um sie wachzuhalten und nachzuempfinden.

In der Rolle der Frau / des Mannes habe ich mich ... gefühlt. Das lag daran, dass ...

Ich konnte mich leicht/ nur schwer in die Rolle der Frau/des Mannes versetzen, denn ...

SPRACHBOX

zu **Stichpunkt 1**: Ausdruck der Körperhaltung: die Langeweile – die Distanz – die Zugewandtheit – die Sprachlosigkeit – das Interesse – die Ruhe – die Konzentration – die Anspannung – die Gelassenheit – die innere Einkehr – die Wut
zu **Stichpunkt 2**: Beziehung der Personen zueinander: Meiner Ansicht nach ... – Ich denke, dass sie ... – Ich halte sie für ... befreundet/verheiratet/miteinander bekannt. – die Geschwister – sind ein Paar – leben zusammen – verliebt – miteinander vertraut – sind sich fremd – zerstritten – voneinander gelangweilt – sind aufeinander eingespielt – distanziert – stehen sich nah – entfremdet – wirken passiv
zu **Stichpunkt 3**: Es hat sich für mich fremd angefühlt, ... – eine Rolle spielen – reale/nicht reale Situation – bekannte/unbekannte Situation – sich beobachtet fühlen – sich (nicht) gut einfühlen können in ... – gut nachvollziehbar – sich fremd fühlen – die Situation kennen/nicht kennen – eine Rolle spielen – eine reale/nicht reale Situation – sich beobachtet fühlen

» Freiraum, S. 61

LERNBOX

So baust du ein Standbild:

Durch ein Standbild kannst du dich **in eine Szene** oder **in eine Person hineinfühlen**, um deren mögliche **Gedanken** oder **Gefühle nachempfinden** zu können.

1. Verteilt die **Rollen**: Wer stellt jeweils eine der **Personen** dar? Wer wird zur **Regisseurin** bzw. zum **Regisseur** (= Standbildbauer/-in)?
2. Nehmt die **Position** eurer Person ein. Die Regisseurin oder der Regisseur achtet auf die richtige **Körperhaltung** und eine passende **Mimik** und **Gestik**. Sie/er achtet auch darauf, wie die Personen zueinander stehen.
3. Wenn das Standbild fertig ist, ruft die Regisseurin bzw. der Regisseur „**Freeze**“. Das bedeutet, dass ihr einen Moment lang die Haltung beibehaltet, sodass die Zuschauenden das Bild genau betrachten oder ein Foto machen können.
4. Lasst die Personen über ihre Gedanken und Gefühle **sprechen**: Auf Anweisung der Regisseurin oder des Regisseurs äußert die Person in der **Ich-Form**, wie sie sich gerade in der Situation **fühlt** und was sie **denkt**.
5. Als Regisseur/-in entlässt du die Personen anschließend aus ihren Rollen.
6. **Wertet** das Standbild gemeinsam **aus**: Geht auf inhaltliche Erkenntnisse sowie auf eure Wahrnehmungen ein. Die Zuschauerinnen und Zuschauer äußern ihre **Vermutungen**. Der Regisseur leitet das Gespräch und gibt **Rückmeldungen**.

„Farbenfroher Badetag“

Farbbezeichnungen richtig schreiben

1 Der Schülerin Kira haben die Farben des Bildes „Blick aufs Meer“ besonders gut gefallen. Begeistert diktiert sie eine Nachricht an ihre Mutter, um ihr die Farben zu beschreiben.

a) Benenne die Grundfarbe, die das Bild „Blick aufs Meer“ bestimmt.

b) Wie viele verschiedene Blautöne kannst du benennen? Notiere möglichst viele. Orientiere dich an den **Farbbezeichnungen** der **Bildbeschreibungspalette** auf Seite 43.

» Fachwortschatz, S. 60

„Hi Mum. Wir haben gerade ein Standbild zu einem tollen Bild gebaut. Die Farben haben mich echt geflasht: Du glaubst nicht, wie hell und harmonisch sie wirken! In das glitzernde (1) TIEFBLAUE Meer willst du direkt reinspringen. Für das sommerliche (2) BLAU des Himmels hat Hopper eher ein (3) WEIßBLAU als ein (4) HIMMEL/BLAU gewählt. Sein Bild wirkt durch die (5) HELLWEIßEN Wölkchen vergnügt. Selbst der (6) DUNKELGRAUE Schatten der Frau auf der (7) KREIDEWEIßEN Hausfassade bewirkt, dass das strahlende (8) WEIß des Strandhauses noch betont wird. Besonders gefällt mir das (9) FEUERROT eines Handtuchs auf der Leine. Das (10) NEONGRÜNE Handtuch daneben bildet einen leuchtenden Kontrast zum (11) AZURBLAU der linken Hauswand. Aufgefallen ist mir ein (12) OCKERGELBER Fleck auf einem Felsen. Ein kleiner Farbklecks, der das (13) SCHIEFERGRAU des Felsens und das tiefe (14) MEERESBLAU unterbricht – ein ähnlicher Effekt wie bei der (15) ROSTROTEN Eisenkette, die zwei Holzpfähle umschließt. Durch diese leuchtenden Farben macht das Bild auf mich den Eindruck eines entspannten Tages am Meer.“

2 **a)** Vergleiche Kiras Beschreibung mit deinen Farbbezeichnungen aus Aufgabe **1**. Hast du ähnliche Blautöne gewählt?

b) Entscheide mithilfe der **LERNBOX**, wie die in Großbuchstaben gedruckten Farbbezeichnungen geschrieben werden, und notiere die richtige Schreibweise.

8 Farbbezeichnungen werden großgeschrieben.

c) Ordne jeder Farbbezeichnung die Erklärung der Schreibweise zu. Schreibe so: *das tiefblaue Meer = Regel 2*

d) Bestimme die Wortarten der Farbbezeichnungen und schreibe sie dahinter.

LERNBOX

Schreibweise von Farbbezeichnungen

1. **Groß** schreibst du, wenn vor der Farbbezeichnung (= Nomen) ein **Artikel**, eine **Präposition**, ein **Pronomen** oder ein **Adjektiv** steht: *das Blau des Meeres, ins (in das) Blaue, das helle Blau.*
2. **Zusammen** und **klein** (= Adjektiv) schreibst du, wenn du …
   - **zwei Farbadjektive** miteinander verbindest: *hellblau, grüngelb*;
   - ein **Nomen** und ein **Farbadjektiv** kombinierst: *Blut + rot = blutrot.*

» Richtig schreiben, S. 291

„Abend in Cape Cod" – *Mit TaskCards kooperativ planen und schreiben*

Eine Schülergruppe steht nun vor dem Bild „Abend in Cape Cod":

INFOTAFEL
- *„Abend in Cape Cod" (entstanden 1939)*
- *Cape Cod (deutsch: Kap Kabeljau): Halbinsel im US-Bundesstaat Massachusetts*
- *Skizzen von Orten und Figuren aus der Umgebung wurden zu einem Bild zusammengefügt*
- *solch trockenes Gras war im Spätsommer und Herbst von Hoppers Arbeitszimmer aus zu sehen*

Digital+ Bildvorlage WES-126428-035

1 **a)** Stelle dir vor, du stehst auch vor diesem Bild. Wohin fällt dein Blick zuerst? Kreuze den Eyecatcher im Bild an. Nutze den Webcode.
b) Tauscht euch zu zweit über euren Eyecatcher aus: Seid ihr auf die gleiche Stelle im Bild gestoßen? Nutzt dazu die **SPRACHBOX**. Begründet jeweils, warum dies der Eyecatcher für euch ist.

2 Nimm dir eine Minute lang Zeit und betrachte das Bild genauer:
a) Überlege dir: Was könnte der Hund entdeckt haben? Was denkt die Frau/der Mann vermutlich? Was glaubst du, wonach der Mann die Hand austrecken könnte? Welche Jahreszeit zeigt das Bild?
b) Tauscht euch aus, welche Antworten ihr darauf habt.
c) Ergänze eine, zwei, drei weitere Fragen zu dem Bild. Lasse sie anschließend von einer Partnerin oder einem Partner beantworten.

SPRACHBOX
die Fassade – die Verzierung – der Erker – der Collie – die Jalousien – der Waldrand – steht mittig – der sitzende Mann – die Grasfläche – die stehende Frau

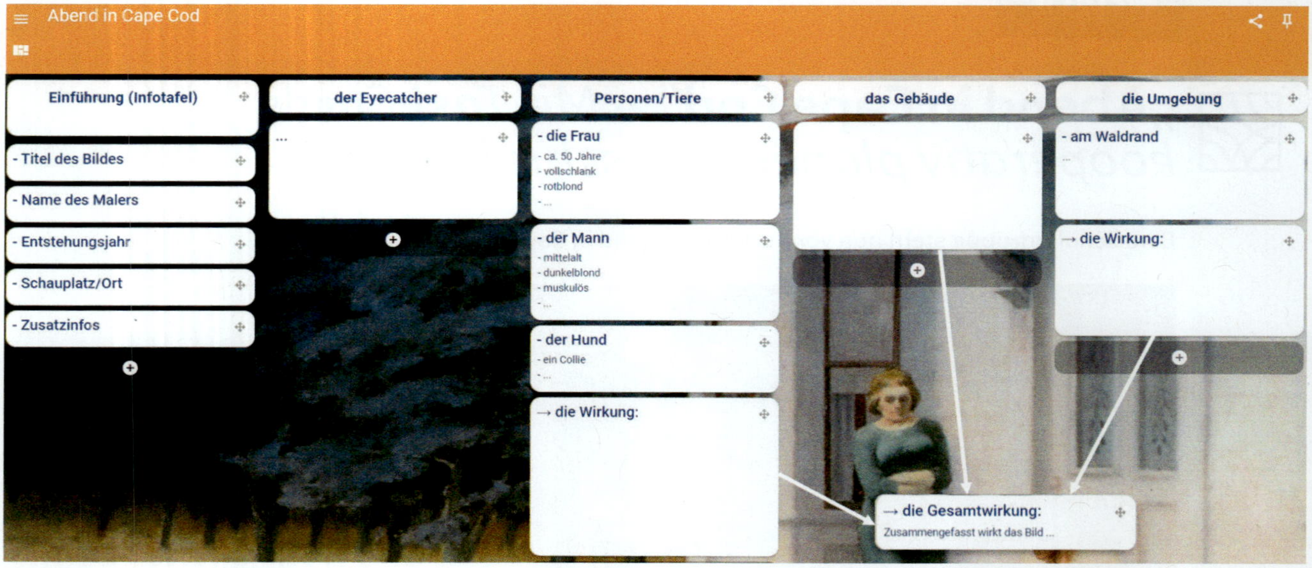

3 Zu diesem Bild fehlt noch ein passender Audioguide-Text, der sich an jugendliche Ausstellungsbesucherinnen und -besucher richtet. Eine Schülergruppe hat sich entschieden, diese Bildbeschreibung gemeinsam mithilfe der App **TaskCards** digital zu planen. Sie haben sich dabei für die Darstellungsweise einer Pinnwand entschieden.

a) Tauscht euch zu zweit mithilfe der beiden Abbildungen darüber aus, wie die Pinnwand der Gruppe aufgebaut ist. Nutzt dazu die **SPRACHBOX**.

b) Sprecht darüber, wie die Schülerinnen und Schüler diese digitale Pinnwand für ihre Bildbeschreibung nutzen können und warum sie sie so aufgebaut haben. Nutzt dazu die **SPRACHBOX** und vergleicht eure Ergebnisse mit den Hinweisen in der **LERNBOX**.

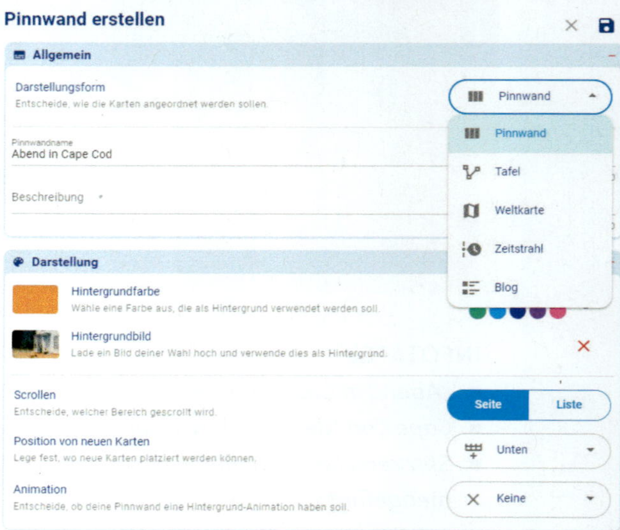

» Fachwortschatz, S. 60

LERNBOX

So arbeitest du digital mit einer TaskCard:

1. „TaskCards" ist eine Onlineplattform, mit der du **allein** oder **gemeinsam** mit anderen **digital Arbeitsergebnisse sammeln**, **strukturieren** und **speichern** kannst.
2. Dazu erstellst du eine **Pinnwand** zu einem Thema, auf der du Texte, Bilder oder Videos sowie Links zu ähnlichen Inhalten hinterlegst.
3. Um **mit anderen gleichzeitig** (= kollaborativ) daran zu arbeiten, eröffnest du einen Zugang auf die Pinnwand für ausgewählte Nutzerinnen und Nutzer durch einen **Link** oder einen **QR-Code**. Zugriff auf die Pinnwand haben nur Nutzerinnen und Nutzer, die dazu eingeladen sind. Die **Daten** sind also **geschützt**.
4. Lege dir nur dann einen **Account** an, wenn deine **Eltern** damit **einverstanden** sind.

SPRACHBOX

zu **3** a) die Kachel – die Spalten – die Darstellungsform – die Überschriften – der Hintergrund – die Farbauswahl – die Sicherheit – die Verbindung
zu **3** b) sammeln – gemeinsam arbeiten – die Arbeitsergebnisse zusammentragen – sinnvolle Gliederung – der Schreibplan – jede/-r hat Zugriff auf ... – dient als Vorbereitung auf ...

4 Bereitet arbeitsteilig zu fünft eine Bildbeschreibung mithilfe von TaskCards vor. Geht dabei so vor:

a) Legt für jeden Gliederungspunkt (siehe **LERNBOX**, Seite 40, 1. und 2. Punkt) eine Kachel als Teilüberschrift an und teilt die Bildelemente (z.B. Frau, Mann) untereinander auf.

b) Ergänzt gemeinsam die Kacheln „Einführung (Infotafel)" und „Eyecatcher".

c) Danach arbeitest du mit den einzelnen Bildelementen weiter: Notiere auf den Kacheln stichpunktartig, was du dazu auf dem Bild erkennst.
Nutze die Formulierungshilfen der **Bildbeschreibungspalette** auf Seite 43.

d) Ergänze deine Beschreibung, indem du die Wirkung darstellst und mögliche Erklärungen formulierst (siehe **LERNBOX**, Seite 40, 3. Punkt).
Stelle dir folgende Fragen und beantworte sie mithilfe der **SPRACHBOX**:
– Sind die Frau und der Mann ein Paar/Freunde? Welche Körperhaltung haben sie? Was drückt ihre Körperhaltung aus?
– Welche Körperhaltung hat der Collie? Wohin schaut er? Was hat er wohl entdeckt?
– Was kannst du am Haus/im Haus/in der Umgebung erkennen? Welche Tageszeit/Jahreszeit ist gerade?

e) Stellt euch anschließend eure Ergebnisse (Bildelemente) vor: Überprüft, ob die Beschreibung der Bildelemente vollständig ist, und ergänzt die Notizen, wenn nötig.

Digital+
TaskCard
WES-126428-036

SPRACHBOX

- Der Mann und die Frau wirken wie ...
- Ihre Körperhaltung ist lässig/angespannt/abgewandt ...
- ... schaut auf das Feld hinaus. Dies wirkt so, als ob dort ...
- Der Wald im Hintergrund wirkt wie ...

5 Schreibe auf der Grundlage eurer bisherigen Ergebnisse der TaskCards einen Audioguide-Text zu dem Bild „Abend in Cape Cod", der sich an Jugendliche richtet. Orientiere dich an den **LERNBOXEN**, Seite 40 und 43.

a) Beginne mit der Einführung in das Bild:

So kannst du beginnen:
Hier stehst du nun vor dem Gemälde „...". Es stammt aus dem Jahr ...
Als Schauplatz hat Hopper ... gewählt.

Nenne darin den Titel, den Maler, das Entstehungsjahr sowie den Schauplatz.

Nimm auch die Informationen (Verortung in den USA, Jahreszeit, Skizzen) auf.

b) Beschreibe die einzelnen Bildelemente und deren Wirkung.

Du kannst folgende Formulierungshilfen verwenden:
- Auf den ersten Blick erkennst du ...
- Das Bild zeigt zwei Personen: Eine Frau, im Alter von ca. ... . Auf den Treppenstufen sitzt ... - Die verschränkten Arme der Frau weisen darauf hin, ...
- Durch den ausgestreckten Arm des Mannes scheint es, als ... - Der Collie im unteren Teil des Bildes wendet sich aufmerksam nach rechts, als hätte er ...
- Das Haus liegt am Waldrand ... – von Wiesen und Felder umgeben ...
- Die Fassade des Hauses wirkt durch die Farbe ... – vornehm – verspielt – frisch ...

6 Überprüft in Partnerarbeit eure Audioguide-Texte. Tauscht sie dazu aus:

a) Kontrolliert anhand der **LERNBOX** auf Seite 40, ob ihr alle Bildelemente detailliert beschrieben habt. Hakt ab bzw. ergänzt Fehlendes.

b) Prüft mit der **LERNBOX** auf Seite 42, ob ihr adressatenorientiert formuliert habt.

Freiraum, S. 61
AH S. 12

Stimmungsvolle Atmosphäre?

Die Gesamtwirkung eines Bildes ermitteln

1 Bilder wirken auf jeden von uns unterschiedlich. Wie wirkt das Bild „Abend in Cape Cod“ auf dich, nachdem du es beschrieben hast? Ermittelt die **Gesamtwirkung** des Bildes. Berücksichtigt dabei die Aspekte aus der **LERNBOX**. Geht so vor:

» Fachwortschatz, S. 60

a) Notiere ein Adjektiv, das für dich am besten zur Wirkung des Bildes passt, gut lesbar auf einer Karte.

Daraus kannst du auswählen: *ruhig – friedlich – spannungsgeladen – heiter – einladend – gemütlich – idyllisch – harmonisch – bedrohlich.*

b) Heftet die Karten an eine Präsentationswand. Ordnet sie anschließend gemeinsam: Welche Adjektive passen zusammen? Welche sind gegensätzlich?

c) Besprecht eure Ergebnisse und begründet auf Grundlage des Bildes, welche Adjektive die Wirkung auf die Betrachtenden am zutreffendsten ausdrücken. Erläutert, wie ihr zu dieser Einschätzung gekommen seid. Ihr könnt die Formulierungen der **SPRACHBOX** verwenden.

d) Ergänzt danach den folgenden Satz auf der Kachel eurer Pinnwand:
Zusammengefasst wirkt das Bild ...

SPRACHBOX

Insgesamt wirkt das Bild ... Das liegt daran, dass ... – Durch ... vermittelt Hopper ... – Das Bild vermittelt insgesamt eine ... Stimmung. – Den Eindruck von ... macht das Bild durch ..., denn ... – Die Atmosphäre des Bildes entsteht durch ... – Die Gelbtöne harmonieren mit ... – Alle Farben vermitteln eine ... Atmosphäre. – harmonisch – warm – angenehm – beruhigend – aufeinander abgestimmt – frisch

LERNBOX

So beschreibst du die Gesamtwirkung eines Bildes:

Um die **Gesamtwirkung** eines Bildes zu ermitteln, gehst du auf deine **Beobachtungen**, die **Wirkung** und **Erläuterung** dazu ein:

1. Du fasst den Eindruck, nämlich die **Stimmung** und die **Atmosphäre**, den das Bild auf die Betrachtenden macht, **zusammen**: *Das Bild vermittelt die Stimmung eines ruhigen und friedlichen Herbstabends.*
2. Du **erläuterst**, wie dieser Gesamteindruck in Bezug auf deine Beobachtungen entsteht. *Das Liegt daran, dass ...*
   Du kannst auf folgende Aspekte eingehen:
   - auf die **Körperhaltung** der Personen: ... *die locker verschränkten Arme der Frau eine bequeme Körperhaltung zeigen, die gelassen wirkt;*
   - auf die **Beziehung der Personen zueinander**: ... *die Personen vertraut wirken, denn sie verbringen den Abend gemeinsam mit ihrem Hund;*
   - auf die **Bedeutung** der abgebildeten **Gegenstände** sowie der **Umgebung**: ... *die hellweiße Hausfassade eine freundliche Atmosphäre ausstrahlt;*
   - auf die **Beschreibung** der verwendeten **Farben** und deren **Deutung**: ... *das in Gelbtönen gemalte Gras und die Fellfarbe des Collies warm und harmonisch wirken und so eine entspannte Feierabendstimmung vermitteln.*

» Richtig schreiben, S. 292

2 Ergänze nun deinen Audioguide-Text von Seite 49 um die Gesamtwirkung des Bildes, das heißt, du **deutest** es. Berücksichtige deinen Adressaten und nutze die Formulierungen der **SPRACHBOX**.

Fachwortschatz, S. 60

SPRACHBOX

Wirkt das Bild nicht insgesamt sehr ...? – Fühlst du ebenfalls diese ... Stimmung? – Hast du nicht auch den Eindruck, als ob ...? – Spürst du die Spannung/die Zufriedenheit/die Ruhe ...? – Hopper erreicht diese Wirkung durch ... – Das liegt daran, dass ... – frisches Grün – harmonische Gelbtöne – Die verwendeten Farben sorgen dafür, dass ... – die Abendruhe – sorglos – zur Ruhe kommen – sich ausruhen – alltäglich – friedlich – in sich ruhen – entspannt – genießen – zufrieden sein – sich wohlfühlen – zusammengefasst wirkt die Atmosphäre ... – Deshalb ist die Stimmung/Wirkung ...

Verwende für die Darstellung der Wirkung den Lückentext:
Geht es dir auch so, dass das Bild auf dich insgesamt sehr ... wirkt? Das liegt sicher einerseits an der ... Körperhaltung der Frau. Ihre Körperhaltung spiegelt wider, dass es ihr ... geht. Wer von euch einmal die gleiche Haltung einnimmt, wird ebenfalls feststellen, dass ... Auch die Beziehung der Personen zueinander erscheint ... Sie wirken so, als ob sie ..., denn ...
Dass das Paar sich vor den Stufen eines hellgrauen Hauses befindet, unterstützt den Eindruck, dass es sich bei diesem Ort um ... handelt.
Selbst der Collie, der aufmerksam in Richtung Wald blickt, vermittelt den Eindruck, als ob er ...
Und wie geht es euch, wenn ihr die Umgebung betrachtet? Ist es nicht so, dass man ...? Das ... Gras lädt dazu ein, ... Das liegt daran, dass Hopper durch die verwendeten Farben die Stimmung eines ... vermittelt. So gelingt Hopper insgesamt der Eindruck ... Zusammengefasst wirkt das Bild ...

Achte darauf, dass du auf die Körperhaltung der Personen und des Collies, die Beziehung des Paares, die Umgebung sowie die Farben eingehst. Diese Satzanfänge kannst du nutzen:
Wirkt das Bild insgesamt auch auf dich ...?
Das liegt sicher einerseits an ...
Die Darstellung spiegelt die Beziehung des Paares wider, denn ...
Auch das Haus als Schauplatz dient der ... Wirkung, da ...
Dazu tragen die Farben der Umgebung ... bei, ...

Verwende bei der Beschreibung der Wirkung auch Vergleiche, die Jugendliche nachvollziehen können, und beachte deine Adressatinnen und Adressaten.

3 **a)** Stellt in einer Schreibkonferenz eure Ergebnisse vor. Achtet darauf, ob die Einschätzungen begründet und nachvollziehbar sind. Notiert ggf. Fragen am Rand.
b) Sammelt Formulierungen, die ihr besonders gelungen findet und die ihr für eure weiteren Audiotexte verwenden könntet.

4 Nimm deinen Audioguide-Text als **Audiodatei** auf. Orientiere dich an der Vorgehensweise im Fachwortschatz.

Fachwortschatz, S. 60

„Sommerabend“ I

Eine Beschreibung planen und formulieren

Stelle deinen Mitschülerinnen und Mitschülern eines der folgenden Hopper-Bilder mit einem passenden Audioguide-Text vor.

1 Entscheide dich für eines der Bilder, das du beschreiben möchtest:

Digital+ Vorlage Bilder WES-126428-037

①

INFOTAFEL
- *„Sommer” (1943)*
- *Menschen in ihrer Freizeit*
- *Ort: großes Wohnhaus*
- *Hopper will Leben in der Stadt darstellen*

②

INFOTAFEL
- *„Sommerabend” (1947)*
- *Menschen in ihrer Freizeit*
- *Ort: Veranda eines typischen Hauses an der US-Ostküste*

③

INFOTAFEL
- *„Zimmer in New York” (1932)*
- *Hopper stellt die Beziehung zwischen Menschen in der Stadt dar*

zu Bild 1: *„Sommer”*
<u>Beschreibung</u>:
junge Frau: schlanke Figur – Kleidung: durchsichtig – knielang – transparent – luftig – hellweiß – die Taille – der Strohhut mit Band – aufrecht – angelehnt – posieren – blickt nach vorne – die Säule – der Mosaikboden – die Steinfassade – Schatten werfen – der Kontrast
<u>Wirkung</u>: ... scheint zu warten – wie ein Model – erinnert an ein Modecasting – kühl – strahlend – mächtig – eindrucksvoll – pompös – wirkt schick

zu Bild 3: *„Zimmer in New York”*
das Paar: die Krawatte/die Weste – aufgekrempelt – leuchtend orangerotes Kleid/Sessel – gelangweilt – konzentriert – abgewandt – aufgestützt – vertieft in ... – die Klaviertasten – der Lampenschirm – das Notenblatt

zu Bild 2: *„Sommerabend”*
das junge Paar: angelehnt – aufgestützt – zugewandt – leger – luftig gekleidet – sportlich – verliebt – distanziert – zärtlich – angespannt – zerstritten – flirten – die Veranda – die überdachte Terrasse – die Mauer – das Geländer – die Jalousie – die Holzvertäfelung – die Deckenleuchte – beleuchtet – angestrahlt – vertraut
<u>Wirkung</u>: ... wie eine Filmszene – ... erinnert an Ferienhaus – ... sieht aus wie ein Bikini – düstere Farben – später Abend, denn ...

2 Verfasse zu einem der Bilder den passenden Audioguide-Text. Lies die Aufgabenstellung im Kasten. Mache dir klar, was du tun sollst. Markiere die Operatoren und Schlüsselwörter.

Verfasse zu dem Bild deiner Wahl einen Audioguide-Text, der sich an Jugendliche wendet. Du sollst darin über das Bild informieren, aber auch bei deinen Zuhörenden Interesse wecken.

- **Formuliere** eine Einleitung, in der du den Titel des Bildes, den Maler, das Entstehungsjahr sowie den Schauplatz des Bildes nennst.
- **Beschreibe** genau, was du auf dem Bild siehst (Eyecatcher, Aussehen der Personen: Körperhaltung/Kleidung, Gegenstände, Umgebung).
- **Beschreibe** die Körperhaltung der Frau und erläutere, was sie deiner Meinung nach dadurch ausdrückt. Berücksichtige dabei auch die Farben und deute sie.
- **Erläutere**, welches Adjektiv (*kühl – einsam – sommerlich*) deiner Meinung nach am besten zur Wirkung des Bildes passt, und **begründe** deine Einschätzung.
- **Erläutere**, in welcher Beziehung die Personen zueinander stehen, und erkläre, wodurch dieser Eindruck entsteht.
- **Erläutere**, wie das Bild insgesamt auf dich wirkt, und begründe deine Meinung mithilfe der Bildelemente.

3 Plane deinen Audioguide-Text:

a) Notiere in Stichworten, z. B. als Cluster, was du auf dem Bild erkennen kannst.

b) Lege einen Schreibplan an. Fülle ihn aus oder arbeite mit deinem Cluster weiter.

Digital+ Schreibplan WES-126428-038

Einführung (Infotafel):	„Sommer", 1943, ...
Bildbeschreibung: Was sehe ich?	
- Eyecatcher	junge Frau
- Aussehen der Person/Körperhaltung	schlank, aufrecht → stolz, wie Model ...
- Gebäude	2 Säulen → pompös, eindrucksvoll ...
- erkennbare Gegenstände	
- Umgebung	Stadthaus, Bürgersteig ...
Gesamtwirkung: Beziehung der Personen/Gegenstände/Umgebung/Farben	...

4 Verfasse auf der Grundlage deines Schreibplans den Audioguide-Text. Orientiere dich an den Hinweisen der **LERNBOX**. Nutze die **Bildbeschreibungspalette** auf Seite 43.

Freiraum, S. 61
AH S. 13–14

LERNBOX

So verfasst du einen Audioguide-Text:

1. Nenne in der **Einführung** die Informationen zum Bild: **Titel, Maler, Entstehungsjahr, Ort/Schauplatz**.
2. Beschreibe, was du auf dem Bild erkennen kannst: **Eyecatcher, Aussehen der Personen** und deren **Körperhaltung, Gebäude, Gegenstände und Umgebung**.
3. Ziehe **Schlussfolgerungen** aus deinen **Beobachtungen**: *Es scheint warm zu sein, denn die Frau trägt ...*
4. Erläutere die **Gesamtwirkung** des Bildes. Gehe auf die Beziehung der Personen, die Bedeutung von Gegenständen und der Umgebung sowie die verwendeten Farben ein.
5. Verwende eine adressatengerechte Sprache.
6. Schreibe **genau, anschaulich, abwechslungsreich** und im **Präsens**.

„Sommerabend“ II

Eine Beschreibung überarbeiten

1 Magda hat sich für eines der Bilder entschieden und einen ersten Entwurf ihres Audioguide-Textes verfasst.

a) Lies den Text. Für welches Bild hat sie sich entschieden?

b) Benenne, was ihr gut gelungen ist.

Digital+ Textvorlage WES-126428-039

Hier siehst du ein weiteres Bild von Edward Hopper. Es heißt „Sommerabend“. Auf dem Bild sind zwei Personen. Sie scheinen noch recht jung zu sein. Wahrscheinlich sind sie Mitte zwanzig. Sie sehen aber deutlich altmodischer als heutzutage aus. Das liegt an der Kleidung und an den unmodischen Frisuren.

Die Frau auf dem Bild ist sehr sommerlich bekleidet. Viel hat sie wirklich nicht an. Ihr schulter- und bauchfreies Oberteil sieht aus wie ein Bikini. Vielleicht hat sie ja den Tag am Strand verbracht. An den Füßen trägt sie hell blaue Ballerinas. Der Mann auf dem Bild ist wie in der Freizeit gekleidet. Er hat jedoch mehr an als die Frau. Das rosarot ihrer Kleidung steht im Kontrast zu seinem T-Shirt. Denkt ihr, dass er sich für den Abend extra umgezogen hat? Beide Personen sind mittelblond. Die Frau und der Mann tragen ihre Haare ganz normal. Die Frau stützt sich mit beiden Händen auf einer kleinen Mauer auf. Ihr Körper sieht dabei komplett gerade aus. Der Mann sitzt ihr gegenüber. Es sieht so aus, als würde der Mann mit der Frau sprechen. Sein Gesicht sieht man nur von der Seite. Der linke Arm des Mannes ist angewinkelt. Seine Handfläche scheint auf seiner Brust zu liegen. Ob er sich wohl gerade bei der Frau entschuldigt? Das könnte man durch diese Geste vermuten. Mit der rechten Hand stützt er sich auf einer kleinen Mauer ab. Die Frau scheint ihm aber gar nicht richtig zuzuhören, denn sie guckt nach vorne und nicht in Richtung des Mannes. Sie wirkt dadurch recht distanziert, als ob sie kein Interesse an dem hat, was der Mann ihr erzählt. Die Beziehung der beiden scheint etwas angespannt zu sein.

Das Paar befindet sich auf einer beleuchteten Veranda. Wenn du nach oben schaust, entdeckst du eine helle Deckenlampe, die die graubraune Haustür sowie das Fenster mit halb heruntergelassenen Jalousien anstrahlt. Die Farben machen auch sehr deutlich, dass es Abend ist. Um die Veranda herum ist es sehr dunkel. Findest du nicht auch, dass die Umgebung dadurch ein bisschen unheimlich wirkt?

Das Bild wirkt daher insgesamt trist und unpersönlich und vermittelt eine beklemmende Atmosphäre. Die verwendeten Brauntöne unterstützen diesen Eindruck noch, denn so wirkt die Szene sehr düster. Es scheint so, als ob dieser Eindruck die Beziehung des Paares widerspiegelt, denn die beiden Personen sehen auf keinen Fall frisch verliebt aus. Durch das Licht, das auf die Hellweiße Holzfassade des Hauses fällt, wirkt dieses weiß sehr kalt, fast so wie in

Randkorrekturen:

- Ort fehlt!
- Mann? Frau?
- Meint ihr nicht auch, ...
- damals modernen
- : genauer!
- R
- locker
- R
- Farbe ergänzen
- gestreckt
- : an den Adressaten richten!
- könnten wir
- , weil ...
- Das ist ...
- nachtschwarz,
- Was wohl in der Dunkelheit passiert?
- R
- R

einem Krankenhaus. Die Szene wirkt sehr privat. Es scheint, als wäre das Pärchen nach draußen auf die Veranda gegangen, um allein zu sein. Beide Personen auf dem Bild sehen nicht gerade fröhlich aus, sondern wirken eher zerstritten. Kommt euch der Mann allerdings auch so vor, als ob er durch seine Körperhaltung die Frau von etwas überzeugen möchte? Ob sie sich wohl von ihm trennen will? Einen heiteren Sommerabend stellst du dir anders vor, oder?

Du hast die Gesamtwirkung gut beschrieben!

2 **a)** Überarbeite Magdas Entwurf mithilfe der **Checkliste** und der Anmerkungen. Nimm folgende Korrekturen vor:

Ergänze in der Einführung zwei Angaben der Infotafel. / Nenne den Eyecatcher. / Beschreibe die Kleidung, die Körperhaltung der Frau, die Frisuren sowie die Farben genauer. / Finde weitere drei Textstellen, in denen du die Adressaten direkt ansprechen kannst. Verbessere insgesamt fünf Rechtschreibfehler bei den Farbbezeichnungen.

Überprüfe, ob die Einführung vollständig ist. / Beschreibe genauer, was du siehst. / Finde Textstellen, in denen du die Adressaten direkt ansprechen kannst. / Lenke den Blick der Betrachterinnen und Betrachter. / Verbessere die Rechtschreibfehler bei den Farbbezeichnungen.

Nutze die Hinweise in der Randspalte und die Ersatz- und Erweiterungsprobe.

b) Markiere Formulierungen in Magdas Text, die gut gelungen sind.

┌ = ergänzen
└×┘ = austauschen
┘┌ = Absatz
R = Rechtschreibfehler

3 **a)** Vergleiche deine Verbesserungsvorschläge mit denen einer Partnerin oder eines Partners. Ergänzt Anmerkungen, wenn notwendig.
b) Sprecht über die Formulierungen, die ihr für gelungen haltet: Ergänzt eure Markierungen, um sie im eigenen Audioguide-Text nutzen zu können.

CHECKLISTE

Einen Audioguide-Text überarbeiten:

1. Werden in der Einleitung der **Titel des Bildes**, der **Maler**, das **Entstehungsjahr** und der **Ort/Schauplatz** genannt? ☑
2. Wird genau beschrieben, was man sieht (**Eyecatcher**, das **Aussehen der Personen** und die **Körperhaltung, Gebäude, Umgebung ...**)? ☑
3. Wird auf die **Beziehung der Personen**, die **Bedeutung** der **Gegenstände** sowie die **Farben** eingegangen? ☑
4. Wird die **Gesamtwirkung** des Bildes benannt und begründet? ☑
5. Wird die **Adressatin** bzw. der **Adressat** direkt und angemessen angesprochen? ☑
6. Wird **genau**, **anschaulich** und **abwechslungsreich** formuliert (treffende Adjektive, Verben, Nomen, Vergleiche)? ☑
7. Wird im **Präsens** geschrieben? ☑
8. Sind **Rechtschreibung** (hier: Farbbezeichnungen) und **Zeichensetzung** richtig? ☑

Einen Audioguide-Text zu einem Bild schreiben

Verfasse zu Edward Hoppers Bild „Morgen in Cape Cod“ einen Audioguide-Text, der sich an Jugendliche wendet. Du sollst darin über das Bild informieren, aber auch bei deinen Zuhörenden Interesse wecken, sodass sie bis zum Ende zuhören.

- Formuliere eine Einleitung, in der du den Titel des Bildes, den Maler, das Entstehungsjahr sowie den Schauplatz des Bildes **nennst**.
- **Beschreibe** genau, was du auf dem Gemälde siehst (*Eyecatcher, Aussehen und Kleidung der Person, Gebäude, Gegenstände, Umgebung*).
- **Beschreibe** die Körperhaltung der Frau und **erläutere**, was sie deiner Meinung nach dadurch ausdrückt. Berücksichtige dabei auch die Farben und **erkläre**, was sie bewirken.
- Einige Besucherinnen und Besucher der Ausstellung haben sich dazu geäußert, wie das Bild auf sie wirkt (mögliche Wirkung: friedlich – bedrohlich – erwartungsvoll). **Erläutere**, welches dieser Adjektive deiner Meinung nach am besten zur Wirkung passt, und **begründe** deine Entscheidung.

Digital+
Bildvorlage
WES-126428-040

der Erker/der Vorbau
die Holzverkleidung: cremeweiß
die Fensterläden

olivgrün

der Haardutt
sich vorbeugen
der Lampenschirm

sich aufstützen

erwartungsvoll
ockergelb

INFOTAFEL
- *„Morgen in Cape Cod“ (entstanden 1950)*
- *Blick von außen in ein Haus*

1 Plane deinen Audioguide-Text:

a) Mache dir die Aufgabenstellung klar: Markiere die Operatoren und Schlüsselwörter.

b) Ergänze den folgenden Schreibplan sinnvoll. Nutze die Wörter auf dem Notizzettel neben dem Bild.

Digital+ Schreibplan WES-126428-041

Einführung (Infotafel):	Ort: Haus am Waldrand …
Bildbeschreibung: Was sehe ich?	
- Eyecatcher	… → …
- Aussehen der Person / Körperhaltung	Frau: aufgestützt… → erwartungsvoll orangefarbenes Kleid, schick → wie für besonderen Anlass
- Gebäude	Erker eines Holzhauses → …
- erkennbare Gegenstände	Lampe mit Schirm → …
- Umgebung	Waldrand, ockergelbe Wiesen → idyllisch, einsam, herbstlich
Gesamtwirkung: Haltung der Frau / Gegenstände / Umgebung / Farben	schlank, aufrecht → stolz, wie Model blickt nach vorne → …

2 Verfasse mithilfe des Schreibplans einen Entwurf des Audioguide-Textes.
So kannst du beginnen:
Nun steht ihr vor dem Bild … Edward Hopper hat es im Jahr … gemalt. Ihr könnt darauf erkennen, dass Hopper als Schauplatz … abgebildet hat.
Euer Blick richtet sich sicher sofort auf …
Die Frau auf dem Gemälde …
Wenn ihr genauer in das Innere des Erkers schaut, könnt ihr … erkennen. Im Inneren des Erkers stützt sich die Frau mit den Händen auf … Findet ihr auch, dass sie so aussieht, als ob …?
Die Farben unterstützen diesen Eindruck. Das liegt sicher daran, dass …
Insgesamt wirkt das Bild auf mich …, denn …

3 Überarbeite die Beschreibung mithilfe der **Checkliste** von Seite 55 und schreibe sie sauber und fehlerfrei ab.

Einen Audioguide-Text zu einem Bild schreiben

Verfasse zu Edward Hoppers Bild „Vierspurige Schnellstraße“ einen Audioguide-Text, der sich an Jugendliche wendet. Du sollst darin über das Bild informieren und bei deinen Zuhörenden Interesse wecken, sodass sie bis zum Ende zuhören.

- Formuliere eine Einleitung, in der du den Titel des Bildes, den Maler, das Entstehungsjahr sowie den Schauplatz des Gemäldes sowie zusätzliche Informationen zum Bild **nennst**.
- **Beschreibe** genau, was du auf dem Gemälde siehst (*Eyecatcher, Aussehen der Personen: Körperhaltung/ Kleidung, Gegenstände, Umgebung, Farben*) und ergänze die Wirkung der einzelnen Bildelemente.
- **Erläutere** die Beziehung der Personen zueinander und **erkläre**, wodurch dieser Eindruck entsteht.
- **Erläutere**, wie das Bild insgesamt auf dich wirkt, und **begründe** deine Meinung mithilfe der Bildelemente.

sommerlich
das Schiebefenster
herbeirufen
alltäglich

die Zapfsäule

der Schatten, der Lehnstuhl
abschalten, lässig, übereinandergeschlagen, wie in der Mittagspause

INFOTAFEL
- *„Vierspurige Schnellstraße" (entstanden 1956)*
- *Ort: Tankstelle*
- *Hopper war einer der Ersten, die eine alltägliche Tankstelle als Bildmotiv wählten*

Digital+ Bildvorlage WES-126428-042

1 Plane deinen Audioguide-Text:
a) Mache dir die Aufgabenstellung klar: Markiere die Operatoren und Schlüsselwörter.
b) Lege dir einen Schreibplan an und fülle ihn aus. Nutze dazu den Notizzettel.

2 Verfasse mithilfe des Schreibplans einen Entwurf des Audioguide-Textes.

Digital+ Schreibplan WES-126428-043

3 Überarbeite deinen Audioguide-Text mithilfe der **Checkliste** von Seite 55 und schreibe ihn sauber und fehlerfrei ab.

Einen Audioguide-Text zu einem Bild schreiben

Kompetenz / Inhalt	Selbsteinschätzung ☺ 😐 ☹	Fremdeinschätzung ☺ 😐 ☹	Bemerkungen	Hier kannst du weiterüben:
Ich kann ...				
mich materialgestützt an Gesprächen ergebnisorientiert beteiligen. (S. 34–35)				
einem Audiotext mithilfe der Hörstrategie Informationen entnehmen, das Gehörte wiedergeben und Fragen beantworten. (S. 36–37)				SB, S. 260
den Aufbau eines Audioguide-Textes untersuchen. (S. 38–40)				AH, S. 10–11
die sprachliche Gestaltung eines Audioguide-Textes untersuchen und beschreiben sowie adressatenorientiert formulieren. (S. 41–42)				
mich genau ausdrücken, indem ich Wörter aus der Bildbeschreibungspalette nutze. (S. 43)				
ein Standbild zu einem Bild bauen und das Ergebnis reflektieren. (S. 44–45)				
Farbbezeichnungen richtig schreiben. (S. 46)				SB, S. 291
mit einer digitalen Pinnwand kooperativ eine Bildbeschreibung planen und formulieren. (S. 47–49)				AH, S. 12
die Gesamtwirkung eines Bildes ermitteln und treffend formulieren. (S. 50–51)				SB, S. 292
eine Bildbeschreibung als Audioguide-Text planen und formulieren. (S. 52–53)				AH, S. 13–14
einen Audioguide-Text überarbeiten. (S. 54–55)				

FREIRAUM

Diese Aufgaben aus dem Freiraum habe ich gemacht:	

AH = Arbeitsheft, SB = Schülerband

Fachbegriffe und Methoden

adressatenorientiert formulieren	Mit adressatenorientierten Formulierungen weckst du das **Interesse der Adressaten** (hier: Jugendliche). Du verwendest dazu einen interessanten **Einstieg**, eine **direkte Ansprache** oder **Fragen**, treffende Adjektive, Verben und Nomen sowie anschauliche **Vergleiche**. **Fachbegriffe** erklärst du verständlich.
der Audioguide	Audioguides sind Hörtexte, die du über ein Smartphone, Tablet oder ein anderes digitales Gerät abspielen kannst. Du kannst sie bei einer **Führung durch eine Ausstellung** oder ein Museum einsetzen. Sie informieren dich über die **Ausstellungsstücke** und beschreiben dir **Bilder**. Oft kannst du sie über einen QR-Code abrufen.
Audiodatei aufnehmen	Du kannst mit der Aufnahmefunktion deines Handys eine Audiodatei aufnehmen. Rufe dazu die **App** deines Handys, z. B. „Sprachmemo" oder „Diktiergerät", auf und starte die Aufnahme. Sprich dabei **laut** und **deutlich** und **trage den Text flüssig vor**. Mache Sprechpausen, damit die Zuhörenden Zeit haben, sich auf die Informationen zu konzentrieren oder sie beispielsweise im Bild zu entdecken.
Bilder beschreiben	Beim Beschreiben eines Bildes nennst du den **Titel des Bildes**, den **Maler** bzw. die Malerin und das **Entstehungsjahr**. Danach **beschreibst du genau**, was du erkennst, z. B. Gebäude, das Aussehen der Personen und Gegenstände. Du gibst deinen **Gesamteindruck** des Bildes wieder und erklärst, welche Stimmung das Bild für dich ausdrückt. Du verwendest das Präsens.
deuten	Ein anderes Wort für deuten ist **interpretieren**. Dabei fasst du deine Eindrücke, also z.B. die Stimmung eines Bildes, zusammen.
der Eyecatcher	Der Eyecatcher auf einem Gemälde ist das **Element**, **auf das dein Blick als Erstes fällt**, z. B. eine Figur, ein ungewöhnlicher Bildausschnitt, eine besondere Farbe. Ein Eyecatcher macht aufmerksam und sorgt dafür, dass man genauer hinschaut und das Bild erkunden möchte.
Farbbezeichnungen schreiben	Achte bei Farbbezeichnungen auf die **richtige Schreibweise**: Groß schreibst du, wenn vor der Farbbezeichnung ein Artikel, eine Präposition, ein Pronomen oder ein Adjektiv steht: *das Blau des Meeres, ins Blaue, das helle Blau*. Zusammen und klein schreibst du, wenn zu zwei Farbadjektive miteinander verbindest: *hellblau* / oder wenn du ein Nomen und ein Farbadjektiv kombinierst: *Blut + rot = blutrot*.
die Gesamtwirkung	Die Gesamtwirkung eines Bildes ermittelst du, indem du auf deine **Beobachtungen** und deine **Schlussfolgerungen eingehst**. Du **fasst den Eindruck**, den das Bild auf die Betrachtenden macht, **zusammen** und **erläuterst** diesen **Gesamteindruck** in Bezug auf deine Beobachtungen.
die Hörstrategie für Audiotexte	Die Hörstrategie hilft, Audiotexten genau zuzuhören, um ihnen Informationen zu entnehmen. Gehe so vor: **1. Schritt**: Vor dem Zuhören: Erwartungen äußern/ein Zuhörziel festlegen, **2. Schritt**: Während des Zuhörens: Schlüsselwörter notieren, **3. Schritt**: Während des Zuhörens: Notizen ergänzen, Fragen beantworten, **4. Schritt**: Nach dem Zuhören: Verstandenes sichern, **5. Schritt**: Nach dem Zuhören: Das Hörziel überprüfen.
das Hörziel	Um einem Audiotext genaue Informationen zu entnehmen, musst du **gezielt zuhören**. Mache dir vorab klar, welche Informationen du erhalten willst. **Lege dazu dein Hörziel fest**: *„Ich achte beim Zuhören auf Orte, um herauszufinden, wo Hopper gelebt hat." / „Ich möchte wissen, wie Hopper zum Malen gekommen ist."*
reflektieren	Beim Reflektieren **denkst** du **rückblickend** über die **Art und Weise nach**, wie du vorgegangen bist, um eine Aufgabenstellung zu lösen. Du betrachtest und **bewertest** so **deine Vorgehensweise**, um zu verstehen, was gut funktioniert hat oder was du verbessern könntest. Du kannst so deinen eigenen Lernprozess beurteilen.
das Standbild	Durch den Bau eines Standbildes kannst du dich **in die Person hineinfühlen**. Du kannst dich so in deren Situation versetzen und deren **möglichen Gedanken und Gefühlen nachspüren**.
die TaskCards	TaskCards ist eine **App**, die du als **digitale Tafel** nutzen kannst, indem du Texte, Bilder oder Videos z.B. auf einer digitalen Pinnwand ablegst und darauf **Arbeitsergebnisse in Kacheln sammelst und strukturierst**. Du kannst so kooperativ mit anderen zusammenarbeiten, denn alle Zugangsberechtigten können darauf zugreifen. Gestalte deine TaskCards z.B. mit einem passenden Hintergrund und arbeite mit verschiedenen Farben.

1 Seid ihr Fachwortexpertinnen und -experten? Prüft euer Wissen mithilfe des digitalen Tests.

Digital+
Interaktive Aufgabe
WES-126428-044

FREIRAUM

Aufgaben zum Weiterarbeiten

ZU SEITE 37

- Recherchiere, in welchem Museum die Bilder, die du im Quiz findest, hängen.
- Dies ist das Haus aus dem Film „Psycho“, das der Regisseur Alfred Hitchcock nach der Vorlage von Hoppers Bild wählte. Nenne Gemeinsamkeiten und Unterschiede zu Hoppers Gemälde „House by the Railroad“, das du im Quiz findest.

ZU SEITE 40

- Stell dir vor, die Frau telefoniert mit ihrer Freundin: Was könnte sie ihr über ihren Vormittag erzählen? Beginne so: Weißt du, womit ich heute meinen Vormittag verbracht habe? ...

ZU SEITE 45

- Wie könnte der Wetterbericht für diesen Tag lauten? Formuliere einen passenden: Heute erwartet uns auf Cape Cod ...
- Der Titel des Bildes lautet „Blick aufs Meer“. Finde einen anderen Titel, der zu dem Bild passen könnte.

ZU SEITE 49

- Worüber könnten sich die Personen auf dem Bild unterhalten? Verfasse ein Gespräch zwischen der Frau und dem Mann.
- Schlüpfe in die Rolle des Collies: Schildere aus seiner Sicht, was er am Waldrand entdeckt haben könnte.

ZU SEITE 52–53

- Zu Bild 1: Verfasse einen Text aus der Sicht der Frau: Was könnte die Frau auf der Treppe denken? Warum steht die Frau vor dem Gebäude? Auf wen könnte sie warten? Was könnte sie vorhaben? So kannst du beginnen:
  „Meine Güte, es ist schon ganz schön spät! Dabei wollte ich doch ...“
- Zu Bild 2: Schreibe einen möglichen Dialog. Worüber könnte das Paar miteinander reden? Beantworte darin die folgenden Fragen: Was möchte der Mann von der Frau? Was denkt sie über den Mann? So kannst du beginnen:
  Mann: Nun sag schon, was mit dir los ist! ...
- Zu Bild 3: Wie könnte es zu dieser Situation gekommen sein? Schreibe eine Vorgeschichte auf.

Wir machen die Welt ein Stück besser!

1 Die SV der Gesamtschule Steinfurt möchte, dass sich die Schülerinnen und Schüler sozial engagieren. Daher sammeln die SV-Mitglieder Ideen für Projekttage:

a) Beschreibe, welche Materialien die SV auf ihrem **Vision Board** gesammelt hat.

» Fachwortschatz, S. 86

b) Lest die Projektkarten an der Leine: Welche Informationen haben die Schülerinnen und Schüler auf den Karten notiert? Welche Projekte werden vorgestellt?

c) Überlegt zu zweit, wie die Mitglieder der SV vorgegangen sein könnten und was sie erledigen mussten, um am Ende fertige Projektideen festhalten zu können. Ergänzt dazu Stichworte auf den Pfeilen.

d) Besprecht eure Ideen in der Klasse.

2 **a)** Stellt Vermutungen an, was die Projektideen mit dem Motto der Projekttage, „Wir machen die Welt ein Stück besser!“, zu tun haben.

b) Sammelt, was die SV für die Durchführung der einzelnen Projekte vorbereiten müsste. Die Gedanken der Schülerinnen und Schüler rechts können euch helfen.

3 Wie könntet ihr „die Welt ein Stück besser machen“? Sammelt eigene Ideen für Projekte, die ihr an Projekttagen umsetzen könntet, und gestaltet dazu Projektkarten.

Digital+
Vorlage Projektkarte
WES-126428-045

② Projekt:

Insektenhotels

Worum geht es?
Insekten einen Unterschlupf bieten, indem aus natürlichen Materialien Insektenhotels gebaut werden.

Jahrgangsstufe:
5–9

43425EX_2

③ Projekt:

Sinnesparcours

Worum geht es?
Bau verschiedener Stationen auf dem Schulhof, um die Sinne bewusst wahrzunehmen und für Menschen mit Handicap zu sensibilisieren.

Jahrgangsstufe:
7–13

④ Projekt:

Eine-Welt-Dinner

Worum geht es?
Kochen und Verkauf von Gerichten aus aller Welt, bei einem Dinner in der Aula, um Spenden für unsere Partnerschule in Bolivien zu sammeln.

Jahrgangsstufe:
5–10

43425EX_4

SPRACHBOX

Nomen: die Aktion – das Projekt – die Projekttage – die Projektleiterin – die Teilnehmerinnen/Teilnehmer – der Zweck – die Spende – die Unterstützung – die Verantwortung – die Schülervertretung – das Insektenhotel – der Sinnesparcours – die Klimainsel – das Dinner – die Umsetzung – die Vorbereitung – das Material – der Ablauf – der Unterrichtsausfall – der Mediensupport – die Diskussion
treffende Verben: sammeln – sich/etwas vorbereiten – beteiligen – sich engagieren für – unterstützen – sich einbringen – jemandem helfen – aufmerksam machen auf – auf Menschen zugehen – sich in jemanden hineinversetzen
anschauliche Adjektive: sozial – freiwillig – hilfreich – engagiert – unentgeltlich – verantwortlich – hilfsbereit – zwischenmenschlich – anpackend – tatkräftig

Digital+
Interaktive Aufgabe
WES-126428-046

AUSBLICK

Dein Organisationstalent ist gefragt: In diesem Kapitel beschäftigst du dich mit Möglichkeiten, sich in Projekten zu engagieren, die der Umwelt und anderen Menschen dienen. Dabei lernst du, deine Meinung zu formulieren, durch Argumente sachlich zu überzeugen, Gegenargumente zu entkräften und deine Ansichten und Haltung zu begründen.

Welches Projekt wollen wir umsetzen?

Zielgerichtet diskutieren

1 a) Was machen die Schülerinnen und Schüler im Bild?
b) Benenne das **Diskussionsziel** der SV. Lies dazu den 1. Hinweis in der **LERNBOX** (Seite 65).
c) Beschreibe, wie die Schülerinnen und Schüler miteinander umgehen. Welche Verhaltensweisen könnten dazu beitragen, dass das Diskussionsziel erreicht wird, welche behindern das Gespräch? Beachte dazu die **nonverbale Kommunikation**. Begründe deine Vermutungen.

2 a) Überprüft eure Vermutungen aus Aufgabe **1**. Lest dazu den Dialog mit verteilten Rollen, um euch in die Beteiligten einfühlen zu können: Worüber sprechen die Lernenden?
b) Mache dir klar, welchen Standpunkt die SV-Mitglieder vertreten, und notiere ihn zu jeder Person stichpunktartig. Schreibe so: Stella → für ein Eine-Welt-Dinner.
c) Tauscht euch zu euren Ergebnissen aus Aufgabe **2** b) aus.

» Fachwortschatz, S. 86

Digital+ Textvorlage WES-126428-047

Stella: Also Leute, wir haben echt ein Problem. Wir müssen uns für Projekte, die wir anbieten wollen, entscheiden. Bisher haben wir zu viele Ideen. Wie klären wir das jetzt?
Anil: Hm, ja, das ist echt schwierig. Ich finde die Idee mit dem Eine-Welt-Dinner super! Wir kochen und verkaufen die Gerichte dann, um Spenden für unsere Partnerschule in Bolivien zu sammeln. Das würde wirklich helfen. Was meint ihr?
Eric: Haha, ja, ich sehe uns schon die Küche abfackeln. Wie verbessert das die Welt?
Stella: Ich finde die Idee gut, Anil, weil das Eine-Welt-Dinner zeigt, wie Menschen aus allen Kulturen zusammenkommen und wie wichtig Solidarität ist. Und mit dem Verkauf unterstützen wir unsere Partnerschule. Wenn wir gerade über Unterstützung reden: Ich könnte Hilfe bei Bio brauchen. Hat wer Bock?
Claire: Ich vielleicht, wenn wir eine schnelle Lösung finden. Ich hätte noch die Idee mit dem Sinnesparcours. Da sensibilisieren wir Menschen im Umgang miteinander. Das schafft doch eine bessere Welt, wenn wir mehr aufeinander achten, oder?
Eric *(stöhnt)*: Laaangweilig!
Sarah: Das klingt echt gut, Claire, aber auch nach richtig viel Arbeit. Müssen wir da nicht jede Station aufwendig vorbereiten? Und wer übernimmt das alles?
Claire: Wir müssten die Aufgaben klar verteilen und in Teams an den Stationen arbeiten. Vielleicht können wir auch Erwachsene um Hilfe bitten? Was meint ihr?
Eric: Das sehe ich anders, ein Sinnesparcours klingt nach Stress. Ich sehe uns jetzt schon, wie wir rumrennen und organisieren müssen. Das macht ihr Streber ohne mich.
Anil: Eric, komm schon. Was haltet ihr davon, wenn wir was Soziales machen? Zum Beispiel könnten wir älteren Menschen im Umgang mit Technik helfen. Damit machen wir die Welt ein Stückchen besser! Wenn wir helfen, könnten sie zum Beispiel besser kommunizieren und sicherer im Internet surfen. Mir wäre das …
Stella *(unterbricht ihn)*: Ahh, ich bin hin- und hergerissen. Alles ist sinnvoll, aber wir müssen uns entscheiden. Wie lösen wir jetzt das Problem?

Claire: Wir könnten ja einfach auslosen. Oder wir würfeln um unsere Favoriten?
Eric: Würfeln? Eine tolle Idee, Claire! Jetzt wird's aber zu doll ...!

3 Haben die Schülerinnen und Schüler ihr Diskussionsziel aus Aufgabe **1** b) erreicht? Tauscht eucht zu zweit darüber aus und begründet eure Einschätzung.

Fachwortschatz, S. 86

4 Untersuche das Gespräch genauer:

a) Markiere **Gesprächsförderer** in Grün und **Gesprächsblocker** in Blau. Orientiere dich am Beispiel im Text und der **LERNBOX** (Hinweise 3 und 4).

Untersuche die Zeilen 5, 7, 9–10, 16, 17, 20, 21–22, 25–26, 27 und 28 genauer.

b) Lege eine Liste mit den Gesprächsförderern an und notiere, warum diese zielgerichtet und förderlich sind, z. B.

Gesprächsförderer:
Zeile 7: „Ich finde die Idee gut, Anil ..." → Stella unterstützt Anil, indem ...

c) Notiere auch die Textstellen, in denen die Schülerinnen und Schüler ihr Diskussionsziel aus den Augen verloren haben. Ergänze, warum dieses Gesprächsverhalten und diese Aussagen nicht förderlich sind. Nutze die Formulierungen in der **SPRACHBOX**. Schreibe so: Gesprächsblocker: Z. 9–10: „ich könnte ..." → lenkt von ... ab.

SPRACHBOX

lenkt vom Gesprächsziel ab – beleidigt die anderen – unterbricht das Gespräch – wertet die Ideen der anderen ab – ist nicht wertschätzend/respektvoll/freundlich

5 Sammle Formulierungen, die faires und zielgerichtetes Diskutieren hervorrufen. Lege dir dazu eine **Diskussionskarte** an oder nutze die Vorlage im Webcode.

Notiere auch Tipps für nonverbales Verhalten, z. B. *aufgeschlossene Körperhaltung.*

Digital+
Diskussionskarte
WES-126428-048
Fachwortschatz, S. 86

6 Welches Projekt würdet ihr gern umsetzen? Diskutiert zu zweit die Projektideen der SV (Seite 62–63). Nutzt die Formulierungen in der **SPRACHBOX** auf Seite 63.

Sprache untersuchen, S. 279

LERNBOX

So diskutiert ihr fair und zielgerichtet:

In einer Diskussion treffen **verschiedene Sichtweisen** zu einem Thema aufeinander. Um **zielgerichtet** und **fair** zu diskutieren, ist es daher wichtig, auf das eigene **Gesprächsverhalten** zu achten:

1. Bestimmt ein **Diskussionsziel**, haltet es schriftlich fest und verliert es nicht aus den Augen: *Wir entscheiden uns für Projekte, die durchgeführt werden sollen.*
2. Bestimmt eine Person, die die Diskussion leitet und darauf achtet, dass ihr **beim Thema bleibt** (= Moderator/-in).
3. Nutzt **Gesprächsförderer**:
   a) **Unterstützt** andere in ihrer Meinung: *Ich stimme dir zu und möchte noch ergänzen, dass ...*
   b) **Geht** auf die Redebeiträge der anderen **ein**: *Ich finde deine Idee gut, weil ... Ergänzen würde ich ...*
   c) **Geht respektvoll** und höflich miteinander **um**, auch wenn ihr anderer Meinung seid: *Das sehe ich anders, weil ...*
   d) **Zeigt Interesse** an eurem Gegenüber und fragt nach: *Kannst du das bitte genauer erklären?*
4. Vermeidet **Gesprächsblocker:**
   a) persönliche **Beleidigungen**: *Das macht ihr Streber ohne mich.*
   b) **abwertende Bemerkungen** zu Beiträgen: *Ich sehe uns schon die Küche abfackeln.*
   c) **Unterbrechungen** und **Zwischenrufe**: *Laaaangweilig!*
   d) **Ablenkungen**, indem ihr mit einem anderen Thema anfangt: *Ich könnte Hilfe bei Bio brauchen.*
   e) **nicht zuhören**.

METHODEN

Insektenhotels: So kam es zur Idee …

Eine Kugellagerdiskussion durchführen

Tim ist beim Spazierengehen auf ein Insektenhotel gestoßen und hat daher überlegt, ob der Bau von Insektenhotels auch als Projekt angeboten werden sollte.

1 **a)** Woraus besteht ein Insektenhotel und welche Funktion hat es? Tauscht euch dazu zu zweit aus.
b) Überprüft eure Überlegungen mit den Informationen in der Hördatei im Webcode.

Diskussionskarte
+ Schutz von Insekten trägt zur Artenvielfalt bei
+ …
– hoher Materialaufwand bedeutet viel Vorbereitung
– …

2 Tim findet die Idee passend, hat aber auch einige Bedenken. Er möchte das Projekt in der SV vorstellen. Diskutiert die Frage, ob der Bau von Insektenhotels als Projekt aufgenommen werden sollte, mithilfe eines **Kugellagers:**
a) Ergänze die Diskussionskarte rechts um eigene **Aspekte**, die für (+) und gegen (–) das Projekt sprechen.
b) Entscheide auf Basis der Aspekte, ob du dich für oder gegen das Insektenhotel aussprichst.
c) Tauscht eure Standpunkte im Kugellager aus. Geht so vor:
– Stellt euch im Kugellager auf, wie im Hinweis 1 der **LERNBOX** beschrieben.
– Besprecht eure Aspekte mithilfe eurer Diskussionskarte. Nutzt die Formulierungen in der **SPRACHBOX**.
– Tauscht eure Plätze. Orientiert euch hierfür an Hinweis 2 und 3 der **LERNBOX**.
d) Erstellt in der Klasse ein Meinungsbild: Soll das Projekt „Insektenhotels" während der Projekttage durchgeführt werden oder nicht?

Fachwortschatz, S. 86

SPRACHBOX
- Für die Insektenhotels spricht, dass …
- Auch darf … nicht vergessen werden.
- Ein wichtiger Aspekt ist auch …, denn …
- Gleichzeitig …
- Sie sind (nicht) gut geeignet, weil …

3 Wertet eure Kugellagerdiskussion aus:

a) Welche Aspekte waren überzeugend, welche nicht?

b) Wie bewertet ihr euer Gesprächsverhalten? Beantwortet dazu die Fragen auf den Klebezetteln unten.

Nutze die Satzanfänge und Ausdrücke in den Sprechblasen.

c) Leitet aus der Reflexion Tipps ab: Worauf wollt ihr bei der nächsten Diskussion achten, um zielgerichteter zu diskutieren? Vergleicht eure Überlegungen mit dem 5. Hinweis der **LERNBOX**.

d) Schreibe die Tipps auf ein Plakat und hänge es in der Klasse aus.

Es hat (nicht) gut geklappt, beim Thema zu bleiben, weil ... – die Ablenkung – ein anderes Thema – die Ansagen der Moderation

Seid ihr beim Thema geblieben?

Seid ihr freundlich/angemessen miteinander umgegangen? Habt ihr einander ausreden lassen und euch zugehört?

Habt ihr euch verständlich ausgedrückt?

Wir sind ... miteinander umgegangen. – Das Zuhören fiel mir leicht/schwer, weil ... – etwas verstehen – die Lautstärke – Ich habe nachgefragt, weil ...

Wir konnten ... schon beachten. – An ... müssen wir noch arbeiten. – Hilfreich war ... – Mir hat ... geholfen, um auf die anderen einzugehen.

Habt ihr Gesprächsförderer verwendet?

Habt ihr bei unterschiedlichen Meinungen eine Lösung oder einen Kompromiss gefunden?

Mich hat ... überzeugt, denn ... – Die Begründung, dass ..., hat mich überzeugt. – Nicht überzeugen konnte mich ..., weil ... – Wir konnten uns aber auf ... einigen, da ...

LERNBOX

So führt ihr eine Diskussion in einem Kugellager durch:

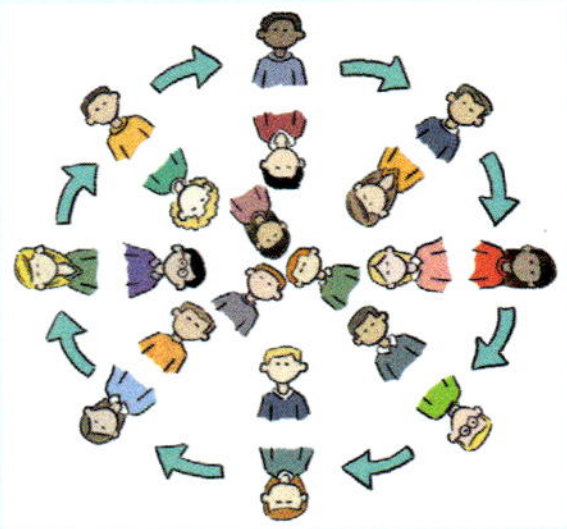

1. **Vorbereitung**: Für eine Kugellagerdiskussion stellt ihr die Tische an den Rand des Klassenraums oder wählt einen Ort, der genügend Platz bietet. Stellt euch paarweise in einem **Innen-** und einem **Außenkreis** mit dem **Gesicht zueinander** auf. In der **Mitte** werden Beobachterinnen und Beobachter platziert. Diese achten auf die Umsetzung der **Gesprächsregeln**.
2. **Zeit:** Legt eine **Zeit** fest, die ihr für jede Diskussionsrunde einplant (z. B. *drei bis fünf Minuten*), und stellt einen Timer.
3. **Rotation:** Nach dem Ablauf der Zeit bewegt sich der Innenkreis um zwei Plätze nach rechts. Alle wechseln so ihre Plätze und es **entstehen neue Gesprächspaare**. Immer wenn sich der Innenkreis bewegt, tauschen auch die Beobachterinnen und Beobachter, sodass alle einmal jede Rolle übernehmen.
4. Achte auf das **Gesprächsverhalten**, um die Diskussion **zielführend** zu gestalten:
   a) Äußere Standpunkte **klar** und **verständlich**: *Ich bin der Meinung, dass ...*
   b) **Begründe** deine Meinung, damit dein Gesprächspartner oder deine Gesprächspartnerin sie nachvollziehen kann: ..., *weil wir damit der Umwelt etwas Gutes tun und zum Erhalt der Vielfalt von Insekten beitragen.*
   c) **Frage gezielt nach**, wenn du den Beitrag deines Gesprächspartners oder deiner Gesprächspartnerin nicht nachvollziehen kannst: *Entschuldigung, die Begründung habe ich nicht verstanden. Könntest du das genauer erklären?*

Jung hilft Alt – *Aspekte stichhaltig und adressatenorientiert entfalten*

Die SV hat entschieden, bei den Projekttagen das Projekt „Jung hilft Alt: Mediensupport" durchzuführen. Nun wollen sie mögliche Beteiligte überzeugen, am Projekt teilzunehmen.

(1)
Projekt:
Jung hilft Alt: Mediensupport

Jahrgangsstufe: 8–10

Verantwortliche: Jan und Fenja

Materialien:
passende Räumlichkeiten, technische Geräte

Worum geht es?
Technik-Support für Seniorinnen und Senioren: Einrichten von Smartphones, Schreiben von Mails, Pflegen von Handykalendern...

1 **a)** Was verstehst du unter Mediensupport? Erkläre deine Vorstellungen und vergleiche sie mit dem Projekt-Steckbrief rechts.
b) Warum ist ein Mediensupport eine Möglichkeit, die Welt ein Stück besser zu machen? Sammelt eure Begründungen und sprecht auch über konkrete Beispiele.

2 Um ihre Mitschülerinnen und Mitschüler/ Seniorinnen und Senioren von der Teilnahme am Projekt zu überzeugen, haben Jan und Fenja eine **Aspekteliste** angelegt.
a) Lies die Aspekte und ergänze weitere Stichworte, die für das Projekt „Jung hilft Alt: Mediensupport" sprechen. Berücksichtige den 1. Hinweis in der **LERNBOX**.
b) Vergleicht eure Stichworte zu zweit und ergänzt solche, die ihr als geeignet dafür empfindet, um Schülerinnen und Schüler / Seniorinnen und Senioren von der Teilnahme am Projekt zu überzeugen.

» Fachwortschatz, S. 86

Aspekteliste für einen Mediensupport: Jung hilft Alt.

- gemeinsames Lernen, da man sich zusammen Herausforderungen stellt
- lernen, Probleme zu lösen und dabei anderen zu helfen
- technische Fähigkeiten können angewendet oder ausgetauscht werden
- Generationenaustausch: Möglichkeit, von Lebenserfahrung der Älteren zu profitieren, z. B. Kritikfähigkeit
- ...

- Erweiterung der technischen Fähigkeiten
- Unterstützung bei der Einrichtung technischer Geräte
- ...

3 Fenja hat bereits einen Aspekt zu einem **Argument** entfaltet.
a) Untersuche den Aufbau des folgenden Arguments, indem du die einzelnen Teile der **Entfaltung** in den Farben aus der **LERNBOX** markierst.
b) Vergleicht eure Markierungen zu zweit und ergänzt oder verändert sie, wenn nötig.
c) Fenja hat eine Textstelle in Zeile 2–3 unterstrichen. Welche Wirkung hat sie auf die Adressatinnen und Adressaten? Vergleiche deine Überlegungen mit der **LERNBOX**, Hinweis 3.

» Fachwortschatz, S. 86

Wir Jugendlichen profitieren vom Mediensupport für Ältere, weil wir unsere eigenen Fähigkeiten im Umgang mit Medien vertiefen können. Sicher habt ihr schon gesehen, dass es vielen älteren Menschen schwerfällt, Smartphones, Tablets oder Computer zu nutzen. Wenn wir Jugendlichen den Seniorinnen und Senioren zeigen, wie man zum Beispiel mit einem Smartphone sicher im Internet unterwegs ist, können sie die Geräte besser nutzen und wir lernen selbst, indem wir deren Probleme lösen. Daraus folgt, dass der Mediensupport auch für uns Jugendliche von Vorteil ist, weil wir damit unsere eigene Medienkompetenz ausbauen. Dies könnte dazu führen, dass wir auch selbst größere Probleme im Umgang mit Medien einfacher lösen können.

Digital+
Textvorlage
WES-126428-050

4 Wie würdest du deine Mitschülerinnen und Mitschüler / die Seniorinnen und Senioren von dem Projekt „Jung hilft Alt: Mediensupport“ überzeugen?

a) Gewichte die Aspekte aus der Aspekteliste in Aufgabe **2**, indem du **Überzeugungspunkte** von einem Punkt (wenig überzeugend für deine Adressatinnen und Adressaten) bis zu drei Punkten (sehr überzeugend) verteilst.

b) Vergleicht eure Punkteverteilung zu zweit und begründet, warum ihr die Aspekte so gewichtet habt.

Fachwortschatz, S. 86

0 bis 000

5 Überzeuge deine Adressatinnen und Adressaten vom Projekt „Jung hilft Alt: Mediensupport“. Gehe so vor:

a) Wähle das Argument aus Aufgabe **3** c) und zwei weitere Aspekte, die drei überzeugendsten Aspekte aus.

b) Entfalte die Aspekte aus Aufgabe **5** a) mithilfe des 2. Hinweises der **LERNBOX** zu stichhaltigen Argumenten. Ergänze dafür stichwortartig die Tabelle.

	Aspekt	Begründung	Beispiel	Erläuterung und Folge
Argument 1				
Argument 2				
Argument 3				

c) Überprüft, ob eure Entfaltung überzeugend ist, indem ihr euch eure Stichworte gegenseitig vorstellt.

Digital+
Schreibplan
WES-126428-051

Sprache untersuchen, S. 278

6 Schreibe einen Brief für die Schülerzeitung, an das lokale Seniorencafé, in dem du für die Teilnahme am Projekt wirbst. Nutze die **SPRACHBOX** und das **Argumentationsboard** (Seite 75).

Beginne so: Liebe Mitschülerinnen und Mitschüler,
für die Projektwoche wird das Projekt „Mediensupport“ ins Leben gerufen.
Bei diesem Projekt geht es um ...

Freiraum, S. 87

SPRACHBOX

- Wir Jugendlichen ...
- Wir können gegenseitig voneinander lernen, weil auch ältere Menschen ...
- Wenn von Ihnen schon jemand Experte ist, kann er uns unterstützen, indem ...

LERNBOX

So kannst du Aspekte stichhaltig und adressatenorientiert entfalten:

1. Berücksichtige die **Interessen** und **Einstellungen** deiner Adressatinnen und Adressaten bei der **Auswahl der Aspekte**, damit du sie von deinem **Anliegen überzeugen** kannst.
2. Entfalte zu Beginn deine Aspekte **stichhaltig** und **nachvollziehbar**, um zu überzeugen. Dein Argument gewinnt an Überzeugungskraft, wenn du:
   a) am Anfang den **Aspekt** (**Behauptung**) nennst und ihn **begründest**: *Wir sind für ..., weil ...*
   b) die Behauptung mit einem **Beispiel** oder Beleg stützt: *Wenn wir den Seniorinnen und Senioren dabei helfen, können sie die Geräte besser einsetzen, ... Dies ist ein Beleg für ...*
   c) eine **Erläuterung und Folge** nennst: *Daraus folgt, dass diese die Medien leichter nutzen könnten.* Es ist wichtig, dass du die Folge genauer erläuterst, z. B. *Eine erleichterte Mediennutzung könnte dazu führen, dass ...*
3. **Sprich** deine Adressatinnen und Adressaten **direkt an**, d.h., du **formulierst adressatenbezogen**, damit sie sich mit einbezogen fühlen: *Sicher habt ihr schon gesehen, dass ...*
4. Achte darauf, dass deine Entfaltung zum ausgewählten Aspekt passt, das heißt, dass die einzelnen Teile des Arguments zueinander passen und sie sich nicht widersprechen.

Das Projekt „Sinnesparcours“

Einen Sachtext für die Argumentation auswerten

Die SV plant für das Projekt „Sinnesparcours“ eine Mail, mit der sie bei den Schülerinnen und Schülern um ihre Mitwirkung werben will.

1 **a)** Betrachte die Abbildung und beschreibe, woraus der Sinnesparcours besteht, den die SV während der Projekttage bauen möchte.
b) Tauscht euch aus, wie es sich anfühlen könnte, diesen Sinnesparcours zu begehen.

2 Im Internet hat die SV einen Sachtext zu Sinnesparcours gefunden, der darstellt, warum ein Sinnesparcours die „Welt ein Stück besser“ macht. Werte den Sachtext mithilfe der **LERNBOX** gezielt aus. Setze die Markierungen von Schlüsselstellen fort und beantworte nacheinander die Fragen am Rand.

Digital+ Textvorlage WES-126428-052

Ein Sinnesparcours, was ist das überhaupt?

Ein Sinnesparcours ist eine Erlebnisstrecke, die aus verschiedenen Stationen besteht, um die Sinne Sehen, Hören, Fühlen und das Gleichgewicht zu erfahren. An den Taststationen können die Teilnehmerinnen und Teilnehmer mit geschlossenen Augen unterschiedliche Oberflächen und Materialien wie Sand, Moos, Federn oder Steine ertasten und versuchen, sie zu erkennen. Diese Übungen sensibilisieren[1] für die Bedeutung des Tastsinns, vor allem dann, wenn der Sehsinn nicht genutzt werden kann. Auch fördern sie das Verständnis dafür, wie Menschen ihre Umwelt erspüren.

1. Abschnitt: Welche Sinne werden in einem Sinnesparcours angesprochen? Wofür sind Tastübungen sinnvoll?

[1] **sensibilisieren:** auf etwas aufmerksam machen

Eine weitere beliebte Station sind Gehwege mit verschiedenen Untergründen, bei denen man barfuß über Rasen, Sand, Kies oder Holz läuft. Diese Erfahrung macht spürbar, wie sich unterschiedliche Bodenbeläge auf das Körpergefühl und die Bewegungen auswirken. Zudem gibt es Balancierstationen, an denen die Teilnehmenden auf schmalen Holzplanken, Seilen oder wackeligen Brettern das Gleichgewicht halten müssen, was herausfordert und zeigt, wie schwierig sicheres Fortbewegen sein kann.

2. Abschnitt: Welche Stationen sind häufig Teil des Parcours?

Eine weitere Erfahrung ist der Blindgang: Hier laufen die Teilnehmenden mit verbundenen Augen über einen Weg mit kleinen Hindernissen und verschiedenen Belägen. Sie erleben dabei, wie es sich anfühlt, ohne Sehvermögen zurechtzukommen, und lernen, wie wichtig barrierefreie[2] Wege für Menschen mit Sehbehinderungen sind.

Was ist ein Blindgang? Wozu dient er?

[2] **barrierefrei:** etwas ist ohne Hindernisse

An den Hörstationen können die Teilnehmerinnen und Teilnehmer verschiedene Geräusche – von Vogelgezwitscher über plätscherndes Wasser bis hin zu Verkehrsgeräuschen – hören und versuchen, diese zu identifizieren. So wird erfahrbar, wie Menschen, die auf den Hörsinn angewiesen sind, ihre Umgebung wahrnehmen.

3. Abschnitt: Was passiert an den Hörstationen? Welches Ziel wird damit verfolgt?

Schließlich gibt es oft auch Sehstationen mit optischen Täuschungen[3], die zeigen, wie unser Sehsinn uns manchmal irreführen kann. So kann man erfahren, wie es ist, mit einer Sehbehinderung zu leben. Im Sinnesparcours wird erlebbar gemacht, wie es sich anfühlt, mit Einschränkungen zu leben, und es wird deutlich, wie wichtig Barrierefreiheit ist. So fördert der Parcours nicht nur die Sinne, sondern auch das Bewusstsein und Mitgefühl für die Herausforderungen, denen Menschen mit Handicap[4] begegnen müssen.

4. Abschnitt: Welche Vorteile bietet ein Sinnesparcours?

[3] **die optische Täuschung**: Täuschung des Auges, z. B. durch Farben oder Formen

[4] **das Handicap**: eine körperliche oder geistige Beeinträchtigung

3 a) Vergleicht zu zweit die Antworten auf die Fragen am Rand.
b) Inwieweit passt das Projekt „Sinnesparcours“ zum Thema der Projekttage „Wir machen die Welt ein Stück besser“? Sammelt eure Antworten in einem Cluster in der Klasse.

4 Um die Entscheidung für oder gegen das Projekt zu vereinfachen, hat die SV eine Aspekteliste angelegt.
a) Lies die Aspekteliste und ergänze sie um eigene Stichworte aus Aufgabe **3** b), die deine Adressatin oder deinen Adressaten überzeugen könnten.
b) Vergleicht die gesammelten Stichworte in der Klasse und ergänzt eure Listen.

Aspekteliste für einen Sinnesparcours
- Lernen und Spiel in einem
- Sensibilisierung: verstehen, wie es ist, mit Einschränkungen zu leben OOO
- Empathie: mehr Mitgefühl für Menschen mit Handicap entwickeln
- Inklusion: Sinnesparcours ist für alle Menschen zugänglich
- …

Digital+ Vorlage Aspekteliste WES-126428-053

5 Welche Aspekte würdest du auswählen, um Mitschülerinnen und Mitschüler von der Mitarbeit beim Projekt „Sinnesparcours“ zu überzeugen?
a) Gewichte die Aspekte aus der Aspekteliste, indem du Überzeugungspunkte von einem Punkt (wenig überzeugend für die Mitschülerinnen und Mitschüler) bis zu drei Punkten (sehr überzeugend) verteilst.
b) Vergleicht eure Punkteverteilung zu zweit und begründet, warum ihr die Aspekte so gewichtet habt.
c) Wähle auch zwei Aspekte aus, die zudem Lehrkräfte überzeugen könnten, euch beim Bau des Parcours zu unterstützen, und begründe deine Auswahl.

O bis OOO

AH S. 16–17

LERNBOX

So wertest du Sachtexte gezielt aus:

1. Bevor du mit der Auswertung eines Sachtextes beginnst, legst du ein **Leseziel** fest, z.B. *Informationen, woraus ein Sinnesparcours besteht.* Dazu stellst du Fragen an den Text oder orientierst dich an zuvor vorgegebenen Fragen.
2. Recherchiere **unbekannte Begriffe** mit einem Wörterbuch oder einer Suchmaschine im Internet.
3. **Markiere** im Text die **Informationen**, die du zu den gestellten Fragen findest.
4. Mache **Notizen** in eigenen Worten am Rand des Textes.

Unser Projekt: Ein Sinnesparcours

Einwände sammeln und entkräften

1 Nicht alle Schülerinnen und Schüler sind vom Projekt überzeugt.

a) Welche Bedenken äußern Luisa und Emil? Was könnten die beiden mit ihren **Einwänden** meinen?

b) Notiere zwei weitere Einwände, die gegen das Projekt „Sinnesparcours" sprechen könnten.

Denke z. B. an *benötigte Werkzeuge* und *Wetterbedingungen beim Bau*.

c) Stellt eure Einwände in der Klasse vor und ergänzt weitere.

Fachwortschatz, S. 86

2 André hat bereits einen Einwand für seine E-Mail aufgegriffen und **entkräftet**.

a) Untersuche den Einwand und markiere seine Bestandteile in den Farben aus der **LERNBOX**.

b) Vergleicht die markierten Textstellen zu zweit und ergänzt sie, wenn nötig.

Sicherlich hast du Recht, dass bei einem Sinnesparcours viel passieren kann, z. B. Verletzungen, wenn der Parcours nicht vorsichtig genutzt wird. Allerdings kann ich dich beruhigen, da wir bei der Planung bereits auf mögliche Gefahrenstellen achten werden, um diese zu vermeiden. Alternativ können wir aber zusätzlich eine Hinweistafel aufstellen, die zeigt, wie man den Parcours sicher nutzen kann, und wir werden auch dabei sein, um die Teilnehmerinnen und Teilnehmer ggf. auf Schwierigkeiten hinzuweisen.

Digital+
Textvorlage
WES-126428-054

3 Entkräfte einen weiteren Einwand. Orientiere dich dabei an der **LERNBOX**, Hinweis 1c):

a) Wähle einen passenden Einwand aus und schwäche mögliche Bedenken deiner Adressatin oder deines Adressaten ab. Notiere einen Alternativvorschlag, der auf die Bedenken eingeht. Nutze die Formulierungen in der **SPRACHBOX**.

b) Stellt euch zu zweit eure Entfaltungen vor und gebt euch eine Rückmeldung dazu, wie euch die Entkräftung gelungen ist. Orientiert euch dafür an der **LERNBOX**.

LERNBOX

So entkräftest du Einwände:

Bei der Entkräftung von Einwänden gehst du auf deine Adressatinnen und Adressaten ein, um ihre Einwände adressatenorientiert zu entkräften:

1. **Nenne** mögliche **Einwände** der **Adressatinnen** und **Adressaten**, um ihnen zu zeigen, dass du sie ernst nimmst, ihnen entgegenkommst und dich mit dem Thema auskennst: *Sicherlich hast du Recht, dass ...*
2. **Schwäche** diese **Bedenken ab**, indem du z. B. auf positive Aspekte deines Standpunktes eingehst: *Allerdings kann ich dich beruhigen, denn ...*
3. Mache einen **alternativen** oder **Lösungsvorschlag**, auf den sich die Adressatin bzw. der Adressat einlassen kann, weil er **sinnvoll** und **gut umzusetzen** ist und damit die Bedenken entkräftet: *... könnten wir die Techniklehrkraft um Hilfe bitten ...*
4. Der Einwand sollte im Text an geeigneter Stelle stehen und mit einem passenden **Argument verbunden** werden. So ist es leichter, Überleitungen zu formulieren.

SPRACHBOX

- Du vertrittst den Standpunkt, dass ...
- Dazu möchte ich allerdings sagen, dass ...
- Natürlich besteht die Gefahr, dass ...
- Ich kann nachvollziehen, warum ...
- Dagegen möchte ich aber einwenden, dass ...
- Ich kann den Einwand verstehen, denn ...
- Aber du solltest bedenken, dass ...

Bedenken gegenüber dem Sinnesparcours

Kommas im Satzgefüge setzen

Von:	luisa.mueller@schule.steinfurt.de
An:	andre.belsanti@schule.steinfurt.de; anna.schubert@schule.steinfurt.de
Betreff:	Meine Einwände gegen das Projekt „Sinnesparcours“

(A) Lieber André, liebe Anna,
Herr Penz hat berichtet, dass ihr als Projekt einen Sinnesparcours plant. Das ist zwar eine tolle Idee, weil man damit für Handicaps, die oft nicht sichtbar sind, sensibilisieren kann, aber es könnte für uns Schülerinnen und Schüler echt unangenehm werden, falls einige das Begehen ins Lächerliche ziehen.

(B) Wenn ihr das Projekt das gut gemeint ist unbedingt umsetzen wollt möchte ich euch bitten dass ihr euch um den Aspekt im Vorfeld Gedanken macht und sicherstellt dass alle den Sinnesparcours ernst nehmen und sich dessen Bedeutung bewusst sind.

(C) Die Vertrauenslehrerin unserer Schule wäre hier sicherlich eine gute Ansprechpartnerin für euch und kann euch wertvolle Tipps geben damit keine Ängste beim Mitmachen entstehen. Danke dass ihr meine Bedenken ernst nehmt und euch für unsere Schulgemeinschaft einsetzt ...

1 Luisa hat ihre Bedenken verschriftlicht. Welchen Einwand äußert sie? Tauscht euch zu zweit darüber aus, ob ihr ihn nachvollziehen könnt, und begründet eure Einschätzung.

2 **a)** Schaue dir die Sätze in Abschnitt (A) genau an. Unterstreiche die Nebensätze und kreise die Konjunktionen, die diese einleiten, ein. Vergleiche deine Lösung mit der **LERNBOX**, Hinweise 1 und 2.

b) Markiere in Abschnitt (B), (B) und (C) alle Prädikate und kreise die Konjunktionen und Relativpronomen ein. Setze dann die Kommas. Orientiere dich dafür am 3. Hinweis der **LERNBOX**.

Du musst insgesamt sieben Prädikate markieren und fünf Kommas setzen.

c) Bestimme Haupt- und Nebensätze im **Satzgefüge**, indem du prüfst, welcher Satz für sich allein stehen kann. Klammere die Sinneinheiten ein. Setze dann das Komma bzw. die Kommas. Nutze dazu den 4. Hinweis der **LERNBOX**.

d) Vergleicht eure Ergebnisse zu zweit und korrigiert sie, wenn nötig.

Digital+
Textvorlage
WES-126428-055

Fachwortschatz, S. 86

Richtig schreiben, S. 296–297 & 299–300

LERNBOX

Kommasetzung im Satzgefüge

1. Ein **Satzgefüge** besteht aus mindestens einem **Haupt-** und einem **Nebensatz**. Nebensätze werden durch Komma(s) vom Hauptsatz abgetrennt.
2. Nebensätze sind **Hauptsätzen** oder **anderen Nebensätzen untergeordnet** und werden oft durch **unterordnende Konjunktionen** *(wenn, dass, da, nachdem, sobald...)* oder **Relativpronomen** *(das, die, deren, dessen ...)* eingeleitet.
3. Das **Prädikat** steht im Nebensatz an **letzter Stelle**, z. B. *Ich möchte euch mitteilen, dass ich Bedenken habe*.
4. So prüfst du, wo ein Komma gesetzt werden muss:
   a) Ermittle die **Sinneinheiten** im Satz, indem du klärst, welche Wörter und Wortgruppen zum **Prädikat** gehören.
   b) Markiere die Prädikate und kreise die Konjunktionen ein. Setze dann um alle zugehörigen Teile eine Klammer.
   [Die Idee klingt schön], [obwohl sie für mich nichts ist].
   HS *NS*
   c) Beachte **mehrteilige Prädikate**. Im Nebensatz steht das Prädikat immer am Ende.
   [Die Vorschlag wurde gut umgesetzt], [obwohl es im Vorfeld viele Einwände gegeben hat].

Wir bauen einen Sinnesparcours!

Eine E-Mail planen und schreiben

Anna möchte nun ihre Mitschülerinnen und Mitschüler davon überzeugen, dass diese während der Projekttage das Projekt „Sinnesparcours“ unterstützen. Zur Vorbereitung ihrer Mail hat sie die Projektkarte als Unterstützung herangezogen.

③ **Projekt:**
Sinnesparcours

Jahrgangsstufe:	**Verantwortliche:**
7–13	Anna und André

Materialien:
Werkzeuge, Kieselsteine, Rindenmulch etc. für verschiedene Untergründe und Taststationen, Holzbretter und Balken, Augenbinden

Worum geht es?
Auf dem Schulhof werden verschiedene Stationen errichtet, um die Sinne bewusst wahrzunehmen und für Menschen mit Handicap zu sensibilisieren.

1 Welche Informationen über das Projekt könnt ihr der Projektkarte entnehmen? Tauscht euch zu zweit darüber aus.

2 Schreibe eine E-Mail an die Schülerinnen und Schüler (lernende@schule.steinfurt.de) an Annas Stelle, in der du sie von der Teilnahme am Projekt „Sinnesparcours“ überzeugst. Gehe so vor:
a) Lege dir einen Schreibplan an oder nutze den im Webcode.
b) Vervollständige die ersten vier Zeilen anhand der Informationen aus dem Text (S. 70–71) und der Projektkarte.

Digital+
Schreibplan
WES-126428-056

Empfänger	lernende@....			
Betreff	Sinnesparcours – Unterstützung beim Bau			
Adressatin/Adressat	...			
Anlass/Anliegen	Die SV hat sich darauf geeinigt, dass ...			
	Aspekt	Begründung	Beispiel	Erläuterung / Folge
Argument 1	Sensibilisierung für Menschen mit ...	man versteht, wie es ist, mit Einschränkungen der Sinne zu leben	Blindgang hilft dabei, dies zu erfahren ...	man geht viel sensibler mit Menschen um ...
Argument 2				
Argument 3				
Einwand				
Entkräftung des Einwandes				
Zusammenfassung des Anliegens				
Grußformel				

3 Wähle einen weiteren Aspekt, zwei weitere Aspekte (Seite 71) aus, dem/denen du viele Überzeugungspunkte gegeben hast, und **entfalte** sie stichwortartig im Schreibplan wie im Beispiel. Gehe so vor:
a) Überlege, welche Aspekte die Mitschülerinnen und Mitschüler überzeugen könnten, sich für das Projekt zu engagieren. Nutze die Aspekteliste aus Aufgabe **4** b) von Seite 71 und wähle einen Aspekt, zwei Aspekte aus.
b) Trage die Aspekte und ihre Entfaltung im grünen Teil des Schreibplans ein. Achte darauf, dass die Bestandteile deiner Entfaltung zum Aspekt passen.

» Fachwortschatz, S. 86

4 Entkräfte den Einwand in der Sprechblase oder den von Seite 72 stichwortartig. Fülle dazu den hellblauen Teil des Schreibplans aus. Orientiere dich an der **LERNBOX** auf Seite 72.

> ***Einwand:*** *Ihr denkt sicherlich, dass ihr den Sinnesparcours aufwendig pflegen müsst …*

5 Fasse dein Anliegen im dunkelblauen Teil des Schreibplans stichwortartig zusammen und ergänze eine Grußformel, die zur Adressatin bzw. zum Adressaten passt.

6 Schreibe eine E-Mail an deine Mitschülerinnen und Mitschüler, in der du um Unterstützung beim Bau des Sinnesparcours wirbst. Orientiere dich dafür an deinem Schreibplan und den Hinweisen in der **LERNBOX**. Nutze die Formulierungshilfen des **Argumentationsboards** von Seite 78.

Nutze die Satzanfänge in der E-Mail.

AH S. 18–19
Freiraum, S. 87

Von:	anna.schubert@schule.steinfurt.de
An:	lernende@schule.steinfurt.de
Betreff:	Sinnesparcours – Unterstützung beim Bau

Liebe Mitschülerinnen und Mitschüler,
im Namen der SV schreibe ich euch, da wir uns darauf geeinigt haben, das Projekt „…“ umzusetzen. Für das Projekt möchte ich um eure Mitwirkung bitten …
Das Projekt „Sinnesparcours“ ist wichtig für die Schulgemeinschaft, weil es für … sensibilisiert. Das liegt daran, dass man … Zum Beispiel … Das hat zur Folge, dass …
Außerdem ist es …, deshalb…
Darum möchten wir euch bitten, …

LERNBOX

So schreibst du eine argumentative E-Mail:

1. Nutze einen **Schreibplan**, um die geplante Struktur der E-Mail einzuhalten.
2. Achte darauf, dass du die **E-Mail-Adresse** des Empfängers bzw. der Empfängerin und die **Betreffzeile** passend ausfüllst. Nutze für den Betreff **nominalisierte Verben**, z. B. *Unterstützung bei …*
3. Nutze eine höfliche Anrede z. B. *Liebe Mitschülerinnen und Mitschüler …*
   Wenn du einem Erwachsenen schreibst, nutze **Anredepronomen der Höflichkeit** (*Sie, Ihnen …*).
4. Nenne zu Beginn den **Anlass** und dein **Anliegen**: *Ich schreibe euch, da …*
5. Überzeuge deine Adressatin bzw. deinen Adressaten von deiner Meinung oder deinem Wunsch. Entfalte hierzu Argumente stichhaltig, die für deinen Adressaten nachvollziehbar und wichtig sind.
6. **Entkräfte** einen möglichen **Einwand**: *Zwar hast du/habt ihr recht, dass …, aber …*
7. **Fasse** dein **Anliegen zusammen**: *Deshalb möchte ich dich/euch bitten, dass …*
8. Beende die E-Mail mit einer **Grußformel**: *Viele Grüße / Mit freundlichen Grüßen …*
9. Formuliere die E-Mail **höflich**, **freundlich** sowie **verständlich** und vermeide Umgangssprache.

Einsatz für den Sinnesparcours

Aussagen sinnvoll verknüpfen

Anna bittet André um eine Rückmeldung zu ihrer E-Mail, bevor sie sie abschickt:

Ⓐ ... Indem ihr uns beim Bau des Sinnesparcours unterstützt, tragt ihr zu einer sensibilisierteren Schulgemeinschaft bei, weil so mehr Schülerinnen und Schüler erfahren können, wie das Leben mit Handicap ist. Diese Eindrücke gewinnt man zum Beispiel, wenn man mit verbundenen Augen über ein Stück des Parcours gehen kann. Das hat zur Folge, dass man sich besser in andere Menschen hineinversetzen kann, die ein Handicap haben.

Ⓑ (1) der Parcours für einige unangenehm sein könnte, (2) sich einige über die Teilnehmerinnen und Teilnehmer lustig machen könnten, möchten wir ihn anbieten. Wir möchten alle Schülerinnen und Schüler im Vorfeld aufklären, wie man sich auf dem Parcours verhält, (3) allen eine Teilnahme ohne Sorgen ermöglicht wird. Unsere Beratungslehrerin, Frau Yilmaz, berät und unterstützt uns gern, (4) es (5) zu Problemen oder Konflikten kommt.

Ⓒ Wie ihr sehen könnt, trägt das Projekt „Sinnesparcours“ dazu bei, die Welt ein Stück besser zu machen. (6) der Parcours kann nur realisiert werden, (7) ihr beim Bau mithelft. (8) möchte ich euch ermutigen, am Projekt mitzuwirken.

Digital+ Textvorlage WES-126428-057

1 Was könnte André mit seiner Aussage am Rand meinen? Tauscht euch zu zweit aus und vergleicht eure Überlegungen mit dem 1. Hinweis in der **LERNBOX**.

2 Ergänze in Annas E-Mail die fehlenden Satzverknüpfungswörter. Lies dazu den 2. Hinweis in der **LERNBOX**. Gehe so vor:

a) Benenne die sprachliche Absicht, die mit den markierten Wörtern und Sätzen in Abschnitt Ⓐ verfolgt wird, und gleiche deine Überlegungen mit der **LERNBOX** ab.

b) Notiere passende Satzverknüpfungswörter und die sprachliche Absicht zu den Lücken in Abschnitt Ⓑ, Ⓑ und Ⓒ. Schreibe so: (1) weil/da → Begründung

Jeden Unterpunkt der **LERNBOX**, Hinweis 2, musst du mindestens einmal nutzen.

c) Vergleiche deine Lösung mit der eines Partners oder einer Partnerin. Bei welchen Lücken habt ihr die gleichen Wörter, bei welchen habt ihr unterschiedliche gewählt?

LERNBOX

So verknüpfst du Sätze und Abschnitte sinnvoll:

1. Um Textinhalte für Leserinnen und Leser möglichst verständlich und nachvollziehbar zu gestalten, musst du sie möglichst **kohärent**, das heißt sinnvoll zusammenhängend, formulieren.
2. Verknüpfe Sätze und Abschnitte sinnvoll durch **Konjunktionen** und **Adverbien**:
   a) für **Begründungen**, z. B. *weil, da, denn, deshalb, darum ...*
   b) für **Gegensätze** und **Einwände**, z. B. *obwohl, dennoch, aber, gleichzeitig...*
   c) für einen **Zweck** oder ein **Ziel**, z. B. *damit, um ... zu, dazu, dafür ...*
   d) für **Möglichkeiten**, z. B. *wenn, falls ...*
3. Auch formulierte Sätze erleichtern den Lesefluss: *Das heißt, dass .. / Daraus folgt ...*

» Sprache untersuchen, S. 272
» Fachwortschatz, S. 86

Wir planen die Projekttage

Einen Handykalender führen

1 Marina hat die Projektplanung übernommen. Betrachte die Abbildung genauer:

a) Wie hat Marina die Projektplanung bisher organisiert? Vor welcher Herausforderung steht sie?

b) Welche Möglichkeiten kennt ihr, damit Marina alle Aufgaben im Blick behält?

2 Marina ist auf die Möglichkeit gestoßen, einen **Handykalender** zu führen.

» Fachwortschatz, S. 86

a) Lies die **LERNBOX** und benenne, welche Funktionen ein solcher Kalender hat.

b) Betrachte die Termine und Aufgaben genauer: Welche Dinge sollte Marina in einen Handykalender eintragen, welche eher nicht? Begründe deine Einschätzung.

3 **a)** Besprecht, wie Marina ihre Termine in den Handykalender überführen kann.

b) Vergleicht eure Ergebnisse mit den Hinweisen in der **LERNBOX**.

c) Diskutiert, ob Marina ihren Kalender mit den anderen Mitgliedern der SV teilen sollte, und benennt, was sie dabei beachten muss.

d) Schreibe deine Ergebnisse in einer E-Mail an Marina auf und erkläre ihr, wie sie handeln könnte, um ihre Termine und Aufgaben übersichtlicher zu gestalten. Nutze zur Formulierung die **SPRACHBOX**.

So kannst du beginnen: *Hallo Marina, mit einem Handykalender kannst du deine Aufgaben besser planen. Nutze zum Beispiel …*

Gehe auch darauf ein, ob sie ihren Kalender teilen sollte, und benenne mögliche Vor- und Nachteile.

SPRACHBOX

die Reihenfolge festlegen – nur wichtige Termine berücksichtigen – einen zeitlichen Puffer einplanen – eine Erinnerung einstellen

4 **a)** Erprobe nun selbst die Kalenderfunktion deines Handys, indem du zwei deiner eigenen Termine mit Datum, Uhrzeit und Notizen einträgst, z. B. *Klassenarbeiten*.

b) Tauscht euch zu zweit über eure Erfahrungen beim Eintragen der Termine aus.

» Freiraum, S. 87
AH S. 15

LERNBOX

So führst du einen Handykalender:

Ein **Handykalender** kann dir helfen, dich **besser zu organisieren**. So nutzt du ihn:

1. **Übersicht behalten**: Trage alle wichtigen Termine direkt in deinen Kalender ein. So hast du immer den Überblick und vergisst keine wichtigen Ereignisse. Nutze verschiedene Farben, um Termine voneinander zu unterscheiden, z. B. *Rot* für *Schule* und *Grün* für *Privates*.
2. **Erinnerungen nutzen**: Stelle rechtzeitige Erinnerungen für wichtige Termine oder Aufgaben ein.
3. **Pufferzeiten einplanen**: Plane zwischen Terminen ausreichend Zeit ein. So vermeidest du Stress.
4. **Regelmäßig aktualisieren**: Wenn sich Termine verschieben oder neue hinzukommen, solltest du deinen Kalender aktualisieren.
5. **Datenschutz beachten**: Wenn du mit anderen zusammenarbeitest, kannst du deinen Kalender teilen. Achte darauf, dass persönliche Informationen nur für dich sichtbar sind.
6. **Termine teilen**: Je nach App gibt es verschiedenen Möglichkeiten, Termine zu teilen und verschiedene Geräte miteinander zu verknüpfen, z. B. *dein Tablet* und *dein Smartphone*.

SPRACHBOX

Argumentationsboard

E-Mail-Kopf mit Betreffzeile
Projekt „Sinnesparcours“: Bitte um Mitwirkung

Anrede
Lieber Herr ..., – Liebe 8b, – Sehr geehrte Frau ..., – Sehr geehrte Damen und Herren, – Liebe Anna, – Liebe Eltern, – Liebe Mitschülerinnen und Mitschüler, ...

Anlass/Anliegen/Meinung
ich richte mich an dich/Sie, weil ... – ich schreibe dir/Ihnen, weil ... – da wir ..., möchten wir dich/Sie bitten, ... – wir möchten euch/Sie mit dieser E-Mail davon überzeugen, dass ...

<u>Argumente entfalten</u>

Aspekt
... fördert ... – ... führt zu ... – ... ist gut für ... – ... verbessert ... – ... stärkt ... – Besonders ... – Vor allem ... – Nicht vergessen solltet ihr/sollten Sie ...

Begründung
... weil wir damit zu mehr ... beitragen. – ... damit ... gerechter/fairer/schöner wird. – dass ... – ... da so alle daran teilnehmen können. – denn ... – wegen ... – um Chancengleichheit/Wertschätzung/Gerechtigkeit ... zu erzielen, ...

Beispiele
Zum Beispiel ... – beispielsweise ... – Dies kann man anhand von ... verdeutlichen. – So ist beispielsweise ...

Erläuterung / Folge
dadurch ... – denn dann ... – sodass ... – deshalb ... – darum ... – Daraus ergibt sich ... – Das hat zur Folge, dass ... – folglich ...

Einwände entkräften
Ich verstehe ..., aber ich denke, dass ... – Sie haben natürlich recht, wenn Sie sagen, dass ... – Aber dennoch muss man bedenken, dass ... – Entscheidend ist aber ... – Natürlich stimmt es, dass ... Aber ... – Auf der anderen Seite ... – Wir können natürlich verstehen, dass ... – Auch wenn ihr denkt, dass ... – Es stimmt schon, dass ... – Sicherlich könnte man das vermuten, aber ...

Zusammenfassung des Anliegens
Deshalb möchte ich euch/Sie bitten, dass ... – Es wäre nett, wenn ... – Es wäre schön, wenn... – Ich würde mich freuen, wenn ... – Ich hoffe, dass ... – Abschließend möchte ich noch einmal ...

Zusammenfassung des Anliegens
Liebe Grüße – Viele Grüße – Herzliche Grüße – Mit freundlichen Grüßen

Unterschrift
Vorname Name

Eine-Welt-Dinner für Bolivien I

E-Mails kriteriengeleitet schreiben

Die SV arbeitet an der Umsetzung eines weiteren Projektes.

1 **a)** Hört euch die Geräusche im Webcode an. Was nehmt ihr wahr? Welche der Geräusche könnt ihr im Bild wiederfinden?
b) Stellt Vermutungen dazu an, worum es bei diesem Projekt gehen könnte.

Digital+
Audio
WES-126428-058

2 Die SV hat sich dazu entschieden, dass die Partnerschule in Bolivien von den Projekttagen profitieren soll. Dazu soll ein „Eine-Welt-Dinner" stattfinden:
a) Notiert zu zweit, was ihr unter einem „Eine-Welt-Dinner" versteht.
b) Gleicht eure Überlegungen mit der Projektkarte der SV ab.
c) Was haltet ihr von dem Vorschlag, ein „Eine-Welt-Dinner" durchzuführen? Tauscht euch dazu aus.

④ **Projekt:**
Eine-Welt-Dinner

Jahrgangsstufe: 5–10
Verantwortliche: Nicola

Materialien:
Lebensmittel, Rezepte, Kochutensilien, Besteck, Teller

Worum geht es?
Um Spenden für unsere Partnerschule in Bolivien zu sammeln, sollen Rezepte aus verschiedenen Ländern gekocht und bei einem großen Dinner verköstigt werden.

43426EX_4

3 Nicola hat eine Aspekteliste angelegt, um ihre Mitschülerinnen und Mitschüler, den Schulleiter Herrn Meier von der Idee zu überzeugen:
a) Ergänze weitere Aspekte, die deine Adressatinnen und Adressaten überzeugen könnten. Ergänze rechts auch mögliche Einwände.
b) Verteile Überzeugungspunkte von 1 (wenig überzeugend für deine Adressatinnen und Adressaten) bis zu 3 (sehr überzeugend).
c) Gleiche deine Punktevergabe mit der einer Partnerin oder eines Partners ab.

Aspekteliste für ein Eine-Welt-Dinner für Bolivien
- Essen und dabei Gutes tun: durch Verkauf Spenden für die Partnerschule sammeln
- verschiedene Speisen kennenlernen
- Geschirr ist schon in der Mensa vorhanden
- Ereignis für die ganze Schulgemeinschaft: Wir erleben etwas und wachsen zusammen
- alle Anwesenden lernen etwas über den Schulalltag in Bolivien
- …

Mögliche Einwände
- Planungsaufwand des Dinners
- einige Schülerinnen und Schüler können nicht kochen
- längerer Dienst der Hausmeister: Diese müssen Zeit haben und zustimmen!
- zusätzliche Aufsicht in der Küche
- …

4 Nicola möchte ihre Mitschülerinnen und Mitschüler von der Mitarbeit am Projekt überzeugen, den Schulleiter Herrn Meier davon überzeugen, dass das „Eine-Welt-Dinner" in der Mensa der Schule ausgerichtet werden darf. Schreibe diese E-Mail an Nicolas Stelle.
a) Plane die E-Mail mithilfe des Schreibplans. Übertrage ihn dafür oder nutze den Webcode.

Digital+
Schreibplan
WES-126428-059

Empfänger	… @schule.steinfurt.de			
Betreff	„Eine-Welt-Dinner" für Bolivien: Bitte um Unterstützung			
Anliegen				
Argumente	Aspekte	Begründung	Beispiel	Folge
Argument 1	Ereignis für die ganze Schulgemeinschaft			
Argument 2				
Argument 3				
Einwand				
Entkräftung				
Zusammenfassung				
Grußformel	Viele Grüße / Mit freundlichen Grüßen			

b) Verfasse mithilfe deiner Vorarbeit die E-Mail. Orientiere dich an der **LERNBOX** von Seite 75. Nutze das **Argumentationsboard** (Seite 78) und die Satzanfänge in der Mail.

» Freiraum, S. 87
» Richtig schreiben, S. 301

Von:	nicola.borde@schule.steinfurt.de
An:	…@schule.steinfurt.de
Betreff:	„Eine-Welt-Dinner" für Bolivien: Bitte um Unterstützung

Liebe Mitschülerinnen und Mitschüler,
wir, die SV-Mitglieder, möchten während der Projekttage das Projekt „…" zugunsten unserer Partnerschule in Bolivien umsetzen und euch um eure Unterstützung bitten. Wir sind der Meinung, dass …
Besonders interessant ist das „Eine-Welt-Dinner" für die Schulgemeinschaft, da …
Zum Beispiel … Das hat zur Folge, dass …
Außerdem ist es …, deshalb …
Ein weiterer Aspekt, der für das „Eine-Welt-Dinner" spricht, ist …
Natürlich könnt ihr sagen, dass … Dem möchte ich entgegnen, dass …
Daher möchte ich euch bitten, …

Sehr geehrter Herr Meier,
die SV hat sich für das Projekt „…" zugunsten unserer Partnerschule in Bolivien entschieden und bittet Sie um Ihre Genehmigung für das Projekt. Wir sind der Meinung, dass …

Ein Eine-Welt-Dinner für Bolivien II

Eine E-Mail kriteriengeleitet überarbeiten

Nicola hat einen Entwurf für ihre E-Mail an den Schulleiter Herrn Meier verfasst und ausgedruckt, um sie ihrer Freundin Betty zu zeigen.

Digital+ Textvorlage WES-126428-060

Von:	nicola.borde@schule.steinfurt.de
An:	nicola.borde@schule.steinfurt.de
Betreff:	~~Kein~~ „Eine-Welt-Dinner“ für Bolivien

Sehr geehrter Herr Meier,

die SV möchte gern das Projekt „Eine-Welt-Dinner“ zugunsten unserer Partnerschule durchführen und bittet dich um Ihre Genehmigung für das Projekt. Wir sind der Meinung, dass das Projekt gut zu den Projekttagen „Wir machen die Welt ein Stück besser!“ passt, was ich Ihnen gern schildern möchte.

Besonders interessant ist das „Eine-Welt-Dinner“ für die Schulgemeinschaft um viele verschiedene Länder zusammenzubringen. Das liegt daran, dass das gemeinsame Essen verbindet und alle zusammenkommen lässt, zum Beispiel Lehrkräfte und die Eltern. Also nicht nur alle einen schönen Abend haben, sondern auch die Möglichkeit zum Austausch besteht. Daraus kann eine Tradition entstehen die es dann an unserer Schule jedes Jahr geben könnte.

Klar muss der Hausmeister abends ein wenig länger bleiben, weil jemand die Mensa auf- und auch wieder abschließen muss. Sie haben sicher Recht dass die Überstunden für den Hausmeister bezahlt werden müssen. Sicherlich werden aber auch viele Lehrkräfte am Dinner teilnehmen, zum Beispiel unsere SV-Lehrerin, Frau Yilmaz. Sie hat bereits angeboten, sich den Schlüssel beim Hausmeister zu leihen und das Auf- und Abschließen zu übernehmen. Zudem trägt so ein Abend auch zum Zusammenhalt der Schulgemeinde bei.

Obwohl bei dem Dinner Speisen und Getränke gegen eine Spende abgegeben werden sammeln wir dabei zusätzlich Geld für unsere Partnerschule. So können wir diese finanziell unterstützen. Das hat zu Folge dass wir das Lernen der Schülerinnen und Schüler an unserer Partnerschule angenehmer gestalten während gleichzeitig über den Schulalltag in Panama informiert wird.

...

Wir als SV würden uns sehr freuen wenn sie uns bei der Durchführung des Projekts unterstützen würden.

Alles Gute!
Nicola Borde

Korrekturanmerkungen am Rand:

- schulleiter@...
- H, ⌐ – Genehmigung
- ⌐ Wo?, Sie
- Z
- └x┘
- Die Folge ist, dass
- Z
- Um diese Idee umsetzen zu können, Z
- Reihenfolge!
- Weil
- Z
- ⌐ Beispiel, Z
- Z
- └x┘
- ⌐, Z
- ⌐ Projektname
- └x┘

1 Lies Nicolas E-Mail. Welche Aspekte hat sie in ihrer Argumentation entfaltet? Welchen Einwand hat sie entkräftet?

2 Überprüfe Nicolas Mail mithilfe der **Checkliste**:

a) Setze die Überarbeitung mithilfe der Korrekturzeichen weiter fort. Die folgenden Fehler musst du verbessern:

Setze 7 fehlende Kommas. – Verbessere an drei Stellen die Kohärenz. – Vervollständige die Entfaltung des zweiten Arguments mit einem Beispiel. – Ordne den Einwand neu an. – Nutze eine passende Grußformel. – Überprüfe die Anredepronomen.

Setze fehlende Kommas. – Verbessere die Kohärenz. – Entfalte ein Argument ausführlicher. – Überprüfe die Reihenfolge von Argumenten und Einwand. – Überprüfe die Grußformeln und Anredepronomen.

Beachte die Korrekturhinweise am Rand. Es fehlt noch ein Argument. Ergänze es an passender Stelle.

b) Schreibe die verbesserte E-Mail ab.

⌐ = erweitern
└×┘ = ersetzen
H = streichen
↷ = Reihenfolge ändern
Z = Zeichensetzung

» Freiraum, S. 87

CHECKLISTE

Eine argumentierende E-Mail überarbeiten

1. Wird die Leserin bzw. der Leser über das **Anliegen** der Absenderin informiert und wird die **eigene Meinung** zu Beginn **nachvollziehbar** genannt? ☑
2. Sind die Aspekte sinnvoll durch **Begründungen**, **Beispiele**, **Erläuterungen** und **Folgen** ausreichend stichhaltig entfaltet? ☑
3. Wird ein **Einwand** genannt und nachvollziehbar **entkräftet**? ☑
4. Sind die Argumente und der Einwand **adressatenorientiert formuliert**? ☑
5. Werden das **Anliegen** und die **Bitte** am Ende der E-Mail **wiederholt**? ☑
6. Sind die Formulierungen **höflich** und **adressatengerecht** formuliert? ☑
7. Sind die **Anredepronomen** korrekt geschrieben? ☑
8. Ist der E-Mail-Text in **Absätze** gegliedert? ☑
9. Sind die **Rechtschreibung** und die **Zeichensetzung** (Satzgefüge) korrekt? ☑

Eine argumentierende E-Mail verfassen

Die SV hat entschieden, dass das Projekt „Krötentaxi" umgesetzt werden soll. Nun möchte sie ihre Mitschülerinnen und Mitschüler überzeugen, sie bei der Durchführung zu unterstützen. Sie hat dazu Informationen in einer Projektkarte, eine Aspekteliste und eine Liste mit möglichen Einwänden angelegt. Du sollst im Namen der SV eine E-Mail an die Schülerinnen und Schüler der 5. bis 8. Klassen (lernende@schule.steinfurt.de) schreiben. Entfalte zwei Argumente und entkräfte einen Einwand. Nutze die Materialien, die die SV zusammengestellt hat.

⑤ **Projekt: Krötentaxi**

Jahrgangsstufe: 5–8

Verantwortliche: Ayla und Tómas

Materialien:
Handschuhe, Warnwesten, Taschenlampen und Gummistiefel

Worum geht es?
Kröten sollen während ihrer Wanderungen in den Abendstunden sicher über die Straße getragen werden, damit sie nicht von Autos überfahren werden. Dies dient dem Schutz der Tiere und sichert den Nachwuchs der Kröten.

1 Plane die E-Mail an die Schülerinnen und Schüler, indem du einen Schreibplan anlegst oder den im Webcode nutzt. Gehe so vor:

a) Wähle zwei Aspekte, indem du Überzeugungspunkte von eins (weniger überzeugend für die Schülerinnen und Schüler) bis zu drei (sehr überzeugend) vergibst, und wähle einen Einwand, den du entkräften möchtest. Orientiere dich dabei an deinen Adressatinnen und Adressaten.

b) Fülle den Schreibplan aus.

Aspekteliste für das Projekt „Krötentaxi"
- Artenschutz: Rettung von Lebewesen
- Projekt fördert Bewusstsein für Naturschutz
- Förderung von Gemeinschaft – beim Krötenfang ist Teamarbeit wichtig
- Beobachten der Tierarten: Umweltbildung
- spannend, sich im Dunkeln draußen zu treffen

Mögliche Einwände
- Kröten sind ekelig – kann man nicht anderen Tieren helfen?
- Wetterabhängigkeit: Man ist auch bei Regen draußen
- Zeit: Kröten sind abends aktiv

Empfänger	lernende@schule.steinfurt.de			
Betreff	Projekt „Krötentaxi": Bitte um Unterstützung			
Anliegen	Wir möchten …			
Argumente	Aspekte	Begründung	Beispiel	Folge
Argument 1	…	…	…	…

Digital+
Schreibplan
WES-126428-061

2 Schreibe die E-Mail. Nutze den Schreibplan und das **Argumentationsboard** (S. 78). So kannst du beginnen:

Liebe Mitschülerinnen und Mitschüler,
wir, die SV-Mitglieder, möchten während der Projekttage das Projekt „Krötentaxi" durchführen und möchten euch daher um eure Mitwirkung bitten. Wir sind der Meinung, dass …

3 Überarbeite deine E-Mail mithilfe der dir bekannten **Checkliste** (Seite 82) und schreibe sie noch einmal leserlich und fehlerfrei ab.

Eine argumentierende E-Mail verfassen

Die SV hat sich dazu entschieden, dass das Projekt „Krötentaxi“ umgesetzt werden soll. Nun möchte die SV die Eltern überzeugen, sie bei der Durchführung zu unterstützen. Sie hat dazu Informationen in einer Projektkarte, eine Aspekteliste und eine Liste mit möglichen Einwänden angelegt.
Du sollst im Namen der SV eine E-Mail an die Eltern der 5. bis 8. Klassen (eltern@schule.steinfurt.de) schreiben. Entfalte drei Argumente und entkräfte einen Einwand. Nutze die Materialien, die die SV zusammengestellt hat.

⑤ **Projekt:**
Krötentaxi

Jahrgangsstufe:	**Verantwortliche:**
5–8	Ayla und Tómas

Materialien:
Handschuhe, Warnwesten, Taschenlampen und Gummistiefel

Worum geht es?
Kröten sollen während ihrer Wanderungen in den Abendstunden sicher über die Straße getragen werden, damit sie nicht von Autos überfahren werden. Dies dient dem Schutz der Tiere und sichert den Nachwuchs der Kröten.

43426EX

1 Plane die E-Mail an die Eltern, indem du einen Schreibplan anlegst. Orientiere dich hierfür am Schreibplan auf Seite 80 oder nutze den im Webcode. Gehe so vor:
a) Wähle drei Aspekte, indem du Überzeugungspunkte vergibst, und wähle einen Einwand, den du entkräften möchtest, aus. Du kannst auch eigene Aspekte ergänzen.
b) Fülle den Schreibplan aus.

Aspekteliste für das Projekt „Krötentaxi“
- Artenschutz: Rettung von Lebewesen
- fördert Bewusstsein für Naturschutz
- Förderung von Gemeinschaft: Teamarbeit wichtig!
- Beobachten der Tierarten: Umweltbildung
- Übernahme von Verantwortung für Lebewesen

Mögliche Einwände
- Zeit: Kröten abends/nachts aktiv
- Nachhaltigkeit: Wer fängt Kröten nächstes Jahr?
- Wetterabhängigkeit
- …

Empfänger	eltern@schule.steinfurt.de			
Betreff	Projekt „Krötentaxi“: …			
Anliegen	…			
Argumente	Aspekte	Begründung	Beispiel	Folge
Argument 1	…	…	…	…

Digital+
Schreibplan
WES-126428-062

2 Schreibe die E-Mail. Nutze den Schreibplan und das **Argumentationsboard** (S. 78). So kannst du beginnen:
Liebe Eltern,
wir, die SV-Mitglieder, möchten während der Projekttage das Projekt „Krötentaxi“ durchführen. Deshalb …

3 Überarbeite deine E-Mail mithilfe der dir bekannten **Checkliste** (Seite 82) und schreibe sie noch einmal leserlich und fehlerfrei ab.

LERNBEGLEITBOGEN

Eine argumentierende E-Mail verfassen

Kompetenz / Inhalt	Selbsteinschätzung ☺ 😐 ☹	Fremdeinschätzung ☺ 😐 ☹	Bemerkungen	Hier kannst du weiterüben:
Ich kann ...				
mich über Inhalt, Ablauf und Funktion von Projekttagen ergebnisorientiert austauschen und eigene Ideen einbringen. (S. 62–63)				
das Gesprächsverhalten in Diskussionen untersuchen und benennen. (S. 64–65)				SB, S. 279
Standpunkte in einer Kugellagerdiskussion zum Thema austauschen, diskutieren und reflektieren. (S. 66–67)				
Überzeugungspunkte verteilen sowie Aspekte stichhaltig und adressatenorientiert entfalten. (S. 68–69)				SB, S. 278
einen Sachtext gezielt auswerten, um ausgewählte Argumente fachlich zu stützen. (S. 70–71)				AH, S. 16–17
mich in die Rolle anderer hineinversetzen und mögliche Einwände sammeln sowie sinnvoll entkräften. (S. 72)				
Kommas im Satzgefüge richtig setzen. (S. 73)				SB, S. 296–397
eine argumentative E-Mail planen und schreiben und dazu: – Argumente entfalten und – einen Einwand entkräften. (S. 74–75)				SB, S. 299–300 AH, S. 18–19
Sätze und Abschnitte sinnvoll verknüpfen (kohärent formulieren). (S. 76)				SB, S. 272
Termine mithilfe eines Handykalenders planen und mich dadurch besser organisieren. (S. 77)				AH, S. 15
Formulierungshilfen nutzen. (S. 78)				
eine argumentierende E-Mail kriteriengeleitet schreiben. (S. 79–80)				SB, S. 301
eine argumentierende E-Mail kriteriengeleitet überarbeiten. (S. 81–82)				

FREIRAUM

Diese Aufgaben aus dem Freiraum habe ich gemacht:	

AH = Arbeitsheft, SB = Schülerband

Fachbegriffe und Methoden

das Argument	Argumente stützen deine Meinung. Mit ihnen kannst du **andere überzeugen**. Argumente enthalten eine **Behauptung,** eine nachvollziehbare **Begründung, Beispiele**, eine **Erläuterung** und/oder eine **Folge.**
der Aspekt / die Aspekteliste	In einer Aspekteliste werden alle **Stichworte** (Ideen) zu einem **Thema** gesammelt. Sie sind die Grundlage für die Formulierung von **Argumenten.**
die Diskussionskarte	Mit einer Diskussionskarte **bereitest** du dich auf eine **Diskussion vor**. Auf ihr notierst du **Stichworte**, z. B. zu Argumenten, und ergänzt zusätzliche Hinweise wie eine Entfaltung.
das Diskussionsziel	Das Diskussionsziel bezeichnet das durch Diskussionen **angestrebte Ergebnis**, das erreicht werden soll, wie das Austauschen von Meinungen, das Finden von Lösungen oder das Treffen von Entscheidungen.
der Einwand	Ein Einwand ist ein Gegenargument zu deinem Standpunkt. Um einen **Adressaten** zu überzeugen, solltest du dir überlegen, welche **Einwände** er/sie haben könnte, und diese **entkräften.**
entfalten, die Entfaltung	Argumente entfaltest du, indem du sie beispielsweise **begründest** und **erläuterst**. Stelle zuerst eine Behauptung auf, die du anschließend begründest. Nenne dann ein Beispiel und eine Folge. Formuliere **stichhaltig**, d. h. durchdacht, nachvollziehbar, überprüfbar und adressatenbezogen.
entkräften, die Entkräftung	Dadurch wird eine **Behauptung**, ein **Argument** oder ein Einwand **abgeschwächt** oder **widerlegt**. Gehe bei der Entkräftung auf die Bedenken deiner Adressatinnen und Adressaten ein und nimm sie ernst. Du hebst die positive Seite deines Standpunktes hervor und gehst so auf den anderen ein und machst einen anderen Vorschlag, um den **Einwand abzuschwächen**. Zeige, dass du Einwände ernst nimmst.
der Gesprächsförderer / -blocker	**Gesprächsförderer** helfen dabei, ein **Gespräch** (z. B. eine Diskussion) **zielführender** und **produktiver** zu gestalten: *ausreden lassen, auf andere eingehen, respektvoll und höflich miteinander umgehen.* **Gesprächsblocker behindern** den **Gesprächsfluss** und **verhindern** das Finden eines **Ergebnisses**. Vermeide daher *Beleidigungen, abwertende Bemerkungen, Unterbrechungen, Ablenkungen* und *Nicht Zuhören.*
der Handykalender	= ein digitaler Kalender. In ihm kannst du **Termine** und **Aufgaben speichern** und dich an diese erinnern lassen. Weil du Datum und Uhrzeit sowie Notizen zum Termin ergänzen kannst, erleichtert er dir die **Selbstorganisation**. Termine im Handykalender kannst du **mit anderen teilen**. Beachte dabei den Datenschutz.
kohärent, die Kohärenz	Kohärenz bedeutet, dass Sätze oder Absätze sprachlich und inhaltlich **sinnvoll miteinander verknüpft** sind. Nutze **Konjunktionen** und **Adverbien** (*weil, obwohl, sodass, aber* usw.), um zwischen Sätzen und Absätzen zu verbinden. Auch **Sätze**, die den **Lesefluss erleichtern** und Verbindungen herstellen, kannst du zur Verknüpfung von Absätzen verwenden, z. B. *Das bedeutet, dass ..., Obwohl der Einwand „...“ völlig richtig ist, möchte ich erwähnen, dass ...*
die Kugellagerdiskussion	= Methode, um **Diskussionen** mit **mehreren Partnerinnen** und **Partnern** durchzuführen. Ihr bildet einen **Innen-** und einen **Außenkreis**. Legt die Diskussionszeit fest und stellt einen Timer. Die Teilnehmenden tauschen sich aus. Nach Ablauf der Zeit rotieren die Kreise und neue Gesprächspaare finden zusammen.
die nonverbale Kommunikation	= Kommunikation ohne Worte, z. B. über **Blickkontakt, Mimik, Gestik** oder die **Körperhaltung**. Sie kann absichtlich (gesteuert) oder unbeabsichtigt erfolgen. Sie vermittelt **Gefühle** und **Einstellungen**.
das Satzgefüge	Ein Satzgefüge besteht aus **mindestens** einem **Haupt-** und einem **Nebensatz**. Diese werden durch **Komma(s)** voneinander abgetrennt. Bestimme, wo du Kommas setzen musst, indem du **Sinneinheiten** bildest. Zu jeder Sinneinheit gehört ein Prädikat: [Die Idee klingt schön], [obwohl sie für mich nichts ist]. Beachte, dass es auch mehrteilige Prädikate gibt. Konjunktionen können dir helfen, Nebensätze zu identifizieren, z. B. *da, dass, obwohl, weil ...*
der Überzeugungspunkt	Um deine Aspekte zu gewichten, verteilst du **Punkte** von eins (wenig überzeugend für deine Adressatinnen und Adressaten) bis zu drei (sehr überzeugend). Mit Überzeugungspunkten **verdeutlichst du**, welche **Aspekte sich eignen**, um deine Adressatin bzw. deinen Adressaten zu überzeugen, d. h., welche du entfalten sollst.
das Vision Board	= eine digitale oder analoge Pinnwand, auf der du **Ideen, Wünsche** und **Ziele sammeln** kannst.

1 Übe die Fachbegriffe mit den Karteikarten, die du im Webcode findest.

Digital+ Karteikarten WES-126428-063

Aufgaben zum Weiterarbeiten

ZU SEITE 69

Gestalte einen kleinen Flyer für das Projekt „Jung hilft Alt: Techniksupport", der im Seniorencafé ausgelegt werden kann und für das Projekt wirbt. Du kannst die Vorlage im Webcode nutzen oder einen eigenen Flyer gestalten.

Digital+ Vorlage Flyer WES-126428-064

ZU SEITE 74

Digital+ Vorlage Parcours WES-126428-065

Sinnesparcours sind vielfältig. Plane deinen eigenen Parcours. Gehe so vor:

- Lege fest, wofür du mit dem Parcours sensibilisieren möchtest, z. B. *Sehbehinderungen*.
- Wähle einen passenden Untergrund und eine Streckenführung aus.
- Gestalte den Parcours. Lege dir eine eigene Vorlage an oder nutze die im Webcode.

ZU SEITE 78

- Welche Termine hast du in der nächsten Woche? Trage sie in deinen Handy-Kalender ein.
- Termine kannst du verschiedenen Kategorien mit unterschiedlichen Farben zuweisen, um sie übersichtlicher zu gestalten. Lege in deinem Handy-Kalender drei Kategorien an, denen du Termine zuordnen kannst, z. B. *Geburtstage, schulische Termine, Ehrenamt*.

ZU SEITE 80

- Recherchiere ein bolivianisches Gericht, das gut zum „Eine-Welt-Dinner" passen würde.
- Welches Gericht könntest du zum „Eine-Welt-Dinner" mitbringen? Gestalte hierzu ein Rezept. Du kannst die Vorlage im Webcode nutzen.

Digital+ Vorlage Rezept WES-126428-066

ZU SEITE 82

Kannst du erraten, von welchem Projekt Leon seinen Mitschüler überzeugen will? Höre dir dazu die Sprachnachricht an.

Digital+ Audio WES-126428-067

Werbung ist eine gezielte, kommunikative Maßnahme, um Produkte, Dienstleistungen oder Ideen bekannt zu machen und ihnen ein positives Image zu vermitteln. Ziel ist es, durch Werbung potenzielle Kunden zu erreichen und davon zu überzeugen, ein bestimmtes Produkt oder eine bestimmte Dienstleistung zu kaufen oder zu nutzen. Dazu werden **Werbeträger** – alle Arten von Medien – und **Werbemittel** genutzt. Damit ist die konkrete Ausgestaltung der Werbung gemeint, wie Anzeigen, Hörfunk- oder Fernsehspots, Plakate, Briefe, Filme und Posts oder Blogs auf Social Media.

Werbung will auf Gefahren aufmerksam machen und dazu aufrufen, sich für einen guten Zweck einzusetzen oder umweltbewusst zu handeln.

Ohne **Werbung** kämen wir womöglich auf die Idee, selbst zu entscheiden, was wir kaufen wollen.

Werbung – Die Kunst der Verführung

1 Werbung umgibt uns überall. Aber was ist Werbung eigentlich und wo begegnet sie dir?

a) Betrachte die Bilder und lies den Text im grauen Kasten (oben links). Beantworte dann die Frage für dich: Für mich ist Werbung … Mir begegnet Werbung am häufigsten …

b) Wähle ein Adjektiv aus der **SPRACHBOX** aus, das du mit Werbung verbindest, und begründe deine Wahl.

c) Tauscht euch dazu aus, welche **Werbemittel** und **Werbeträger** auf dieser Doppelseite abgebildet sind. Nutzt dazu die **SPRACHBOX** rechts.

» Fachwortschatz, S. 119

2 **a)** Lest die Aussagen in den bunten Kästen und klärt, welche Ziele grundsätzlich mit Werbung verfolgt werden, das heißt, wozu Werbung eigentlich „verführen“ will.

b) Sammelt in der Klasse Beispiele dazu, wofür darüber hinaus geworben werden kann: *Ideen, Veranstaltungen, Engagement gegen den Klimawandel, Verzicht auf Fleisch, Spenden …*

3 **a)** Tauscht euch zu diesen Fragen aus: Welches Produkt habt ihr zuletzt gekauft? Wie wurdet ihr darauf aufmerksam?

b) Denkt darüber nach, durch welche Arten von Werbung ihr dazu verführt wurdet.

» Richtig schreiben, S. 296
AH S. 20–21

Hinter der **Werbung** steht vielfach die Überlegung, dass jeder Mensch eigentlich zwei sind: einer, der er ist, und einer, der er sein will. *(William Feather, 1889–1969, amerikanischer Werbefachmann)*

Fernseh**werbung** schneidet Spielfilme in spannende Häppchen. *(Manfred Paisel, deutscher Werbetexter)*

SPRACHBOX

Nomen: das Plakat – die Plakatwand – die Bande(-nwerbung) – das Banner – der Flyer – die Anzeige – der Prospekt – der Aufsteller – die Plastiktüte – der Blog – die Litfaßsäule – die LED-Wand – die E-Mail – der Radio-/Fernsehspot – die Werbeeinblendung – der Probierstand – die Werbefigur – der Werbeträger – das Medium – das Pop-up – der Werbefilm – der Influencer/die Influencerin

Verben: Werbung kann (man) ... gestalten – platzieren – kreieren – sich einprägen – bemerken – registrieren – werben – schalten – in Auftrag geben

Verben: Mit Werbung kann man ... informieren – warnen – beraten – aufrütteln – berühren – verkaufen – verspotten – kritisieren – aufmerksam machen / Aufmerksamkeit erregen – werben – vermarkten – auf etwas hinweisen – provozieren

Adjektive: Werbung ist ... laut – schrill – auffällig – einprägsam – verführerisch – humorvoll – bewegend – provokant – (nicht) nachvollziehbar – manipulativ

Digital+
Interaktive Aufgabe
WES-126428-068

AUSBLICK

In diesem Kapitel erfährst du, auf welche Art und Weise dir Werbung im Alltag begegnet. Du lernst, wie du die „Verführungsstrategien" von Werbung erkennen und aufdecken kannst. Außerdem übst du, die Bild- und Textelemente von Werbeanzeigen zu untersuchen und zu benennen, um die Wirkung, die Werbebotschaft und die Zielgruppe ermitteln zu können.

Alles online?

Ein Diagramm auswerten

1 Stellt Vermutungen dazu an, welche Medien besonders häufig als **Werbeträger** genutzt werden, um Kunden auf Produkte und Ideen aufmerksam zu machen. Beziehe in deine Überlegungen auch die Abbildungen von den Seiten 88–89 mit ein.

» Fachwortschatz, S. 119

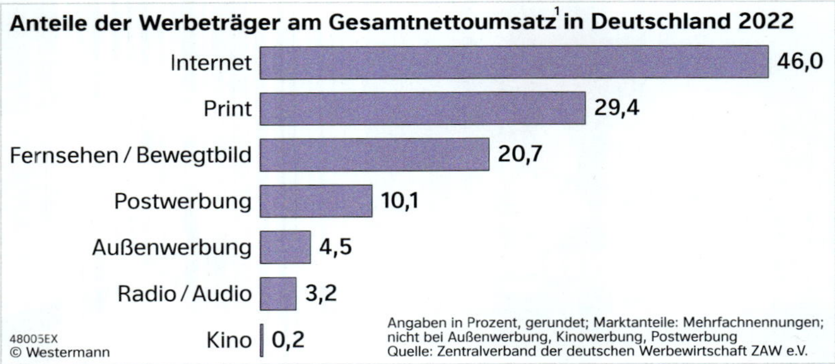

[1] **der Gesamtnettoumsatz:** die Einnahmen, die alle Unternehmen der Werbebranche zusammen in Deutschland in diesem Jahr mit Werbung erzielt haben

Im Jahr 2022 wurden laut dem Zentralverband der deutschen Werbewirtschaft rund 36,18 Milliarden Euro in Werbung investiert[2]. Für Online-Werbung (= alle Werbeformen über das Internet) wurden in Deutschland 12,14 Milliarden Euro ausgegeben.

[2] **investieren:** Geld für ein bestimmtes Ziel ausgeben

2 Vergleiche deine Vermutungen aus Aufgabe **1** mit den Informationen im Diagramm. Beziehe auch die Informationen im Text darunter ein:

a) Werte das Diagramm aus. Gehe dazu so vor, wie in der **LERNBOX** beschrieben.

b) Fasse deine Ergebnisse in einem eigenen kurzen Infotext zusammen. Beginne so:
Das Balkendiagramm zum Thema ... zeigt, wie sich der Nettoumsatz auf die Werbeträger im Jahr 2022 verteilt hat ...
Nutze auch die Formulierungen aus der **SPRACHBOX**.

c) Erkläre, warum das Internet mittlerweile der wichtigste Werbeträger ist.

SPRACHBOX

- Online-Werbung, also alle Werbeformen über das Internet, nehmen ... ein.
- Danach folgt direkt ...
- Einen besonders geringen Anteil haben mittlerweile ...
- Im Text unter dem Diagramm wird gesagt, ...
- Das zeigt ebenfalls, dass ...

LERNBOX

So wertest du ein Diagramm aus:

Es gibt verschiedene **Arten von Diagrammen** (Balken-, Säulen-, Kreis-, Kurvendiagramm), um **Zusammenhänge, Abfolgen, Entwicklungen** oder **Beziehungen** bildlich zu veranschaulichen.

1. Mache dir klar, welche **Form der Darstellung** gewählt wurde.
2. Lies die **Überschrift** und die **Beschriftung** und untersuche die Bedeutung der Farben: Worum geht es? Auf welche Fragen gibt das Diagramm Antworten?
3. Notiere die **Quelle** und den **Zeitpunkt/Zeitraum**, auf den sich die Daten beziehen. Häufig stehen sie in der **Fußzeile**.
4. Markiere **Schlüsselwörter / wichtige Informationen** und mache **Randnotizen**: Welche sind die höchsten / die niedrigsten Werte? Was wird zueinander in Beziehung gesetzt? Welche Schlussfolgerungen kannst du daraus ziehen?

Aufmerksamkeit um jeden Preis?

Online-Werbung und ihre Wirkung erkennen

1 Besprecht, über welche Plattformen in den sozialen Medien ihr mit Werbung konfrontiert werdet und welche Form des **Werbemittels** dort häufig auftaucht.

» Fachwortschatz, S. 119

Bezieht in eure Überlegungen auch die Seiten 88–89 ein.

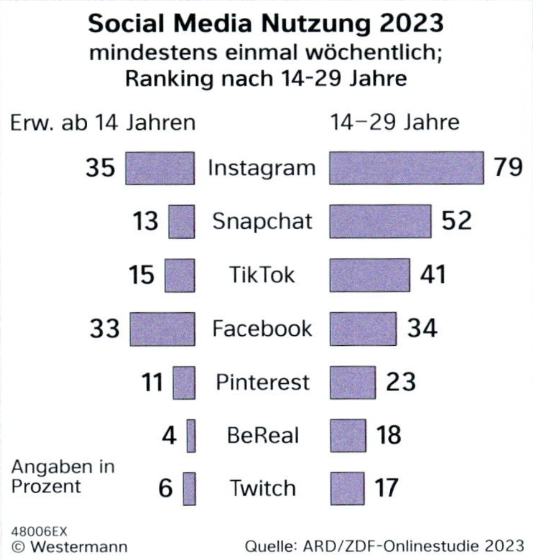

2 Vergleiche deine Überlegungen zu Aufgabe **1** mit dem Diagramm:

a) Betrachte das Diagramm und werte es aus (vgl. **LERNBOX** S. 90).

b) Beantworte danach diese Fragen:

– Welche Plattformen sind bei Jugendlichen beliebt, welche eher weniger?

– Trifft dieses Medienverhalten auch auf dich zu?

c) Schlussfolgert, welche Bedeutung das Medienverhalten Jugendlicher für die Werbung hat.

3 Betrachte den Screenshot aus einem Video, das die Influencerin chrissixxe in einem sozialen Netzwerk gepostet hat, und stelle Vermutungen dazu an, warum sie dieses Video gepostet haben könnte.

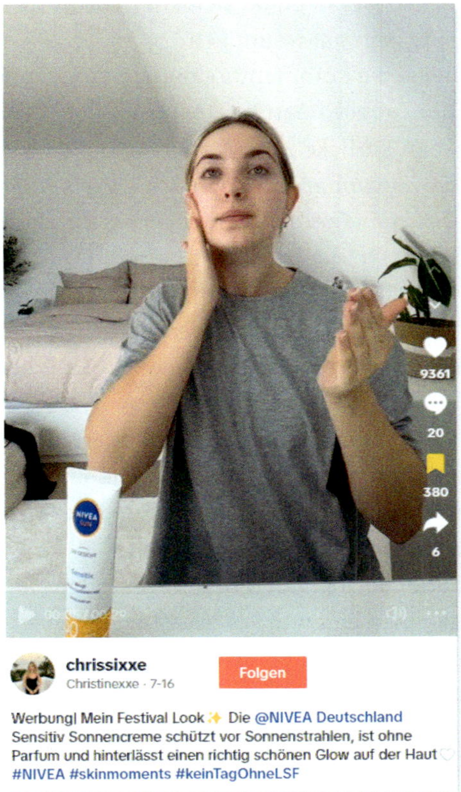

4 Untersuche nun das gesamte Video, um deine Vermutungen zu überprüfen. Gehe dazu so vor:

a) Was ist ein Influencer bzw. eine Influencerin? Was machen sie – und warum? Klärt diese Fragen zunächst in der Klasse.

b) Schaue dir das Video zum Screenshot über den Webcode an.

c) Übertrage die Tabelle von Seite 92 oder lade sie über den Webcode herunter. Ergänze deine Beobachtungen zu den Fragen 1)–3) stichwortartig.

d) Vergleicht eure Ergebnisse miteinander und ergänzt sie, wenn nötig.

e) Kennst du ähnliche Videos? Erzähle davon.

Digital+
Video
WES-126428-069

	Meine Beobachtungen:
1) Worum geht es in dem Video: Wer ist zu sehen, was machen die Personen?	Im Video sehe ich ... / Chrissixxe will ...
2) Welche Produkte/Marken werden sichtbar?	Sie präsentiert ...
3) Wie werden sie von der Postenden in Szene gesetzt?	
4) Was haben die Kommentierenden geäußert? Nenne dazu auch, von wem die Äußerungen stammen (Usernamen).	
5) Wie wirken diese Äußerungen auf die Leser/-innen, wie auf Chrissi?	
6) Was erreicht die Influencerin bei einigen Kommentierenden?	
7) Wer könnte die **Zielgruppe** dieses Videos sein – warum werden einige Betrachter durch das Video „verführt"?	

Digital+
Vorlage Tabelle
WES-126428-070

Fachwortschatz, S. 119

5 Posts werden in den Sozialen Medien zumeist auch kommentiert, so wie das Video von chrissixxe.

a) Lies die Kommentare zum Post. Tauscht euch zu zweit zu euren ersten Eindrücken aus: Wer hat sich eher positiv geäußert, welche Kommentare sind weniger freundlich?

b) Untersuche die Kommentare nun genauer, indem du die Fragen 4) und 5) in der Tabelle beantwortest.

Nutzt diese Ausdrücke zur Darstellung der Wirkung: *ablehnend – zustimmend – bewundernd – spöttisch – verunglimpfend – abwertend – passen nicht zum Thema – haben nichts mit dem Video zu tun.*

c) Ziehe Schlussfolgerungen aus deiner Untersuchung und beantworte dazu die Fragen 6) und 7).

Du kannst folgende Ausdrücke verwenden: *Kauflust wecken, Nachahmung hervorrufen – als Vorbild wirken – für Produkt Werbung machen – Hassrede erzeugen – Verspottung.*

d) Vergleicht eure Ergebnisse miteinander und diskutiert:
- über die Gründe, warum Influencer/-innen solche Videos posten,
- womit sie gleichzeitig auch immer zu rechnen haben, wenn sie sich selbst und ihre Ansichten darstellen,
- ob ihr selber solche Videos ins Netz stellen würdet.

e) Verfasse einen eigenen Kommentar zu diesem Video.

6 Bei Posts auf Social Media ist nicht immer gleich ersichtlich, ob es sich um Werbung handelt. Mache dir klar, was Social-Media-Werbung eigentlich ist, indem du den folgenden Text (Seite 93) liest. Markiere dabei Schlüsselstellen.

Was ist Social-Media-Werbung eigentlich?

Digital+ Textvorlage WES-126428-071

Auf Social Media werden häufig Produkte oder Dienstleistungen in Videos, auf Bildern oder in der Story angepriesen und vorgestellt. Wenn die Person hinter dem Account[1] eine Gegenleistung erhält, wie Geld, kostenlose Produkte, Gutscheine oder eine Reise, ist das Werbung. Damit die Firma hinter dem Produkt mit den Aussagen der Influencer-Werbung einverstanden sein kann, gibt es Verträge und die Werbebilder und -videos werden meist vorher überprüft. Dabei wird sichergestellt, dass das Produkt wie gewünscht dargestellt wird. Daher kann es sein, dass nicht jeder Post einer Influencerin oder eines Influencers auch die tatsächliche Meinung über das Produkt zeigt. So werden zum Beispiel nur die Vorzüge des Produktes genannt, aber keine Nachteile. Deshalb kann man sich nicht immer sicher sein, ob die Aussagen in dem Bild oder dem Video wirklich wahr sind.
Werbeeinnahmen helfen vielen Influencerinnen und Influencern dabei, ihren Lebensunterhalt zu finanzieren. Vielleicht stellen sie die Tatsachen daher manchmal ein bisschen schöner dar, als sie es ohne Gegenleistung getan hätten. Ein Werbedeal macht deinen Lieblingsstar nicht gleich weniger authentisch[2]. Wichtig ist, dass du kritisch hinterfragst, was dir auf Social Media präsentiert wird.

Kauffunktionen in sozialen Netzwerken

Auf Facebook, YouTube oder Instagram können Nutzer/-innen außerdem kostenpflichtige Abonnements oder Mitgliedschaften für Profile und Kanäle abschließen. Auch virtuelle Geschenke oder Trinkgeld werden auf manchen Plattformen angeboten. Follower können so direkt oder indirekt ihre Lieblings-Influencerin bzw. ihren Lieblings-Influencer finanziell unterstützen und erhoffen sich meist Aufmerksamkeit oder einen persönlichen Austausch mit ihrem Idol. Wie viel diese dadurch verdienen, kann nur schwer geschätzt werden.
Ein Werbespot im Fernsehen erreicht einzelne Konsumentinnen und Konsumenten, die sich dann über die Werbung austauschen. Die Kaufentscheidung kann dann auf dem Werbespot oder dem direkten Austausch mit anderen basieren. Bei Influencer-Werbung schließen Marken mit Influencerinnen oder Influencern Verträge ab, um ihre Produkte zu präsentieren und zu bewerben. Die Empfehlung der Influencerin bzw. des Influencers wird an alle Follower und Followerinnen weitergegeben. Viele Nutzer und Nutzerinnen teilen die Influencer-Werbung, kommentieren sie, markieren andere Personen oder werden zu Gewinnspielen eingeladen. Durch diese vielen Interaktionen[3] verbreitet sich die Empfehlung der Influencerin oder des Influencers sehr stark und die Chance ist höher, dass insgesamt mehr Menschen eine Kaufentscheidung treffen. *(Text verändert)*

[1] **der Account**: das Benutzerkonto in einem IT-System; Zugangsberechtigung

[2] **authentisch**: entspricht den Tatsachen; wirkt glaubwürdig

[2] **die Interaktion**: miteinander in Kontakt sein, sich austauschen

7 a) Überprüfe nach dem Lesen dein Textverständnis, indem du die Aufgaben Ⓐ – Ⓒ, Ⓐ – Ⓓ, Ⓐ – Ⓔ (mit Textbelegen) zum Text bearbeitest:
- Ⓐ Stelle dar, wie Produkte oder Dienstleistungen auf Social Media vorgestellt werden.
- Ⓑ Erkläre, wann man dabei von Werbung spricht.
- Ⓒ Beschreibe, wie die Produkte präsentiert werden und wie du damit umgehen solltest.
- Ⓓ Erläutere den Unterschied beim Erreichen der Konsumentinnen und Konsumenten zwischen Fernsehwerbung und Social-Media-Werbung.
- Ⓔ Erkläre, warum die Chance höher ist, dass mehr Menschen durch die Interaktionen Kaufentscheidungen treffen.

b) Vergleiche deine Antworten mit denen eines Lernpartners oder einer Lernpartnerin.

» Freiraum, S. 120

Seit Mai 2022 gibt es das sogenannte Influencer-Gesetz: Werbung muss – ganz gleich auf welcher Plattform und in welchem Format – auf den ersten Blick erkennbar sein:

- Die Kennzeichnung hat zu Beginn des Haupttextes zu erfolgen.
- Der Beitrag muss mit Begriffen wie Werbung, Anzeige, sponsored oder paid partnership versehen sein.
- Hashtags allein wie #ad oder #poweredby reichen nicht aus.
- Die Kennzeichnung muss dauerhaft ersichtlich sein.

Wer Produkte über Instagram verkaufen will, kann dort mittlerweile bei Beiträgen „Bezahlte Partnerschaft mit …" auswählen. Dadurch werden die Posts automatisch als Werbung gekennzeichnet und der Name des werbenden Unternehmens erscheint in fetter Schrift im Feed[1]. Anders als beim reinen Taggen[2] ist hier der werbliche Charakter eines Beitrags klar ersichtlich.

[1] **der Feed:** Beitrag auf einer Social-Media-Seite
[2] **taggen:** Verlinkungen/Markierungen in einen Post einbauen, zum Beispiel zu Freunden, aber auch zu Unternehmen oder Produkten

8 **a)** Lies die Hinweise zum sogenannten Influencer-Gesetz: Was muss ein Influencer bzw. eine Influencerin beachten, um der Kennzeichnungspflicht gerecht zu werden?
b) Überprüfe, ob der Post (Seite 91) diese Kriterien erfüllt.

9 **a)** Beurteile nun abschließend, ob es sich bei dem Post von chrissixxe (Seite 91) um Werbung handelt: Nenne deine Meinung dazu und begründe sie mithilfe deiner Ergebnisse zu den Aufgaben **7** und **8**. Beginne so:
Bei dem Post von chrissixxe handelt es sich (nicht) um Werbung, da …

Nutze diese Formulierungen: *Influencerin preist das Produkt von Nivea deutlich an – stellt die Anwendung vor – nennt Vorzüge – äußert Empfehlung – probiert Produkt an sich aus – Nebeneinnahmen – unter Video ist Werbung durch … gekennzeichnet.*

b) Erläutere, ob Jugendliche aufgrund ihrer persönlichen **Bedürfnisse** durch den Post zum Kauf „verführt" werden könnten. Berücksichtige die Erläuterungen in der **LERNBOX** und nutze die **SPRACHBOX**: Meiner Meinung nach würden (nicht) viele Jugendliche das dargestellte Produkt kaufen. Das erkennt man schon während des Posts, …

Beziehe auch deine Untersuchung der Kommentare (Seite 92) mit ein.

c) Entwickle Fragen, mit deren Hilfe du überprüfen kannst, ob es sich bei Posts um Werbung handelt, z. B. *Finden sich Hinweise in der Bildbeschreibung oder den Hashtags?*

» Fachwortschatz, S. 119
» Richtig schreiben, S. 297

SPRACHBOX

ist vielen bekannt – hat gewisses Ansehen – hat einen besonderen Status bei Fans und Abonnenten – Bewunderung – verwirklicht sich selbst – Vorbild

LERNBOX

An welchen Bedürfnissen der Kunden orientiert sich die Werbung?

Werbegestalter orientieren sich an den folgenden **Bedürfnissen**, um Produkte oder Ideen besser vermarkten zu können:

1. **Physiologische Bedürfnisse:** Körperliche Grundlagen des Überlebens (Essen, Trinken, Kleidung, Wohnung …)
2. **Sicherheitsbedürfnisse:** Natürliche Vorsicht und Voraussicht (Gesundheit, Schutz …)
3. **Zugehörigkeit und Liebe:** Bestreben, bei der Familie und engen Freundinnen und Freunden zu sein (Harmonie, Zweisamkeit …)
4. **Ansehen und Status:** Bestreben, im Vergleich zu anderen eine hohe Stellung und einen guten Ruf zu haben (Beruf, Ansehen, Geld, Besitz …)
5. **Selbstverwirklichung:** Entfaltung der eigenen Persönlichkeit (Wunsch, zu wissen, zu verstehen, zu organisieren, Wertvorstellungen aufzubauen, kreativ zu sein, zu genießen, Talente und Fähigkeiten zu nutzen …)

» Freiraum, S. 120

Cookies sind keine Kekse

Personalisierte Werbung erkennen und vermeiden

1 **a)** Beschreibe den Screenshot: Welche Situation wird dargestellt?
b) Hast du dich bei der Internetsuche auch schon darüber gewundert, dass Werbung genau zu dem Produkt auftaucht, über das du dich kürzlich informiert hast – oder dass genau die Meldung angezeigt wird, die dich interessiert? Erzähle davon oder vermute, warum das passieren könnte.
Du kannst diese Ausdrücke nutzen: *Computer – Recherche –Suchmaschine – personalisierte Werbung – Cookies – Tracking – Filterblase.*
c) Erkläre, warum diese Art der personalisierten Werbung möglich ist.

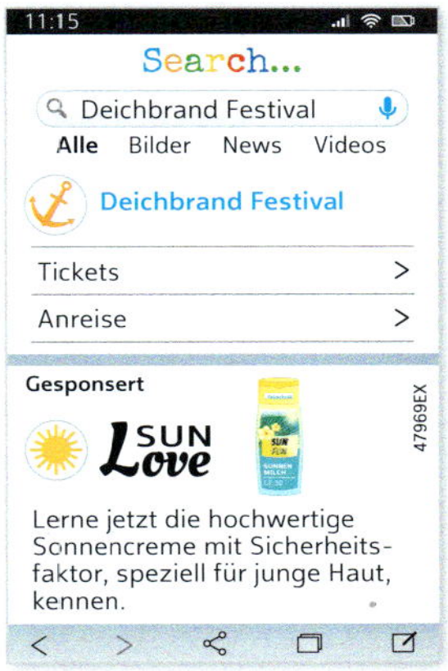

Fachwortschatz, S. 32

2 Vergleiche deine Erfahrungen mit den Informationen im folgenden Sachtext. Erschließe diesen dazu mit der Lesemethode für Sachtexte:
a) Unterschlängele unbekannte Ausdrücke, kläre sie gemeinsam mit einem Lernpartner / einer Lernpartnerin, mithilfe des Wörterbuchs oder recherchiere im Internet.
b) Markiere Schlüsselstellen (= Antworten auf die W-Fragen) wie im Beispiel.
c) Bilde Sinnabschnitte, formuliere zu diesen Überschriften und schreibe Notizen zu den Abschnitten an den Rand.
Diese Überschriften kannst du nutzen: *Notwendige Cookies – Was sind Cookies? – Personenbezogene Daten – Gefahren durch Cookies – Arten von Cookies.*

Digital+
Textvorlage
WES-126428-072

Fachwortschatz, S. 119

Cookies kontrollieren und verwalten: So geht‘s!

„Unsere Seite nutzt Cookies, um Ihnen ein optimales Surferlebnis zu bieten.“ – Mit diesen oder ähnlichen Worten weisen viele Internetseiten auf die sogenannten „Cookies“ hin. [...] Das sind kleine Datensätze, die auf deinem Gerät gespeichert werden, wenn du bestimmte Websites besuchst. Wenn du später noch mal auf der gleichen Website surfst, kann die Seite dich wiedererkennen.

Was sind Cookies?
- kleine Datensätze
- beim Surfen auf Gerät gespeichert
- Seiten erkennen dich wieder

- - -

Zumeist nutzen die Betreiber der Seiten nicht nur Cookies, die technisch notwendig sind, sondern auch Werbe- und Tracking[1]-Cookies, die dein Surfverhalten analysieren. Deshalb wirst du zu Beginn deines Besuchs einer Internetseite oft gefragt, ob du damit einverstanden bist. Das steht so in § 25 des Telekommunikation-Telemedien-Datenschutz-Gesetzes. [...] Lehnst du die Werbe- oder Tracking-Cookies ab, dürfen auch keine gesetzt werden. [...]

- - -

Durch Cookies können auch personenbezogene Daten an Unternehmen und Werbetreibende übermittelt werden, wie z. B. die IP-Adresse[2], besuchte Seiten und daher Interessen, persönliche Daten (Name, Adresse, Telefonnummer, E-Mail), Passwörter, kürzlich angesehene Produkte, Warenkorbinhalte etc. Mithilfe von Cookies können Unternehmen dein Surfverhalten jahrelang verfolgen und so ein genaues Profil über dich erstellen (= Profilbildung). Dieses können sie dann zu Werbezwecken nutzen. Je besser dich der Anbieter kennt, desto besser kann er dich werblich ansprechen – und somit letztlich auch manipulieren.

[1] **das Tracking:** Nutzerverfolgung im Internet

[2] **die IP-Adresse:** Adresse des Gerätes, das mit dem Internet verbunden ist

Da Cookies Dinge wie zum Beispiel Online-Shopping, Onlinebanking etc. überhaupt erst ermöglichen, sind sie nicht nur schlecht. Ohne sie wäre eine Nutzung des Internets in der Form, wie wir es kennen, gar nicht möglich. Die Frage ist daher nicht, ob wir sie zulassen wollen, sondern eher, welche wir akzeptieren. So sind „Session Cookies" temporär und werden nach jedem Internet-Besuch automatisch gelöscht. Wenn man diese aktiviert, merkt sich z. B. der Online-Shop die Produkte, die du im Warenkorb abgelegt hast. Ansonsten wäre dieser nach jedem Aufruf wieder leer. Wenn du dich allerdings nicht abmeldest, ist er auch für andere sichtbar und sie können unter deinem Profil Schaden anrichten. Das gilt besonders für öffentlich zugängliche Geräte.

= nur eine bestimmte Zeit

Tracking-Cookies nehmen dein digitales Verhalten über Jahre hinweg unter die Lupe. So können Anbieter von Websites (z. B. Werbefirmen) ein besonders umfangreiches Profil von dir erstellen. Sie können aber auch zu einem Sicherheitsrisiko werden, wenn sie sensible Daten[4] missbrauchen. Im Rahmen der Werbung werden Interessen erfasst und ausgewertet, um auf dich zugeschnittene Werbung anzuzeigen. [...] Durch Personalisierungs-Cookies werden dir auch nur bestimmte Inhalte angezeigt, z. B. auf einer Nachrichtenseite nur die Sport- oder Politikartikel in einer bestimmten Region. So entsteht die Gefahr der „Filterblase"[5], in der du nur solche Informationen angezeigt bekommst, die deine Meinung bestätigen und du andere, kritische Meinungen erst gar nicht zu Gesicht bekommst.

(Text verändert)

[4] **sensible Daten:** Daten, die nicht alle kennen sollten

[5] **die Filterblase:** Es werden nur Inhalte angezeigt, die mich interessieren

3 **a)** Besprecht nach dem Lesen, welchen Nutzen Cookies haben und welche Gefahren von ihnen ausgehen.

b) Sammelt Ideen, wie man diesen Gefahren begegnen kann, ohne sich beim Surfen oder Einkaufen im Internet einschränken zu müssen, z. B. nach Anmeldung im Internet immer wieder abmelden ...

c) Vergleicht eure Ideen mit den Hinweisen in der **LERNBOX** und probiert sie mit euren mobilen Geräten gemeinsam aus.

d) Im Zusammenhang mit Cookies nutzt man auch den Ausdruck „gläserner Mensch". Erkläre aufgrund deiner Erschließung des Textes, was darunter zu verstehen ist.

» Freiraum, S. 121

LERNBOX

Tipps zum Umgang mit Cookies:

1. **Cookies regelmäßig löschen:** Lehne Cookies ab (dies ist aber nicht immer sinnvoll), oder lösche sie mindestens einmal monatlich (Einstellungen des Browsers/des Gerätes → „Datenschutz" oder „Inhaltseinstellungen").
2. **Cookie-Einstellungen verwalten:** Teile dem Browser über die Datenschutzeinstellungen mit, wie er mit Cookies verfahren soll.
3. **Mit Cookie-Bannern sorgsam umgehen:** Erlaube bei der Cookie-Abfrage nur die notwendigen Cookies. Nimm dir Zeit, um dafür die Buttons zu unterscheiden, und setze das Häkchen nur bei „Essentiell"/„Notwendig". Du kannst auch den Browser so einstellen, dass Session Cookies am Ende immer gelöscht werden. Beende jede Sitzung richtig, d. h., melde dich ab.
4. **Drittanbieter-Cookies verbieten:** Deaktiviere im Browser Cookies von Drittanbietern (Einstellungen → „Datenschutz"→ „Cookies von Drittanbietern nie akzeptieren" oder „Cross-Sitetracking verhindern").
5. **Anti-Tracking-Programme installieren:** Wenn du solch ein kostenloses Programm installierst, kannst du Cookies und Tracker einschränken. Manchmal kommt es dadurch aber auch zu Einschränkungen bei Darstellung und Funktion.
6. **Anonymen Modus nutzen**: Du kannst auch im „Inkognito-Modus" (Browser) oder „Do-not-track-Modus" surfen. So werden deine Daten insgesamt weniger gespeichert und du kannst nicht mehr „verfolgt" werden.

„Radio. Geht ins Ohr. Bleibt …“

Radiospots im Gruppenpuzzle untersuchen

1 **a)** Ergänze den unvollständigen Satz oben sinnvoll.
b) Vergleicht eure Sätze miteinander. Begründet, warum ihr so formuliert habt.
c) Stellt Vermutungen dazu an, wofür man mit diesem **Slogan** Werbung machen könnte.

» Fachwortschatz, S. 119

Ⓐ Yogamatte
Digital+ Audio WES-126428-073

Ⓑ Knäckebrot
Digital+ Audio WES-126428-074

Ⓒ Messerset
Digital+ Audio WES-126428-075

2 **a)** Setzt euch zu dritt zusammen und untersucht mithilfe eines Gruppenpuzzles, wie und wozu diese **Radiospots** „verführen“. Lest dazu zunächst die Hinweise in der **LERNBOX** (Seite 98) und macht euch die Arbeitsschritte klar.
b) Teilt die Spots Ⓐ, Ⓑ und Ⓒ untereinander auf, sodass jede Person einen Spot untersucht. Zu Ⓐ bekommst du mehr Tipps, zu Ⓑ weniger und zu Ⓒ nur einen Tipp.
c) Übertrage die folgende Tabelle oder lade sie dir über den Webcode herunter.

» Fachwortschatz, S. 119

Digital+ Vorlage Tabelle WES-126428-076

	Ⓐ Yogamatte	Ⓑ Knäckebrot	Ⓒ Messerset
1) Worum geht es in dem Spot? Fasse den Inhalt zusammen.	Sänger singt über seine besondere Beziehung zu …	Band singt über das Essen von Knäckebrot im …	
2) Beschreibe die Art der Musik/der Instrumente.	Gitarrenmusik → beruhigend		
3) Erkläre, welche Zusatzinformationen/Bewertungen gegeben werden.			
4) Ziehe Schlussfolgerungen dazu, wer und was mit dem Spot erreicht werden soll: Worin besteht die „Verführung“?			

d) Höre dir deinen Radiospot (z. B. mit Kopfhörern) mehrfach an. Fülle deine Spalte mit deinen Beobachtungen und Ergebnissen aus. Nutze die Formulierungen aus der **SPRACHBOX**.

zu 1) Denke daran, wer da singen könnte und welches Hobby der Sänger hat. Was hat er gemacht und welches Verhältnis hat er zu seiner Yogamatte? / zu 2) Wie wirken Musik und Gesang auf dich? / zu 3) Achte auf die gesprochenen Sätze. / zu 4) Was passiert nach mehrmaligem Anhören?

SPRACHBOX

Text ergibt (keinen) Sinn – (keine) klare Aussage – wirkt (nicht) lustig – (nicht) langweilig – beruhigend – ironische Darstellung – wirken absurd – Werber machen sich lustig – ein Ohrwurm – soll im Gedächtnis bleiben – passt (nicht) zur Überschrift der Kampagne – jede/-r versteht es – Aufmerksamkeit erzielen – auf Wirkung von Radiospots aufmerksam machen

Beachte den Sinn des Textes. An was erinnert dich die Musik? Was passiert bei dir nach häufigem Anhören? Achte auf die Sätze des Sprechers.

Beachte die Bewertung durch den Sprecher.

e) Stellt euch die Beobachtungen und Notizen gegenseitig vor. (A) beginnt. Orientiert euch bei der Vorstellung an den Satzanfängen in der **SPRACHBOX**. Ihr könnt sie als Sprechkarte in der Austauschrunde verwenden. Die Zuhörenden füllen jeweils die anderen Tabellenspalten aus.

f) Vergleicht noch einmal eure Schlussfolgerungen miteinander: Was haben alle Spots gemeinsam?

3 Nach den Spots wird stets ergänzt: *„Sollten Sie diesen komplett sinnleeren Song noch länger im Kopf haben, liegt das an der erstaunlichen Wirkung von Radio. Danke für Ihr Verständnis. Radio. Geht ins Ohr. Bleibt im Kopf."*

a) Besprecht in eurer Gruppe, welche Zielgruppe hier mit welcher Absicht angesprochen wird. Ihr findet Hinweise dazu in der **SPRACHBOX**.

b) Beurteile begründet, welcher der Spots dich am meisten anspricht.

4 Gestaltet euren eigenen Werbespot zu der Kampagne *„Radio. Geht ins Ohr. Bleibt im Kopf."*, durch den deutlich wird, dass Radiospots sich auch speziell an Jugendliche richten können.

a) Entscheidet euch für ein Produkt (z. B. Sneaker, Hoodie, Konsole, Kaubonbon) und formuliert dazu einen kurzen, einprägsamen Songtext mit sinnlosem Text.

So kannst du beginnen: Oh mein Hoodie, oh mein Hoodie – ist mein liebstes Stück! Oh mein Hoodie, oh mein Hoodie – ist mein größtes Glück ...

b) Wählt ein Lied oder einen Rhythmus passend zum Text.

c) Nehmt den Spot mit dem Smartphone auf. Ein Sprecher ergänzt am Ende den Satz aus Aufgabe **3**.

d) Stellt euch eure Songs in der Klasse vor und beurteilt, ob sie zur Kampagne der Radiozentrale passen:
- Ist der Inhalt des Songs sinnlos, aber lustig, ironisch oder absurd?
- Eignet er sich, um die Aufmerksamkeit der Radiohörer zu wecken?
- Ist der Song einprägsam? Könnte er zum „Ohrwurm" werden?

SPRACHBOX

2 e)
- Der Radiospot, den ich mir angehört habe, heißt ...
- Es geht darin um ..
- Aber ...
- Die verwendete Musik klingt wie ... / ähnelt ... und wirkt ...
- Am Ende gibt der Sprecher die Zusatzinformationen, dass ... Zudem bewertet er den Song, indem ...
- Ich denke, mit dem Spot sollen ..., denn es soll Werbung für ... gemacht werden.

3 a) Aufmerksamkeit wecken – Hörer provozieren – für Radiospots generell werben – breite Zuhörerschaft ansprechen – über etwas informieren – Firmen auffordern, Radiowerbung zu schalten

LERNBOX

So arbeitet ihr im Gruppenpuzzle:

Mithilfe eines **Gruppenpuzzles** erarbeitet ihr Themen und Inhalte **arbeitsteilig**:
1. Zunächst bearbeitet jedes Mitglied der Stammgruppe (hier: Dreiergruppe) in **Einzelarbeit** das ihr oder ihm zugeteilte **Material**.
2. Ihr **vergleicht** euer Ergebnis mit einer Person, die **das gleiche Material** bearbeitet hat (= Expertengruppe), und ergänzt oder verändert es, wenn nötig.
3. Dann **stellt** ihr euch gegenseitig **reihum** ((A) beginnt) in eurer Stammgruppe eure Ergebnisse so vor, dass alle Gruppenmitglieder gut informiert sind. Sie **notieren** jeweils die Ergebnisse der Vortragenden, z.B. in der vorbereiteten Tabelle.
4. Als Letztes zieht ihr aus euren Ergebnissen **Schlussfolgerungen** oder bearbeitet gemeinsam **Aufgaben**.

Schau genau hin! – *Layout und Wirkung einer Werbeanzeige beschreiben*

1 **a)** Betrachte das Foto dieser Werbeanzeige: Was kommt dir merkwürdig vor?
b) Diese Anzeige gehört zur Hornbach-Werbekampagne „Wenn der Garten zum Baumarkt fährt" (2022). Tauscht euch darüber aus, warum das passieren könnte – und weshalb diese Tatsache als Werbung für einen Baumarkt dient.

Digital+
Vorlage Anzeige
WES-126428-077

2 Finde heraus, wie durch das **Layout** dieser Anzeige „Verführung" entsteht. Untersuche es dazu mithilfe der folgenden Aufgaben:
a) Welche Firma wirbt für welches Produkt oder welche Idee?
b) Welche Vorstellungen werden durch die Abbildung bei dir ausgelöst? Wähle aus den Formulierungen in der **SPRACHBOX** aus.
c) Mache dir klar, aus welchen Elementen (= Bausteinen) eine Werbeanzeige oftmals besteht. Lies dazu den ersten Hinweis in der **LERNBOX** (Seite 100).
d) Ordne die Bausteine aus der **LERNBOX** den Elementen (A) – (E) in der Anzeige oben zu: A = ... Du kannst dir die Anzeige auch über den Webcode herunterladen.
Aber Achtung: Nicht jede Anzeige enthält alle Bausteine und nicht immer lassen sich ganz eindeutige Zuordnungen treffen.
e) Vergleicht eure Ergebnisse miteinander. Diskutiert über unterschiedliche Zuordnungen. Nutzt die Formulierungen in der **SPRACHBOX**.

Fachwortschatz, S. 119

SPRACHBOX

2 b): Garten wird personalisiert, fährt Auto, Baumarkt als Zielort mit wichtigem Angebot

2 e): ... ist der Slogan mit Firmenname. – ... ist das Logo der Firma. – Für mich ist ... der Eyecatcher der Anzeige.

3 Untersuche den Aufbau der Anzeige genauer, um die „Verführungsstrategie“ aufzudecken. Mache dir Notizen in einem Cluster:

a) Wohin fällt dein Blick zuerst (= **Eyecatcher**; **LERNBOX**, 2. Hinweis)?

b) Beschreibe die Abbildung detailliert (Anordnung, Farben, Formen ...). Nutze die Ergebnisse aus Aufgabe **2** und ergänze, welche Vorstellungen sie hervorrufen.

c) Besprecht zu zweit, wie Bild und Text zusammenhängen (= Layout).

Fotomontage: Auto, das von einem Baum gefahren wird → ...

Firmenname und Logo auf orangenem Hintergrund → entspricht Farbe der Firma Hornbach ...

4 **a)** Klärt zu zweit, wie eine Werbebotschaft, das heißt die Wirkung der Anzeige, entsteht. Lest dazu den 3. und 4. Hinweis in der **LERNBOX**.

b) Besprecht, welche Botschaft vermittelt und welche Zielgruppe angesprochen wird.

Begründe deine Einschätzung mit den Bedürfnissen (**LERNBOX**, S. 94).

5 Beschreibe das Layout der Werbeanzeige in einem zusammenhängenden Text. Verwende Fachbegriffe und nutze Formulierungen aus der **Werbe-Trickkiste** (S. 107).

Beginne so: *Das Layout der Anzeige besteht aus einer Fotomontage, auf der ...*

6 Zu dieser Anzeige gibt es auch ein Video. Vergleiche beide Werbemittel miteinander, um jeweils die Wirkung zu ermitteln:

a) Schau dir das Video (Webcode) an. Beantworte die Fragen Ⓐ – Ⓑ, Ⓐ – Ⓒ, Ⓐ – Ⓓ.

Ⓐ Wie wirken die „Fahrer“ des Autos und was machen sie auf dem Weg?

Ⓑ Wie reagieren die anderen Autofahrer, der Polizist, der Tankstellenbesitzer und die Bedienung in der Bar auf die merkwürdigen Autoinsassen und ihren Fahrstil?

Ⓒ Wie reagiert der Autobesitzer, als er das Fehlen des Autos und der Pflanzen bemerkt?

Ⓓ Welche Musik wurde zur Untermalung des Films eingesetzt?

b) Besprecht eure Ergebnisse zu zweit. Ermittelt die enthaltene **Werbebotschaft** (vgl. **LERNBOX**) und vergleicht diese mit der der Anzeige.

c) Beurteile, ob durch die Ausstrahlung auf Social Media die Zielgruppe erweitert würde.

Digital+
Video
WES-126428-078

Fachwortschatz, S. 119

AH S. 22

LERNBOX

Das Layout einer Werbeanzeige

Fachwortschatz, S. 119

1. Die Anordnung der Bausteine einer Anzeige nennt man **Layout**. Damit ist das Zusammenspiel von Bild- und Textelementen gemeint. Häufig sind diese Bausteine enthalten:
   a) **Produktabbildung/-name:** Foto/Zeichnung des Produkts, zur Idee ...,
   b) **Logo:** grafische Darstellung der Firma (Markenzeichen),
   c) **Slogan:** einprägsamer Spruch, der mit Firma, Produkt, Idee in Verbindung gebracht wird,
   d) **Headline:** Überschrift, die das Thema nennt und eine inhaltliche Verbindung zum Bild hat,
   e) **Informationstext:** Text, der das Produkt beschreibt und Zusatzinformationen gibt.
2. Oft gibt es einen **Eyecatcher**, der die **Werbebotschaft** besonders betont. Dies kann ein Bild- oder Textelement sein, auf das der Blick zuerst fällt.
3. Durch **Zusammenwirken von Bild- und Textelementen** (**Layout**) ergibt sich die **Werbebotschaft**, die der Kunde/die Kundin aufnehmen soll, z. B. *Pflanzen würden bei Hornbach kaufen.*
4. Wenn du das Layout untersuchst und die Botschaft ermittelst, kannst du erschließen, welche **Zielgruppe** angesprochen werden soll, z. B. *Mütter, Sportler, Menschen, die besonders auf ihre Gesundheit achten, Hobbygärtner ...*

Fairtrade-Handschuhe – *Wortzusammensetzungen mit Bindestrich richtig schreiben*

Fairtradebaumwoll-mischgewebe
oder
Fairtrade-Baum-woll-Mischgewebe?

1 **a)** Diese Gartenhandschuhe aus dem Baumarkt sind besonders: Tauscht euch darüber aus, welche Vorstellungen ihr in diesem Zusammenhang mit dem Wort rechts verbindet und wo es zu lesen sein könnte.
b) Beurteilt, welche Schreibweise eurer Meinung nach sinnvoll und richtig wäre, um den Sinn z. B. auf einer Werbeanzeige erfassen zu können.
c) Vergleicht eure Begründungen mit dem 1. Hinweis in der **LERNBOX**.

(1) die LEDBELEUCHTUNG – (2) MARINEBLAU – (3) die DEOFORMEL – (4) HYPERSENSIBEL – (5) die ITSICHERHEIT – (6) MEGAREIN – (7) der BAUMARKTINFOSERVICE – (8) VERSCHIEDENFARBIG – (9) SUPERSAFTIG – (10) die UVSTRAHLUNG – (11) SÜßSAUER – (12) die DUOCAPS – (13) die Q10FORSCHUNG – (14) die INTENSIVPFLEGETÖNUNG – (15) das PREISLEISTUNGSVERHÄLTNIS – (16) ULTRALECKER – (17) der SOFORTSCHÄRFEEFFEKT – (18) der MAKEUPENTFERNER

2 In der Werbesprache werden häufig Wörter mit Bindestrich verwendet, mit denen besondere Eigenschaften betont werden sollen:
a) Wählt zu zweit drei Wörter aus: Besprecht, worin die „Verführungsstrategie" besteht.
b) Schreibe die Wörter (1) – (10), (1) – (14), (1) – (18) im Kasten richtig auf. Orientiere dich dazu an den Hinweisen 2 – 5 in der **LERNBOX**.
In den Wörtern (1) – (10) musst du insgesamt sechs Bindestriche einsetzen.
c) Zu welchen Produkten passen diese Wörter? Wähle 3, 5, 7 Wörter aus und formuliere mit ihnen Sätze, z. B. Unser Baumarkt-Info-Service ist legendär! Probier ihn aus! / Die Intensiv-Pflegetönung – heute günstig!

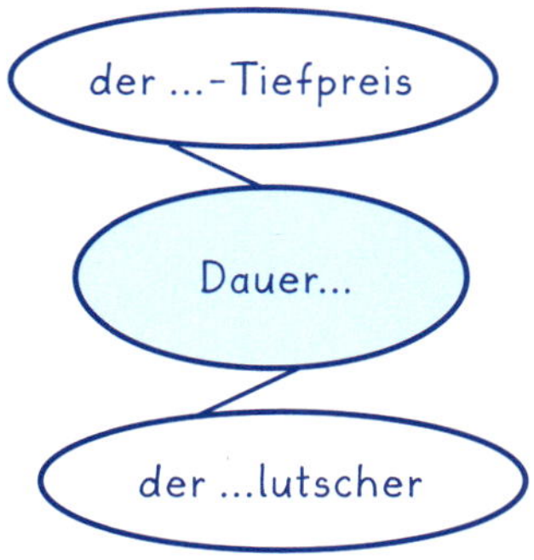

3 **a)** Was unterscheidet einen *Tiefpreis* von einem *Dauer-Tiefpreis*?
b) Erfinde aussagekräftige Produktbezeichnungen, indem du mit diesen Wörtern (*Dauer-*, *Traum-*, *Luxus-*, *Aktiv-*, *Allzweck-*) neue Wortzusammensetzungen für Werbeanzeigen bildest. Achte auf die richtige Rechtschreibung.

LERNBOX

Wortzusammensetzungen mit Bindestrich richtig schreiben:

AH S. 23

1. In der **Werbesprache** werden häufig **Wörter gebildet**, die es in keinem Wörterbuch gibt. Man setzt Wörter zusammen, um das Produkt bzw. die Idee aufzuwerten und komplizierte Beschreibungen zu vermeiden. Der **Bindestrich erleichtert** den Lesefluss: *die Marathon-Batterie* (Nomen + Nomen), *der Aktiv-Schaum* (Adjektiv + Nomen).
2. Du schreibst diese Wörter auch **mit Bindestrich, wenn der zweite Teil bereits eine Zusammensetzung** ist: *der Flüster-Geschirrspüler* (Verb + Kompositum).
3. **Mehrteilige Zusammensetzungen** (Wortgruppen) schreibst du meistens **mit Bindestrichen**: *das Kopf-an-Kopf-Rennen.*
4. Werden **zwei Adjektive miteinander kombiniert**, z. B. unter Verwendung sogenannter **Hochwertwörter** (*super-, mega-, ultra- ...*), schreibst du diese jedoch zusammen: *ultramodern, megaweich.*
5. Auch die **Kombination von Nomen + Adjektiv** schreibst du zusammen und klein: *strahlengefährdet, kurvenreich.*

METHODEN

Werbesprache – *Slogans mithilfe einer Concept Formation untersuchen*

1 **a)** Zu einer Werbeanzeige gehört auch ein passender Slogan: Mit welchem wird für diese Gartenbau-Messe geworben und welche Vorstellung soll dadurch vermittelt werden?
b) Findet Beispiele, die ihr aus der aktuellen Werbung kennt.

2 Vervollständige die Slogans rechts, um zu ermitteln, warum sie so gestaltet wurden:
a) Ergänze die Lücken in den Slogans: Gib an, für welches Produkt/welche Firma geworben wird.
Die Lösungen findest du, wenn du die Spiegelschrift im Kasten unten entzifferst.
b) Vergleicht eure Ergänzungen zu zweit: Besprecht, warum es euch zumeist gelingt, die Slogans zu vervollständigen.

3 **a)** Beschreibe, welche Erwartungen die Slogans wecken und worin die „Verführung" besteht, z. B. *A) Kleidung clever kaufen bei KiK → Wenn ich bei KiK einkaufe, verhalte ich mich klug, da ich günstige Kleidung kaufe ...*
Arbeite mit vier, fünf, sechs Slogans.
b) Stelle deine Notizen deiner Partnerin/deinem Partner vor. Vergleicht und ergänzt sie.

(A) Kleidung clever kaufen bei ...
(B) ... macht Kinder froh – und Erwachsene ebenso.
(C) ... lohnt sich!
(D) There`s no better way to fly.
(E) Quadratisch. Praktisch. Gut.
(F) Have a break, have a ...
(G) Mmh – ... – keiner schmeckt mir so wie dieser!
(H) Gemacht für Genuss.
(I) ..., dass es dich gibt!
(J) ... – keiner macht mich mehr an.
(K) Gelb. Gut. Günstig.
(L) Noch intuitiver. Noch intelligenter. Noch mehr du.
(M) ... – die zarteste Versuchung, seit es Schokolade gibt.
(N) Wohnst du noch oder lebst du schon? – ...
(O) ... – für das Beste im Mann
(P) ... – Ich bin ein Iglourmet.
(Q) Katzen würden ... kaufen!
(R) ... verleiht Flügel.

Lidl – Haribo – Milka – Gillette – Kitkat – Ritter Sport – IKEA – Merci – Iglu – Lufthansa – Ehrmann
Yellow Strom – Apple WatchOS – Granini Selections – KiK – Exquisa – Red Bull – Whiskas

LERNBOX

Eine Concept Formation durchführen:

Mit einer **Concept Formation** kannst du dir **Begriffe** (hier: *Fachwörter zur sprachlichen Gestaltung*) so erarbeiten, dass du eine genaue Vorstellung davon bekommst.
So kannst du sie dir besser einprägen. Gehe dazu so vor:

1. Strukturiere die Beispiele so, dass du die **Ausdrücke in Gruppen mit gleichen Merkmalen sortierst**, z. B. *alle Ausdrücke, die Reime enthalten* ...
2. Halte die **Merkmale** schriftlich fest: *Wörter haben gleiche Anfangsbuchstaben* ...
3. **Vergleiche** die gebildeten **Gruppen** mit denen eines Partners oder einer Partnerin. Besprecht die gemeinsamen **Merkmale** der Beispiele.
4. **Benenne** die Ergebnisse (Gruppen) **mit Fachwörtern**.
5. **Überprüfe** deine Kategorien **mit weiteren Beispielen**.

4 Ein Slogan ist meist auf eine ganz besondere Weise sprachlich gestaltet. Führt eine **Concept Formation** durch, mit deren Hilfe ihr die Slogans auf Seite 102 genauer untersucht. Geht dazu so vor, wie in der **LERNBOX** (Seite 102) beschrieben:

» Fachwortschatz, S. 119

a) Arbeite mit den Slogans (A) – (L): Sortiere diese in Gruppen, die gleiche Merkmale aufweisen, und schreibe Gemeinsamkeiten auf. Nutze den Webcode.

Digital+ Sortierhilfe WES-126428-079

b) Vergleicht eure gebildeten Gruppen sowie die notierten Merkmale zu zweit.

c) Überprüft eure Gruppenbildung, indem ihr die folgenden Slogans jeweils einer eurer Gruppen zuweist, und begründet eure Zuordnung: Spiel – Spaß – Spannung. (Kinderüberraschungsei) / Willst du viel, spül mit Pril. (Pril) / Nice to sweet you. (Lindt) / Bigger, better, Burger King. / Hier und jetzt – für alle! (Edeka)

Einen Slogan kannst du zweimal zuordnen: Welcher ist es – und warum?

d) Benennt eure gebildeten Gruppen mit dem passenden Fachwort: Lest die **LERNBOX** unten und findet heraus, um welches **sprachliche Gestaltungsmittel** es sich jeweils handelt.

» Fachwortschatz, S. 119

e) Überlege, wozu das Concept-Formation-Verfahren dir noch dienen könnte. Bedenke, wie gut du dir die neuen Begriffe eingeprägt hast.

5 **a)** Benennt auf Grundlage der **LERNBOX** auch, um welche sprachlichen Gestaltungsmittel es sich bei den Slogans (M) – (R) (Seite 102) handelt, und vergleicht die Ergebnisse in der Klasse.

b) Finde weitere Slogans aus der aktuellen Werbung und benenne die sprachlichen Gestaltungsmittel.

c) Gestalte einen eigenen einprägsamen Slogan für ein Schokoladenprodukt.

» Freiraum, S. 121

LERNBOX

So sind Werbeslogans gestaltet:

Um Aufmerksamkeit bei den Kundinnen und Kunden zu erzielen, werden in Slogans häufig die folgenden sprachlichen Gestaltungsmittel verwendet:

1. **Reim:** Gleichklang von Wörtern: *Ehrmann – keiner macht mich mehr an.* → wirkt einprägsam und rhythmisch;
2. **Hyperbel:** starke Unter- oder Übertreibung: *Red Bull verleiht Flügel!* → veranschaulicht oder dramatisiert;
3. **Alliteration:** Wörter hintereinander beginnen mit demselben Buchstaben: *Milch macht müde Männer munter.* → wirkt einprägsam, macht aufmerksam;
4. **Neologismus:** Wortneuschöpfung: *Die Wochenkracher bei Netto* → ein neues Wort schafft Aufmerksamkeit, man denkt genauer über die Bedeutung nach;
5. **Dreierfigur:** dreifache Aneinanderreihung von Nomen, Adjektiven, Sätzen: *Gesagt. Getan. Geholfen. (DEVK)* → wirkt einprägsam, oft durch eine Steigerung;
6. **Metapher:** Sprachbild, verkürzter Vergleich: *LBS – Wir geben Ihrer Zukunft ein Zuhause.* → Aussage wirkt anschaulich, weckt meist positive Assoziationen;
7. **Wörter aus anderen Sprachen:** Übernahme fremdsprachiger Wörter: *Bigger. Better. Burger King.* → Ausdruck wirkt „trendy", spricht z. B. Jugendliche stärker an. Wörter aus dem Englischen: **Anglizismen**, Wörter aus dem Französischen: **Gallizismen**;
8. **Suggestivfragen:** Fragen mit zu erwartender Antwort: *Was wollt ihr* denn? – Maoam → durch häufiges Hören einprägsam, erzielt bei Kunden eine bestätigende Reaktion.

Cool und trendy

Englische Slogans in der deutschen Sprache

1 **a)** Eine Parfümeriekette hat vor einiger Zeit mit dem Slogan rechts geworben. Übersetze den ehemaligen Werbeslogan und überlege, warum dieser nach einiger Zeit ausgetauscht wurde.

b) Besprecht gemeinsam, wie die eigentliche Übersetzung lautet und was die Kunden aber fälschlicherweise verstanden haben könnten.

Die Lösung dazu findest du in Spiegelschrift unter dem Slogan.

Come in and find out

Komm rein und finde es heraus! statt Komm rein und finde wieder raus.

(1) Check die Welt (WELT[1]) – (2) No smint, no kiss. (Smint) – (3) Just do it. (Nike) – (4) Have a break – have a Kitkat. (Kitkat) – (5) We lift you up where you belong. (Lufthansa) – (6) A GOOD FRÜHSTÜCK IS VERRÜCKT WICHTIG FOR A GOOD TAG. (McDonald`s)

[1] **die WELT:** Zeitungsname

2 **a)** Lies die Werbeslogans und übersetze sie so: (1) = Verstehe die Welt. Nutze dazu die Formulierungen aus der **SPRACHBOX**.

b) Überlege, warum Werbegestalter oft englische Wörter und Ausdrücke verwenden.

c) Vergleiche dein Ergebnis mit den Hinweisen 1 und 2 in der **LERNBOX**.

d) Slogan (1) und Slogan (6) unterscheiden sich von den anderen. Beschreibe die Unterschiede und überlege dir mögliche Gründe dafür.

SPRACHBOX

- Kein ..., kein Kuss.
- Mach eine Pause – iss ein ...
- Wir bringen Sie dahin, wo sie hinwollen.
- Tu es einfach. ...

Ketchup – Toast – cruisen – Laptop – Hoody – Chips – Halfpipe – downloaden – Tablet – Hairstyling – chillen – Freestyle – Sneaker – Basics – Look – ladylike

3 Klärt, warum wir für viele englische Begriffe keine deutschen Wörter verwenden:

a) Finde deutsche Bezeichnungen für 6, 9, 12 Wörter im Kasten. Schreibe sie so auf: Basics = die Grundkenntnisse, die Grundausstattung. Beantworte dann für dich die Frage, warum wir im Deutschen viele englische Begriffe verwenden.

b) Vergleiche deine Antworten mit den Hinweisen 2 – 4 in der **LERNBOX**.

c) Wähle drei Produkte aus und formuliere mit deinen Wörtern Sätze zum Thema Werbung oder eigene Slogans, z. B. Dein Look ist dein Markenzeichen.

d) Überlege, was die Werbegestalter mit dem Slogan rechts erreichen wollten.

Take me home: delicious Brötchen

fresh belegt

ab 1.75 €

Freiraum, S. 121

Sprache untersuchen, S. 279

LERNBOX

Englische Wörter in der deutschen Sprache:

1. Als **Anglizismus** (Plural: Anglizismen) bezeichnet man ein Wort, das aus der englischen Sprache übernommen wurde: *Fan, Chips, Piercing, Online, Look ...*
2. Oft finden sich **englische Wörter in der Werbung**, um das Produkt „trendy" erscheinen zu lassen. Dadurch werden der Lebensstil, der mit dem Produkt in Verbindung gebracht werden soll, und die Exklusivität betont: *Colour Passion Lipstick, Yellow Strom, Beauty-Farben, Ideal Finish Make-up ...*
3. Manchmal sind die englischen Wörter aber auch **präziser** und **kürzer**: *action* für spannende Handlung, *light* für kalorienarm ...
4. Auch in **Jugend**-, **Szene**- und **Fachsprachen** sowie auf **Social Media** werden englische Wörter verwendet: *Techno, Trendscout ...* Oft werden die Begriffe an die deutsche Grammatik angepasst: *chillen, geskatet ...*

Ganz schön stereotyp!

Rollenbilder in der Werbung entlarven

(A)

(B)

1 Betrachtet beide Werbeanzeigen. Tauscht euch zu zweit in einer Murmelphase über eure Eindrücke aus: Welche Vorstellungen werden durch Bild und Slogan jeweils erzeugt? Welche Zielgruppe soll jeweils angesprochen werden? Welche Rollenbilder werden hier stereotyp[1] genutzt?

Digital+ Vorlage Anzeigen WES-126428-080

[1] **stereotyp**: schablonenhaft, durch Vorurteile geprägt

2 Untersuche eine der Werbeanzeigen genauer.

a) Notiere Beobachtungen zu diesen Kriterien: *Produkt/Idee, Person, Tätigkeiten, Wirkung der Person, Farben, sprachliche Gestaltungsmittel*. Du kannst die Tabelle im Webcode für deine Notizen nutzen.

b) Ziehe Schlussfolgerungen aus deiner Untersuchung: Welche Werbebotschaft soll vermittelt und welche Zielgruppe soll jeweils angesprochen werden?

Digital+ Vorlage Tabelle WES-126428-081

» Sprache untersuchen, S. 262

3 **a)** Stellt eure Schlussfolgerungen vor. Diskutiert kritisch, ob das jeweils dargestellte Rollenbild wirklich dazu geeignet ist, die Zielgruppe anzusprechen. Nutzt die **SPRACHBOX.**

b) Vergleicht eure Diskussionsergebnisse mit den Hinweisen in der **LERNBOX.**

SPRACHBOX

Klischees bedienen – traditionelle Rollenbilder – nicht Abbildung der gegenwärtigen Gesellschaft – Reduzierung der Frauen- und Männerrolle auf ... – ... ist diskriminierend/sexistisch, weil ...

LERNBOX

Rollenbilder in der Werbung

1. a) In der Werbung werden immer noch **Stereotype und Vorurteile als Idealbilder**, die in den Köpfen vieler Menschen verankert sind, zur Vermittlung der Werbebotschaft genutzt: *Frauen kümmern sich um den Haushalt, Männer reparieren die Autos ...*
   b) Dadurch kann Werbung **Minderheiten ausgrenzen** und **diskriminierend** oder in Bezug auf Rollenbilder gar **sexistisch** wirken.
2. Mittlerweile gibt es viele **positive Entwicklungen** bezogen auf Rollenbilder. Merkmale von Diversität (= Unterschiedlichkeit/Vielfältigkeit) sind aber in der Werbung immer noch selten abgebildet und spiegeln nicht die vielfältige Gesellschaft wider.
3. Studien zeigen, dass Werbung ohne Rollenklischees, die sich **unterstützend, ehrlich und respektvoll** an alle Adressat/-innen richtet, positive Emotionen weckt und eine Identifikation zulässt, z. B. *selbstbewusste Frauen, alterslose Großmütter, der für die Kinder kochende Vater, gleichgeschlechtliche Paare ...*

Vielfalt Mann – *Zusammenhang von Bild, Sprache und Werbebotschaft erkennen*

1 Stereotype Rollenbilder werden in der Werbung immer häufiger vermieden. Überprüfe, ob das in dieser Anzeige gelungen ist:

a) Notiere: Wofür wird hier geworben? Wer ist die Werbefigur? Zu welcher Kampagne gehört die Anzeige?

b) Beschreibe das Layout genau: *Eyecatcher, Abbildung, Logo, Name der Kampagne, Slogan, Headline, Aufdruck auf dem T-Shirt* (vgl. **LERNBOX**, S. 100).

c) Beschreibe die sprachliche Gestaltung der Textelemente und erkläre ihre Wirkung.

d) Erläutere, wie die Abbildung und die verwendeten Textelemente zusammenwirken. Lies dazu die Hinweise in der **LERNBOX** unten.

Hilfen geben dir die Pfeile.

e) Diskutiert zu zweit: Werden Klischees tatsächlich vermieden?

Erläutere anhand deiner Untersuchungsergebnisse die Werbebotschaft und schlussfolgere, an welche Zielgruppe sich die Gestalter richten.

2 Erarbeite die Aufgabe im blauen Kasten in einem zusammenhängenden Text. Nutze die **Werbe-Trickkiste** auf Seite 107. Beginne so: *Mit dieser Anzeige sollen insbesondere ... angesprochen werden, denn durch den Namen der Kampagne ...*

Berücksichtige auch die angesprochenen Bedürfnisse (**LERNBOX**, Seite 94).

Digital+
Vorlage Anzeige
WES-126428-082

LERNBOX

Zusammenhang zwischen Bild, Sprache und Werbebotschaft erkennen

1. **Bild- und Textelemente** beziehen sich aufeinander und verstärken so die **Wirkung**, die eine Werbeanzeige haben soll.
2. Sie ergeben zusammen die beabsichtigte **Werbebotschaft** und das **Image** der Fima, des Produkts oder der Idee.
3. Grundsätzlich wird der Betrachter damit **zu einem bestimmten Verhalten aufgefordert**. Dieser **Appell** kann direkt durch Imperative (*Gestalte Zukunft ...!)* oder indirekt durch **Suggestivfragen** (*Was wollt ihr denn?*, vgl. S. 103) oder durch eine zielgruppenorientierte Sprache erfolgen (*Genussmensch* → *Iglourmet*).
4. Wenn du den **Zusammenhang zwischen Bild- und Textelementen** in deiner Untersuchung erläutern und dessen Wirkung verdeutlichen willst, gib passende **Textbelege** an, z. B. *Der Ausdruck „Anstoß zum Laufen" (Aufdruck auf dem T-Shirt) verstärkt den Appell der Anzeige: „Gestalte Zukunft, werde Erzieher!".*

Fachwortschatz, S. 119

Fachwortschatz, S. 119
Sprache untersuchen, S. 280

SPRACHBOX

Werbe-Trickkiste

EINLEITUNG (VORSTELLUNG VON PRODUKT, IDEE, FIRMA)

Bei der mir vorliegenden Werbung handelt es sich um eine Werbeanzeige der Firma ... – Mit dieser Anzeige wirbt die Firma/die Institution für ... – Das Thema dieser Werbeanzeige ist/sind ... – Sie wurde von ... geschaltet, um ... – Die vorliegende Werbeanzeige gehört zur Werbekampagne ... Sie verdeutlicht ...

LAYOUT (BESCHREIBUNG DER BILD- UND TEXTELEMENTE)

Das Layout der Anzeige lässt sich in ... Teile unterteilen. – Besonders auffällig erscheinen ..., denn ... – Als Eyecatcher dient ..., weil ... – Hervorgehoben wird das Produkt durch das Foto/die Abbildung, da ... – Foto/Abbildung und Text sind so angeordnet, dass ... – Der Hintergrund ist so gestaltet, dass ... – Es wurden die Farben ... ausgewählt, damit ... – Der Werbeslogan findet sich ... – In der linken/rechten oberen Ecke ist ... zu erkennen. – Am oberen/unteren Bildrand sieht die Betrachterin bzw. der Betrachter ... – Direkt mittig ist ... platziert. – Somit fällt der Blick auf ...

TEXTELEMENTE UND IHRE WIRKUNG

Der Werbeslogan wurde so formuliert, damit ... – Der Slogan wirkt einprägsam, da er ein/eine ... enthält. – Die Sprache des Werbetextes ist aufgrund der einfachen Wortwahl und der Parataxen leicht verständlich. – Zudem wirkt die Wortwahl insgesamt sehr positiv, sodass beim Betrachter auch positive Vorstellungen ausgelöst werden. – Dadurch entstehen Assoziation wie ... – Die Wortwahl besteht größtenteils aus ..., die auch beim schnellen Betrachten erfasst werden können. – Der kurze Informationstext, bestehend aus ..., ist ebenfalls leicht verständlich. – Er enthält eine Metapher, mit der ... erreicht werden soll. – Die Werber haben zusätzlich eine Aufzählung verwendet, die ... – Wenn Interesse an weiteren Informationen besteht, können sich die Betrachter/die Kunden im Internet/über einen QR-Code informieren.

ZUSAMMENWIRKEN VON BILD- UND TEXTELEMENTEN

Durch die Gestaltung der Werbeanzeige erscheint das Gesamtbild ..., denn ... – Das Zusammenwirken der Bild- und Textelemente erzielt beim Kunden den Eindruck, dass ... – Hervorzuheben ist hier die gedankliche Verbindung von ... und ..., denn dadurch wird der Eindruck verstärkt, dass ... – Somit wirkt die Anzeige ... auf die Kunden, denn ...

SCHLUSSFOLGERUNGEN ZU WERBEBOTSCHAFT UND ZIELGRUPPE

Zusammenfassend ist festzustellen, dass mit dieser Anzeige ... angesprochen werden sollen. – Durch den Bezug auf die Bedürfnisse ... sollen sich ... angesprochen fühlen, weil ... – Diese Gestaltung, aber auch die Texte sollen insbesondere ... ansprechen, denn ... – Das Layout deutet darauf hin, dass ... – Interessant ist diese Werbeanzeige für ..., denn die Werbebotschaft besteht darin, zu vermitteln, dass ... – Die Gestaltung dieser Anzeige richtet sich an ..., da verdeutlicht wird, dass ...

ZU EINER AUSSAGE STELLUNG NEHMEN

Meiner Ansicht nach gelingt es den Werbegestaltern (nicht), die beabsichtigte Zielgruppe anzusprechen, denn ... – Ich finde, dass die Gestaltung der Anzeige gut/nicht gut gelungen ist, denn ... – Ich meine, dass ... – Ich denke, dass ... – Eine Möglichkeit zur Verbesserung wäre zum Beispiel ...

Das ist die Botschaft!

Die Untersuchung einer Anzeige planen und schreiben

1 Decke die Verführungsstrategie der unten abgebildeten Anzeige auf. **Untersuche** sie und schreibe deine Ergebnisse als zusammenhängenden Text auf. Plane deinen Text zunächst. Gehe so vor:

Fachwortschatz, S. 119

a) Betrachte die Anzeige genau und mache dir klar, welche Firma für welche Produkte wirbt.

b) Erschließe die Werbeanzeige: Notiere am Rand, welche Elemente du vorfindest und wie sie wirken. Setze dazu die Anmerkungen fort.

Nutze dazu die Hinweise in den **LERNBOXEN** auf den Seiten 100 und 103.

Digital+
Vorlage Anzeige
WES-126428-083

Headline

Hintergrund: dunkler Korb voller Früchte → wirken erntefrisch

Imperativ „Entdecken Sie" → Aufforderung, die Früchte zu probieren

Slogan

2 a) Lies die Aufgabe im Kasten und mache dir klar, was du tun sollst, indem du Verben (Operatoren) und Schlüsselwörter (Nomen) markierst.
b) Gib einem Partner oder einer Partnerin die einzelnen Arbeitsschritte wieder. Dieser/diese überprüft deine Aussagen anhand der Aufgabenstellung im Kasten.

Untersuche die Werbeanzeige. Schreibe deine Untersuchung in einem zusammenhängenden Text auf. Gehe dabei so vor:

- **Formuliere** eine Einleitung, in der du das Produkt und die Firma **benennst**.
- **Beschreibe** und **benenne** die Bestandteile des Layouts genau. Berücksichtige dabei die einzelnen Elemente (Eyecatcher, Fotos, Headline, Slogans, Informationstext).
- **Beschreibe** die sprachliche Gestaltung der Textelemente (Headline, Slogan, Infotext) und **erläutere** ihre Wirkung. Beziehe Textbeispiele mit ein.
- **Beschreibe** und **benenne** das Layout der Anzeige genau. Berücksichtige dabei die einzelnen Elemente (Bild und Text).
- **Beschreibe** die sprachliche Gestaltung der Textelemente und **erläutere** ihre Wirkung. Beziehe Textbelege ein.
- **Erkläre**, wie die Text- und Bildelemente der Anzeige zusammenwirken.
- **Erläutere** anhand deiner Untersuchungsergebnisse die Werbebotschaft und **schlussfolgere**, an welche Zielgruppe sich die Gestalter richten.
- **Erläutere** anhand deiner Untersuchungsergebnisse die Werbebotschaft und **schlussfolgere**, an welche Zielgruppe sich die Gestalter richten. Berücksichtige dabei auch, welche Bedürfnisse angesprochen werden.
- **Nimm Stellung** dazu, ob die beabsichtigte Werbebotschaft durch Layout und Sprache vermittelt wird und ob die Anzeige die Zielgruppe anspricht.

3 Plane deine Textuntersuchung. Berücksichtige deine Ergebnisse aus Aufgabe **1**:
a) Übertrage den Schreibplan unten oder nutze die Vorlage.
b) Kreuze an, welche Aufgabe du bearbeitest, und ergänze in der linken Spalte die Teilaufgaben, die du erledigen sollst.
c) Notiere deine Ergebnisse stichpunktartig in die zweite Spalte der Tabelle.

Digital+
Schreibplan
WES-126428-084

☐ ☐ Teilaufgaben:	Meine Ergebnisse in Stichpunkten
Einleitung: Produkt und Firma benennen	- Produkt: … - Firma: …
Bestandteile des Layouts beschreiben und benennen	- Eyecatcher: Headline „Heimische Früchte & exotische Vielfalt", große weiße Druckbuchstaben → mittig im Bild abgedruckt; ergänzend zur Headline darunter in gelben Buchstaben „im Herzen vereint" …
sprachliche Gestaltung der Textelemente beschreiben und …	- Headline = Aufzählung („Heimische Früchte & exotische Vielfalt"), durch scheinbaren Gegensatz der Adjektive (heimisch, exotisch) wird Vielfalt des Angebotes bei Edeka deutlich …
…	- „im Herzen vereint" → Verbindung zu dem gelben Herz am linken Bildrand …
…	- Werbebotschaft: …
Stellungnahme zur …	- …

4 Verfasse auf der Grundlage deines Schreibplans (Seite 109) deine Untersuchung in einem zusammenhängenden Text:

a) Lies dazu die **LERNBOX** und kläre offene Fragen mit einem Partner/einer Partnerin.

b) Orientiere dich an der Aufgabe im blauen Kasten (Seite 109) und nutze die **Werbe-Trickkiste** auf Seite 107. So kannst du die Teilaufgaben beginnen:

» Sprache untersuchen, S. 261
AH S. 24–26

- Mit der mir vorliegenden Anzeige wirbt die Firma ... für ...
- Wie der Eyecatcher wirkt die Headline „Heimische Früchte & exotische Vielfalt" in großen weißen Druckbuchstaben, die mittig im Bild abgedruckt ist. Ergänzend zur Headline steht darunter in gelben Buchstaben ... Dadurch wird eine Verbindung zu ... hergestellt, was leidenschaftlich wirkt. Den Hintergrund der gesamten Anzeige bildet ..., wodurch die Verknüpfung zwischen Headline und Foto geschaffen wird. Unter der Headline ist mittig der Infotext in Weiß gedruckt ...
- Die Headline in der Mitte besteht aus einer Aufzählung („Heimische Früchte & exotische Vielfalt"). Durch den scheinbaren Gegensatz der verwendeten Adjektive (heimisch, exotisch) wird die ...
- Durch das Layout der Anzeige erscheint das Gesamtbild harmonisch, denn Text- und Bildelemente sind aufeinander abgestimmt. Zudem wird durch die verbindende Thematik von Foto und Textelementen ein Zusammenspiel erreicht, das durch die Produktabbildungen unten veranschaulicht wird ...
- Zusammenfassend ist festzustellen, dass mit dieser Anzeige insbesondere Menschen angesprochen werden sollen, die ...
- Meiner Ansicht nach gelingt es den Werbegestalter/-innen, die Vielfalt im Angebot zu vermitteln. Zudem wird deutlich, dass ... Dementsprechend ...

LERNBOX

So formulierst du die Untersuchung einer Werbeanzeige:

1. Stelle zunächst das **Produkt**/die **Dienstleistung**/die **Idee** und die **Firma**/die **Institution** vor.
2. Beschreibe das **Layout** detailliert und benenne einzelne Elemente: Beginne mit dem **Eyecatcher** und nenne dann die **Bildelemente** (Fotos, Zeichnungen, Figuren/Personen, Logo, Farben, Formen ...) und **Textelemente** (Produktname, Slogan, Headline, Fließtext).
3. Gib deine Ergebnisse zur **Untersuchung der verwendeten Sprache** wieder: **Wortwahl** und **sprachliche Gestaltungsmittel** sowie deren Wirkung.
4. Erkläre danach, wie **Bild- und Textelemente zusammenwirken**.
5. Danach erläuterst du die **Werbebotschaft** und schlussfolgerst, welche **Zielgruppe** mit der Anzeige angesprochen werden soll. Hierbei berücksichtigst du auch, welche Bedürfnisse angesprochen werden.
6. Zum Schluss nimmst du dazu Stellung, ob sich die Anzeige **eignet, die Zielgruppe anzusprechen.**
7. Beachte Folgendes beim Formulieren:
   a) Gehe **strukturiert** vor: Arbeite von oben nach unten oder von links nach rechts.
   b) Formuliere **sachlich** und verwende **Fachwörter**.
   c) Gib **Zitate als Belege** an und kennzeichne diese durch Anführungsstriche.
   d) Lasse **nach jeder Teilaufgabe einen Absatz**.

» Fachwortschatz, S. 146

Online-Sucht!

Eine Textuntersuchung überarbeiten

1 **a)** Betrachte das Plakat. Mache dir klar, welche Organisation für welche Idee „wirbt".
b) Setze dich mit einem Partner oder einer Partnerin zusammen und vergleicht eure Ergebnisse aus Aufgabe **1 a)**.

Logo:
BZgA = Bundeszentrale für gesundheitliche Aufklärung

2 **a)** Erschließe die Aufgabe im blauen Kasten, indem du die Operatoren und Schlüsselwörter markierst.
b) Lade dir die Anzeige über den Webcode herunter und mache dir Notizen zu Bild- und Textelementen und ihrer Wirkung (vgl. Seite 108).

Digital+ Vorlage Anzeige WES-126428-085

c) Lege dir einen Schreibplan an oder lade die Vorlage über den Webcode herunter. Trage die Ergebnisse zu den Teilaufgaben stichwortartig ein.

Digital+ Schreibplan WES-126428-086

d) Vergleicht eure Ergebnisse zu zweit. Nutzt dazu auch den ausgefüllten Schreibplan aus dem Webcode.

Digital+ ausgefüllter Schreibplan WES-126428-087

Untersuche die Werbeanzeige. Schreibe deine Untersuchung in einem zusammenhängenden Text auf. Gehe dabei so vor:

- **Formuliere** eine Einleitung, in der du die Idee und die Institution **benennst**.
- **Beschreibe** und **benenne** die Bestandteile des Layouts genau. Berücksichtige dabei die einzelnen Elemente (Illustrationen, Headline, Slogan, Informationstext).
- **Beschreibe** die sprachliche Gestaltung der Textelemente (Headline, Slogan, Infotext) und **erläutere** ihre Wirkung. Beziehe Textbelege mit ein.
- **Erkläre**, wie Text- und Bildelemente zusammenwirken.
- **Erläutere** anhand deiner Untersuchungsergebnisse die Werbebotschaft und **schlussfolgere**, an welche Zielgruppe sich die Gestalter/-innen richten.
- **Nimm Stellung** dazu, ob die beabsichtigte Werbebotschaft durch Layout und Sprache vermittelt wird und ob sie die Zielgruppe anspricht.

3 Überarbeite den Schülertext mithilfe der **Checkliste** (Seite 113). Gehe so vor:

a) Überprüfe, ob alle Teilaufgaben bearbeitet wurden, indem du die passenden Absätze mit einer Schweifklammer kennzeichnest.

b) Die Textuntersuchung ist schon recht gelungen, enthält aber noch einige Schwächen, die du auf der Grundlage deines Schreibplans verbessern kannst. Nutze die Korrekturzeichen und setze die Anmerkungen am Text fort. Verwende einen Textkorrekturstift.

Spüre folgende Textstellen auf und verbessere sie: *in der Einleitung Ziel verändern / Beschreibung mit Eyecatcher beginnen / eigene Meinung in der Beschreibung streichen und ans Ende setzen / Wirkung genauer angeben / Stellungnahme ausführlicher formulieren / drei Fachbegriffe, vier Rechtschreibfehler mit/ohne Bindestrich und drei Fehler bei Anführungszeichen beim Zitieren korrigieren.*

Achte bei der Überarbeitung besonders auf: *Formulierung der Idee / Reihenfolge bei der Beschreibung / eigene Kommentare / Stellungnahme / Fachbegriffe / Rechtschreibfehler mit/ohne Bundestrich/ korrektes Zitieren.*

Überprüfe jeden Punkt der **Checkliste** (S. 113) und achte auf Formulierungen. Ergänze am Ende die Bedürfnisse, die durch diese Anzeige angesprochen werden.

Korrekturzeichen:
- H = streichen
- ⌐ = erweitern
- ↳↲ = ersetzen
- ⅃ = Absatz
- ↻ = Reihenfolge
- R = Rechtschreibfehler
- Z = Zeichensetzungsfehler
- Zt = Fehler beim Zitieren
- Fa = Fachwort

Digital+
Textvorlage
WES-126428-088

Textuntersuchung zum Plakat (Abdurofe)

Das vorliegende Werbeplakat, das von der Bundeszentrale für gesundheitliche Aufklärung (BZgA) veröffentlicht wurde, gehört zu einer Werbekampagne, mit der Jugendliche auf die Gefahren im Netz aufmerksam gemacht werden sollen. Diese Kampagne heißt: ins-netz-gehen. Die Idee dahinter ist vermutlich, zu verdeutlichen, dass Jugendliche nicht immer nur online sein sollen, damit Freundschaften und Beziehungen nicht kaputtgehen.
Im Hintergrund ist ein Farbfoto abgebildet, das zwei Jugendliche, ~~vielleicht im Alter von 15–16 Jahren,~~ auf einer Bank in einem Park zeigt. Im Hintergrund sieht man Bäume mit gelben Blättern und der Junge trägt einen Schal, was darauf schließen lässt, dass Herbst ist. Wie ein Eyecatcher wirkt der Umriss des Mädchens, weil man es gar nicht richtig erkennen kann, denn er ist ganz pink-farben. Das finde ich nicht gut. Das Mädchen hat seine Beine über die des Jungen gelegt und beide schauen sich ↳megasüß↲ an. Sie scheinen sehr vertraut miteinander zu sein, denn ihre Köpfe sind sich sehr nahe. Wie in einer Textbildcollage sind zwei hellgrüne Kästen neben den Personen abgedruckt. Sie bilden einen Kontrast zu den Herbsttönen im Hintergrund. Der Betrachter assoziiert damit den Frühling und ebenso das Verliebt-Sein von Jugendlichen. In weißer Schrift steht im Kasten die ↳Metapher↲„Julian hat nur noch Zeit für Emily“. Das deutet an, dass der Junge, Julian, in das Mädchen verliebt ist und ihr seine ganze Aufmerksamkeit schenkt. Im zweiten hellgrünen Kasten, der dem Mädchen zugeordnet werden kann, steht ebenfalls in weißer Schrift eine Metapher: „Aber Emily hat nur noch Zeit für Facebook.“ Hier wird deutlich, dass Emily im Grunde gar nicht richtig anwesend ist, da sie ihre Zeit im Internet verbringt. Das heißt, sie ist zwar irgendwie da, aber irgendwie auch nicht ⌐. So lässt sich auch die Darstellung des Mädchens erklären, da der Betrachter ja nur den Umriss wahrnimmt. Ganz oben rechts in der Ecke findet sich die In-

Teilaufgabe a)
Ziel nicht ganz richtig

Idee gut!
H Alter nur geschätzt

R
↳liebevoll↲

R

R
Fa ↳die Aussage↲

⌐ weil sie ihre Zeit im Netz verbringt.

ternetadresse der BZgA („ins-netz-gehen.de), ebenfalls in den Farben Grün	Zt (Anführungszei-
und Pink. Unter dieser Adresse können Jugendliche weitere Informationen re-	chen)
cherchieren. Direkt darunter ist der Slogan Online sein mit Maß und Spaß zu	Zt
lesen. Er enthält eine Alliteration und bezieht sich direkt auf das Problem des	Fa
Mädchens, das anscheinend noch nicht das richtige Maß gefunden hat und „nur	
noch Zeit für Facebook" hat. Der Neologismus „Check dich selbst" verstärkt	Fa
die Aufforderung und ist an Jugendliche gerichtet, da dieser Ausdruck Teil der	
Jugendsprache ist. Dieser Satz ist als Imperativ formuliert, um den Appell zu	Gut!
verstärken. Im unteren Teil der Werbeanzeige ist ein grüner Balken eingefügt.	Absatz?, Z/R
Auf dem die Headline in weißen Buchstaben abgedruckt ist: Und du? Check	Zt
dich selbst unter www.ins-netz-gehen.de. Mit dieser Frage wird der Betrach-	Fa?
ter direkt aufgefordert, das eigene Verhalten bezogen auf die Social-Media-	
Nutzung im Internet zu überprüfen. Also muss er sich auch die Frage stellen,	
ob Freundschaften und Beziehungen unter diesem Verhalten leiden. Ganz	Fa?, Grund/
rechts unten ist noch mal die Firma abgebildet.	Wirkung?
Die Anzeige enthält keinen erläuternden Informations-Text, denn das Layout	R
soll die Jugendlichen dazu anregen, selbst im Netz zu recherchieren. Aber	
vielleicht ist das ja der Hinweis auf eine sinnvolle Nutzung des Internets?	Nicht ganz klar!
Bild- und Textelemente passen richtig gut zusammen.	Bewertung gehört ↓
Die Werbebotschaft wird deutlich vermittelt: Die BZgA will Jugendliche dazu	ans Ende
anhalten, ihr Verhalten im Netz und die Nutzung desselben zu hinterfragen,	
damit sie ihre Freizeit sinnvoll nutzen und Freundschaften und Beziehungen	
pflegen, um sich nicht zu isolieren oder gar süchtig zu werden. Die Zielgruppe	
sind also aufgrund der Abbildung vorrangig Jugendliche, wobei dieses Pro-	
blem aber auch Ältere betrifft.	
Jugendliche haben das Bedürfnis nach Zweisamkeit und Freunden. Liebe wird	Stellungnahme fällt
für sie immer wichtiger. Daher glaube ich, dass diese Werbebotschaft genau	zu knapp aus
richtig rüberkommt und die Anzeige die Zielgruppe anspricht.	

CHECKLISTE

Die Untersuchung einer Werbeanzeige überarbeiten

1. Werden zu Beginn **Produkt/Dienstleistung/Idee** und **Firma** vorgestellt? ☑
2. Wird das Layout der Anzeige **detailliert** (Text- und Bildelemente) beschrieben? ☑
3. Wird die **sprachliche Gestaltung** untersucht und ihre **Wirkung** erläutert? ☑
4. Wird erklärt, wie **Text- und Bildelemente zusammenwirken**? ☑
5. Werden die **Werbebotschaft** erläutert sowie die **Zielgruppe** schlüssig ermittelt? ☑
6. Wird dazu **Stellung genommen**, ob die Zielgruppe durch die Werbebotschaft angesprochen wird? ☑
7. a) Wird strukturiert vorgegangen? ☑
   b) Wird **sachlich** und unter Verwendung von **Fachwörtern** formuliert? ☑
   c) Werden Beobachtungen durch **richtige Zitate** belegt? ☑
   d) Ist die Textuntersuchung durch sinnvolle **Absätze** gegliedert? ☑
8. Wird auf korrekte Rechtschreibung und Zeichensetzung geachtet? ☑

Eine Werbeanzeige untersuchen

Digital+
Vorlage Anzeige
WES-126428-089

AWM = Abfallwirtschaftsbetrieb der Stadt Münster

KOMPETENZCHECK – A

Eine Werbeanzeige untersuchen

Untersuche die Werbeanzeige. Schreibe deine Untersuchung in einem zusammenhängenden Text auf. Gehe dabei so vor:

- **Formuliere** eine Einleitung, in der du die Dienstleistung, die Idee und die Firma **benennst**.
- **Beschreibe** und **benenne** das Layout der Anzeige genau. Berücksichtige dabei die einzelnen Elemente (Eyecatcher, Foto, Headline, Slogan, Informationstext).
- **Beschreibe** die sprachliche Gestaltung der Textelemente (Headline, Slogan, Infotexte) und **erläutere** ihre Wirkung. Beziehe **Textbelege** ein.
- **Erkläre**, wie Text- und Bildelemente auf die Bertachterin bzw. den Betrachter wirken.
- **Erläutere** anhand deiner Untersuchungsergebnisse die Werbebotschaft und **schlussfolgere**, an welche Zielgruppe sich die Gestalter richten. Achte dazu auf die Bezeichnungen in der Anzeige.
- **Nimm Stellung** dazu, ob es durch Layout und Sprache gelingt, „Umweltschützer" anzusprechen.

1 Plane deine Textuntersuchung:

a) Mache dir klar, was du tun sollst, indem du die Aufgabe im blauen Kasten erschließt. Markiere dazu die Operatoren und Schlüsselwörter.

b) Erschließe und untersuche die Werbeanzeige (Seite 114). Schreibe deine Notizen an den Rand.

c) Lege dir einen Schreibplan wie unten an oder nutze die Vorlage über den Webcode. Orientiere dich dazu an den Teilaufgaben. Ergänze deine Notizen aus der Erschließung in der passenden Zeile des Schreibplans. Halte auch Zitate fest, die du für deine Untersuchung nutzen willst.

Digital+ Schreibplan WES-126428-090

Schreibplan	
Aufgaben:	**Meine Ergebnisse in Stichpunkten:**
Einleitung: Firma und Produkt benennen	Dienstleistung = ..., Idee = Menschen aufklären und Umwelt schützen, Firma = ...
Layout beschreiben und benennen	– Layout ist zweigeteilt: im Hintergrund: Foto eines älteren Mannes, der aufgrund seiner Kleidung jung wirkt ...
sprachliche Gestaltungsmittel beschreiben und Wirkung erläutern (+ Textbelege)	– Headline „Meine Maschine abschleppen lassen" enthält Alliteration, wirkt als wäre es Aussage des Mannes auf Foto; Wort „Maschine" ist doppeldeutig, da er Motorradkleidung trägt – über Foto des Mannes in weißen Buchstaben wie ein Stempel die Bezeichnung „Umweltschützer" → wirkt umsichtig, sympathisch ...
Zusammenwirken von Text und Bild erklären	– Foto und Text wirken zusammen, Verbindungselement ist Nomen „Maschine" in der Headline, denn Betrachter denkt, dass ...
Werbebotschaft erläutern + Zielgruppe schlussfolgern	– „Umweltschützer" werden hier angeregt, ... – ...
Stellungnahme, ob Werbebotschaft vermittelt und Zielgruppe angesprochen wird	– gelingt den Werbegestaltern hier (nicht) sehr gut, die beabsichtigte Werbebotschaft zu vermitteln, da ...

2 Formuliere mithilfe deines Schreibplans einen Textentwurf zu deiner Untersuchung. Lasse nach jeder Teilaufgabe einen Absatz. So kannst du die Teilaufgaben beginnen:

- Die vorliegende Anzeige wurde vom … geschaltet. Darin wird für … geworben. Die Idee, die dahinter steht, ist, …
- Das Layout der Anzeige ist zweigeteilt. Im Hintergrund ist das Foto eines älteren Mannes abgebildet, der wie ein Motorradfahrer gekleidet ist. Dies ist ein direkter Bezug zu …
- Die Textelemente sind über die gesamte Werbeanzeige verteilt. Die Headline steht in orangefarbener Schrift ganz oben: „…" Sie enthält eine Alliteration und erregt dadurch Aufmerksamkeit. Es scheint, als wäre dies die Aussage des … Über dem Foto des Mannes ist in weißen Buchstaben mit Umrandung wie ein Stempel die Bezeichnung „…" gedruckt. Dies wirkt … Im unteren Teil der Anzeige befinden sich … Der folgende Informationstext …
- Bild- und Textelemente hängen bezüglich ihrer Wirkung deutlich zusammen und ergänzen einander. Das Verbindungselement ist das Nomen „Maschine" in der …, denn zunächst denkt der Betrachter, dass …
- Mit der Anzeige werden sehr deutlich „Umweltschützer" angesprochen, denn das steht … Der abgebildete Mann wirkt wie ein gutes Vorbild, weil … Die Zielgruppe ist damit …
- Meiner Ansicht nach gelingt es dem Werbegestalter hier (nicht) sehr gut, die beabsichtigte Werbebotschaft zu vermitteln, da …

3 **a)** Überarbeite deine Textuntersuchung mithilfe dieser **Checkliste**:
- Werden zu Beginn Dienstleistung, Idee und Firma vorgestellt?
- Wird das Layout der Anzeige detailliert (Text- und Bildelemente) beschrieben?
- Wird die sprachliche Gestaltung untersucht und ihre Wirkung erläutert?
- Wird erklärt, wie Text- und Bildelemente zusammenwirken?
- Werden die Werbebotschaft sowie die Zielgruppe schlüssig ermittelt?
- Wird dazu Stellung genommen, ob die Zielgruppe der „Umweltschützer" durch das Layout und die Sprache angesprochen wird?
- Wird im Bereich der Darstellung:
  - strukturiert vorgegangen?
  - sachlich und unter Verwendung von Fachwörtern formuliert?
  - durch richtige Zitate belegt?
  - durch Absätze gegliedert?
- Wird auf richtige Rechtschreibung und Zeichensetzung geachtet?

b) Schreibe deine Textuntersuchung, wenn nötig, noch einmal sauber und fehlerfrei ab.

Eine Werbeanzeige untersuchen

Untersuche die Werbeanzeige. Schreibe deine Untersuchung in einem zusammenhängenden Text auf. Gehe dabei so vor:

- **Formuliere** eine Einleitung, in der du die Dienstleistung, die Idee und die Firma **benennst**.
- **Benenne** und **beschreibe** das Layout der Anzeige genau. Berücksichtige dabei die einzelnen Elemente (Bild und Text).
- **Beschreibe** die sprachliche Gestaltung der Textelemente und **erläutere** ihre Wirkung. Beziehe Textbelege ein.
- **Erkläre**, wie Text- und Bildelemente zusammenwirken.
- **Erläutere** anhand deiner Untersuchungsergebnisse die Werbebotschaft und **schlussfolgere**, an welche Zielgruppe sich die Gestalter richten. Berücksichtige dabei auch, welche Bedürfnisse angesprochen werden.
- **Nimm Stellung** dazu, ob die beabsichtigte Werbebotschaft durch Layout und Sprache vermittelt wird und ob sie die Zielgruppe anspricht.

1 Plane deine Textuntersuchung:
a) Kläre, was du tun sollst, indem du die Aufgabe im blauen Kasten erschließt.
b) Erschließe und untersuche die Werbeanzeige (Seite 114).
c) Lege einen Schreibplan an oder nutze die Vorlage über den Webcode.
Ergänze deine Notizen zu den Teilaufgaben.

Digital+
Schreibplan
WES-126428-091

2 Formuliere einen Entwurf zur Untersuchung. Lasse nach den Teilaufgaben Absätze:

- Die vorliegende Anzeige wurde vom ... geschaltet. Darin wird für ... geworben ...
- Das Layout der Anzeige ist zweigeteilt. Im Hintergrund ist das Foto ... abgebildet, der wie ... gekleidet ist. ...
- Die Textelemente sind über die gesamte Werbeanzeige verteilt. Die Headline steht in orangefarbener Schrift ganz oben: „Meine Maschine abschleppen lassen". Sie enthält eine Alliteration und ...
- Bild- und Textelemente hängen bezüglich ihrer Wirkung deutlich zusammen und ergänzen einander. Verbindungswort ist ...
- Die Anzeige ist an Menschen gerichtet, die ... Damit wird einerseits das Bedürfnis der Menschen nach Sicherheit angesprochen, aber gleichzeitig auch nach ...
- Meiner Ansicht nach wird die beabsichtigte Werbebotschaft, die konkret darin besteht, dass ..., (nicht) vermittelt, denn ...

3 Überarbeite deine Textuntersuchung mithilfe der **Checkliste** von Seite 113.

Eine Werbeanzeige untersuchen

Kompetenz / Inhalt	Selbsteinschätzung ☺ 😐 ☹	Fremdeinschätzung ☺ 😐 ☹	Bemerkungen	Hier kannst du weiterüben:
Ich kann ...				
mein Vorwissen zum Thema Werbung äußern und Werbung in Medien erkennen (S. 88–89).				SB, S. 296 AH, S. 20–21
ein Diagramm auswerten und Werbeträger kennenlernen. (S. 90)				SB, S. 297
am Beispiel eines Videos (Social Media) ermitteln, wie Influencer/-innen Werbung machen, den Post untersuchen sowie die Kommentare und die Strategie dahinter verstehen. (S. 91–94)				
die Zielsetzung von Cookies verstehen. (S. 95–96)				
Radiospots im Gruppenpuzzle untersuchen. (S. 97–98)				
Layout und Wirkung einer Werbeanzeige beschreiben. (S. 99–100)				AH, S. 22
Wortzusammensetzungen mit Bindestrich richtig schreiben. (S. 101)				AH, S. 23
Slogans mithilfe der Concept Formation untersuchen und ihre Wirkung ermitteln. (S. 102–103)				
englische Slogans in der deutschen Sprache verstehen und ihre Wirkung ermitteln. (S. 104)				SB, S. 279
die Wirkung von Rollenbildern in der Werbung erkennen. (S. 105)				SB, S. 262
den Zusammenhang von Bild, Sprache und Werbebotschaft erkennen. (S. 106)				SB, S. 280
mich genau ausdrücken, indem ich passende Formulierungen verwende. (S. 107)				
die Untersuchung einer Werbeanzeige planen und schreiben. (S. 108–110)				SB, S. 261 AH, S. 24–26
eine Textuntersuchung mithilfe einer Checkliste überarbeiten. (S. 111–113)				

FREIRAUM

Diese Aufgaben im Freiraum habe ich gemacht:	

AH = Arbeitsheft, SB = Schülerband

Fachwörter und Methoden

die Bedürfnisse	Werbung orientiert sich an Bedürfnissen, um Produkte zu vermarkten oder Ideen zu verbreiten: **physiologische Bedürfnisse:** körperliche Grundlagen des Überlebens; **Sicherheitsbedürfnisse:** natürliche Vorsicht und Voraussicht; **Zugehörigkeit und Liebe:** Bestreben, bei Familie und Freunden zu sein; **Ansehen/Status**: Bestreben, eine hohe Stellung und einen guten Ruf zu haben; **Selbstverwirklichung**: Entfaltung der Persönlichkeit.
die Concept Formation	= Methode zum Ordnen und Strukturieren von Aussagen, Texten oder Sachverhalten; durch das Ermitteln der Gemeinsamkeiten entsteht eine klarere **Vorstellung von Begriffen und ihren Definitionen**.
der Cookie	Bei jeder Website, die du besuchst, werden **kleine Datensätze** in deinem Browser auf deinem Gerät gespeichert. Manche sind nützlich, andere analysieren dein Nutzerverhalten z. B. für personalisierte Werbung.
der Eyecatcher	= Blickfang; betont die **Werbebotschaft** der Anzeige, erzielt besondere Aufmerksamkeit und macht die Betrachterin bzw. den Betrachter neugierig (z. B. *Foto, besondere Farben, lustige Darstellung* ...)
die Headline	= Überschrift, die das Thema der Anzeige nennt und zumeist eine inhaltliche Verbindung zum Bild hat
das Image	= umfasst die **Idee** und das positive Bild, die vermittelt werden sollen; Vorstellung von Produkt/Firma
der Informationstext	Dieser erscheint oft als Fließtext und beschreibt das Produkt/die Idee genauer. Häufig werden auch für weitere Informationen eine Internetadresse oder ein QR-Code angegeben, damit die Anzeige nicht zu viel Text enthält und schnell erfassbar ist. Zumeist wird im Text eine **inhaltliche Verbindung zu Foto oder Abbildung** hergestellt.
das Layout	Anzeigen werden so gestaltet, dass Text- und Bildelemente so zusammenwirken, dass eine bestimmte **Werbebotschaft** übermittelt und die beabsichtigte **Zielgruppe** angesprochen wird. Das **Layout** einer Werbeanzeige enthält häufig diese Bausteine: **Produktabbildung/-name, Logo, Slogan, Headline, Informationstext**. Dabei kann einer dieser Bausteine der **Eyecatcher** sein. Oft ist das auch ein Foto oder eine Abbildung.
der Radiospot	= kurzer, einprägsamer **Hörtext**, meist mit **Werbetext**, oder **Song**, der mit Geräuschen oder Musik untermauert die **Werbebotschaft** übermittelt
der Slogan	= kurzer, einprägsamer Spruch, der für eine Idee oder ein Produkt wirbt; er hat hohen Wiedererkennungswert und gibt Denkanstöße, die Erwartungen oder positive Vorstellungen wecken (z. B. *Freude am Fahren*) und geheime Wünsche ansprechen (z. B. *Ich will so bleiben, wie ich bin.*)
die sprachlichen Gestaltungsmittel (in Textelementen)	Die in der Werbung verwendete Sprache weist eine besondere sprachliche Gestaltung auf, um Aufmerksamkeit zu erzielen, einprägsam zu sein und eine bestimmte Vorstellung zu schaffen. Dazu gehören die **Wortwahl** (Wörter aus einem bestimmten Bereich oder Wortfeld), der **Reim** (Gleichklang von Wörtern), die **Hyperbel** (Übertreibung), die **Alliteration** (Wörter beginnen mit dem gleichen Buchstaben), der **Neologismus** (Wortneuschöpfung), die **Dreierfigur** (dreifache Aneinanderreihung von Wörtern), die **Metapher** (Sprachbild, verkürzter Vergleich), **Wörter aus anderen Sprachen** (Fremdsprache, z. B. Anglizismus), die **Suggestivfrage** (Frage mit zu erwartender Antwort).
untersuchen, die Untersuchung	Inhalt und Form ergeben zusammen die **Wirkung** und die **Aussage** eines Textes oder einer Werbeanzeige. Beim genauen Untersuchen stellst du dir die Frage: **Warum hat der/die Autor/-in den Text auf diese Weise verfasst bzw. die Anzeige so gestaltet?**
die Werbebotschaft	Durch das Zusammenwirken von Text- und Bildelementen entsteht die **Werbebotschaft**, die der Kunde aufnehmen soll. Sie kann sich auf Geschmack, Wirkung, Qualität, sich ergebende Möglichkeiten, gewünschtes Handeln etc. bzgl. des Produkts, der Dienstleistung, der Idee beziehen, z. B. *Auch Pflanzen würden im Baumarkt kaufen.*
das Werbemittel	= Ausgestaltung der Werbung als Anzeige, Radiospot, Plakat, LED-Werbung ...
der Werbeträger	= alle Arten von Medien (Fernsehen, Video, Social-Media, Zeitung etc.)
die Zielgruppe	Durch die Gestaltung von Werbung kann der **Bezugs- oder Käuferkreis** gezielt angesprochen werden, z. B. *sportliche Menschen, junge Mütter, Jugendliche, Hobbygärtner etc.*

1 Unter dem Webcode findet ihr Karteikärtchen zum Fachwortschatz. Übt diese Fachwörter mittels eines Gruppenturniers – so könnt ihr sie euch einprägen.

Digital+
Karteikarten
WES-126428-092

FREIRAUM

Aufgaben zum Weiterarbeiten

ZU SEITE 93

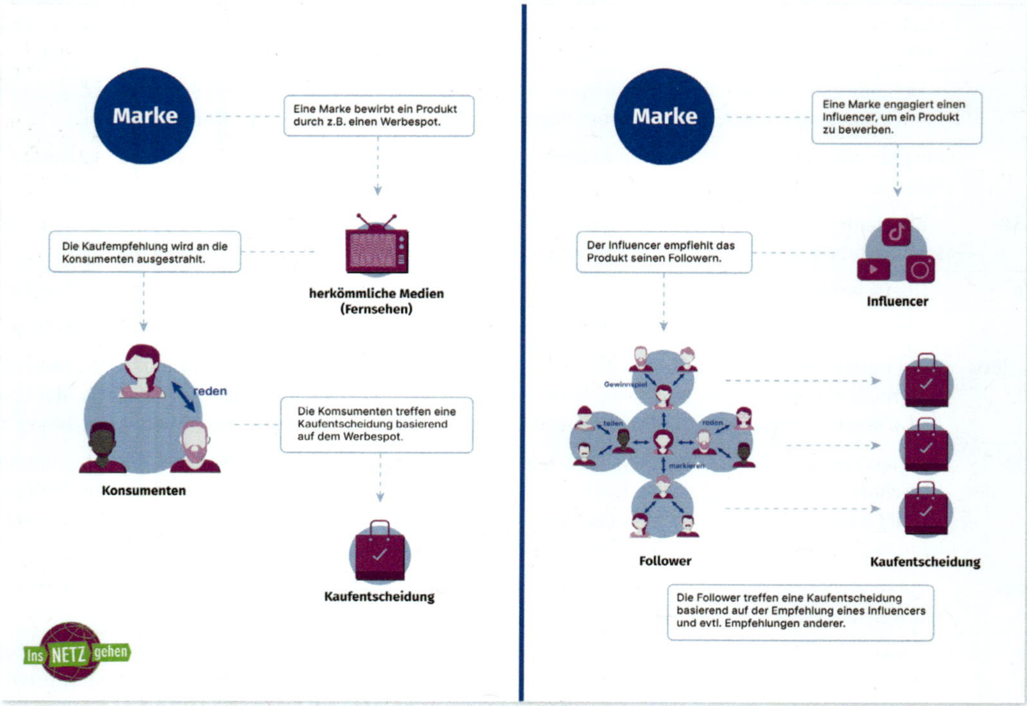

- Erkläre anhand der beiden Grafiken in eigenen Worten den Unterschied zwischen der Funktionsweise von Fernseh- und Social-Media-Werbung.
- Beurteile aus eigener Erfahrung (z. B. Familie, Freunde, Schule), welche Zielgruppen hier wohl jeweils eher angesprochen werden.

ZU SEITE 94

- Beurteile, welche Bedürfnisse durch die folgende Werbeanzeige angesprochen werden.

ZU SEITE 96

Werber suchen immer wieder neue Möglichkeiten, um Verbraucher für ihre Produkte zu begeistern. Dazu dient auch „Gamification“, d. h. spielerische Elemente in einem spielfremden Kontext zu nutzen. So werden Nutzer durch Puzzles, Quizze, Rätsel oder Highscores motiviert, mit einer Homepage zu interagieren und Käufe abzuschließen, z. B. beim Suchen von Ostereiern oder beim Beantworten von Fragen (vgl. Abbildung). Ein klassisches Level-Modell oder Rabatte und Geschenke unterstützen die Wirkung. Durch solche Aktionen erreichen die Newsletter eine höhere Öffnungs- und Klickrate. Ein amerikanischer Lieferservice ist bekannt geworden für seine E-Mail-Marketing-Kampagne: Score Twice Half Price (= Zwei Tore halber Preis). Wenn die Tippenden bei Ergebnissen mit zwei Toren richtig lagen, erhielten sie einen 50 %-Gutschein. Manche Unternehmen binden Kunden begleitend zu ihren Produkten auch durch das Anbieten einer Tracking App, um sportliche Ziele zu erreichen oder um den Energieverbrauch des Autos im Blick zu haben. Ziele sind immer Kundenbindung und Datengenerierung.

- Informiere dich im Text über „Gamification“.
- Wähle eines der Produkte am Rand aus und überlege dir, wie man die Kunden mit einer der oben genannten Strategien ansprechen oder sogar binden könnte.

ZU SEITE 103

CARLA – Carpe diem!

- Finde heraus, welcher Slogan zu dir passt: Sammle in einem Cluster deine Charaktereigenschaften und Vorlieben sowie deine Stärken und Schwächen. Notiere auch, wie du auf andere wirken willst und was sie von dir denken sollen. Du kannst auch Bilder (Fotos oder Zeichnungen) ergänzen. Leite daraus dein Lebensmotto als Slogan ab.

ZU SEITE 104

Sprechen Sie werbisch? *(Matthias Kaufmann)*

Für den Pitch muss die Caption am Rand noch abgesoftet werden, aber ASAP! Um Käufer zu überzeugen, fechten Werber sprachlich mit feinem Florett[1] – doch untereinander holzen sie in wildem Werbisch. Verstehen Sie dieses Kauderwelsch? [...] Ausgerechnet ein Kernphysiker, nämlich der Österreicher Kurt Binder, sagt`s am treffendsten: „In der Werbesprache wimmelt es von Leuten, die englischer sprechen, als sie Deutsch können.“ Da ist was dran, und das ist bemerkenswert für eine Branche, deren Aufgabe die Verführung ist, und die sich dazu der Sprache bedient. Schlimmer noch: Das Englisch, das in den Kreativagenturen der Republik gekauderwelscht wird, würde kein gestandener Angelsachse verstehen. Kein Wunder, dass auch mancher englische Werbespruch danebengeht. Es ist eine ganz eigene Sprache der Werbung entstanden, dort, wo man above the line die Benchmarks[2] setzt, wo Kontakter im Meeting die Kunden betanzen, wo die Headlines für den Lifestyle von morgen entstehen und wo man das Bild vom Metoo-Produkt am linken Rand absoftet. Kurz: Werber sprechen nicht Deutsch oder Englisch, sie sprechen werbisch.

[1] **das Florett:** 

[2] **die Benchmark:** ein Ziel, das man erreichen will

- Kläre unbekannte Wörter mithilfe des Wörterbuchs oder des Internets.
- Beschreibe die Sprache der Werbung („Werbisch“).
- Sammle Anglizismen aus der Werbung, wie z. B. *It`s not a trick – it`s a Sony.*

Ⓐ einfach mal abschalten

Ⓑ den Kopf frei bekommen

Ⓒ Kraft tanken

Ⓓ sich frei wie ein Vogel fühlen

Ⓔ die Nase in den Wind halten

Ⓕ den Akku wieder aufladen

Auszeit

1 Schaut euch die Bilder zu zweit an und tauscht euch aus. Nutzt dazu die **SPRACHBOX**:
a) Wie und wo verbringen die Menschen eine „Auszeit“?
b) Nenne Gründe dafür, dass Menschen sich eine Auszeit nehmen.

2 **a)** Notiere, was „Auszeit“ für dich persönlich bedeutet: Wann nimmst du dir eine Auszeit? Wo und wie verbringst du sie? Nutze die **SPRACHBOX**. Beginne so:
Auszeit bedeutet für mich ... / Ich nehme mir eine Auszeit, wenn ...
b) Tauscht euch über eure Ergebnisse aus: Habt ihr ähnliche Vorstellungen? Worin unterscheiden sich eure Ideen?

3 **a)** Lest die Ausdrücke, die zwischen den Bildern stehen, und tauscht euch über ihre Bedeutungen aus. Nutzt die **SPRACHBOX**.
b) Ordne diese **Redewendungen** den Bildern begründet zu.
Beispiel: *Redewendung Ⓔ passt gut zu Bild ⑦. Am Meer ist es oft windig und die Luft ist frisch, da kann man gut „die Nase in den Wind halten“.*
c) Erkläre, inwiefern die Redewendungen zum Thema dieses Kapitels passen.
d) Welche sprachlichen Besonderheiten enthalten die Redewendungen?

» Fachwortschatz, S. 146

5

G die Seele baumeln lassen

Mählich durchbrechende Sonne.
Schönes, grünes, weiches Gras.
Drin liege ich.
Mitten zwischen Butterblumen!
Über mir warm der Himmel:
ein weites, [...] zitterndes Weiß,
das mir die Augen langsam,
ganz langsam schließt.
(Arno Holz, 1898)

6

H sich fallen lassen

7

I zu neuem Atem kommen

8

J die Füße hochlegen

SPRACHBOX

Auszeit – Wie? spielen – faulenzen – durchatmen – entspannen – abschalten – sich ablenken – sich auspowern – ein Abenteuer erleben – sich bewegen – etwas Neues erleben – gemeinsam Sport treiben – sich frei fühlen – sich ausruhen
Auszeit – Wo? in den Bergen – am See – am Meer – am Strand – im Wald – auf der grünen Wiese – in der kleinen Stadt – in der Großstadt – auf dem Sportplatz – bei Freunden – in der Natur – im Regen – im Kino
Auszeit – Warum? zur Erholung – die Zweisamkeit genießen – frische Luft atmen – durchatmen – die Abwechslung – um allein zu sein – um das Miteinander zu genießen – Ungewohntes ausprobieren – zur Ruhe kommen – aufgrund der Erschöpfung/der Überforderung – weil ich unausgeglichen/kraftlos bin

Digital+
Interaktive Aufgabe
WES-126428-093

4 **a)** Auch in der **Gedicht**strophe oben findest du **Sprachbilder**. Markiere sie und erläutere die Bedeutung.
b) Benenne ein Bild, welches zu dieser Strophe passt, und erläutere deine Wahl.
c) Vergleicht eure Zuordnungen untereinander.
d) Besprecht, inwiefern das Gedicht das Thema des Kapitels aufgreift.

» Fachwortschatz, S. 146

AUSBLICK

Einfach mal abschalten! In diesem Kapitel erschließt du Gedichte zum Thema „Auszeit“. Du untersuchst, wie in den Gedichten das Thema „Auszeit“ dargestellt wird und wie sie auf dich wirken. Dazu fasst du die Gedichte zusammen, bearbeitest Aufgaben zu Inhalt und Form und deutest sie.

Drei Tage am Meer

Inhalte verstehen und zusammenfassen

1 **a)** Stell dir vor, du verbringst drei Tage am Meer: Notiere, was du machen würdest.
b) Höre dir das Lied „3 Tage am Meer“ über den Webcode an und ordne den Song einem der Bilder auf Seite 122–123 zu.
c) Welche Redewendung passt dazu? Begründe deine Auswahl.

1. Schritt: sich orientieren

Digital+ Audio WES-126428-094

2 Höre dir das Lied ein zweites Mal an und mache dir klar, wie sich das lyrische Ich (vgl. **LERNBOX**) fühlt: Zeichne einen Umriss des lyrischen Ichs (siehe Randspalte) und schreibe hinein, in welcher Stimmung es sich befindet.
Du kannst diese Adjektive nutzen: *ausgelaugt – leer – gestresst – verzweifelt – genervt – gelangweilt – sinnlos – orientierungslos – verwirrt – abgespannt.*

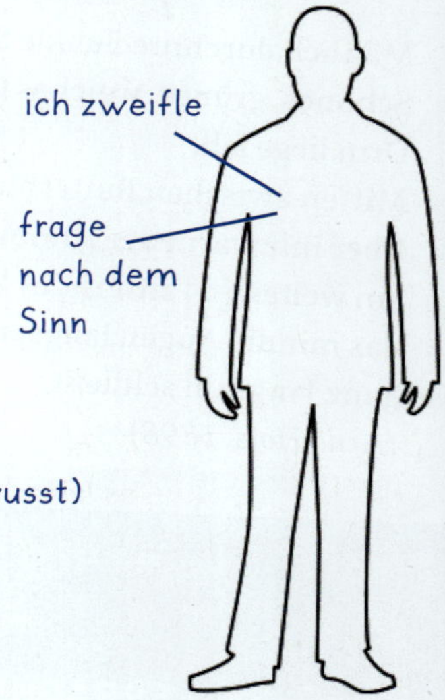

3 Tage am Meer *(AnnenMayKantereit, 2023)*

I Ich weiß, was ich kann
Trotzdem, ab und an
komm‘n Zweifel daran
Ich frage mich dann
Wofür ich das alles mache

Das lyrische Ich zweifelt:
- weiß, was es kann (selbstbewusst)
- dennoch ...
...

II Und mir ist mittlerweile klar, das waren Jahre ohne Pause
Und eigentlich weiß ich genau, was ich brauche
Eigentlich weiß ich genau, was ich brauche
‘Ne Pause

Sehnsucht des lyrischen Ichs
- Jahre ohne Pause
- weiß, dass es ...

Drei Tage am Meer
Und ich weiß wieder, wer ich bin
Drei Tage am Meer
Und ich weiß wieder, wer ich bin
Ohne alle anderen
} Refrain

III Es fällt mir nicht leicht, ruhiger zu werden
Mir geht so viel auf die Nerven
Ich sitze zu viel und ich atme nur Luft, die nach Straße schmeckt.
Und ich liebe die Stadt und trotzdem muss ich dringend mal wieder weit weg
Und eigentlich weiß ich genau, was ich brauche
Zum Untertauchen

Refrain

Digital+ Textvorlage WES-126428-095

Freiraum, S. 147

LERNBOX

Das lyrische Ich

Fachwortschatz, S. 146

1. Die Sprecherin bzw. der Sprecher in einem Gedicht oder Songtext (= **Lyrik**) ist das **lyrische Ich**. Dichterinnen und Dicher verwenden es, um eine bestimmte Stimmung **persönlicher** darzustellen.
2. Das lyrische Ich vermittelt über Äußerungen, Handlungen oder Beschreibungen die Stimmung (z.B. der Umgebung) und lässt die Leserinnen und Leser persönlich teilhaben. Pronomen (*mein, mir, mich* ...) unterstützen dabei.
3. Der Autor/die Autorin und das lyrische Ich sind jedoch **nicht dieselbe Person**.

3 Erschließe den Songtext mit der Lesemethode für Gedichte genauer, um den Inhalt zusammenzufassen. Den ersten Schritt hast du bereits in Aufgabe **1** erledigt.

Fachwortschatz, S. 146

a) Markiere unbekannte Ausdrücke und kläre ihre Bedeutung aus dem Zusammenhang. Ihr könnt sie auch zu zweit besprechen.

2. Schritt: unbekannte Begriffe klären

b) Markiere Schlüsselstellen, z. B. Gefühle des lyrischen Ichs oder Veränderungen.

3. Schritt: Schlüsselstellen markieren

c) Finde für den Refrain und die Strophe 3 geeignete Überschriften und notiere Stichwörter zum Inhalt aller Strophen. Setze dazu die Notizen fort.

4. Schritt: Wichtiges herausschreiben
a) Überschriften
b) Stichwörter

Ordne diese Überschriften der jeweils passenden Strophe zu:
Drei Tage allein am Meer – Raus aus der Stadt – Genervt vom …

Formuliere zwei eigene Überschriften und ergänze Stichworte zum Text.

4 Fasse das Gedicht zusammen. Gehe so vor:

5. Schritt: Inhalt zusammenfassen

a) Formuliere das Thema des gesamten Liedtextes. Untersuche dazu die Vorschläge (A) – (C): Tauscht euch zu zweit in einer Murmelphase darüber aus, welche Formulierung eurer Meinung nach am besten passt.

(A) *Das lyrische Ich schildert, dass es seinen Lieblingsort vermisst.*
(B) *Die Band singt davon, dass sie gerne gemeinsam verreisen würden.*
(C) *Das lyrische Ich sagt, dass es durch seinen Alltag gestresst ist und eine Auszeit braucht.*

b) Formuliere eine Einleitung (TATTE) (**LERNBOX**, Hinweis 1).

Ergänze dazu den Lückentext:

Der Song „________________________“ wurde im Jahr ____________ von der Band ________________________ veröffentlicht. In dem Song geht es um das Bedürfnis des lyrischen Ichs nach Erholung ________________ .

Nutze das Thema, für das du dich in Aufgabe **4** a) entschieden hast.

c) Fasse den Inhalt zusammen. Orientiere dich an den Hinweisen 2–4 in der **LERNBOX** und verwende die Formulierungen aus der **SPRACHBOX**.

SPRACHBOX

- In der ersten Strophe stellt das lyrische Ich dar, dass es meistens …
- Trotzdem zweifelt es manchmal an …
- Sein Leben ist stressig, sodass …
- Es glaubt, dass …

LERNBOX

So fasst du den Inhalt eines Songtextes oder Gedichts zusammen:

1. Beginne mit einer **Einleitung**, in der du **Titel**, **Autor/-in**, **Textart**, **Thema** und **Erscheinungsjahr** nennst (**TATTE**). Das Thema drückt aus, worum es geht, und bezieht sich auf alle Strophen des Gedichts: *Der Song „…“ wurde … von … veröffentlicht und handelt von …*
2. Fasse Handlung, Situation, Gefühle und Gedanken **strophenweise** in **eigenen Worten** zusammen.
3. Gib wichtige **Aussagen** des lyrischen Ichs **indirekt** wieder, verwende keine Zitate. *Das lyrische Ich stellt dar, dass es in der Regel selbstbewusst sei, aber …* (vgl. S. 126).
4. Verwende das **Präsens**.

Fachwortschatz, S. 146
Sprache untersuchen, S. 267
AH S. 27–28

Jahre ohne Pause

Aussagen indirekt wiedergeben

1 Eine Schülerin hat die ersten beiden Strophen des Songs und den Refrain zusammengefasst. Überprüfe, ob der Inhalt nachvollziehbar wiedergegeben wurde.

(A) Der Song „3 Tage am Meer" wurde im Jahr 2023 von der Band AnnenMayKantereit veröffentlicht. In dem Song geht es darum, dass sich das lyrische Ich nach einer Auszeit am Meer sehnt. → Indikativ

(B) In der ersten Strophe berichtet das lyrische Ich, es wisse in der Regel, was es könne. → Konjunktiv I
Trotzdem zweifle es immer wieder an sich. Es beschreibt, es sehe häufig keinen Sinn in dem, was es tue.

(C) In der zweiten Strophe berichtet das lyrische Ich, es **weiß** genau, warum es ihm so **geht**. Es erklärt, es **hat** jahrelang keine Pause **gehabt**, und stellt fest, dass es dringend eine Pause **braucht**.

(D) Im Refrain beschreibt das lyrische Ich, es hat nach drei Tagen am Meer wieder zu sich gefunden und weiß wieder, was es will. Es betont außerdem, dass es gut ist, während dieser Zeit allein zu sein.

2 **a)** Wie hat die Schülerin die Rede des lyrischen Ichs in Abschnitt (A) und dem ersten Satz in Abschnitt (B) der Zusammenfassung wiedergegeben? Untersuche dies mithilfe der **LERNBOX**.

b) Arbeite mit dem Rest von Abschnitt (B) ebenso: Unterstreiche jeweils den Einführungssatz. Kreise die Verben in der Wiedergabe ein. Markiere die **Konjunktiv-I**-Endung.

c) Setze die fett gedruckten Verbformen in Abschnitt (C) des Textes in den Konjunktiv I.

d) Setze auch in Absatz (D) des Textes die Verben der Wiedergabe in den Konjunktiv I.

e) Einige Verben können im Indikativ stehenbleiben. Erkläre mithilfe des 4. Hinweises in der **LERNBOX**, wann das der Fall ist, und formuliere die betreffenden Sätze einmal mit dem Indikativ, einmal mit dem Konjunktiv I.

Digital+ Textvorlage WES-126428-096

Fachwortschatz, S. 146

LERNBOX

Indirekte Wiedergabe von Aussagen

1. Bevor du Äußerungen (z. B. eines lyrischen Ichs, eines Autors) wiedergibst, machst du in einem einführenden Satz deutlich, **von wem die Äußerung stammt**: *Das lyrische Ich verdeutlicht,* …
2. Passe, wenn nötig, das **Pronomen** an: *ich → es (das lyr. Ich): Es beschreibt, dass es …*
3. Setze das **Verb** in der indirekten Wiedergabe **in den Konjunktiv I**. Hänge dazu die folgenden **Endungen an den Wortstamm des Infinitivs** an: *-e -est -e -en -et -en.* *Das lyrische Ich berichtet, es wisse, was es könne.*
4. In einigen Fällen kann auf den Konjunktiv I verzichtet werden, zum Beispiel bei **dass-Sätzen**: *Das lyrische Ich berichtet davon, dass es an sich zweifelt.*
5. Im **Präteritum** und im **Perfekt** wird der Konjunktiv I aus dem **Konjunktiv I von *sein* oder *haben*** sowie dem **Partizip II** des Verbs gebildet: … *das waren Jahre ohne Pause.* → … *das* ***seien*** *Jahre ohne Pause* ***gewesen***.

Sprache untersuchen, S. 267

Das Meer

Zwei Gedichte mittels Tabelle vergleichen

1 a) Höre dir die Geräusche über den Webcode an. Welche Vorstellungen lösen sie bei dir aus? Welche Bilder gehen dir durch den Kopf?

b) Lies nun beide Gedichte. Welches passt eher zu den Geräuschen?

Digital+
Audio
WES-126428-097

(A) Welle

(Otto Reinhards, 1983)

I Welle, laß dich umarmen,
obwohl du mich zu Boden schlägst,
mir den Halt
meiner Füße versagst.
Aufwühlend und schäumend
kommst du daher,
wild und ungezähmt.

II Folgend dem Sturm!

III Wildes Aufbäumen tanzt
mit Schaum auf deinen Kämmen[1].

IV Ohne Wind bist du zahm und matt,
denn nach dem Sturm
schmeichelnd du meinen Fuß umspülst.

V Glitzernd plätschern deine Wellen
im Abendwind,
die Nacht
erwartend.

[1] **der Wellenkamm**: obere Kante einer Welle

(B) Abends am Meer

(Frank Volkmar, 1998)

I Auf bunten Wellen reitet
Der Sonne letzter Glanz
Das Abendrot verbreitet
Des Himmels purpur[1] Kranz

II Am Horizont die Weite
Klingt wie ein leises Lied
Es dringt an meine Seite
Die Sehnsucht in mir siegt

III Bald leuchten mir die Sterne
In einer kühlen Nacht
Ich schaue in die Ferne
Erblick die reizvoll Pracht

IV Die dunklen Wolken kommen
Ganz sachte dort herauf
Die Sicht mir bald genommen
So ist des Tages Lauf

[1] **purpur**: ein tiefes Rot

2 a) Vergleicht die beiden Gedichte arbeitsteilig, um herauszufinden, welches eher einer Auszeit am Meer entspricht. Legt euch dazu eine Tabelle wie rechts an.
- Teilt die Gedichte untereinander auf.
- Erschließe dein Gedicht mit der Lesemethode für Gedichte.
- Notiere Antworten auf die folgenden Fragen in deiner Tabellenspalte: Wie beschreibt das lyrische Ich die Natur (Wellen, Wetter, ...)? Zu welcher Tageszeit wird das Meer beschrieben? Was erfährt man über das lyrische Ich?
- Stellt euch eure Antworten gegenseitig vor. Ergänzt die noch fehlende Spalte.
- Markiert gemeinsam, welche eurer Einträge zum Thema „Auszeit“ passen.

b) Begründet, welches Gedicht eher zum Thema „Auszeit“ passt.

	Welle	Abends am Meer
Wellen	nehmen den Halt, wild, später ...	...
Wetter	erst Sturm, später windstill	...
Wasser	...	...
...	...	...
...	...	...

Dort am Wasserfall

Den Aufbau eines Gedichts beschreiben

1 **a)** Beschreibt in einer Dreiergruppe nacheinander, was auf den Bildern zu sehen ist.
b) Lies das Gedicht für dich und ordne den Bildern jeweils die passenden Verse zu.
c) Stellt euch in der Gruppe gegenseitig eure Lösung vor und erklärt, warum ihr euch für diese Zuordnung entschieden habt.

Sommer *(Johann Wolfgang von Goethe, 1810)*

I Der Sommer folgt. Es wachsen Tag und Hitze,	a	1 Strophe, ... Verse	ein sommerlicher Tag beginnt
und von den Auen[1] dränget uns die Glut[2];	b		Hitze bedrängt uns
doch dort am Wasserfall, am Felsensitze			am Wasserfall
erquickt[3] ein Trunk[4], erfrischt ein Wort das Blut.			Getränk und Gespräch
Der Donner rollt, schon kreuzen sich die Blitze,			Gewitter zieht auf
die Höhle wölbt sich auf zur sichern Hut,	= der sichere Schutz		...
dem Tosen nach kracht schnell ein knatternd Schmettern;			...
doch Liebe lächelt unter Sturm und Wettern.			...

[1] **die Auen**: die Wiesen, [2] **die Glut**: hier: die starke Hitze, [3] **erquickt**: erfrischt, [4] **der Trunk**: das Getränk

2 **a)** Wo und wie verbringt das lyrische Ich im Gedicht von Johann Wolfgang von Goethe seine Auszeit?

Digital+ Textvorlage WES-126428-098

Kreuze richtige Antworten an: Das lyrische Ich ...
☐ genießt das heiße Wetter. ☐ befindet sich am Meer.
☐ hört ein Gewitter aufziehen. ☐ läuft durch die Stadt.
☐ kann sich in einer Höhle unterstellen. ☐ genießt die Zweisamkeit.

Notiere stichwortartig Antworten.
am Wasserfall, auf einem ...

Beantworte die Fragen in einem kurzen Text. Das lyrische Ich verbringt seine Auszeit an ... Dort ... Dann zieht ...

b) Vermutet, warum das lyrische Ich dort ist. Welche Gedanken könnten ihm durch den Kopf gehen?

3 Besprecht, welche Stimmung ihr wahrgenommen habt. Nutze deine Ergebnisse aus Aufgabe **2** und beginne so: *Für mich ist die Stimmung positiv, denn ...*

4 Wie wird diese Wirkung durch den Aufbau des Gedichts unterstützt? Untersuche den Aufbau mithilfe der **LERNBOX**:

a) Notiere die Anzahl der Strophen und Verse.

b) Markiere die Wörter, die sich reimen, in derselben Farbe und ermittle das Reimschema (**LERNBOX**, Hinweis 1b).

c) Untersuche, wie Inhalt und Form zusammenwirken (**LERNBOX**, Hinweis 2).

d) Formuliere deine Ergebnisse in einem zusammenhängenden Text. Nutze die **SPRACHBOX**.

SPRACHBOX

- Das Gedicht besteht aus ... Strophe(n) mit ... Versen.
- Das Reimschema ist von Vers ... bis Vers ... ein ...
- Durch die Regelmäßigkeit ... / Das wirkt auf mich ... / Das unterstützt ...
- In Vers ... wechselt das Reimschema. Die Verse ... bis ... bilden einen ...
- Der Wechsel des Reimschemas könnte ...

5 Beschreibe deinen „Wohlfühlort", an dem auch dir ein Gewitter, wie im Gedicht, nichts ausmachen würde. Was ist an diesem Ort besonders (Farben, Gerüche, Geräusche ...)? Die Bilder und Formulierungen auf S. 122–123 können dir Ideen geben.
So kannst du beginnen:
Mein Wohlfühlort ist ... Dieser Ort ... Es gibt ... Hier halte ich mich auf, wenn ... Hier kann ich ...

» Freiraum, S. 147
AH S. 29–30

LERNBOX

So beschreibst du den Aufbau eines Gedichts:

1. Das Zusammenspiel von Inhalt und Form eines Gedichts erzeugt eine besondere Wirkung. Um diese zu ermitteln, untersuche:
   a) die **Strophen**:
   - Wie viele Strophen hat das Gedicht?
   - Ist die Versanzahl pro Strophe **regelmäßig** oder **unregelmäßig**?
   - Gibt es einen **Refrain**?
   - Wenn ein Satz nicht einem Vers entspricht, sondern im nächsten Vers weiterläuft, nennn man das ein **Enjambement** (= **Zeilensprung**): z. B. *Und das Wirren bunt und bunter | wird ein magisch wilder Fluß,* (Gedicht „Frische Fahrt", V. 5–6).

   b) das **Reimschema**:
   - Verse enden oft mit Reimwörtern (**Endreim**). Den gleichen Klang kennzeichnest du mit dem gleichen Buchstaben z. B.: *Glut – Hut (a – a)* .
   - Häufig findest du: einen **Paarreim** (aabb), einen **Kreuzreim** (abab), einen **umarmenden Reim** (abba), einen **Haufenreim** (aaabbb), eine **dreifache Reimreihe** (abc).
   - Klingt der Endreim **nur ähnlich**, spricht man von einem **unreinen Reim** (= **Assonanz**): *an – getan*.
2. Eine **regelmäßige Vers- und Strophenanzahl** sowie ein **regelmäßiges Reimschema** werden häufig gewählt, um den Inhalt **ruhig** und **geordnet** wirken zu lassen. Weist der Aufbau des Gedichtes **Unregelmäßigkeiten** auf, erzeugt dies häufig eine **unruhige** Stimmung oder weist auf **Veränderungen** hin, zum Beispiel: *auf einen sich ankündigenden Abschluss oder eine sich ändernde Stimmung (ruhiger, chaotischer ...).*

» Fachwortschatz, S. 146
» Fachwortschatz, S. 146
» Fachwortschatz, S. 146

Ich nehm' dich mit nach …

Ein Bild- und Klangerlebnis erstellen

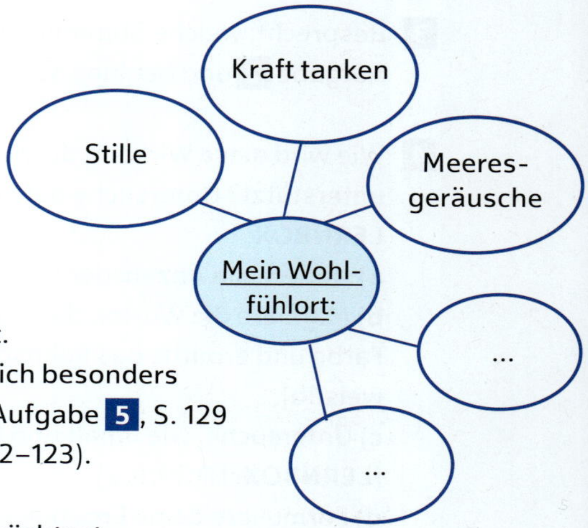

Präsentiere deiner Klasse deinen Wohlfühlort. Gehe so vor:

1 **a)** Erstelle ein Cluster und notiere in der Mitte deinen Wohlfühlort.
b) Sammle Formulierungen oder Textbausteine, die den Ort für dich besonders machen, z. B. Gerüche, Farben … Nutze deine Beschreibung aus Aufgabe **5**, S. 129 und die Ideen von der Einstiegsdoppelseite dieses Kapitels (S. 122–123).

2 **a)** Entscheide dich, in welcher Form du deinen Ort präsentieren möchtest. Wähle dazu aus den Möglichkeiten (A) bis (C) aus.
b) Gestalte nun die Präsentation deines Ortes. Wenn du Bilder aus dem Internet nutzt, achte darauf, die Quellen der Bilder anzugeben.

(A) Eine vertonte Collage erstellen

- Suche oder erstelle Bilder zu deinem Wohlfühlort. Überlege dir, wie du sie anordnen möchtest.
- Arbeite auch deine Formulierungen aus Aufgabe **1** b) in die Collage ein.
- Recherchiere im Internet nach passenden Geräuschen, mit denen du deine Collage unterlegen möchtest.

(B) Einen Text visualisieren und vertonen

- Schreibe auf der Grundlage deiner Notizen aus Aufgabe **1** b) einen Text. Das kann ein Gedicht sein, aber auch ein anderer Text.
- Suche oder erstelle Bilder, die gut zu deinem Text passen, und platziere sie passend zum Text.
- Recherchiere im Internet nach passenden Geräuschen zum Unterlegen des Textes.

(C) Eine Präsentationsfolie erstellen und vertonen

- Lege zuerst eine digitale Präsentationsfolie an. Wähle eine Hintergrundfarbe und passende Schriftarten.
- Füge nun ein Bild ein, das deinen Wohlfühlort zeigt.
- Überlege dir, wie du deine Formulierungen aus Aufgabe **1** b) in die Präsentation integrieren möchtest. Sollen die Textbausteine gleiten, hineinfliegen oder rotieren?
- Im nächsten Schritt unterlegst du die Präsentation mit Musik.
- Lasse die Präsentation noch einmal vollständig durchlaufen und korrigiere eventuell.

3 Stellt euch gegenseitig eure Ergebnisse in einem Museumsgang vor. Nutzt dazu Tablets oder einen Beamer und schaut euch alle Präsentationen nacheinander an.

Digital+
Anleitung
WES-126428-099

4 **a)** Gebt euch anhand von **Rückmeldekarten** ein Feedback. Legt diese bei den Präsentationen aus. Wählt jeweils fünf Präsentationen, die ihr euch genauer ansehen möchtet, und tragt euer Feedback zu folgenden Punkten ein: Werden die Eigenschaften des Wohlfühlorts (Farben, Geräusche, Gerüche …) deutlich? Wird deutlich, was den Ort für die Person besonders macht? Ist die Präsentation ansprechend gestaltet?

Fachwortschatz, S. 146

Über den Wolken – *Inhaltliche Aufgaben zu einem Gedicht bearbeiten*

1 **a)** Schau dir das Video über den Webcode an. Beschreibe, was du siehst.
b) Das Video ist ohne Ton: Welche Geräusche würde man in der Realität hören?

Digital+ Video WES-126428-100

2 Erschließe den Songtext des Liedes „Über den Wolken“ mit der Lesemethode für Gedichte (Schritte 2–3).

Fachwortschatz, S. 146

Über den Wolken *(Reinhard Mey, 1974)*

Digital+ Textvorlage WES-126428-101

I Wind Nord/Ost Startbahn null drei, a
Bis hier hör‘ ich die Motoren. b lyr. Ich
Wie ein Pfeil zieht sie vorbei, a
Und es dröhnt in meinen Ohren, b
Und der nasse Asphalt bebt. c
Wie ein Schleier staubt der Regen, d
Bis sie abhebt und sie schwebt c
Der Sonne entgegen. d

Flugzeug startet
- lyr. Ich beobachtet Startbahn
- hört Dröhnen, es regnet
- Flugzeug hebt ab und fliegt der Sonne entgegen

Über den Wolken muss die Freiheit wohl grenzenlos sein.
Alle Ängste, alle Sorgen, sagt man,
Blieben darunter verborgen und dann
Würde, was uns groß und wichtig erscheint,
Plötzlich nichtig und klein. = unwichtig

} Refrain

II Ich seh‘ ihr noch lange nach,
Seh‘ sie die Wolken erklimmen,
Bis die Lichter nach und nach
Ganz im Regengrau verschwimmen.
Meine Augen haben schon
Jenen winz‘gen Punkt verloren.
Nur von fern klingt monoton = gleichförmig
Das Summen der Motoren.

III Dann ist alles still, ich geh‘,
Regen durchdringt meine Jacke,
Irgendjemand kocht Kaffee
In der Luftaufsichtsbaracke.
In den Pfützen schwimmt Benzin,
Schillernd wie ein Regenbogen.
Wolken spiegeln sich darin.
Ich wär gern mitgeflogen.

Refrain

3 **a)** Notiere nach der Erschließung Antworten auf folgende Fragen und prüfe dadurch, welche Eindrücke aus Aufgabe **1** du wiederfindest: Wo befindet sich das lyrische Ich? Was nimmt es wahr? Wie fühlt es sich? Wonach sehnt es sich?
b) Vergleicht eure Ergebnisse zu zweit.
c) Inwiefern passt der Song zum Thema „Auszeit“? Tauscht euch aus und belegt eure Einschätzungen mit Textstellen. Nutzt die Formulierungen aus der **SPRACHBOX**.

SPRACHBOX
- Mit einem Flugzeug ...
- Dort kann man eine Auszeit verbringen, weil ...
- Das lyrische Ich möchte auch gerne ...
- Zu Hause ist das Wetter schlecht, aber ...
- Das wird zum Beispiel in Vers ... deutlich.

4 Formuliere einen TATTE-Satz (siehe **LERNBOX**, S. 125) und fasse den Inhalt des Gedichts zusammen. Nutze die Formulierungen aus dem **Reisegepäck** (S. 138).
In dem Gedicht ... von ... aus dem Jahr ... beschreibt das lyrische Ich, wie es ...

5 Die folgenden Aufgaben könnten Teil einer Gedichtuntersuchung sein.

a) Lies die Aufgaben genau und markiere Operatoren und Schlüsselwörter.

b) Bearbeite eine der Aufgaben in einem zusammenhängenden Text. Gehe so vor, wie in der **LERNBOX** beschrieben.

Aufgabe A

- Beschreibe, was das lyrische Ich wahrnimmt, während es dem Flugzeug beim Abheben zusieht.
- Erkläre, warum es sich an einen anderen Ort sehnt.

Nutze diese Formulierungen:
Das lyrische Ich hört, … – Dabei bewegt sich das Flugzeug wie … – Das lyrische Ich beschreibt, dass … – Die Luft wird … dargestellt. – Dass das lyrische Ich dem Flugzeug lange nachsieht (vgl. V. 14), macht deutlich, … – Über den Wolken hingegen scheint …

Aufgabe B

- Beschreibe die Gedanken des lyrischen Ichs.
- Erkläre, welche übertragene Bedeutung die Ausdrücke „nasse(r) Asphalt“ (V. 5), „der Regen“ (V. 6) und „die Pfützen“ (V. 26) für das lyrische Ich haben, und erläutere die dadurch vermittelte Stimmung.

Nutze diese Formulierungen:
Das lyrische Ich sehnt sich danach, … – Es denkt, … (V. …) – Das lyrische Ich scheint sich … zu fühlen. (V. …) – Es beschreibt seine Umgebung als … (V. …) – Durch … wird betont, dass … – … verdeutlichen grauen Alltag.

Korrekturzeichen:
H = streichen
⌈ = erweitern
└×┘ = ersetzen
⌐ = Absatz
↷ = Reihenfolge
R = Rechtschreibfehler
T = Fehler bei der Zeitform
Z = Zeichensetzung
Fa = Fachwort
Zt = Fehler beim Zitieren

6 **a)** Setze dich mit einer anderen Person zusammen, die die gleiche Aufgabe bearbeitet hat, und tauscht eure Texte aus.

b) Überarbeitet eure Texte mithilfe der Korrekturzeichen rechts. Achtet darauf, ob der Hinweis 4 in der **LERNBOX** vollständig berücksichtigt wurde. Beachtet besonders folgende Kriterien: Wurde die Aufgabenstellung berücksichtigt? Wurden wichtige Textstellen durch **Zitate** belegt? Wurden dazu passende Versangaben notiert?

» Richtig schreiben, S. 304–305
» Sprache untersuchen, S. 268
» Fachwortschatz, S. 146
» Freiraum, S. 147

LERNBOX

So bearbeitest du Aufgaben zu einem Gedicht:

1. **Lies** die Aufgabe genau. **Unterstreiche** wichtige **Nomen** und **Verben** (Operatoren).
2. **Markiere** im Text die Stellen, die dir Hinweise zur Bearbeitung der Aufgaben liefern, z. B. zu den *Wahrnehmungen des lyrischen Ichs, Gedanken …*
3. **Mache** dir zu deinen Markierungen **Notizen** am Rand, die du für die Lösung der Aufgaben nutzen kannst.
4. Formuliere deine Lösung in einem **zusammenhängenden Text**:
   a) **Greife** die Aufgabenstellung in eigenen Worten **auf**: *Während das lyrische Ich dem Flugzeug beim Abheben zusieht, …*
   b) **Belege** wichtige Aussagen zum Inhalt durch **Zitate** und **Versangaben**:
   – Du kannst **direkt zitieren,** indem du **wörtlich wiedergibst** und **Anführungszeichen** nutzt: *Das lyrische ich beschreibt, wie „der nasse Asphalt bebt“ (V. 5), wodurch deutlich wird, dass …*
   – Oder du zitierst **indirekt** und ergänzt den Vermerk: *Das lyrische Ich sieht dem Flugzeug nach, bis es nicht mehr sichtbar ist (V. 18–19).*
   c) Schreibe in **eigenen Worten** und verwende das **Präsens.**

Laue Luft kommt blau geflossen

Den Rhythmus eines Gedichts untersuchen

1 Tauscht euch in einer Murmelphase aus, was ihr mit dem Titel des folgenden Gedichts „Frische Fahrt“ verbindet, und setzt den Titel in Beziehung zum Thema „Auszeit“.

Frische Fahrt

Joseph von Eichendorff (1815)

Laue Luft kommt blau geflossen,

  Waldwärts Hörnerklang[1] geschossen,

Wird ein magisch wilder Fluss,

  Mut'ger Augen lichter[2] Schein,

Und das Wirren[3] bunt und bunter

  Frühling, Frühling soll es sein!

Lockt dich dieses Stromes Gruß. = der Fluss

  In die schöne Welt hinunter

2 **a)** Nähere dich dem Gedicht an, indem du die Verse der ersten Strophe in eine sinnvolle Reihenfolge bringst.
Das Gedicht ist im Kreuzreim (*abab*) verfasst. Die Verse 1 und 2 enden mit den Worten *geflossen* und *sein*.
Sortiere auch die zweite Strophe, die du über den Webcode findest.
b) Tauscht euch darüber aus, weshalb ihr euch für diese Anordnung entschieden habt.
c) Vergleicht eure Anordnung mit dem Gedicht, wie es von Eichendorff verfasst hat (vgl. S. 134). Besprecht, ob so eine andere Wirkung entsteht.

Digital+
2. Strophe
WES-126428-102

[1] **Hörnerklang**: das Horn = Instrument, das bei der Jagd benutzt wird

[2] **licht**: hell

[3] **Wirren**: Flimmern, Durcheinander

3 Lies das Gedicht noch einmal leise für dich. Mache dir klar, worin für das lyrische Ich die Auszeit besteht und nach welcher Jahreszeit es sich sehnt.

4 **a)** Höre dir den Gedichtvortrag über den Webcode an. Achte besonders auf die Betonung. Welche Wirkung erzeugt sie?
b) Kennzeichne die Betonung, wie in der **LERNBOX** (Hinweis 2) dargestellt. Welches **Metrum** hat das Gedicht und wie wird dadurch die Stimmung unterstützt (**LERNBOX**, Hinweis 3–5)?

Digital+
Audio
WES-126428-103

Fachwortschatz, S. 146
Freiraum, S. 147

LERNBOX

So ermittelst du den Rhythmus (das Metrum) eines Gedichts:

1. Durch den Rhythmus (**Metrum**) kann der Inhalt von Gedichten oder Songtexten unterstützt werden, z. B. kann so die **Stimmung** (lebendig, ruhig) verdeutlicht werden.
2. Um den Rhythmus zu bestimmen, gehe so vor:
   a) Kennzeichne jede Silbe eines Wortes mit einem *x*.
   b) Bestimme, welche **Silbe unbetont** ist bzw. **betont** wird. Beschrifte die betonte Silbe mit einem Schrägstrich (x́): *Láue | Lúft kommt | bláu ge | flóssen*.
   Die **betonte Silbe** heißt **Hebung**. Die **unbetonte** Silbe heißt **Senkung**.
3. Benenne das Metrum:
   – unbetont, betont (x x́): der **Jambus**.
   – betont, unbetont (x́ x): der **Trochäus**.
4. Kennzeichne wiederkehrende Abfolgen durch Taktstriche (|). So findest du heraus, ob der Rhythmus regelmäßig oder unregelmäßig ist. Ein **Wechsel des Rhythmus weist** häufig auch auf eine inhaltliche Änderung hin.
5. Die **Betonung** bestimmter Silben bewirkt, dass deren **Inhalt hervorgehoben** wird. Ein Metrum lässt ein Gedicht **dynamisch, lebendig** und **freudig wirken** (z. B. Jambus) oder **ruhig, bedächtig** und **entspannt** (z. B. Trochäus).

Auf dem Strome will ich fahren

Aufgaben zum Gedicht bearbeiten

Digital+
Textvorlage
WES-126428-104

Frische Fahrt *(Joseph von Eichendorff, 1815)*

I Laue Luft kommt blau geflossen, — Alliteration
Frühling, Frühling soll es sein! — Wiederholung
Waldwärts Hörnerklang geschossen, — Metapher
Mut'ger Augen lichter Schein; — Metapher
Und das Wirren bunt und bunter
Wird ein magisch wilder Fluß
In die schöne Welt hinunter
Lockt dich dieses Stromes Gruß.

II Und ich mag mich nicht bewahren!
Weit von Euch treibt mich der Wind,
Auf dem Strome will ich fahren, — = Fluss
Von dem Glanze selig blind!
Tausend Stimmen lockend schlagen,
Hoch Aurora[1] flammend weht,
Fahre zu! ich mag nicht fragen,
Wo die Fahrt zu Ende geht!

[1] **Aurora**: Göttin der Morgenröte

1 Lies das ganze Gedicht. Beschreibe unter Berücksichtigung deiner Ergebnisse von Seite 133 die Wirkung, die es auf dich hat.

Wähle aus den folgenden Adjektiven aus: *harmonisch – genussvoll – spannend – bedrückend – getragen – schwungvoll – beschwingt – lebendig – bewegt – traurig.*

- Erläutere, wie es dem Dichter Joseph von Eichendorff gelingt, eine Wohlfühlatmosphäre zu schaffen. Berücksichtige dazu sprachliche Gestaltungsmittel (mögliche Aspekte: *Metaphern, Satzbau* ...).

2 **a)** Erschließe die Aufgabe im blauen Kasten und mache dir klar, was du tun sollst. Markiere dazu Operatoren und Schlüsselwörter.

b) Spüre die sprachlichen Gestaltungsmittel auf. Lies dazu den 2. Hinweis der **LERNBOX** (S. 135) und ergänze die Tabelle:
Finde Beispiele für zwei, drei weitere sprachliche Gestaltungsmittel.

Ergänze auch Metaphern und Vergleiche.

Sprachliche Gestaltung	Textbeispiel / Zitat	Wirkung
Wortwahl	„blau geflossen" (V. 1) „magisch wild" (V. 6) „treibt mich der Wind" (V. 10) ...	bewegt, lebendig, harmonisch
Alliteration	„Laue Luft" (V. ...)	einprägsam, erzeugt angenehme Stimmung, steht für Frühling, klingt harmonisch
Wiederholung	„Frühling, Frühling" (V. ...)	hebt den Wunsch nach ... hervor
Klimax	... (V. 5)	verstärkt die Schönheit des Frühlings

c) Vergleicht eure Tabellen zu zweit und ergänzt sie, wenn nötig. Achtet besonders darauf, ob die Darstellung der Wirkung nachvollziehbar ist.

3 Schreibe deine Ergebnisse zur Aufgabe im blauen Kasten (S. 134) in einem zusammenhängenden Text auf. Nenne dazu die Besonderheiten der sprachlichen Gestaltung und erläutere deren Wirkung anhand von Textbeispielen. Gehe so vor:

a) Mache dir zuerst anhand des folgenden Beispiels klar, wie du formulieren kannst. Achte auch auf die Farbwahl in der **LERNBOX**.

Im ersten Vers wird von Eichendorff die Alliteration „Laue Luft" (V. 1) genutzt, welche die Wohlfühlatmosphäre unterstützt. Sie wirkt einprägsam und erzeugt eine angenehme Stimmung, da sie für den kommenden Frühling steht.

b) Markiere in diesem Beispiel ebenso:

Im zweiten Vers wird durch die Wiederholung „Frühling, Frühling soll es sein!" (V. 2) hervorgehoben, wie sehr sich das lyrische Ich auf den Frühling freut und dass es sich den Frühling herbeisehnt. Das Verb „soll" verdeutlicht den Wunsch des lyrischen Ichs.

c) Wähle zwei, drei, vier weitere Besonderheiten aus Aufgabe **2** b) auf S. 134 aus und formuliere Ergebnisse dazu wie in den Beispielen oben. Nutze dazu die **SPRACHBOX** unten und das **Reisegepäck** (S. 138).

Besonderheit/sprachliche Gestaltung + Textbeispiel/Zitat + Wirkung + inhaltlicher Zusammenhang

» Freiraum, S. 147
AH S. 31

SPRACHBOX

- Die Alliteration/Wiederholung/... unterstützt ebenfalls die ... Atmosphäre. Sie wirkt ...
- In der ersten Strophe wird gezeigt, dass ... Dies verdeutlicht, dass ...
- Durch die Wiederholung/Alliteration/... (V. ...) hebt der Autor hervor, dass ... Damit wird dargestellt, dass ...
- Durch ... (V. ...) wird ... betont/hervorgehoben/verdeutlicht. Dies zeigt ...
- In Vers ... verdeutlicht die Klimax „..." (V. ...), dass ... / Die Klimax „..." (V. ...) verstärkt den Eindruck, ... Dadurch wird deutlich, dass ...
- Die Metapher ... (V. ...) erzeugt ... Sie veranschaulicht ...

LERNBOX

So untersuchst du die Form eines lyrischen Textes:

1. Eine **regelmäßige Vers- und Strophenanzahl**, ein **regelmäßiges Reimschema** und ein **regelmäßiger Rhythmus** werden häufig gewählt, um den Inhalt **ruhig** und **geordnet** wirken zu lassen. **Unregelmäßigkeiten** hingegen drücken häufig Unruhe etc. aus.
2. Die **sprachliche Gestaltung** unterstützt ebenfalls die **Wirkung** in Zusammenhang mit dem **Inhalt**. Gib zur Veranschaulichung immer **Textbeispiel und Beleg** an.
   a) Überprüfe die **Wortwahl**. Beachte Wörter aus einem Themenbereich, so wie die Luft, die *„geflossen" (V. 1)* kommt, und der *„magisch wilde(r) Fluss" (V. 6)*, die die Lebendigkeit der Natur aufzeigen, die sich auf das lyrische Ich überträgt.
   b) Untersuche die **sprachlichen Gestaltungsmittel**:
   - **Wiederholung**: *„Frühling, Frühling" (V. 2) → Betonung*
   - **Alliteration**: *„Frische Fahrt" (Überschrift), „Laue Luft" (V. 1) → angenehmer Klang*
   - **Anapher**: *„Alle Herzen sind froh, alle Herzen sind frei" (Ballade John Maynard, V. 18)*
   - **Klimax**: *„bunt und bunter" (V. 5) → Verstärkung*
   - **Personifikation**: *„lockt dich dieses Stromes Gruß" (V. 8) → Anschaulichkeit*
   - **Vergleich**: *„wie ein Pfeil zieht es vorbei" (Gedicht auf S. 131, V. 6) → Anschaulichkeit*
   - **Metapher**: *„Hörnerklang geschossen" (V. 3) → Anschaulichkeit*
   - **Neologismus**: *„Himmelsseide" (Gedicht auf S. 143, V. 1) → Veranschaulichung*

» Fachwortschatz, S. 146

Endlich Frühling!

Zeichensetzung bei „dass" und „das"

Maurice hat untersucht, wie der Dichter Joseph von Eichendorff die Wohlfühlatmosphäre des Gedichts erzeugt.

1 Erläutere, ob du seine Ergebnisse inhaltlich nachvollziehen kannst.

(A) Das Gedicht „Frische Fahrt" das im Jahr 1815 von Joseph von Eichendorff geschrieben Z
wurde, stellt sehr anschaulich die Vorfreude eines lyrischen Ichs auf den Frühling dar.
Durch die sprachliche Gestaltung gelingt es dem Autor dass eine Wohlfühl-Atmosphäre in Z
dem Gedicht geschaffen wird. Durch seine Wortwahl (Adjektive, Verben, Redewendun-
gen), wie zum Beispiel „blau geflossen" (V. 1), „magisch wild" (V. 6) und „treibt mich der
Wind" (V. 10), bringt Eichendorff zum Ausdruck dass die Natur lebendig und bewegt ist. Z
Im ersten Vers verwendet er die Alliteration „Laue Luft" (V. 1) als Gestaltungsmittel das Z
bildhaft eine angenehme und harmonische Atmosphäre erzeugt, da dieser Ausdruck für
den kommenden Frühling steht.

(B) Das sprachliche Gestaltungsmittel das Eichendorff im zweiten Vers verwendet ist eine Z, Z
Wiederholung. Durch den Ausruf „Frühling, Frühling soll es sein!" wird hervorgehoben dass Z
sich das lyrische Ich den Frühling herbeisehnt.
Eine Wohlfühlatmosphäre entsteht außerdem durch die Klimax „bunt und bunter" (V. 5).
Sie verdeutlicht dass das lyrische Ich das sich auf den Frühling freut, viel Positives mit die- Z, Z
ser Zeit verbindet.

(C) Das lyrische Ich beschreibt die Welt als „schön" (V. 7) und erklärt dass es von dem Glanze des Stromes „selig blind" (V. 12) werde. Auch diese Formulierungen unterstreichen die angenehme Atmosphäre und verdeutlichen dass das lyrische Ich sich wohlfühlt. Der Titel des Gedichtes „Frische Fahrt" ist eine Alliteration und zugleich eine Metapher für einen Neuanfang. Das heißt dass das lyrische Ich neue Energie sammelt.

2 **a)** Welches Problem hat Maurice bei der Zeichensetzung?
b) Setze die fehlenden Kommas. Orientiere dich an den Hinweisen in der **LERNBOX**.

- Ergänze vier Kommas in Abschnitt (A) und fünf in Abschnitt (B).
- Arbeite mit Abschnitt (A) und (B): Ergänze insgesamt neun Kommas. Unterstreiche die Nebensätze.
- Bearbeite den gesamten Text und unterstreiche die Nebensätze.

Digital+ Textvorlage WES-126428-105

Freiraum, S. 147

Richtig schreiben, S. 297

LERNBOX

Die Zeichensetzung bei *dass* und *das*

1. Das Wort ***dass*** ist eine **Konjunktion** und leitet einen Nebensatz ein. Der *dass*-Satz hängt häufig vom Prädikat im Hauptsatz ab: *Das lyrische Ich betont, dass es sich auf den Frühling freut.* (Wen oder was betont das lyrische Ich? → Objektsatz)
2. Das Wort ***das*** ist ein **Relativpronomen**, wenn es sich auf ein vorausgehendes Nomen oder eine vorausgehende Aussage bezieht. Es leitet einen Nebensatz ein und wird mit **Komma**(s) vom Hauptsatz abgetrennt: *Das lyrische Ich, das sich auf den Frühling freut, ist bewegt.*

Frische Fahrt

Zu einer Aussage zum Gedicht Stellung nehmen

1 Betrachtet die Bilder zu zweit und tauscht euch darüber aus, welche Textstellen aus dem Gedicht von S. 134 ihr wiederfindet.

Ein Schüler sagt nach dem Lesen: *„Man erkennt durch die Augen des lyrischen Ichs, dass dessen Sehnsuchtsort die Natur ist.“* Nimm Stellung zu der Äußerung und begründe deine Meinung anhand von Textstellen und eigenen Erfahrungen.

Eine Schülerin sagt nach dem Lesen: *„Es wird deutlich, dass der Frühling für das lyrische Ich eine Auszeit bedeutet.“* Nimm Stellung zu dieser Aussage und begründe deine Meinung anhand von Textstellen.

2 Erarbeite eine **Stellungnahme** zu einer der Schüleraussagen. Gehe so vor:

Fachwortschatz, S. 146

a) Wähle eine der Aussagen aus. Mache dir Notizen zur Aussage. Achte darauf, alle Aspekte aus der **LERNBOX** aufzugreifen.

b) Formuliere deine Stellungnahme. Nutze auch den letzten Kasten im **Reisegepäck** (S. 138).

Vervollständige diese Satzanfänge für deine Stellungnahme.

Ein Schüler findet, ...
Damit meint er, dass ...
Ich bin der Meinung, dass ...
Das wird auch deutlich, als ...

Formuliere zu jedem Hinweis aus der **LERNBOX** Sätze. Nutze auch die dort angegebenen Satzanfänge und verwende Textbelege.

c) Tausche deine Stellungnahme mit der eines Lernpartners oder einer Lernpartnerin aus. Prüft sie gegenseitig mithilfe der Hinweise in der **LERNBOX**.

LERNBOX

So nimmst du zu einer Aussage zum Gedicht Stellung:

1. Greife auf, wozu du Stellung nehmen sollst: **Gib die Aussage**, zu der du eine Stellungnahme formulieren willst, in **indirekter Rede wieder**: *Eine Schülerin/ein Schüler sagt nach dem Lesen, dass ...*
2. **Erkläre**, was mit der Aussage gemeint ist: *Sie/er meint mit dieser Aussage, dass ...*
3. Formuliere deine **eigene Meinung** zu der Aussage und **begründe** sie. Ziehe dazu auch **Textbelege** heran: *Ich bin der Meinung, dass ... / Ich stimme ihrer/seiner Aussage (nicht) zu, da ... / Das wird auch deutlich, als ... / Zum Beispiel steht in Vers ... / Auch wenn in Vers ...*
4. Fasse deine Meinung in einem Satz als Fazit zusammen: *Demnach bin ich der Meinung, dass ... / Zusammenfassend stelle ich fest, dass ...*

SPRACHBOX

Reisegepäck

EINLEITUNGSSATZ (TATTE)

Das Gedicht „...“ von ... wurde im Jahr ... verfasst. In dem Gedicht geht es darum, dass .... – Das Gedicht „ ...“ stammt von ... und wurde im Jahr ... verfasst. Es handelt von ... – Der Autor/Die Autorin beschreibt darin, ...

ZUSAMMENFASSUNG

In der ersten Strophe geht es um ... – In der zweiten Strophe stellt das lyrische Ich dar, dass ... – Der Autor/die Autorin beschreibt ...

AUFGABEN ZUM GEDICHT

Aufgaben zum Inhalt

Das lyrische Ich sieht dem Flugzeug nach, bis es nicht mehr sichtbar ist (vgl. V. 18, 19). – Das lyrische ich beschreibt, wie „der nasse Asphalt bebt“ (V. 5), wodurch deutlich wird, dass ... – Die Luft wird ... dargestellt. – Das lyrische Ich scheint sich ... zu fühlen, denn ... (V. ...) – Demnach nimmt das lyrische Ich ... wahr. – Es wird also deutlich, dass...

Aufgaben zur Form: Aufbau

Das Gedicht besteht aus ... Strophen. Jede Strophe hat ... Verse. – Das Gedicht besteht aus ... Strophen mit jeweils ... Versen. – Die Anzahl der Verse ist regelmäßig/unregelmäßig: Strophe 1 besteht aus ... . – Das Gedicht ist im Paarreim/Kreuzreim/umarmenden Reim verfasst. – Der Rhythmus des Gedichts ist regelmäßig/unregelmäßig. – Dadurch wirkt das Gedicht ...

Aufgaben zur Form: Sprache

Durch seine Wortwahl bringt der Autor zum Ausdruck, ... z. B. „...“ (V. ...) oder „...“ (V. ...). – Mit der Alliteration „...“ (V. ...) wird ... betont. – Durch die Metapher „...“ (V. ...) erzeugt der Autor/die Autorin ... Er/Sie veranschaulicht damit ... – Durch die Wiederholung „...“ (V. ...) wird betont/hervorgehoben, dass ... – ... veranschaulicht, dass ... / hebt hervor, dass ... – Die Gefühle des lyrischen Ichs werden durch ... deutlich.

ZU EINER AUSSAGE ZUM GEDICHT STELLUNG NEHMEN

Eine Schülerin sagt nach dem Lesen, dass ... – Damit ist gemeint, dass ... / Sie will mit dieser Aussage verdeutlichen, dass ... – Ich stimme der Aussage zu/nicht zu, denn ... – Ich bin der Meinung, dass ... / Ich finde (nicht), dass ..., da ... – Das wird auch in der ... Strophe deutlich, wenn das lyrische Ich ... – Demnach bin ich der Meinung, dass ...

Ein Sehnsuchtsort

Eine Untersuchung planen und schreiben

1 **a)** Tauscht euch in einer Murmelphase darüber aus, was ihr mit einer Kleinstadt verbindet.
b) Setzt eure Ideen zum Thema „Auszeit“ in Beziehung. Lasst euch vom Bild inspirieren.

Sehnsucht nach einer kleinen Stadt

(Mascha Kaléko, 1933)

Digital+ Textvorlage WES-126428-106

I … Jetzt müßte man in einer Kleinstadt sein — a → Wunsch des lyr. Ichs
Mit einem alten Marktplatz in der Mitte, — b
Wo selbst das Echo nächtlich leiser Schritte — a
Weithin streut jeder hohle Pflasterstein, — b

II Wo vor dem Rathaus rost‘ge[2] Brunnen stehen
In einem toten, längstvergessnen Stil,
Wo selbst aus Erz[1] die Statuen[3] mit Gefühl
Des abends Liebespaare wandeln sehen,

III Wo alte Höfe unentdeckt noch träumen,
Als wären sie von einer andern Welt,
Nur ab und zu ein Dackel leise bellt,
Und blonde Kinder spielen unter Bäumen.

IV Da blühn Geranien, Tulpen und Narzissen[4]
Vor Fenstern winzig wie im Puppenhaus.
Zum ziegelroten Giebeldach[5] heraus
Hängt buntkariert ein bäurisch Federkissen[6].

V Hier haben alle Menschen immer Zeit,
Als machte das Jahrhundert eine Pause.
Hier sitzt man noch auf Bänken vor dem Hause.
– Und etwas abseits gibts noch Einsamkeit.

VI Nichts stört die klare Stille in der Nacht.
Wie unbegreiflich nah sind hier die Sterne …
Gespenstergleich verlischt[7] die Gaslaterne,
Wenn familiär der Mond herunterlacht.

VII Da scheint uns – fern von allem – vieles glatt, lyr. Ich
Was man zuvor mit anderm Maß gemessen.
Man könnte wohl so mancherlei vergessen
In einer solchen braven kleinen Stadt …

2 **a)** Erschließe das Gedicht mit der Lesemethode für Gedichte.
b) Beschreibe, wie das lyrische Ich die kleine Stadt darstellt.

Ergänze den Satz mit passenden Adjektiven aus dem Kasten: Die kleine Stadt wirkt …

aufregend – idyllisch – modern – ruhig – gemütlich – lebhaft – hektisch – malerisch

Achte dabei besonders auf die genannten Adjektive (V. 3, 6, 23, 24, 28) und Nomen (V. 2, 5, 6, 7, 8 …).

Beschreibe in eigenen Worten. Nenne dazu Textbelege.
c) Erkläre, wonach sich das lyrische Ich sehnt.

[1] **das Erz**: eine Mischung aus Metall und Stein, [2] **rost‘ge** = rostig: alt, [3] **Statuen**: Plural von Statue = eine Figur, die in einer Stadt zum Beispiel auf einem wichtigen Platz steht, [4] **Geranien, Tulpen und Narzissen**: verschiedene Blumenarten, [5] **das Giebeldach**: ein spitzes/dreieckiges Dach, [6] **ein bäurisch Federkissen**: ein Kissen mit kariertem Bezug, [7] **verlischt**, Inf. verlöschen: ausgehen

Untersuche das Gedicht „Sehnsucht nach einer kleinen Stadt“ in einem zusammenhängenden Text:
- Formuliere eine Einleitung, in der du Titel, Autor/-in, Textart, Thema und Erscheinungsjahr benennst (TATTE).
- Fasse den Inhalt in eigenen Worten zusammen.
- Beschreibe, nach welcher Auszeit sich das lyrische Ich sehnt. Gib dazu Textbelege an.

- **Erläutere**, wie es der Autorin gelingt, den Sehnsuchtsort des lyrischen Ichs anschaulich darzustellen. Berücksichtige dazu den Aufbau (Strophen, Verse, Reim) und die sprachliche Gestaltung (mögliche Aspekte: *Personifikation, Vergleiche*). Belege deine Aussagen mit Textstellen.

- **Erläutere**, wie es der Autorin gelingt, die Sehnsucht des lyrischen Ichs anschaulich darzustellen. Berücksichtige dazu den Aufbau und die sprachliche Gestaltung (mögliche Aspekte: *Wortwahl, Vergleiche, Personifikation, Metaphern*). Belege deine Beobachtungen mit Textstellen.
- Erkläre, worauf die Autorin mit der Aussage „Da scheint uns – fern von allem – vieles glatt“ (V. 25) hinweisen möchte.

- Eine Schülerin meint nach dem Lesen: „Ich verstehe die Sehnsucht des lyrischen Ichs. Die kleine Stadt ist ein herrlicher Ort, um sich eine Auszeit zu nehmen.“ **Nimm Stellung** zu dieser Aussage und **begründe** deine Meinung. Verwende Textbelege.

- Eine Schülerin meint nach dem Lesen: „Ich verstehe die Sehnsucht des lyrischen Ichs nach einer Auszeit in dieser kleinen Stadt nicht. In einer solchen Kleinstadt muss es doch sehr langweilig sein.“ **Nimm Stellung** zu dieser Aussage und **begründe** deine Meinung. Verwende Textbelege und beziehe auch eigene Erfahrungen mit ein.

3 Erschließe die Aufgaben zum Gedicht im Kasten: Markiere Verben und Schlüsselwörter.

4 Plane deine Gedichtuntersuchung:
Lege dazu einen Schreibplan wie unten an oder lade ihn über den Webcode herunter und trage deine Ergebnisse zu den Teilaufgaben ein.
Lege dir einen eigenen Schreibplan zu deinen Aufgaben an.

Digital+
Schreibplan
WES-126428-107

Arbeitsschritte	Meine Ergebnisse
Einleitung	T= …, A= …, T= …, T= …, E= …
Inhalt zusammenfassen	Strophe 1: … Strophe 2: …
beschreiben, wonach sich das lyrische Ich sehnt + Textbelege	alter Markplatz (V. 2), nächtliches Echo leiser Schritte (V. 3), Liebespaare „wandeln“ (V. 8), Blumen blühen (V. 9), Häuser mit kleinen Fenstern (V. 14), viel Zeit (V. 17), Einsamkeit (V. 20), Stille in der Nacht (V. 21), familiär (V. 24), vergessen (V. 27) …
erläutern, wie diese Sehnsucht veranschaulicht wird (Aufbau, sprachliche Gestaltung + Textbelege)	regelmäßiger Aufbau: … Strophen, … Verse, Reimschema: … Personifikation: V. 7/8, V. 18, V. 24, V. 28 Vergleich: V. 10, V. 23 …
Stellung nehmen + Textbelege	Eine Schülerin sagt, dass … Damit ist gemeint, dass … Ich stimme dieser Aussage … Zum Beispiel wird in Vers … deutlich, dass …

5 Verfasse auf der Grundlage des Schreibplans deinen Text. Gehe so vor, wie in der **LERNBOX** beschrieben. Nutze die **SPRACHBOX** und das **Reisegepäck** (S. 138).

– Wähle für den TATTE-Satz aus diesen Themen aus:

Ⓐ *Die Autorin beschreibt das Leben in einer Kleinstadt, die für viele zum Sehnsuchtsort wird.*

Ⓑ *Thematisiert wird der Wunsch des lyrischen Ichs nach dem Leben in einer Kleinstadt-Idylle.*

Ⓒ *Im Gedicht geht es um die vermeintliche Harmonie in einer kleinen Stadt, in der die Zeit stillzustehen scheint.*

– Beziehe diese sprachlichen Gestaltungsmittel ein: Metapher (V. 3), Personifikation (V. 18).

» Richtig schreiben, S. 298

SPRACHBOX

- Das Gedicht „…“ von … aus dem Jahr … handelt von …
- In der ersten Strophe geht es um … / wird deutlich, dass … / thematisiert das lyrische Ich …
- Die Sehnsucht des lyrischen Ichs wird besonders deutlich durch …
- … betont/verdeutlicht die Sehnsucht des lyrischen Ichs.
- Veranschaulicht wird die Sehnsucht durch …
- Der regelmäßige Aufbau bewirkt …
- Die bildliche Sprache veranschaulicht … / betont, dass …
- In Vers … zeigt sich, dass …
- … hebt hervor, dass …
- Eine Schülerin sagt … Damit ist gemeint, dass … Ich stimme dieser Aussage (nicht) zu, da … Auch in Vers … zeigt sich, dass …

LERNBOX

So schreibst du eine Gedichtuntersuchung:

1. Formuliere eine **Einleitung**, in der du Titel, Autor/-in, Textart, Thema und Erscheinungsjahr benennst (TATTE).
2. **Fasse** den Inhalt **strophenweise** in eigenen Worten **zusammen**. Achte darauf, dass du keine sprachlichen Mittel wie Metaphern, Vergleiche, Personifikationen etc. wörtlich übernimmst, sondern dich in eigenen Worten ausdrückst.
3. Bearbeite die **Aufgaben zu Inhalt und Form**. Achte dabei genau auf die angegebenen Schwerpunkte. Verwende **Fachbegriffe** und belege deine Beobachtungen mithilfe von **Zitaten**. Gib auch die Wirkung dieser Gestaltungsmittel an.
4. **Nimm Stellung** zu einer vorgegebenen Aussage zu dem Gedicht. Erkläre **deine Meinung** nachvollziehbar und **belege** sie mit Textstellen.
5. Schreibe im **Präsens**.
6. Trenne die Teilaufgaben durch **Absätze** voneinander ab.

Auszeit in der Kleinstadt

Eine Gedichtuntersuchung überarbeiten

1 Lies diese Textuntersuchung einer Schülerin: Welche Teilaufgabe ist hier abgedruckt?

2 Überarbeite diesen Untersuchungsteil:

a) Überprüfe, ob die sprachlichen Gestaltungsmittel mit Textstellen belegt sind und ihre Wirkung erläutert wurde. Arbeite mit Markierungen wie auf Seite 135.

b) Notiere am Rand, welche Textstellen überarbeitet werden müssen. Verwende die Korrekturzeichen (vgl. S. 132).

Digital+
Textvorlage
WES-126428-108

[...] Das Gedicht besteht aus sieben Strophen mit jeweils vier Versen. Es weist in jeder Strophe den umarmenden Reim auf, wobei die vierte Strophe mit einem unreinen Reim eine Ausnahme bildet (Zeit/Einsamkeit). Durch den regelmäßigen Aufbau wird auch die ruhige und harmonische Atmosphäre der Kleinstadt unterstrichen. Aber auch durch weitere sprachliche Gestaltungsmittel gelingt es der Autorin, die Sehnsucht anschaulich darzustellen. Durch die Personifikation der Statuen, welche „Liebespaare wandeln sehen“ (V. 8), wird zusätzlich eine romantische Stimmung erzeugt und die Sehnsucht nach der Kleinstadt verdeutlicht. Eine weitere Personifikation (Vers 18) macht deutlich dass die kleine Stadt ein Ort ohne Hektik und Eile ist, in der „alle Menschen immer Zeit“ haben und sogar das „Jahrhundert eine Pause“ macht. Die Zeit scheint hier stillzustehen, wodurch eine entspannte Atmosphäre erzeugt wird. Dass der Mond „familiär [...] herunterlacht“ veranschaulicht den idyllischen, kleinen Ort außerdem.
Das lyrische Ich beschreibt die kleinen Fenster der Häuser, die sich „winzig wie im Puppenhaus“ (V. 10) hinter Blumen befinden. Durch diesen Ausdruck und die detaillierte Beschreibung der Häuser mit dem „ziegelroten Giebeldach“ kann man sich die ruhige Kleinstadt sehr gut vorstellen. [...]

Randkorrekturen: Fa – vollständig – Z – Zt – Zt – Zt – Fa

3 Überprüfe deine Gedichtuntersuchung von Seite 139–141 mithilfe der **Checkliste**.

CHECKLISTE

Eine Gedichtuntersuchung überarbeiten

1. Enthält die **Einleitung** alle Informationen (TATTE-Satz) und wird das Thema allgemein und übergreifend formuliert (= Bezug auf das ganze Gedicht)? ☑
2. Wird der Inhalt **strophenweise** und in **eigenen Worten zusammengefasst**? ☑
3. Werden die Aufgaben zum Text nachvollziehbar bearbeitet und die Ergebnisse mithilfe von **Zitaten** belegt? Werden **Fachbegriffe** verwendet? ☑
4. Ist die **Stellungnahme** nachvollziehbar und werden Textbelege berücksichtigt? ☑
5. Werden die einzelnen Teilaufgaben durch **Absätze** voneinander getrennt? ☑
6. Wird in der Untersuchung durchgängig das **Präsens** (Vorzeitigkeit: Perfekt) verwendet? ☑
7. Werden **Textbelege** (**Zitate**) gekennzeichnet und Versangaben dazu gemacht? ☑
8. Werden die Regeln der **Rechtschreibung** und **Zeichensetzung** berücksichtigt? ☑

Eine Gedichtuntersuchung schreiben

Untersuche das Gedicht „Regenraunen“ in einem zusammenhängenden Text:

- Formuliere eine Einleitung, in der du Titel, Autor/-in, Textart, Thema und Erscheinungsjahr benennst (**TATTE**).
- **Fasse** den Inhalt in eigenen Worten **zusammen**.
- **Beschreibe**, worin für das lyrische Ich die Auszeit besteht. Gib dazu Textbelege an.
- **Erläutere**, wie es der Autorin gelingt, durch die Darstellung des Wetters zu verdeutlichen, wie es dem lyrischen Ich während seiner Auszeit ergeht. Berücksichtige den **Aufbau** (*Strophen, Verse, Reime*) und die **sprachliche Gestaltung** (mögliche Aspekte: *Wortwahl, Personifikationen, Metaphern*). Belege deine Beobachtungen am Text.
- Eine Schülerin meint nach dem Lesen: *„Es wird deutlich, dass dem lyrischen Ich seine Auszeit gutgetan hat.“* **Nimm Stellung** zu dieser Aussage und **begründe** deine Meinung. Verwende Textbelege.

Digital+ Textvorlage WES-126428-109

Regenraunen *(Elke Stüwe, 2024)*

I Himmelsseide, Wolkenfluss, a
Silberprasseln, Wolkenguss, a
Tropfenschauer, Regenzauber –
Langsam wird die Welt ganz sauber.

II Gedanken hinter sanftem Schleier,
werden wieder leicht und freier.
Die Luft erfrischt und kühlet mich,
ein neuer Schauer nähert sich.

III Regen reinigt, klärt die Sorgen!
Lass den Schirm einfach mal steh'n.
Denke einmal nicht an morgen.
Kannst du den Regenbogen seh'n?

1 Plane deine Gedichtuntersuchung:
a) Mache dir die Aufgabenstellung klar. Markiere die Operatoren und Schlüsselwörter.
b) Erschließe das Gedicht mit der Lesemethode für Gedichte.
c) Lege dir einen Schreibplan an oder nutze den im Webcode und fülle ihn aus:

Digital+ Schreibplan WES-126428-110

Arbeitsschritte	Meine Ergebnisse
Einleitung	T= A= T= T= E=
Inhalt zusammenfassen	Str. 1: Aneinanderreihung von Begriffen zu Regen → Welt wird sauber Str. 2: Gedanken des lyrischen Ichs ordnen sich, frische Luft … Str. 3: …
beschreiben, … + Textbelege	genießt Regen (V. 1–4), befindet sich draußen (V. 7), …
erläutern, wie es lyrischem Ich ergeht + Textbelege	regelmäßiger Aufbau: … Strophen, … Verse, Reimschema: … Wortwahl: … Personifikationen: V. 5, V. 7, …
Stellung nehmen + Textbelege	Schülerin sagt, dass … Damit ist gemeint, … Ich stimme zu/nicht zu, da … Zum Beispiel in Vers … wird deutlich, dass …

2 Formuliere mithilfe deines Schreibplans einen Textentwurf.

3 Überarbeite deine Gedichtuntersuchung mithilfe der **Checkliste** auf Seite 142.

Eine Gedichtuntersuchung schreiben

Untersuche das Gedicht „Regenraunen" in einem zusammenhängenden Text:
- Formuliere eine Einleitung, in der du Titel, Autor/-in, Textart, Thema und Erscheinungsjahr benennst (TATTE).
- **Fasse** den Inhalt in eigenen Worten **zusammen.**
- **Beschreibe**, worin für das lyrische Ich die Auszeit besteht. Gib dazu Textbelege an.
- **Erläutere**, wie es der Autorin gelingt, anschaulich zu machen, wie es dem lyrischen Ich während seiner Auszeit ergeht. Berücksichtige dazu den **Aufbau** und die **sprachliche Gestaltung** *(mögliche Aspekte: Wortwahl, Personifikationen, Metaphern, Neologismen).* Belege deine Beobachtungen am Text.
- **Erläutere**, was das lyrische Ich mit der Aussage in Vers 10 verdeutlichen will.
- Eine Schülerin meint nach dem Lesen: *„Dass man sich im Regen entspannen kann, kann ich mir nun wirklich nicht vorstellen. Regenwetter ist doch kalt und ungemütlich."* **Nimm Stellung** zu dieser Aussage und **begründe** deine Meinung. Verwende Textbelege und beziehe auch eigene Erfahrungen mit ein.

Digital+ Textvorlage WES-126428-111

Regenraunen *(Elke Stüwe, 2024)*

I Himmelsseide, Wolkenfluss, a
Silberprasseln, Wolkenguss, a
Tropfenschauer, Regenzauber –
Langsam wird die Welt ganz sauber.

II Gedanken hinter sanftem Schleier,
werden wieder leicht und freier.
Die Luft erfrischt und kühlet mich,
ein neuer Schauer nähert sich.

III Regen reinigt, klärt die Sorgen!
Lass den Schirm einfach mal steh'n.
Denke einmal nicht an morgen.
Kannst du den Regenbogen seh'n?

1 Plane deine Gedichtuntersuchung:

a) Mache dir die Aufgabenstellung klar. Markiere die Operatoren und Schlüsselwörter.

b) Erschließe das Gedicht mit der Lesemethode für Gedichte.

c) Lege dir einen Schreibplan an oder nutze den im Webcode und fülle ihn aus:

Arbeitsschritte	Meine Ergebnisse
Einleitung	T= … A= …
Inhalt zusammenfassen	Str. 1: … Str. 2: …
beschreiben, … + Textbelege	…
erläutern, …	
Stellung nehmen + Textbelege	

Digital+ Schreibplan WES-126428-112

2 Formuliere mithilfe deines Schreibplans einen Textentwurf.

3 Überarbeite deine Gedichtuntersuchung mithilfe der **Checkliste** auf Seite 142.

Eine Gedichtuntersuchung schreiben

Kompetenz / Inhalt	Selbsteinschätzung ☺ 😐 ☹	Fremdeinschätzung ☺ 😐 ☹	Bemerkungen	Hier kannst du weiterüben:
Ich kann …				
meine Erfahrungen zum Thema „Auszeit“ darstellen und Redewendungen verstehen. (S. 122–123)				
den Inhalt eines lyrischen Textes verstehen und zusammenfassen. (S. 124–125)				SB, S. 267 AH, S. 27–28
Aussagen indirekt wiedergeben und dabei den Konjunktiv I verwenden. (S. 126)				SB, S. 267
zwei Gedichte tabellarisch miteinander vergleichen und Gemeinsamkeiten ermitteln. (S. 127)				
den Aufbau eines Gedichts beschreiben (Strophen, Verse, Reimschema) und die Wirkung ermitteln. (S. 128–129)				AH, S. 29–30
den eigenen Wohlfühlort als Bild- und Klangerlebnis kreativ gestalten und vorstellen. (S. 130)				
inhaltliche Aufgaben zu einem Gedicht bearbeiten und Ergebnisse mit Zitaten belegen. (S. 131–132)				SB, S. 268, S. 304–305
den Rhythmus eines Gedichts untersuchen. (S. 133)				
eine Aufgabe zur Form und Sprache eines Gedichtes bearbeiten. (S. 134–135)				AH, S. 31
die Zeichensetzung nach vorgegebenen Regeln überarbeiten. (S. 136)				SB, S. 297
zu einer Aussage zum Gedicht Stellung nehmen. (S. 137)				
mich genau ausdrücken, indem ich Formulierungshilfen verwende. (S. 138)				
eine Gedichtuntersuchung planen und schreiben. (S. 139–141)				SB, S. 298
eine Gedichtuntersuchung überarbeiten. (S. 142)				

FREIRAUM	
Diese Aufgaben aus dem Freiraum habe ich gemacht:	

AH = Arbeitsheft, SB = Schülerband

Fachwörter und Methoden

das Enjambement	Das Satzende entspricht nicht dem Versende, sondern eine Satz- oder Sinneinheit wird im folgenden Vers weitergeführt (= **Zeilensprung**). Auch inhaltlich sind die Verse somit enger verbunden. Im Zitat kennzeichnest du das Versende so: /.
das Gedicht	Ein Gedicht ist ein oft kurzer, verdichteter Text, in dem Gefühle, Stimmungen, aber auch Erlebnisse und Gedanken in einer besonderen Sprache und Form ausgedrückt werden. Typisch für Gedichte sind **Strophe, Vers** (= **Zeile**), **Reim** und **sprachliche Gestaltungsmittel**.
indirekt wiedergeben	In Inhaltszusammenfassungen gibst du wörtliche Rede oder Aussagen **indirekt** wieder. Dazu verwendest du den **Konjunktiv I**. Im Konjunktivsatz musst du das **Verb** verändern und die **Pronomen** anpassen: *Ich habe keine Angst.* → *Das lyrische Ich behauptet, es habe keine Angst (V. 3).* Wenn du einen **dass-Satz** nutzt, kannst du den Indikativ verwenden.
die Lesemethode für Gedichte	**1. Schritt: Sich orientieren** (Überschrift, Anfänge der Strophen, evtl. Bilder „überfliegen"), **2. Schritt: Unbekannte Begriffe klären** (mit einer Wellenlinie markieren und aus Sinnzusammenhang erschließen oder nachschlagen), **3. Schritt: Schlüsselstellen markieren** (z. B. Gefühle, Veränderungen) und Notizen zur Form machen, **4. Schritt: Wichtiges herausschreiben**: Überschriften, Stichworte, Beobachtungen zur Wirkung, **5. Schritt: Inhalt zusammenfassen**
das lyrische Ich	Wenn ein Gedicht in der **Ich-Form** verfasst ist, nennt man den Sprecher/die Sprecherin des Gedichts lyrisches Ich. Auch an **Pronomen** wie *mein*, *mich*, *mir* erkennt man ein lyrisches Ich.
das Metrum (Rhythmus)	Das Metrum eines lyrischen Textes legt die Reihenfolge von **unbetonten** und **betonten** Silben in einem **Vers** fest. So erhält das Gedicht Rhythmus und Struktur. Das Metrum unterstützt die Wirkung des Gedichts.
die Redewendung	Redewendungen sind feste Verbindungen von Wörtern, die zusammen eine bestimmte, meist bildliche Bedeutung haben, die du übertragen musst: *den Kopf freibekommen* → *sich von Sorgen befreien*.
der Refrain	Ein Refrain ist ein Teil in einem Gedicht oder Liedtext, der mehrmals vorkommt und sich regelmäßig wiederholt.
der Reim / das Reimschema	Durch Reime erhalten Gedichte einen bestimmten Klang. Durch den Gleichklang der Reimwörter am Ende eines Verses werden zwei oder mehr Verszeilen miteinander verbunden. Oft verwendete Reimformen sind: **Paarreim** (aabb), **umarmender Reim** (abba), **Kreuzreim** (abab), **Haufenreim** (aaabbb), **dreifache Reimreihe** (abc). Wenn der Reim nur ungefähr stimmt, nennt man das einen **unreinen Reim** (**Assonanz**): *schwarz – Katz, fern – hör´n*.
die Rückmeldekarte	Mit Rückmeldekarten könnt ihr euch gegenseitig **Feedback** zu Texten oder Präsentationen geben. Ihr schreibt Fragen zur Bewertung auf die Karten und legt diese bei den Präsentationen aus. Dann kann jede/-r ihre/seine Einschätzung zu den Kriterien eintragen. Achtet darauf, dass eure Kritik **konstruktiv** ist.
Stellung nehmen	In einer Stellungnahme **äußerst** du deine **Meinung** zu einem bestimmten Thema. Im Rahmen einer Textuntersuchung machst du dir die Bedeutung der Aussage/des Zitats klar. Dann greifst du die Aussage/das Zitat auf und erläuterst, was damit gemeint ist. Formuliere anschließend deine eigene Meinung und **begründe** sie. Verwende **Textbelege**.
die sprachlichen Gestaltungsmittel	**Wiederholung**: Wörter oder Ausdrücke werden wiederholt, um sie zu betonen: *„Frühling, Frühling soll es sein!" (V. 2)* **Alliteration**: Mehrere Wörter hintereinander beginnen mit demselben Konsonanten: *„Laue Luft." (V. 1)* **Anapher**: Satzanfänge werden wiederholt: *„Alle Herzen ... Alle Herzen ..." (V. 18).* **Klimax**: Eine Aneinanderreihung aus Wörtern, Satzteilen oder Sätzen, die gesteigert werden: *„bunt und bunter" (V. 5).* **Personifikation**: Menschliche Eigenschaften oder Tätigkeiten werden auf die Natur oder auf Gegenstände übertragen: *„Wenn familiär der Mond herunterlacht." (V. 18)* **Vergleich**: Damit wird ein Gefühl oder eine Handlung bildlich veranschaulicht: *„Wie ein Pfeil zieht es vorbei." (V. 6)* **Metapher**: Bildhafte Vergleiche ohne *wie* oder *als*. Die Bedeutung musst du übertragen: *„Hörnerklang geschossen" (V. 3).* **Neologismus**: Ein neues Wort wird geschaffen, um etwas anschaulich darzustellen: *„Himmelsseide" (V. 1).*
das Zitat	Mit Zitaten kannst du deine Ergebnisse in Textuntersuchungen veranschaulichen und belegen. Beim direkten Zitieren gibst du Wörter oder Sätze wörtlich wieder und setzt sie in Anführungszeichen: *Mit der Metapher „...." (V. 3)* ... Beim indirekten Zitieren gibst du den ungefähren Wortlaut oder den Sinn einer Aussage wieder und verwendest den Konjunktiv: *In der ersten Strophe sagt das lyrische Ich, es habe keine Angst (vgl. V. 4).*

1 Unter dem Webcode findet ihr Karteikärtchen zum Fachwortschatz. Übt diese Fachwörter in einem Gruppenturnier – so könnt ihr sie euch einprägen.

Digital+ Karteikarten WES-126428-113

Aufgaben zum Weiterarbeiten

ZU SEITE 124

- Zeichne einen Umriss von dir. Ergänze, was für dich „Auszeit“ bedeutet. Beantworte die Fragen rechts.
  Im **Reisegepäck** auf Seite 138 findest du Ideen.

ZU SEITE 129

- Zeichne eine Skizze oder male ein Bild von deinem Wohlfühlort.

ZU SEITE 132

- Wo oder wie kannst du dich frei fühlen und deine Sorgen hinter dir lassen? Schreibe ein eigenes Gedicht über diesen Ort oder diese Tätigkeit.
  So kannst du beginnen: In/An/Beim … muss die Freiheit wohl grenzenlos sein.
  … , sagt man,
  … und dann
  …
  Plötzlich …

ZU SEITE 133

- Bestimme das Metrum der folgenden Begriffe. Kennzeichne dazu jede Silbe mit einem *x*. Betonte Silben markierst du mit einem Schrägstrich (x́), z. B. Früh ling (x́ x) → Trochäus

Digital+ Vorlage Tabelle WES-126428-114

Berge	x́ x (Trochäus)	Seele	
Auszeit		Gepäck	
Gefühl		Reise	
Natur		Kleinstadt	

– *Jambus (x x́).*
– *Trochäus (x́ x)*

ZU SEITE 135

- Lies die Beispiele. Um welches sprachliche Gestaltungsmittel handelt es sich jeweils?

allein im Nebelkleid (______) Die Zeit steht still. (______) die Menschenflut (______) Das Meer ist stetig. Das Meer ist still. (______) Die Sonne lacht. (______)

- Überlege, was die Formulierungen mit dem Thema „Auszeit“ zu tun haben könnten.

Digital+ Textvorlage WES-126428-115

ZU SEITE 136

- Wie stellst du dir eine Auszeit im Frühling vor? Lege dir eine Mindmap an.

Unsere „grüne" Klassenfahrt

1 Es ist so weit! Die nächste Klassenfahrt steht an. Was stellst du dir unter einer „grünen" Klassenfahrt vor? Mache dir Notizen.

2 Tauscht euch zu zweit über die dargestellte Situation aus: Was planen die Schülerinnen und Schüler im Klassenrat? Was wollen sie unternehmen und erleben? Worauf bezogen äußern sie Bedenken?

3 **a)** Sie wollen eine Klassenfahrt nach Spiekeroog unternehmen. Notiere, unter welchen **Bedingungen** die Fahrt stattfinden soll. Nutze die **SPRACHBOX**.
b) Sammelt weitere Bedingungen für die Fahrt und ergänzt die Flipchart rechts.

» Fachwortschatz, S. 176

4 Was verbindet ihr mit nachhaltigem Reisen?
a) Erstellt zu zweit ein Cluster und sammelt darin eure Vorstellungen.
b) Entwickle auf Grundlage des Clusters eine eigene Definition von nachhaltigem Reisen und vergleiche sie mit der einer anderen Person. Nutze die **SPRACHBOX**.

» Freiraum, S. 177

SPRACHBOX

Was ist nachhaltiges/„grünes" Reisen?

den CO_2-Aussoß reduzieren – die Umwelt beim Reisen schützen / der Umweltschutz – den Schutz von Mensch und Umwelt mitdenken – die Verpflegung – die Unterkunft – die Mobilität – das Programm – Spaß haben an ... – das Klima / klimaschonend – etwas über ... lernen – aktiv werden – sich einsetzen für ... – ökologisch handeln – auf Umweltsiegel achten – eine Förderung beantragen – naturnah – umweltfreundlich

Warum nachhaltig reisen?

Rücksicht nehmen (auf ...) – die Ressourcen schützen – bewusst(er) unterwegs sein – den ökologischen Fußabdruck verkleinern – neue Erfahrungen machen – ein gutes Gewissen haben – für die nächsten Generationen – sich weiterentwickeln – sich austauschen über – Alternativen erproben

Digital+
Interaktive Aufgabe
WES-126428-116

AUSBLICK

„Grüne" Klassenfahrten sind im Trend. In diesem Kapitel setzt du dich mit nachhaltigem Reisen auseinander. Dazu vergleichst du verschiedene Angebote in Form von Sachtexten und anderen Materialien. Du lernst, sie zu erschließen, ihnen Informationen zu entnehmen, diese zu vergleichen und Schlussfolgerungen daraus zu ziehen.

Nachhaltig auf Klassenfahrt – geht das?

Informationen aus Sachtexten entnehmen

1 Das Ziel der Klassenfahrt soll die Nordseeinsel Spiekeroog sein. Dazu recherchiert die 8b nach Tipps für nachhaltiges Reisen. Spiekeroog liegt vor der niedersächsischen Küste im Nationalpark Wattenmeer. Informiere dich genauer über die Insel, um nachvollziehen zu können, wie die Schülerinnen und Schüler ihre Klassenfahrt „grün" gestalten können.

a) Recherchiere zu zwei, drei, vier der Fragen:
- Wie kommt man auf die Insel Spiekeroog?
- Wie kann man sich auf Spiekeroog fortbewegen?
- Was kann man auf Spiekeroog erleben?
- Wo können Schulklassen auf der Insel übernachten?
- Welche besonderen Regeln gelten im Nationalpark?

b) Stellt eure Rechercheergebnisse in der Klasse vor.

2 **a)** Stellt Vermutungen an: Wie lassen sich die Vorschläge der Schülerinnen und Schüler von Seite 148–149 umsetzen? Was müssen sie dazu recherchieren?

b) Vergleicht eure Ideen mit den Tipps im folgenden Text.

Nachhaltig auf Klassenfahrt: So seid ihr mit gutem Gewissen unterwegs!

Digital+ Textvorlage WES-126428-117

Warum sollten wir nachhaltig reisen?

Ⓐ Die Klassenfahrt ist oft der Höhepunkt im Schuljahr. Neben den typischen Fragen wie „Wo soll es hingehen?" und „Was machen wir?" wird auch die Nachhaltigkeit beim Reisen immer wichtiger. Nachhaltig bedeutet, stärker darauf zu achten, den Planeten zu schonen. Beim nachhaltigen bzw. „grünen" Reisen nehmen wir den ökologischen[1] Fußabdruck in den Blick. Doch was ist das eigentlich? Beim Reisen wird durch An- und Abreise, Unterkunft, Verpflegung und Programm viel Kohlenstoffdioxid (CO_2) freigesetzt. Je mehr CO_2 bei einer Klassenfahrt anfällt, desto größer wird auch der ökologische Fußabdruck. Im Umkehrschluss bedeutet das: Je weniger CO_2 anfällt, desto umweltfreundlicher und damit nachhaltiger ist eure Klassenfahrt.

[1] **ökologisch**: bezieht sich auf die Umwelt

Wie reisen wir an?

Ⓑ „Wie kommen wir eigentlich in die Jugendherberge?" Wer die Frage der An- und Abreise schlau beantwortet, kann eine Menge CO_2 einsparen: Dass Fliegen ein richtiger Klimakiller[2] ist, weiß jeder. Eine Klassenfahrt an einen Ort, der mit öffentlichen Verkehrsmitteln oder dem Reisebus erreichbar ist, reduziert die Emissionen[3] stark. Kürzere An- und Abreisen sind immer besser, weil ein kürzerer Weg auch weniger CO_2-Ausstoß bedeutet. Wer vor Ort auf das Fahrrad setzt oder Wege zu Fuß zurücklegt, leistet einen weiteren Beitrag.

[2] **der Klimakiller**: besonders schädlich für das Klima

[3] **die Emission**: der Ausstoß, z. B. von CO_2

Worauf achten wir bei der Verpflegung?

Ⓒ Auch die Verpflegung spielt eine Rolle. Regionale und saisonale Lebensmittel schmecken nicht nur besser, sie reduzieren auch Transportwege. Gleichzeitig werden lokale Bauern unterstützt. Auch ein Verzicht auf Fleisch und Fisch ist gut fürs Klima. Unterkünfte, die euch lokale und saisonale[4] Kost anbieten, sind also eine gute Wahl, wenn ihr nachhaltiger unterwegs sein wollt.

[4] **lokal und saisonal**: vor Ort angebaut und der Jahreszeit entsprechend geerntet

Wie können wir die Natur schützen und Ressourcen sparen?

(D) Oft gibt es – zum Beispiel in Nationalparks – besondere Regeln zum Schutz der Natur. Diese müsst ihr unbedingt einhalten. Vor Ort gibt es aber dennoch viel zu erleben. Programmpunkte können dabei nicht nur klimaneutral[5] sein, sondern sogar etwas zurückgeben: zum Beispiel, indem man aktiv etwas für den Umweltschutz tut. Bei Spielen und Sport kann man unkompliziert darauf achten, die Ressourcen zu schonen: Wenn es einen bewachten Badestrand gibt, müsst ihr nicht ins beheizte Freibad gehen. Möchte man Indoor-Programmpunkte machen, kann man z. B. auf Ökostrom, richtige Mülltrennung oder regionale Materialien wie Treibholz zum Basteln achten.

[5] **klimaneutral**: etwas verursacht nicht mehr Emissionen (z.B. CO_2), als eingespart werden

Welche sozialen Dinge beachten wir?

(E) Neben dem Ökologischen spielt auch das Soziale eine Rolle: In Urlaubsgebieten arbeiten viele Menschen im Tourismus. Faire Bezahlung, gute Arbeitsbedingungen und ein rücksichtsvolles Miteinander, sodass sich die Menschen vor Ort wohlfühlen können, tragen daher auch zu mehr Nachhaltigkeit bei.

Welchen Beitrag können wir leisten?

(F) Ihr könntet also viel dazu beitragen, um eure Klassenfahrt nachhaltiger zu organisieren. Wer sich mit nachhaltigem Reisen beschäftigt, ohne dabei immer die beste Option zu wählen, leistet trotzdem einen wertvollen Beitrag zu einem kleineren ökologischen Fußabdruck. Am Ende gilt: Macht es euch nett, lernt Neues kennen und habt vor allem Spaß!

3 Erschließe den Text mithilfe der **LERNBOX** zielgerichtet, um herauszufinden, wie ihr eine Klassenfahrt nachhaltig gestalten könnt. Gehe so vor:

a) Lies Abschnitt (A) des Textes und beantworte die Frage am Rand. Notiere in einer Liste, was man bei einer Klassenfahrt nachhaltig gestalten kann, z. B. – die Anreise: ...

b) Werte die Absätze (B) – (D), (B) – (E), (B) – (F) abschnittsweise, das heißt nacheinander, aus. Markiere Antworten auf die Fragen am Rand. Notiere nach jedem Absatz, welche Bedingungen und Voraussetzungen zu den Bestandteilen der Klassenfahrt genannt werden, z. B.
– die Anreise: Verkehrsmittel, ...

4 **a)** Vergleicht eure Markierungen zu dritt und fasst sie als Notizen absatzweise zusammen. Achtet darauf, dass mindestens eine Person in der Gruppe alle Abschnitte bearbeitet hat.

b) Formuliert gemeinsam eine **Definition** zu nachhaltigem Reisen.

» Fachwortschatz, S. 176

c) Überprüft in der Klasse eure gemeinsame Definition dazu, was nachhaltiges Reisen bedeutet. Ergänzt neue Informationen aus dem Text und korrigiert Falsches, wenn nötig.

d) Gleicht eure Ergebnisse mit den Bedingungen der Klasse von Seite 148–149 ab: Welche der Vorschläge der Schülerinnen und Schüler sind nachhaltig?

AH S. 32–33
» Richtig schreiben, S. 303

LERNBOX

So entnimmst du Informationen aus Sachtexten:

1. Mache dir klar, **mit welchem Ziel** du den Text liest, z. B. *Ich lese den Text, um genaue Informationen zum nachhaltigen Reisen zu erhalten, z.B. zu den Verkehrsmitteln.*
2. Suche im Text **nur** nach solchen **Informationen**, die auch **Antworten auf deine gestellten Fragen** geben, z. B. *Warum sollten wir nachhaltig reisen?* → ...
3. **Erschließe** den Text **abschnittsweise**, indem du **relevante Stellen markierst**: ... → *Je weniger CO_2 anfällt, desto ...* (Z. 8).
4. **Schreibe** sie **heraus** und sammle sie in einer Stichwortliste.

Öffis oder Reisebus? I

Ein Partnerpuzzle in Teams durchführen

Wenn An- und Abreise bei Reisen der größte Klimakiller sind, sollten wir darüber sprechen, wie wir möglichst nachhaltig nach Spiekeroog und wieder zurück nach Münster kommen.

Auf jeden Fall! Gut, dass das Flugzeug keine Option ist. Die Fähre auf die Insel ist aber ein Muss. Am besten vergleichen wir zwei Angebote, um bis zum Hafen in Neuharlingersiel zu kommen. Der Klima-Aspekt ist auf jeden Fall wichtig: Der CO_2-Ausstoß pro Person sollte möglichst gering sein, aber das ist nicht die einzige Bedingung: Schnell, kostengünstig und bequem sollten die An- und Abreise auch sein!

1 **a)** Wie wollen die Schülerinnen und Schüler ihre Anreise gestalten? Was ist ihnen dabei wichtig?
b) Welches Verkehrsmittel würdest du für eure Klassenfahrt nach Spiekeroog nutzen? Berücksichtige dabei deinen Wohnort.
c) Tauscht euch zu zweit über eure Ergebnisse aus und begründet eure Entscheidung.

1. Schritt: sich orientieren

2 Im Klassenrat haben die Schülerinnen und Schüler zu viert Bedingungen ausgearbeitet, wie sie möglichst klimaneutral (geringer CO_2-Ausstoß), aber auch komfortabel (kurze Reisedauer, kostengünstige und bequeme Fahrt) zum Fährhafen kommen.
Von zwei Reisebüros haben sie Angebote für die An- und Abreise bekommen:
a) Entscheidet zu zweit, ob ihr Material M 1 oder Material M 2a/b bearbeiten wollt.
b) Erschließt euer Material mit den Schritten 2–3 der **Lesemethode für Sachtexte**.
c) Entnehmt eurem Material mithilfe der **LERNBOX**, Hinweis 1, (Seite 154) gezielt Informationen. Markiert Informationen zu den Bedingungen der Klasse wie im Beispiel.

Fachwortschatz, S. 176

2. Schritt: unbekannte Begriffe klären
3. Schritt: Schlüsselstellen in verschiedenen Farben markieren

M 1 Angebot zur Anreise mit dem Reisebus

Digital+
Textvorlage
WES-126428-118

Reisebüro Meyer, 48143 Münster | Eure Anfrage vom 17. September

Angebot zu:	An-/Abreise Klassenfahrt, Münster – Neuharlingersiel und zurück
Zeitraum:	17.–21. Juni 20...
Reisegruppe:	22 Schülerinnen und Schüler, zwei Lehrkräfte
Anreiseart:	Reisebus

Mit uns seid ihr komfortabel, flexibel und ohne Umstieg unterwegs – überzeugt euch selbst von den Vorzügen der Busreise!
Wir holen euch mit dem Bus an der Schule in Münster ab und fahren euch bis zum Fähranleger in Neuharlingersiel bzw. umgekehrt. Da wir moderne Toiletten an Bord haben, kommt ihr mit nur einer Pause nach circa vier Stunden in Neuharlingersiel an. Denkt bitte daran, dass ihr für Staus einen zeitlichen Puffer einplant, damit ihr die Fähre nicht verpasst. Euer Gepäck transportieren wir für euch kostenlos bis zur Fähre. So spart ihr euch unnötiges Schleppen.

= besonders bequem

Da der Reisebus den direkten Weg fährt, könnt ihr viel CO_2 sparen. Pro Person werden circa 15,5 kg CO_2 anfallen.
Die Kosten betragen für Hin- und Rückfahrt zusammen 1650 €. Diesen Spitzenpreis können wir euch bis zum 28. September garantieren.

M 2a Angebot zur Anreise mit den öffentlichen Verkehrsmitteln

Digital+ Textvorlage WES-126428-119

Von:	kontakt@reisebuero-nachhaltig-reisen.de
An:	smilla.scherer@neueschule-ms.nrw
Betreff:	**Angebot zur Anfrage: An- und Abreise, Münster – Neuharlingersiel, Juni 20...**

Angebot zu: An-/Abreise Klassenfahrt, Münster ↔ Neuharlingersiel
Zeitraum: 17.–21. Juni 20...
Reisegruppe: 22 Schülerinnen und Schüler, zwei Lehrkräfte
Anreiseart: Öffentliche Verkehrsmittel

Verlässlich und nachhaltig – das sind die öffentlichen Verkehrsmittel. Mit ihnen reist ihr klimaschonend von Münster nach Neuharlingersiel. Die Fahrt dauert ca. 4 Stunden mit Umstiegen in Emden und Norden (Umsteigezeit je ca. 15 Minuten). Von Münster bis Emden fahrt ihr mit dem ICE, bis nach Norden fahrt ihr mit dem Regionalexpress und von Norden aus bringt euch ein elektrischer Linienbus nach Neuharlingersiel. Bei der Rückfahrt müsst ihr nur einmal umsteigen.
Die Gesamtkosten liegen bei einer Buchung bis 25. September bei 1345 €.

Fahrtauskunft (Hinfahrt):

11:30Uhr	Münster Hbf., ICE 604	an Emden Hbf., 13:25 Uhr
13:42 Uhr	Emden Hbf. , RE 56	an Norden Bahnhof, 14:06 Uhr
14:15 Uhr	Norden Busbahnhof, K1	an Neuharlingersiel Anlieger, 15:32 Uhr

Fahrtauskunft (Rückfahrt):

12:15 Uhr	Neuharlingersiel Anleger, K1	an Norden Busbahnhof, 13:47 Uhr
14:44 Uhr	Norden Bahnhof, IC 605	nach Münster Hbf., 16:27 Uhr.

Reisebüro Nachhaltig Reisen AG
Helene-Künne-Str. 14 | 50667 Köln
kontakt@reisebuero-nachhaltig-reisen.de

REISEBÜRO NACHHALTIG REISEN AG

M 2b CO_2-Berechnung öffentliche Verkehrsmittel

ONLINE-RECHNER.COM

CO_2-Rechner | Strecken-Rechner | Umsteigezeit-Rechner

Mit diesem Rechner kannst du deinen CO_2-Ausstoß bei Reisen berechnen:
Gib hier deine Daten ein:

Zug-km:	490	× 31 g CO_2	→ 15,19 kg CO_2
E-Linienbus-km:	82	× 22 g CO_2	→ 0,62 kg CO_2

Bei deiner Fahrt entstehen pro Person 15,81 kg CO_2

46980EX

3 **a)** Vergleicht die Informationen mit einem Team, das das gleiche Material bearbeitet hat. Habt ihr die gleichen Informationen markiert?
b) Ergänzt die Informationen auf eurer Seite der Tabelle (**LERNBOX**, Hinweis 2).

	M 1: Reisebus	M 2a/b: Öffentliche Verkehrsmittel
Bedingungen:	CO_2-Ausstoß: … Reisedauer: …	…
Was ist am Angebot nachhaltig?	…	…
Schlussfolgerung	…	

4 **a)** Trefft euch als Expertenteam mit einem Team, das das andere Material erarbeitet hat. Ergänzt die jeweils leere Tabellenspalte (**LERNBOX**, Hinweis 3a). Nutzt die **SPRACHBOX**.
b) Vergleicht die gesammelten Informationen im Expertenvergleich: Besprecht Gemeinsamkeiten und Unterschiede der Materialien (**LERNBOX**, Hinweis 3b).
c) Diskutiert, welches Angebot nachhaltiger ist und besser zu den Bedingungen der Klasse passt. Begründet eure Schlussfolgerung (**LERNBOX**, Hinweis 3c).

5 Für welches der Angebote sollte sich die Klasse entscheiden?
a) Fragt nacheinander in der Klasse das Ergebnis der Expertenvergleiche aus Aufgabe **4** c) ab und sammelt eure Erkenntnisse.
b) Schlussfolgert gemeinsam, für welches der Angebote sich die Klasse entscheiden sollte, und sprecht zusammen eine Empfehlung aus. Nutzt die **SPRACHBOX**.

LERNBOX

So führst du ein Partnerpuzzle in Teams durch:

Mit dem Partnerpuzzle in Teams kannst du **wichtige Informationen zu einem Thema** sehr genau **vergleichen** und **Schlussfolgerungen ziehen**.

1. **Werdet Experte** für ein Material, indem ihr es mit der Lesemethode für Sachtexte erschließt. Dazu wird die Methode abgewandelt, da ihr zielgerichtet erschließt.
   a) **Macht** euch den **Inhalt** und die **zentralen Aussagen** des Materials **klar.**
   b) **Markiert relevante Informationen** im Material und notiert sie.
2. **Vergleicht** euer Material **in Expertenteams** (M 1 + M 1 / M 2a/b + M 2a/b):
   a) Besprecht eure Markierungen und ergänzt eure Notizen in Expertenteams, wenn nötig.
   b) **Klärt**, welche Informationen im Material für euer Thema **besonders wichtig** sind, z. B. *Was ist an unserem Angebot konkret nachhaltig und warum?*
3. Mit einem anderen Expertenteam (M1 + M 2a/b) **vergleichen** und **Schlüsse ziehen**:
   a) **Stellt** dem anderen Expertenteam die wichtigen Informationen zum Thema in eurem Material **vor**; die anderen ergänzen die leere Tabellenspalte.
   b) **Wägt ab**, welche Bedingungen in welchem Material eher erfüllt werden.
   c) **Schlussfolgert**, welches Angebot die **Bedingungen besser erfüllt**, z. B. Für *welche Möglichkeit zur An- und Abreise entscheiden wir uns?*
   d) **Sprecht** eine **Empfehlung aus**, z. B. *Die Klasse sollte eher … nutzen, weil …*

SPRACHBOX

zu **4** a:)
- Bei Material … handelt es sich um einen Brief/ eine Mail/eine Webseite …
- … ist ein Angebot für …
- Der CO_2-Ausstoß beim Angebot ist … Gramm hoch.
- Die Fahrt dauert …
- Für 24 Personen kostet das Transportmittel …

zu **5** b):
- Die Bedingung „…“ erfüllt Angebot … , denn …
- Es ist (weniger) komfortabel, weil …
- Gegen Angebot … spricht, dass …
- Besser zu den Bedingungen passt …

Fachwortschatz, S. 176
Freiraum, S. 177

Öffis oder Reisebus? II

Mit Attributen genaue Angaben machen

Frieda hat in einer Mail die Ergebnisse des Vergleichs für den Förderverein festgehalten:

An: foerderverein@neueschule-ms.nrw
Betreff: **Ergebnis des Klassenrats für die Fahrt nach Spiekeroog**

(A) Liebe Mitglieder des Fördervereins,
wir haben im Klassenrat für unsere Klassenfahrt Bedingungen festgelegt, da uns eine möglichst nachhaltige Anreise nach Spiekeroog wichtig ist. Wir möchten möglichst wenig klimaschädliches CO_2 verursachen, eine kurze Reisedauer spielt auch eine Rolle. Außerdem sollte das Angebot nicht zu teuer sein, um noch genügend Geld für das Programm vor Ort zu haben. Weil wir viele Personen sind und sperriges Gepäck dabei haben, ist uns auch der Komfort der Reise wichtig. Dazu haben wir zwei verschiedene Angebote eingeholt.
(B) Material 1 ist ein Angebot des Reisebüros Meyer für eine Fahrt mit dem Reisebus. Das Angebot, das bis zum 28. September 20... gültig ist, gilt für die An- und Abreise nach und von Spiekeroog. Der Bus fährt flexibel und ohne Umstieg in etwa 4 Stunden von der Schule bis zum Fähranleger. Das Reisebüro empfiehlt aber, einen zeitlichen Puffer einzuplanen. Der Hin- und Rückweg der Fahrt kostet 1650 €. Bei der Anreise mit dem Reisebus fallen pro Person 15,5 kg CO_2 an. Unserer Lehrerin, Frau Belsanti, gefällt das Angebot.
(C) Material 2a ist ein Angebot (1). Es beinhaltet die Anreise, (2), vom Münsteraner Hauptbahnhof bis zum Fähranleger. Dabei würden wir mit dem ICE und einem E-Bus fahren. Die Fahrtzeit beträgt ebenfalls ca. 4 Stunden. Für die ganze Klasse, (3), liegen die Kosten (4) bei 1345 € ...

1 **a)** Lies die Mail zuerst ohne und anschließend mit den gelb unterlegten Ausdrücken: Welche zusätzlichen Informationen erhältst du beim zweiten Lesen?
b) Welche Funktionen haben diese Ausdrücke? Vergleiche deine Überlegungen mit dem 1. Hinweis der **LERNBOX**.
c) Welche Wörter im Satz werden durch die markierten Ausdrücke genauer erläutert?

Digital+ Textvorlage WES-126428-120

2 **a)** Markiere und bestimme in Abschnitt (A) die **Attribute**. Lies dazu Hinweis 2 in der **LERNBOX**.
b) Bestimme auch die gelb unterlegten Attribute in Abschnitt (B).
c) Ergänze in den Lücken in Abschnitt (C) ein passendes Attribut: *für alle zusammen, die mit öffentlichen Verkehrsmitteln erfolgt, 24 Personen, der Firma Nachhaltig Reisen.*

» Fachwortschatz, S. 176

LERNBOX

So machst du mit Attributen genauere Angaben zu Nomen:

1. Mit **Attributen** machst du nähere **Angaben zu Nomen**.
2. Es gibt verschiedene Attribut-Arten, die du in eigene Texte einbauen kannst:
   – **Adjektivattribute**: *Das nachhaltige **Angebot** überzeugt uns.*
   – **Genitivattribute**: *Der **Antrieb** des Reisebusses ist elektrisch.*
   – **Relativsatz** als Attribut (Attributsätze): *Die **Route**, die kürzer ist, dauert vier Stunden.*
   – **Präpositionale Attribute**: *Der **Fähranleger** mit Bushaltestelle ist gut zu erreichen.*
   – **Appositionen** (Einschübe): *Die **Lehrerin**, Frau Belsanti, bevorzugt den Reisebus.*
3. Auf ein Nomen können sich mehrere Attribute beziehen, z. B.
   *Das kostengünstige **Angebot** der Firma Meyer sollten wir annehmen.*

» Sprache untersuchen, S. 275

Tipps vom Förderverein

Kommas bei Infinitivgruppen setzen

1 Der Förderverein hat der Klasse auf ihre E-Mail geantwortet. Wir reagiert er auf den Vorschlag der Klasse und wie begründet er dies? Tauscht euch darüber aus.

Digital+ Textvorlage WES-126428-121

Von:	foerderverein@neueschule-ms.nrw
An:	frieda.celik@neueschule-ms.nrw
Betreff:	**Ergebnis des Klassenrats für die Fahrt nach Spiekeroog**

(A) Liebe Klasse 8b,
wir finden es super, [sich im Vorfeld Gedanken über die Anreise zu machen]. Ihr habt gezeigt, dass ihr bereit seid, für eine „grünere" Klassenfahrt Kompromisse einzugehen. Indem ihr CO_2 einspart, leistet ihr einen wichtigen Beitrag, die Umwelt zu schützen. Mit eurem Vorschlag, die öffentlichen Verkehrsmittel zu nutzen, spart ihr fast 300 Euro für Aktivitäten vor Ort. Um den Umstieg zwischen den Zügen einfacher zu machen, empfehlen wir euch, nach dem Gepäck-Service der Bahn zu recherchieren.
(B) Um auch den Umstieg in den Bus einfach zu machen solltet ihr auf Rollkoffer und Rucksäcke setzen. Diese sind gut zu transportieren. Habt ihr schon Pläne für den Zeitvertreib auf der Fahrt? Wie wäre es mit einem Online-Quiz um mehr über die Insel und die Nationalpark-Regeln zu erfahren? Dabei erfahrt ihr zum Beispiel nicht die gekennzeichneten Wege durch die Dünen zu verlassen – und warum das wichtig ist ...

2 **a)** Was grenzen die Kommas in Abschnitt (A) ab? Schau dir die Sätze genau an. Unterstreiche dazu die Infinitivgruppen, die durch Kommas abgegrenzt werden. Vergleiche deine Lösung mit dem 1. Hinweis der **LERNBOX**.
b) Setze in Abschnitt (B) die fehlenden Kommas. Lies dazu die Hinweise 2–4 in der **LERNBOX**. Markiere in den Sätzen den Infinitiv mit *zu*. Klammere die Wörter, die dazugehören, mit eckigen Klammern ein. Orientiere dich am Beispiel in der E-Mail.
Du musst drei Kommas setzen.
c) Vergleiche deine Ergebnisse mit denen einer Partnerin oder eines Partners.

LERNBOX

Kommasetzung bei Infinitivgruppen

1. Infinitive mit *zu* werden **Infinitivgruppen** genannt. Die Infinitivgruppe wird **mit Komma(s) vom Rest des Satzes abgegrenzt**, wenn sie **satzwertig** ist. Das bedeutet, dass sie praktisch einem Nebensatz entspricht, z. B. *Wir haben entschieden, eure Klassenfahrt mit einem finanziellen Zuschuss zu fördern.*
2. Manchmal kann das Komma an verschiedenen Stellen stehen: Um Missverständnisse auszuschließen, setzt du ein Komma: *Der Mitarbeiter des Umweltzentrums bat uns,* ***nicht*** *in die Dünen zu laufen. / Er bat uns nicht, in die Dünen zu laufen.*
3. Infinitive mit *zu* darfst du **nicht mit Komma(s) abtrennen**, wenn sie **Teil des Prädikats** des übergeordneten Satzes sind, z. B. *Das scheint eine gute Idee zu sein.*
4. **Tipp**: Finde mit der Umstellprobe heraus, wo die Infinitivgruppe beginnt und endet, z. B. [*Das ist unsere Empfehlung*], [*um den Umstieg leichter zu machen*].
↔ [*Um den Umstieg leichter zu machen*], [*ist das unsere Empfehlung*].

» Fachwortschatz, S. 176
» Richtig schreiben, S. 302

„Täglich frische Bambus-Handtücher!“

Intentionen von Angeboten einordnen

Ida und Lara haben Unterbringungsmöglichkeiten auf Spiekeroog recherchiert. Dabei haben sie auf einem sozialen Netzwerk Screenshots von zwei Angeboten von Unterkünften gemacht, die mit sehr großen Versprechungen zu Nachhaltigkeit werben.

1 **a)** Stelle Vermutungen dazu an, warum Ida und Lara einen Screenshot von diesen Unterkünften gemacht haben. Nutze die **SPRACHBOX**.
b) Welche Anzeige gefällt dir besser? Wo würdest du lieber wohnen? Tausche dich mit einem Partner oder einer Partnerin aus.

SPRACHBOX

das nachhaltige Angebot – werbend – die Unterkunft – „grün“ – die Aktivitäten – der Luxus – der Eindruck – das Greenwashing – die Gestaltung – übertrieben – sich angesprochen fühlen von …

Ⓐ

vor 7 Tagen

Ferienhaus am Meer (Anzeige) Nachhaltig reisen mit gutem Gewissen? Das bieten wir dir in unserem Ferienhaus am Meer!

Unsere Leistungen:

- täglich frische Bambus-Handtücher
- jeden Abend Buffet mit Bio-Fleisch
- Einweg-Geschirr aus recyceltem Plastik
- überdachter Pool, beheizt mit Öko-Strom
- immer cool bleiben mit Klimaanlage
- wir trennen Müll besonders gut

Reise auch du mit gutem Gewissen und hol dir jetzt dein unverbindliches Angebot!

46987EX

Ⓑ

vor 14 Tagen

Jugendherberge zur Düne Weil uns die Nachhaltigkeit am Herzen liegt: Die Jugendherberge zur Düne ist nachhaltig – und das mit Siegel! Wir schreiben Verantwortung für den Menschen groß:

- Wir schützen Umwelt und Insel durch nachhaltiges Handeln wie Müllvermeidung.
- Es muss nicht immer Fleisch sein: Wir kochen saisonal, regional und in Bio-Qualität.
- Wir beziehen nur Öko-Strom und vermeiden Wasserverschwendung.
- Nachhaltigkeit erleben? Wir bieten euch viele Bildungsangebote wie Wattwanderungen u.v.m.

Du willst mehr wissen? Schreib uns eine Nachricht.

46988EX

Hast du mal geprüft, ob das wirklich nachhaltig ist? Mülltrennung sollte doch selbstverständlich sein! Irgendwie überzeugt mich die Anzeige (A) nicht, weil …

2 Hinterfrage die Darstellung und finde heraus, wie viel Nachhaltigkeit wirklich in den Versprechen der Anzeigen steckt:

a) Was meint Ida mit ihrer Aussage oben? Tauscht euch zu zweit aus.

b) Markiere in Angebot (A) 2, 3, 4 Ausdrücke, die positiv wirken, z. B. *Bambus.*

c) Vergleiche die markierten Ausdrücke miteinander und benenne die sprachliche Gestaltung mit der **LERNBOX**, Hinweis 1–2. Welche Funktion und Wirkung haben sie?

d) Finde heraus, warum sie das Angebot besonders nachhaltig wirken lassen. Sammle Adjektive und begründe deine Auswahl.

Wähle aus: *werbend, attraktiv, beschönigend, irreführend, manipulativ.*

e) Verfahre mit Anzeige (B) ebenso.

3 Wie kannst du sicherstellen, dass du nicht auf Greenwashing hereinfällst?

a) Lies zur Beantwortung dieser Frage Hinweis 3 der **LERNBOX** und erarbeite einen „Nachhaltigkeits-Check". Beginne so: 1. Ich lasse mich nicht von Begriffen wie „Bio" oder „Öko" täuschen. Stattdessen prüfe ich …

Gehe ein auf: *Bewirbt die Unterkunft Maßnahmen mit Wirkung? Widerspricht sich die Anzeige? Wurde die Unterkunft mit einem glaubwürdigen Siegel ausgezeichnet?*

b) Vergleiche nun beide Anzeigen: Welche Gemeinsamkeiten und Unterschiede findest du? Nutze die **SPRACHBOX**.

c) Entscheidet begründet, welche Unterkunft die Klasse wählen sollte.

SPRACHBOX

- Eine Gemeinsamkeit der Anzeigen ist …
- Sie unterscheiden sich bei/in …
- Das kann man an … erkennen.
- Daraus kann man schließen, dass …

» Freiraum, S. 177

LERNBOX

So überprüfst du den Gehalt von Internet-Anzeigen:

1. In Anzeigen findest du oft **Greenwashing**. Das bedeutet, dass man Werbung mit nur **scheinbar nachhaltigen Angeboten** füllt. Unternehmen nutzen es, um sich selbst nachhaltiger darzustellen, als sie eigentlich sind. Damit erhoffen sie sich neue Kundinnen und Kunden sowie ein besseres Image.
2. Hierfür nutzen sie eine **sprachliche Gestaltung**, die die beschönigende Wirkung unterstützt und werbend bzw. manipulativ (= beeinflussend) wirkt:
   a) **Euphemismus**: Eine eher schlechte Eigenschaft wird bewusst schön umschrieben, z. B. *täglich frische Bambus-Handtücher.*
   b) **Übertreibung**: Mit einer Sache, die selbstverständlich ist, wird Werbung gemacht, z. B. *Grüner geht's nicht! / Immer cool bleiben mit Klimaanlage!*
   c) **Allgemeinplatz**: Eine Formulierung, die immer richtig ist und daher kaum noch Bedeutung hat, z. B. *Reise mit gutem Gewissen!*
   d) **falsche Versprechen**: Versprechungen, die nicht wahr sein können, z. B. *Unser mit Solarenergie beheizter Pool am Meer ist gut fürs Klima!*
3. Um Greenwashing zu erkennen, **untersuchst** du die **Angebote kritisch:**
   a) **Widerspricht** sich das **Angebot**, z. B. *jeden Tag Fleisch, aber dafür Bio*?
   b) Sind die angebotenen Dinge **wirklich notwendig**, z. B. *ein Pool am Meer*?
   c) Wirbt das Unternehmen mit **Selbstverständlichkeiten**, z. B. *Mülltrennung*?
4. **Nachhaltigkeitssiegel**, die von der EU anerkannt sind, können dir helfen, ein Angebot besser abzuschätzen, z. B. das *Fairtrade*-oder *GreenKey*-Siegel für Unterkünfte.

» Fachwortschatz, S. 119 & 176

Sommer, Sonne, Strand und Meer

Informationen zusammenfassen

Sinan möchte für den Dienstag Aktionen recherchieren, die die Klasse draußen erleben kann, um die Insel besser kennenzulernen. Der Klasse ist dabei wichtig, dass sie auch die Programmpunkte der Klassenfahrt nachhaltig gestalten: Sie möchten möglichst wenig Abfall verursachen, aber auch draußen an der frischen Luft sein, etwas über die Insel lernen und sportlich aktiv werden. Die Aktion soll nicht mehr als 10€ pro Person kosten und vormittags stattfinden.

1 Finde heraus, welche Aktion besser zu den Bedingungen der Klasse passt. Verfahre so:

a) Sichte die markierten Bedingungen im grünen Kasten. Übertrage sie in den oberen Teil des Schreibplans. Du kannst die Vorlage im Webcode nutzen.

b) Notiere vor der Erschließung der Materialien die Bedingungen als Kategorien links und rechts im Schreibplan, z.B. Abfall. Nutze auch hier die verschiedenen Markierungsfarben.

Digital+ Schreibplan WES-126428-122

Ziel der Klasse: Die Klasse sucht Aktivitäten für draußen.

Bedingungen der Klasse:
– Möglichst wenig Abfall ...

M 1: Foto-Radtour mit Picknick	M 2a / M 2b: Bimmelbahn-Inselerkundung
– Abfall: kein Abfall ✓ – Kosten: 9,50 Euro pro Person ...	– Abfall: kein Abfall ✓ ...

Schlussfolgerung: ...

Empfehlung: Die Klasse sollte ...

M 1 Webseite

Digital+ Textvorlage WES-126428-123

SPIEKEROOGER-TOURISMUSVEREIN.ORG

Home	Aktuelles	Aktivitäten für Schulklassen

46981EX

Natur trifft Technik: Foto-Radtour mit Picknick

Mit dem Rad und dem Smartphone die Insel durch die Linse entdecken – und dabei Architektur, Menschen und Geschichte kennenlernen? Das geht bei unserer Foto-Radtour! Ausgerüstet mit deinem Smartphone, erhältst du von Inselhistorikerin Michaela Brecht kleine Foto-Challenges: Fotografiere einen Wasservogel im Watt. Finde den ältesten Backstein am kleinsten Steinhaus der Insel. Lass dich an einem Ort ablichten, den du mit Achtsamkeit verbindest.

Linse = Bauteil der Kamera, durch das das Licht einfällt

Inselhistorikerin = beschäftigt sich mit Geschichte der Insel

Achtsamkeit = zur Ruhe kommen, auf sich selbst und seine Umgebung achten

Tauche dabei ein in Geschichten über Sturmfluten und technische Wunderwerke des Deichbaus, während du auf die kleinen Details der Insel und des Insellebens achtest, dabei zur Ruhe kommst und viel über die Insel, ihre Bewohner und ihre Geschichte lernst. Bei der Anmeldung könnt ihr einen thematischen Schwerpunkt für die ca. 15 km lange Foto-Radtour angeben, zum Beispiel „das Dorf früher und heute“ oder „Naturgewalten zwischen Deich und Watt“. Bitte beachtet, dass wir uns bei der Radtour durch die Natur nur auf zugelassenen Wegen bewegen werden – der Flora und Fauna zuliebe. Gekrönt wird die Tour von einem verpackungsfreien Picknick am Strand. Um die Umwelt zu schützen, setzen wir auf Mehrweg-Geschirr und je nach Jahreszeit saisonale Snacks. Bitte gebt bei der Anmeldung Unverträglichkeiten an. Auch besondere Anforderungen (barrierefreie Routen oder Touren in einfacher Sprache) können berücksichtigt werden.

= Bezeichnung für alle Pflanzen (Flora) und Tiere (Fauna)

Zeitraum:	Montag bis Freitag, je 8:30 Uhr und 13:00 Uhr
Treffpunkt:	nach Vereinbarung
Dauer:	ca. 4 Stunden
Kosten pro Person:	9,50 € (je 10 Jugendliche ist eine Begleitperson frei)

Besondere Hinweise:
- Die Tour findet auch bei Regen statt – wetterfeste Kleidung ist also ein Muss!
- Smartphones müssen selbst mitgebracht werden.
- Thematische Schwerpunkte und Besonderheiten bitte bei der Buchung mit angeben!

M 2a Flyer

Digital+ Textvorlage WES-126428-124

Mit der Bimmelbahn „Molly“ die Insel erleben

Spiekeroog ist eine autofreie Insel, aber nicht frei von motorisierten Gefährten: Die Insel-Bimmelbahn bringt Sie mit ihrem kleinen Dieselmotor an den alten Anleger im Westen der Insel. Die 3,5 km lange Tour führt Sie in gemütlichem Tempo in unseren offenen Waggons an geklinkerten Kapitänshäusern vorbei, über den Deich und weite Salzwiesen bis direkt an den Strand. Die Westseite der Insel lädt Naturentdecker und Strandliebhaberinnen zum Verweilen ein und bezaubert mit wilden Dünen, Weite und vor allem: Ruhe!

Auf der Tour begleitet Sie ein Mitarbeiter der Spiekerooger *Tourist Information*, der Ihnen die Geschichte der Inselbahn und die baulichen Besonderheiten näherbringt. Gruppen mit mehr als fünf Personen melden sich bitte vorher telefonisch bei der *Tourist Information* an.
Informationen zu Abfahrtszeiten und Fahrpreisen entnehmen Sie bitte unserem Fahrplan.

Hinweis für Schulklassen:
Gern bieten wir für größere Gruppen individuelle Touren an, zum Beispiel unsere Foto-Spot-Tour mit vier Halten an besonderen Orten oder eine längere Strandpause. Bitte geben Sie bei der Reservierung auch mit an, was Sie schon über Küstenschutz und Deichbau wissen, damit der Mitarbeiter an Ihr Vorwissen anknüpfen kann.

= Hausfassade mit roten Backsteinen

Gut zu wissen:
- Bei Sturm- und Hochwasserwarnung findet die Tour nicht statt.
- Am alten Anleger keine Verpflegung – entstehenden Abfall wieder mitnehmen!
- Strandspiele sind aus Naturschutzgründen nicht zulässig.
- Der Rückweg vom Anleger lässt sich in ca. 90 Minuten zu Fuß bewerkstelligen.

M 2b Fahrplan

Fahrplan Inselbahn Spiekeroog

Die Bahn fährt vom 15. April bis 15. Oktober täglich außer an Feiertagen.
Fahrtdauer je Strecke: ca. 60 Minuten, 15 Minuten Aufenthalt am alten Anleger
Sonderfahrten mit längerem Strandaufenthalt nach Vereinbarung!

Abfahrt Inselbahnhof	Abfahrt alter Anleger
09:30 I 11:30 I 13:30 I 15:30	10:45 I 12:45 I 14:45 I 16:45

- Bahnhof Dorf
- Deichdurchlass
- Westend
- Zeltplatz
- Alter Anlieger

Fahrtpreise (auch für Sonderfahrten):

	Hin- und Rückfahrt	Einzelstrecke
Erwachsene	20,00 €	14,50 €
Ermäßigt	17,00 €	12,50 €
Gruppenermäßigung (ab 12 Personen)	15,00 €	11,50 €

46982EX

Digital+ Textvorlage WES-126428-125

2 a) Erschließe die Materialien mit den Schritten 2–4 der Lesemethode (**LERNBOX**, S. 154).
b) Markiere mit den verschiedenen Farben jene Informationen, die zu den Bedingungen der Klasse passen. Lies dazu Hinweis 3 der **LERNBOX**.
c) Vergleiche und ergänze die Markierungen mit einer Partnerin oder einem Partner.

3 a) Notiere die Informationen zu den Bedingungen im Schreibplan (S. 159).
b) Kennzeichne die Informationen im Schreibplan mit ✓ für erfüllte und mit X für nicht erfüllte Bedingungen.

4 Fasse die Materialien nacheinander zuammen. Nutze die **SPRACHBOX**.
Beginne so: In M 1 geht es um das Angebot einer Foto-Radtour mit Picknick …

SPRACHBOX
- Angebot M 1 erfüllt die Bedingung „…" (nicht), weil …
- Angebot … passt zur Bedingung „…", denn …
- Die Bedingung „…" erfüllt Angebot … nur eingeschränkt, weil …
- Angebot … erfüllt fast alle Bedingungen der Klasse, außer „…".

AH S. 34–35
Fachwortschatz, S. 176

LERNBOX
So fasst du Informationen zusammen und vergleichst sie:
1. **Kläre**, bevor du mit dem Zusammenfassen beginnst, **welche Informationen** für dich **wichtig sind**. Orientiere dich dazu an der Aufgabe, z. B. *Abfallmenge, Tageszeit …*
2. **Erschließe die Materialien** mit der Lesemethode für Sachtexte und notiere die relevanten Informationen im richtigen Feld deines Schreibplans. Nutze dabei die **Bedingungen** als Stütze: M 1: *Abfall → kein Abfall, weil …*
3. **Nenne** für den Vergleich das **gemeinsame Thema** der Materialien, z. B. *Outdoor-Aktivitäten für die Klassenfahrt nach Spiekeroog.*
4. **Fasse** die Materialien in Bezug auf die Bedingungen **zusammen**, z. B. *Während die Foto-Tour 9,50 Euro kostet, liegt der Preis für …*

SPRACHBOX

Formulierungsinsel

Materialien
das Angebot – der Flyer/die Broschüre – der Fahrplan – die Fahrtzeiten – die Preisliste – die Webseite – die Grafik/das Diagramm – der Speiseplan – die Infografik – die Tabelle – die Sprechblase – der Sachtext – das Angebot – die E-Mail – die App – die Anzeige

Materialien und Ziele der Klasse vorstellen
In beiden Materialien geht es um ... – Beide Materialien sind Angebote zu ... – Material M ... ist ein/e ... – Bei ... handelt sich um ein/-e ... – Im Material geht es um ... – Es stellt ... dar. – Es wirbt mit ... – Besonders nachhaltig daran ist „...“.

Den Inhalt zusammenfassen
Angebot M 1 erfüllt die Bedingung „...“ (nicht), weil ... – Angebot ... passt zur Bedingung „...“, denn ... – Die Bedingung „...“ erfüllt Angebot ... nur eingeschränkt, weil ... – Angebot ... erfüllt fast alle Bedingungen der Klasse, außer „...“.

Informationen abwägen und mit Bedingungen vergleichen
Vergleicht man M ... und M ..., ... – Angebot ... und ... werben beide mit ... – Gemeinsam ist beiden Angeboten, dass ... – Sie unterscheiden sich in ... – Die Bedingung „...“ erfüllt Angebot ... mehr als ... – Keins der Angebote erfüllt die Bedingung „...“ ganz, sondern nur teilweise: ... – ... Die Angebote unterscheiden sich nur in der Bedingung „...“ – ... erfüllt die Bedingungen eher als ... – Während Angebot 1 die Bedingung „...“ stärker erfüllt als Angebot 2, ... – Ein großer Nachteil von ... ist ...

Schlussfolgern
Material ... halte ich für passender, weil ... – ... passt am Ende besser zu den Bedingungen der Klasse, da ... – ... hat zudem „...“ als Vorteil, ... – Zusammengefasst eignet sich das Angebot ... eher, denn ... – Somit kann ich feststellen, dass ...

Empfehlungen aussprechen
Weil Angebot ... eher die Bedingungen erfüllt als Angebot ..., empfehle ich der Klasse ... – Auch wenn die Materialien fast alle Bedingungen erfüllen, ist das Angebot M ... besser, weil es zusätzlich ... – Ausschlaggebend ist, dass Angebot ... die Bedingung „...“ besser erfüllt. – Nicht empfehlen würde ich Angebot ..., weil ...

Meine Empfehlung: ...

Schlussfolgern und Empfehlungen aussprechen

1 Wertet die Materialien M 1 und M 2a/b (Seite 159–161) aus. Geht so vor:
a) Vergegenwärtige dir, welche Bedingungen die Klasse an die Angebote gestellt hat, und begründe deine Einschätzung.
b) Welche Bedingungen (Seite 159) erfüllen die Materialien jeweils? Gibt es ein Material, das einzelne Bedingungen besser erfüllt, oder werden einzelne Bedingungen vielleicht gar nicht erfüllt? Nutze hierzu die Stichworte, die du zu den Materialien im Schreibplan (Seite 159) festgehalten hast.

Fachwortschatz, S. 176

2 Formuliere das Ergebnis deiner **Schlussfolgerung** und sprich eine Empfehlung zur Wahl der Aktion aus. Nutze dazu die **Formulierungsinsel** (S. 162). Gehe so vor:
a) Notiere deine Schlussfolgerung im zweiten Pfeil im Schreibplan. Ergänze darunter eine Empfehlung.
b) Gib das Ergebnis deiner Schlussfolgerung wieder und erläutere, wie du zu deinem Ergebnis gekommen bist. Lies dazu die **LERNBOX**, Hinweis 1b).
So kannst du beginnen: *Das Angebot „...“ halte ich für besser geeignet, da es alle Bedingungen der Klasse erfüllt. Das Angebot „...“ hingegen ...*
c) Ergänze eine Empfehlung für die Klasse. Lies dazu die **LERNBOX**, Hinweis 1c).
So kannst du beginnen: *Nachdem ich die Materialien miteinander verglichen habe, empfehle ich der Klasse, sich für das Angebot „...“ zu entscheiden, weil ...*
d) Überlege, ob sich das andere Angebot gar nicht eignet, und erläutere, wann es eine gute Alternative für die Klasse wäre.

AH S. 36

LERNBOX

So ziehst du Schlussfolgerungen und sprichst Empfehlungen aus:

1. Beim Ziehen von **Schlussfolgerungen** beurteilst du **auf Basis des Vergleichs** von Materialien**, was besser zu den gestellten Bedingungen passt**: *Ich halte das erste/zweite Angebot für besser geeignet, weil es die Bedingungen der Klasse besser erfüllt.*
   a) **Wäge ab** und **ziehe Schlussfolgerungen**, welche Bedingungen welches Material besser erfüllt.
   b) Erläutere das **Ergebnis deiner Schlussfolgerung**, indem du dich auf die Informationen aus dem Material beziehst, z. B. *Die Bedingung „...“ der Klasse stimmt mit dem ersten/zweiten Angebot eher überein. Bei Bedingung „...“ ist es ebenso/anders, denn ... Daher ...*
   c) **Sprich als Fazit eine Empfehlung aus**, z. B. *Angebot „...“ passt am Ende besser zu den Bedingungen der Klasse, sodass ich ihnen dieses empfehlen würde.*

Unser Programm bei schlechtem Wetter

Materialien miteinander vergleichen

Sheena und Marc haben sich mit Programmpunkten für schlechtes Wetter beschäftigt und zwei Möglichkeiten herausgesucht. Das Programm soll einen halben Tag füllen. Auch ist der Klasse wichtig, dass sie Ressourcen schonen, indem sie Wasser einsparen oder Verpackungsmüll vermeiden, und dass sie Spaß haben können. Zudem soll das Angebot nicht teurer als 10 € pro Person sein. Da sich das Wetter auf der Insel häufig schnell ändert, soll das Schlechtwetter-Programm möglichst am Tag vorher buchbar sein. Bei schlechtem Wetter wünschen sich die Schülerinnen und Schüler zudem kurze Wege.

1 Sammelt Ideen dazu, was die Klasse bei schlechtem Wetter auf Spiekeroog unternehmen könnte.

2 Erschließe die folgenden Aufgaben. Markiere dazu Operatoren und Schlüsselwörter.

Untersuche und vergleiche in einem zusammenhängenden Text, welches Schlechtwetter-Programmangebot besser zu den Bedingungen der Klasse passt, und ziehe daraus Schlussfolgerungen. Gliedere deinen Text so:

- Benenne das Ziel der Klasse und die Bedingungen, die die Klasse aufgestellt hat.
- Stelle dar, welche Angebote die Klasse in welcher Form für das Programm bekommen hat.
- Fasse den Inhalt von M 1a (und M 1b) und M 2 in eigenen Worten zusammen.
- Vergleiche die Angebote M 1a (und M 1b) und M 2 miteinander.
- Wäge ab und schlussfolgere begründet, welches Programmangebot besser zu den Bedingungen der Klasse passt.
- Formuliere eine Empfehlung.

3 Markiere die Bedingungen der Klasse an das Schlechtwetter-Programm in verschiedenen Farben und ergänze sie im oberen Teil des Schreibplans.

Digital+
Schreibplan
WES-126428-126

Ziel der Klasse: Die Klasse sucht ...
Bedingungen der Klasse:
– Dauer: halber Tag ...

M 1a / M 1b: Nationalparkhaus Wittbülten	**M 2: Spielfans – Leihspiele**
– Dauer: Ausstellung und Labor dauern zusammen ca. 4 Stunden ✓ – Ressourcen schonen: ...	– Dauer: komplett flexibel ✓ – ...

Schlussfolgerung: ...

Empfehlung: ...

4 Erschließe die Materialien M 1a (und M 1b) und M 2 mit den Schritten 2–4 der **Lesemethode für Sachtexte** und ergänze die beiden Felder im mittleren Teil des Schreibplans.

Texte | Produktion: aus Aufgabenstellungen konkrete Schreibziele ableiten, Texte planen und selbstständig eigene Texte situationsgerecht formulieren

M 1a Flyer

Digital+
Textvorlage
WES-126428-127

Dein Besuch im Nationalpark-Haus *Wittbülten*

Willkommen im Nationalpark-Haus *Wittbülten* – was so viel wie „Sandhaufen" bedeutet – im Herzen von Spiekeroog!

Was wir euch bieten:

Bei uns gibt es viel zu entdecken: In unserer **Mitmach-Ausstellung** könnt ihr viel über das Klima und die Veränderung der Landschaft der Insel erfahren, Skelette von großen Meeressäugern entdecken und in einem 10.000-Liter-Aquarium Lebewesen des Meeres und des Watts bestaunen. Kommt den Geheimnissen unseres Weltnaturerbes im Niedersächsischen Wattenmeer auf die Spur und erweitert euer Wissen zu Küstenschutz, Pflanzen, Tieren und den Entwicklungen der Insel. Plant für die Ausstellung etwa eine Stunde Zeit ein.

Auf Exkursionen könnt ihr den flachen Teil des Meeres bei einer **Wattwanderung** erkunden und die Vielseitigkeit des Meeresbodens live erleben (nur bei gutem Wetter und mit Voranmeldung).

Ein besonderes Highlight ist unser dreistündiges **Aktiv-Labor**, in dem ihr zu Forscherinnen und Forschern werdet! Wie viel Mikroplastik steckt eigentlich im Meeressand? Und warum ist es wichtig, das Wasser für den Klimaschutz im Auge zu behalten?

Für interessierte Gruppen bieten wir ebenfalls **maßgeschneiderte Programme** an, zum Beispiel zum Vogelzug oder zu LandArt. Fragt für euren Besuch an, wir beraten euch gern!

Wir sind für euch da:

Von April bis Ende Oktober sind wir dienstags bis sonntags von 11 bis 17 Uhr für euch da. Alle Räumlichkeiten sind barrierefrei. Für Gruppen können auch Termine außerhalb der Öffnungszeiten vereinbart werden. In unserem Café bieten wir euch zudem alles vom Mittagsimbiss bis zu Kaffee und Kuchen – und das saisonal und ohne Verpackungsmüll. Wir freuen uns auf euren Besuch!

Eintrittspreise:

	Ausstellung	Ausstellung + Aktiv-Labor*
Erwachsene	6 EUR	13 EUR
Ermäßigt	4 EUR	10 EUR

*Wichtig: Labor-Termine für Gruppen müssen mindestens zwei Tage im Voraus gebucht werden. Startzeiten des Labors: 11 Uhr und 14 Uhr.

LandArt = Kunst aus Naturgegenständen, z. B. Treibholz oder Plastik vom Strand

Weltnaturerbe = ein Stück Natur, das wegen seiner Besonderheit große Bedeutung hat

M 1b Screenshot

Digital+ Textvorlage WES-126428-128

M 2 E-Mail

Von:	spielausleihe@spielfans-spiekeroog.de
An:	sheena.meier@neueschule-ms.nrw
Betreff:	**Eure Anfrage zur Spielausleihe**

Liebe Klasse 8b,

danke für eure Anfrage zur Spieleausleihe bei den „Spielfans"!

Als Verein ist es unser Anliegen, Einheimische und Gäste auf Spiekeroog zum Spielen zu bringen. Das Besondere an unserem Angebot: Wenn du Lust hast, einfach mal neue Spiele auszuprobieren, bist du bei den „Spielfans" genau an der richtigen Adresse. So vermeidet ihr es, Spiele zu kaufen, die vielleicht nichts für euch sind. Durch das vorherige Ausprobieren leistet ihr einen wichtigen Beitrag, weil ihr Ressourcen schont, und habt gleichzeitig eine gute Zeit mit euren Klassenkameradinnen und -kameraden.

Wir verleihen Brett-, Karten- und Aktiv-Spiele. Als Schulklasse könnt ihr aus über 300 Spielen für Jung und Alt von Einsteiger- bis Expertenspiel auswählen. Das Beste daran: Ihr zahlt für jedes ausgeliehene Spiel nur eine kleine Gebühr und wir bringen sie euch bis in die Jugendherberge – auch bei schlechtem Wetter. Dort könnt ihr sie dann ganz unkompliziert im Gruppenraum ausprobieren. Ihr entscheidet, wie lange ihr die Spiele ausleihen möchtet – ob nur für ein paar Stunden oder zwei Tage. Bis abends, 20 Uhr, nehmen wir eure Spielbestellungen für den nächsten Tag per Mail entgegen.

Ein besonderer Service für Schulklassen ist, dass wir einen „Erklärbär-Service" haben: Für 20 Euro pro Stunde erklärt dir einer unser Spielprofis die ausgeliehenen Spiele, spielt auf Wunsch einfach mit und versorgt euch mit spannenden Insel-Geschichten. Hierfür gebt ihr bei der Buchung per Mail einfach den Zeitraum an, in dem der „Erklärbär" zu euch in die Jugendherberge kommen soll.

Unser Kombi-Angebot für eure Klasse:

Ausleihdauer: 24 Stunden, inklusive Lieferung		Summe:
Vier Brettspiele	je 8 Euro	32 Euro
Sechs Kartenspiele	je 4 Euro	24 Euro
Zwei Indoor-Bewegungsspiele	je 12 Euro	24 Euro
Erklärbär-Service, 2 Stunden	40 Euro	
	Gesamt:	**120 Euro**

Wir freuen uns auf spannende Spiele mit euch!

Tom und Frida von den „Spielfans"

Die Spielfans
Hauptweg 14 | 26474 Spiekeroog
spielausleihe@spielfans-spiekeroog.de
Wir sind ausgezeichnet: Die Spielfans haben dieses Jahr erneut den Nachhaltigkeitspreis der Insel Spiekeroog gewonnen.

5 Vergleiche die Informationen aus den Materialien und schlussfolgere, welcher Programmpunkt besser zu den Bedingungen der Klasse passt. Nutze die **Formulierungsinsel** (S. 162). Gehe so vor:

a) Kennzeichne mit einem ✓ und einem **X** in deinem Schreibplan, ob die Informationen aus den Programmpunkten zu den Bedingungen der Klasse passen.

b) **Wäge ab** und ziehe Schlussfolgerungen, wie sich die Klasse entscheiden sollte, und notiere diese im unteren Pfeil des Schreibplans. Ergänze deine Empfehlung.

Fachwortschatz, S. 176

6 Verfasse mithilfe deiner Vorarbeiten im Schreibplan (Seite 164) einen zusammenhängenden **Textvergleich** zu deinen Ergebnissen, indem du die Teilaufgaben aus dem blauen Kasten von Seite 164 bearbeitest. Orientiere dich dafür an der **LERNBOX** und nutze die **Formulierungsinsel** (Seite 162).

Fachwortschatz, S. 176

Diese Satzanfänge helfen dir:

Zu Teilaufgabe 1: Die Klasse möchte das Programm für schlechtes Wetter ... Dabei ist ihnen wichtig, dass ... Auch möchten sie auf ... achten.
Zu Teilaufgabe 2: Dazu haben sie einen Flyer des Nationalpark-Hauses Wittbülten (M1 a) und ... Der Flyer bewirbt ...
Zu Teilaufgabe 3: In Material 1 a, dem Flyer des Nationalpark-Hauses, werden verschiedene Aktivitäten vorgestellt. Bei schlechtem Wetter kann die Klasse ... In Material 2 ...
Zu Teilaufgabe 4: Beide Programmpunkte kann die Klasse bei schlechtem Wetter durchführen. Das Labor-Angebot des Nationalpark-Hauses muss mit zwei Tagen früher gebucht werden als ... Bei der Dauer des Programms ist ...
Zu Teilaufgabe 5: Der Klasse ist es auch wichtig, dass das Angebot flexibel am Tag vorher buchbar ist. Das erfüllt Angebot M ... besser als ...
Zu Teilaufgabe 6: Ich empfehle daher, dass die Klasse das Angebot M ... wählen soll, weil es die Bedingung(en) ... besser erfüllt, denn ...

Freiraum, S. 177

LERNBOX

So schreibst du einen Textvergleich:

1. **Orientiere dich** an der **Aufgabenstellung**: Welche Informationen sind für den Vergleich wichtig?
2. **Nutze deinen Schreibplan** als Vorlage.
3. **Stelle** das Ziel des Vergleichs und die **Bedingungen**, die an die Materialien gestellt werden, **dar**, z. B. *Die Klasse möchte ... Der Klasse ist wichtig, dass ...*
4. **Benenne** die **Art der Materialien**, z. B. *M1 ist ein Werbeflyer*.
5. **Fasse** den Inhalt der Materialien nacheinander **zusammen**.
6. Gehe im **Vergleich** auf die **Bedingungen** ein, z. B. *Umweltbelastung, Barrierefreiheit.*
7. Wäge die Informationen ab und **ziehe** daraus **Schlussfolgerungen**:
   a) **Nenne** dazu das **Ergebnis des Vergleichs**: *Angebot ... ist besser geeignet für ...* **Begründe**, indem du dich auf die Informationen aus den Materialien beziehst: *Angebot ... und die Bedingungen der Klasse stimmen eher überein, da ...*
   b) **Formuliere eine Empfehlung**, z.B. *Ich empfehle der Klasse daher, ...*
8. Setze nach jeder Teilaufgabe einen **Absatz**.
9. Schreibe im **Präsens**.

Für schlechtes Wetter ist vorgesorgt!

Einen Textvergleich überarbeiten

1 Janna hat schon mit der Überarbeitung ihres Textvergleichs angefangen. Überprüfe Jannas Text mithilfe der **Checkliste** (Punkte 3 bis 9). Gehe so vor:

a) Lies die Hinweise der **Checkliste**.

b) Überarbeite folgende Aspekte:

Arbeite mit den Hinweisen in der Randspalte:
- Ergänze bei Angebot M 2 eine Bedingung.
- Setze vier Kommas bei Infinitivgruppen.
- Setze drei Verben ins Präsens.
- Streiche zwei unwichtige Abschnitte.

Arbeite mit den Hinweisen in der Randspalte:
- Ergänze fehlende Angaben zu den Bedingungen der Klasse.
- Setze fehlende Kommas bei Infinitivgruppen.
- Korrigiere drei Zeitform-Fehler.
- Streiche unwichtige Abschnitte.

Nutze die Hinweise in der Randspalte und überarbeite die betreffenden Passagen. Ergänze die Vorstellung des Materials 1b.

c) Vergleiche deine Verbesserungen mit denen einer Partnerin oder eines Partners.

Digital+
Textvorlage
WES-126428-129

[...] Beide Materialien sind Angebote für Aktivitäten, die die Klasse ⌐ durchführen kann. Bei M 1a handelt es sich um einen Flyer des Nationalpark-Hauses Wittbülten. Im Flyer wird vorgestellt, was Besucherinnen und Besucher im Nationalpark-Haus erleben können, auch werden Angebote für Gruppen vorgestellt. Das Haus bietet eine Mitmach-Ausstellung an, außerdem gibt es eine Watt-wanderung, bei dem die Klasse selbst zu Forscherinnen und Forschern werden kann, zum Beispiel zu Mikroplastik. Die Ausstellung und das Aktiv-Labor dauerten zusammen einen Tag und kosten pro Schüler 10 Euro, müssen allerdings zwei Tage vorher gebucht werden. Außerdem hat das Nationalpark-Haus ein Café, das versucht auf Verpackungsmüll zu verzichten. ~~Aber leider bekommt die Klasse Lunchpakete in der Jugendherberge.~~

[...] Material M 2 ⌐ ist ein Angebot der „Spielfans". Dort kann man Brett- und Kartenspiele ausleihen, die bis in die Jugendherberge geliefert werden. Die Klasse entscheidet dabei bis zum Abend vorher, welche Spiele sie ausleihen möchte. ⌐ Da es sich um Leihspiele handelt, spart die Klasse Ressourcen wie Verpackungsmüll ein. Als Service bieten die „Spielfans" den „Erklärbär-Service" an, bei dem ein Mitarbeiter der Klasse Spiele erklärt oder einfach so mitspielt. Der Service kostet zusätzlich 400 Euro für zwei Stunden. Bei beiden Angeboten hat die Klasse die Chance Ressourcen zu schonen und Spaß zu haben. Während der Besuch im Nationalpark-Haus einen halben Tag dauert, war die Klasse bei den „Spielfans" komplett flexibel und konnte selbst entscheiden, wann und wie lange sie spielen möchte.

Randspalte:
- ⌐ bei schlechtem Wetter
- ein Aktiv-Labor
- T
- Z, ⊢
- ⌐ Materialart ergänzen!
- ⌐ Bedingung ergänzen
- 40 Euro, ⅃
- Z
- T
- T

Vergleicht man die beiden Angebote miteinander, kann man feststellen, dass beide Angebote fast alle Bedingungen, die die Klasse aufgestellt hat, erfüllen: Der Besuch im Nationalpark-Haus und das Spielespielen dauern beide mindestens zwei Tage und werden der Klasse Spaß machen. Keins der Angebote kostet mehr als 10 Euro. ~~Das wäre auch wirklich etwas viel für eine einzelne Aktivität!~~ Die Bedingung am Tag davor buchen zu können erfüllt jedoch nur das Angebot der „Spielfans".

einen halben Tag

Z, Z

Auch wenn beide Angebote fast alle Bedingungen der Klasse erfüllen, halte ich das Angebot der „Spielfans" für die Klasse für passender. Dies liegt daran, dass die „Spielfans" auch die Bedingung „Preis" erfüllen, da das Angebot auch am Tag davor buchbar ist. Da das Nationalparkhaus diese Bedingung nicht erfüllt, kann ich feststellen, dass dieses Angebot weniger geeignet ist.

„Buchung"

Das Angebot zum Spielespielen passt daher besser zu den Bedingungen der Klasse.

Ich empfehle der Klasse daher, dass sie das Angebot der „Spielfans" nutzen sollte, weil dieses alle Bedingungen erfüllt.

Begründung genauer!

CHECKLISTE

Einen Textvergleich überarbeiten

1. Werden die **Zielsetzungen** und **Bedingungen**, die der Klasse wichtig sind, richtig wiedergegeben? ☑
2. Werden alle **Materialien vorgestellt**? ☑
3. Werden die **relevanten Informationen** zu den Bedingungen aus den Materialien **in eigenen Worten** nacheinander zusammengefasst? ☑
4. Werden die **Informationen passend zu den Bedingungen** und der Aufgabenstellung miteinander **verglichen**? ☑
5. Werden die Angebote **abgewogen** und wird eine **Schlussfolgerung** gezogen? ☑
6. Wird am Ende eine **begründete Empfehlung** als Fazit ausgesprochen? ☑
7. Wird nach jeder Teilaufgabe ein **Absatz** gesetzt? ☑
8. Wird im **Präsens** geschrieben? ☑
9. Werden die **Regeln der Rechtschreibung und Zeichensetzung** (insbesondere bei Infinitivgruppen) beachtet? ☑

Korrekturzeichen:
- ├┤ = streichen
- ⌐ = erweitern
- └─┘ = ersetzen
- ⌐ = Absatz
- T = Fehler bei der Zeitform
- Z = Zeichensetzung

Informationen vergleichen und bewerten

Digital+ Textvorlagen WES-126428-130

M 1 Webseite

JUGENDHERBERGE-ZUR-DUENE.DE

Home	Verpflegung	jetzt buchen

„Saisonal-lokal-genial!" – Schlemme wie echte Insulanerinnen und Insulaner!

Früher bestand die Verpflegung auf der Insel aus dem, was die Fischer fingen und die Inselbauern im späten Sommer auf den Feldern ernteten. Besonders dann, wenn nicht viel wuchs, war dies eine eintönige Diät. Mit der Zeit wurde auch die Ernährung auf Spiekeroog vielfältiger und passte sich den Gewohnheiten des Festlands an.
Mit unserem Menü „Saisonal–lokal–genial!" bieten wir euch von Mai bis Oktober die Gelegenheit, eine Woche von dem zu leben, was die Landwirtinnen und Landwirte auf der Insel erwirtschaften: Milchprodukte von Milchbauer Schneider, Fleisch von Lang-Groths Rinderzucht, Obst und Gemüse vom Inselbauern Christiansen und Eier von unseren eigenen Jugendherbergs-Hühnern.
Unsere Lieferantinnen und Lieferanten versorgen uns täglich mit frischen Zutaten, die unser Koch in köstliche Gerichte verwandelt und euch um 18:30 Uhr serviert.

So könnte euer Speiseplan im Sommer aussehen:

Montag	Dienstag	Mittwoch	Donnerstag	Freitag
Omelett aus Insel-Freilandeiern mit frischem Gemüse und Salat	Aus dem Gemüsegarten: Kartoffelpfanne mit Grillgemüse und Tomatensalsa	Pide mit Joghurt-Dipp	Grillabend mit Wurst und Fleisch vom Insel-Rind, dazu bunte Salate	Lunchpaket in der Brotdose: Obst & Gemüse, Brötchen, Apfelschorle

Gut zu wissen:
- „Saisonal–lokal–genial!" ist auch als vegetarisches Menü verfügbar.
- Wir verzichten beim Menü bewusst auf Zusatz- und Konservierungsstoffe. Nur frische Kost bringt echten Insel-Geschmack!
- Sprecht uns für Unverträglichkeiten bitte vor Beginn eures Aufenthalts bei uns an. Wir erfüllen gern eure Wünsche!
- Ihr wollt mehr über „grüne" Verpflegung lernen? Kein Problem: Schaut unserem Koch in der Küche über die Schulter oder kommt mit unseren Lieferantinnen und Lieferanten ins Gespräch, wenn sie morgens frische Lebensmittel liefern.

M 2a Flyer

„Schmeckt wie selbstgemacht!“

Ihr wollt auf der Klassenfahrt selbst kochen und dabei lernen, wie ihr „grüne“ Speisen zubereitet? In einer unserer gut ausgestatteten Gruppenküchen in der „Jugendherberge zur Düne“ könnt ihr dies ausprobieren: Jeden Tag übernehmen bis zu fünf Personen aus eurer Klasse die Zubereitung des Abendessens. Beim Kochen unterstützen und begleiten euch unsere Auszubildenden, die euch jeden Abend um 17:00 Uhr in der Gruppenküche in Empfang nehmen und euch Nützliches zur Zubereitung von „grünen“ Speisen beibringen.

So geht's: Vor eurer Ankunft wählt ihr aus unseren bewährten, einfach zu kochenden und abwechslungsreichen Gerichten aus, die ihr abends selbst zubereiten wollt.

Wir versorgen euch dann mit den Rezepten und allen Zutaten, die ihr für das Kochen benötigt. Dabei achten wir darauf, dass möglichst alle Lebensmittel von der Insel kommen. Ihr entscheidet dabei, ob ihr ganz auf Fleisch und Fisch verzichten wollt oder ob tierische Produkte in Bio-Qualität Teil eures Speiseplans werden.

Auch andere sind von unserem „Schmeckt wie selbstgemacht!“ begeistert:

„Vor der Klassenfahrt wusste ich nicht, wie einfach es ist, „grün“, aber auch lecker und abwechslungsreich zu kochen!“

„Meine Klasse hat die Woche über nicht nur „grün“, sondern auch vegetarisch gekocht. Wir hatten überhaupt keine Vorerfahrung im Kochen. Aber es hat richtig gut geklappt!“

„Mein Highlight war der Grillabend mit Fleisch vom Inselbauern und leckerem Grillgemüse. Dazu haben wir verschiedene Salate zubereitet.“

Habt ihr Lust bekommen, selbst „grüne“ Köchinnen und Köche zu werden, oder habt Fragen zum Angebot? Schreibt uns unter selbstgemacht@jh-zur-duene.de!

M 2b Diagramm: Abfall und CO_2-Emissionen

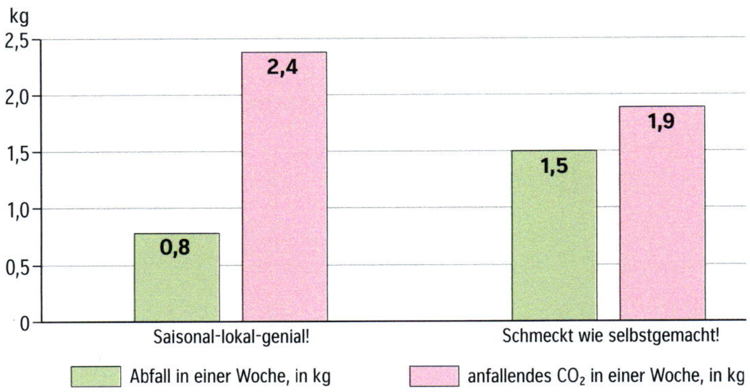

Als Jugendherberge ist es unser Ziel, unsere Umweltbelastung so gering wie möglich zu halten. Daher überprüfen wir genau, wie viel Abfall und CO_2 bei unseren Menüs anfallen – und versuchen, beides immer weiter zu reduzieren.

Quelle: Jugendherberge zur Düne, 2025 (eigene Erhebung)

Informationen vergleichen und bewerten

Jost und Marie ist die Verpflegung in der Jugendherberge besonders wichtig. Sie haben zwei Angebote bei der „Jugendherberge zur Düne“ eingeholt, um daraus die richtige Verpflegung für die Klasse auszuwählen. Die Klasse wünscht sich, dass ihre Verpflegung regional ist. Auch möchte sie gern auf Fleisch und Fisch verzichten. Sie wollen etwas über „grüne“ Verpflegung lernen. Da sie auf Spiekeroog viel erleben wollen, möchte die Klasse nicht vor 18:00 Uhr zurück an der Jugendherberge sein müssen.

Untersuche und vergleiche in einem zusammenhängenden Text, welches Verpflegungsangebot besser zu den Bedingungen der Klasse passt, und ziehe daraus Schlussfolgerungen. Gliedere deinen Text so:

- **Benenne** die Ziele und Bedingungen, die die Klasse an die Verpflegung stellt.
- **Stelle dar**, welche Angebote die Klasse in welcher Form für die Verpflegung bekommen hat.
- **Gib** den Inhalt von M 1 und M 2a in eigenen Worten **wieder**.
- **Vergleiche** die Angebote M 1 und M 2a miteinander.
- **Schlussfolgere** begründet, welches Verpflegungsangebot besser zu den Bedingungen der Klasse passt.
- **Schreibe** eine begründete Empfehlung, welches Angebot die Klasse buchen sollte.

1 Erschließe die Aufgabe und plane deinen Textvergleich:

a) Lege dir einen Schreibplan an oder nutze den im Webcode.

b) Mache dir die Bedingungen der Klasse klar. Markiere sie in verschiedenen Farben.

c) Erschließe die Materialien M 1 und M 2a mit der Lesemethode für Sachtexte, Schritte 2–4.

Digital+
Schreibplan
WES-126428-131

Ziel der Klasse: …
Bedingungen der Klasse:
Herkunft: möglichst regional
Art der Verpflegung: Verzicht auf …
Lernen: …

M 1: Menü „Saisonal–lokal–genial!“	**M 2a: Menü „Schmeckt wie selbstgemacht“**
– Herkunft: nur Speisen von der Insel ✓ – Art der Verpflegung: Vorschlag enthält Fleisch, aber es gibt auch …	– Herkunft: fast alle Speisen von der Insel – …

Schlussfolgerung:
Besser passt …

Empfehlung: Die Klasse sollte …

2 Verfasse einen Entwurf deines Textvergleichs. Folgende Satzanfänge kannst du für die Teilaufgaben verwenden:

Zu Teilaufgabe 1: Die Klasse legt auch viel Wert auf „grüne" Verpflegung. Für die Verpflegung in der „Jugendherberge zur Düne" ist der Klasse wichtig, dass sie möglichst regional und ... ist. Auch möchten sie gern auf ... verzichten ...

Zu Teilaufgabe 2: Für den Vergleich haben wir zwei Angebote der Jugendherberge, die nachhaltige ... zeigen. Material M 1 ist eine Webseite mit dem Menü „...", Material M 2a ist ein Flyer mit dem Menü „...".

Zu Teilaufgabe 3: In Material 1, der Webseite der Jugendherberge, wird das Menü „..." vorgestellt. Das Besondere an dem Menü ist, dass es ...
Material 2a stellt das Angebot „..." vor. Besonders an dem Angebot ist, dass ...
Allerdings ...

Zu Teilaufgabe 4: Beide Angebote setzen auf Bio-Qualität und können ohne Fleisch und ... Regionaler ist das Menü „...", weil ... Während das Menü „..." der Klasse mehr Flexibilität bietet, hat das Angebot zum Menü „..." ...

Zu Teilaufgabe 5: Der Klasse ist es wichtig, dass ... Das erfüllt Verpflegungsangebot M ... besser als ... Da die Klasse nicht vor ... Uhr zurück an der Jugendherberge sein möchte, ist das Angebot „..." ...

Zu Teilaufgabe 6: Ich empfehle daher, dass die Klasse das Angebot M ... wählen soll, weil es die Bedingung(en) „..." besser erfüllt.

3 Überarbeite deinen Entwurf mit der **Checkliste** von Seite 169.

Informationen vergleichen und bewerten

Jost und Marie ist die Verpflegung in der Jugendherberge besonders wichtig. Sie haben zwei Angebote bei der „Jugendherberge zur Düne" eingeholt, um daraus die richtige Verpflegung für die Klasse auszuwählen. Die Klasse wünscht sich, dass ihre Verpflegung aus regionalem Anbau ist. Auch möchte sie gern auf Fleisch und Fisch verzichten. Sie wollen etwas über „grüne" Verpflegung lernen. Weil sie auf Spiekeroog viel erleben wollen, möchte die Klasse nicht vor 18:00 Uhr zurück an der Jugendherberge sein müssen. Da Abfall mit dem Schiff aufs Festland geschafft werden muss, wollen sie auch zur Müllvermeidung beitragen.

Untersuche und vergleiche in einem zusammenhängenden Text, welches Verpflegungsangebot besser zu den Bedingungen der Klasse passt, und ziehe daraus Schlussfolgerungen. Gliedere deinen Text so:

- **Benenne** die Ziele und Bedingungen, die die Klasse an die Verpflegung stellt.
- **Stelle dar**, welche Angebote die Klasse in welcher Form für die Verpflegung bekommen hat.
- **Gib** den Inhalt von M 1 und M 2a/b in eigenen Worten **wieder**.
- **Vergleiche** die Angebote M 1 und M 2a miteinander. Beziehe auch M 2b mit ein.
- **Wäge ab** und **schlussfolgere** begründet, welches Verpflegungsangebot besser zu den Bedingungen der Klasse passt.
- **Schreibe** eine begründete Empfehlung dazu, welches Angebot die Klasse buchen sollte.

1 Erschließe die Aufgabe und plane deinen Textvergleich:

a) Lege dir einen Schreibplan an oder nutze den Webcode.

b) Mache dir die Bedingungen der Klasse klar. Markiere sie in verschiedenen Farben.

c) Erschließe die Materialien M 1 und M 2a/b mit der **Lesemethode für Sachtexte**, Schritte 2–4.

Digital+
Schreibplan
WES-126428-132

Ziel der Klasse: …
Bedingungen der Klasse:
Herkunft: möglichst regional …

M 1: Menü „Saisonal–lokal–genial!"	**M 2a: Menü „Schmeckt wie selbstgemacht!" / M 2b: Diagramm**
– Herkunft: nur Speisen von der Insel – Art der Verpflegung: …	– Herkunft: fast alle Speisen von der Insel …

Schlussfolgerung: …

Empfehlung: …

2 Verfasse einen Entwurf deines Textvergleichs.

3 Überarbeite deinen Entwurf mit der **Checkliste** von Seite 169.

Informationen vergleichen und bewerten

Kompetenz / Inhalt	Selbsteinschätzung ☺ 😐 ☹	Fremdeinschätzung ☺ 😐 ☹	Bemerkungen	Hier kannst du weiterüben:
Ich kann ...				
verschiedenen Materialien Informationen entnehmen und sie mit eigenem Vorwissen und Erfahrungen verknüpfen. (S. 148–149)				
Sachtexten gezielt und abschnittsweise Informationen entnehmen. (S. 150–151)				SB, S. 301 AH, S. 32–33
in einem Partnerpuzzle in Teams Informationen aus verschiedenen Texten vergleichen. (S. 152–154)				
mit Attributen genauer formulieren. (S. 155)				SB, S. 275
Kommas bei Infinitivgruppen richtig setzen. (S. 156)				SB, S. 302
die Intention von Angeboten (Greenwashing) mithilfe der Untersuchung der sprachlichen Gestaltung herausfinden und bewerten sowie einen Nachhaltigkeitscheck entwickeln. (S. 157–158)				
Informationen aus kontinuierlichen und diskontinuierlichen Texten zusammenfassen und auswerten. (S. 159–161)				AH, S. 34–35
mich mit Formulierungshilfen präzise ausdrücken. (S. 162)				
Schlussfolgerungen ziehen und Empfehlungen aussprechen. (S. 163)				AH, S. 36
Materialien zu Angeboten schriftlich miteinander vergleichen. (S. 164–167)				
einen Vergleich anhand einer Checkliste überarbeiten. (S. 168–169)				

FREIRAUM

Diese Aufgaben aus dem Freiraum habe ich gemacht:	

AH = Arbeitsheft, SB = Schülerband

Fachbegriffe und Methoden

abwägen	Abwägen bedeutet, zu **vergleichen**, welche Bedingungen Materialien (nicht) erfüllen. Dies hilft dir dabei, Schlüsse zu ziehen. Nutze zum Beispiel die Formulierung: *Während dieses Angebot …, beinhaltet das andere …*
das Attribut	Attribute sind **Wörter oder Wortgruppen**, die **Nomen ergänzen**. Sie können vor oder nach dem Nomen im Satz stehen. Du kannst sie z. B. durch die **Weglassprobe** identifizieren. Es gibt verschiedene **Arten von Attributen**: **Adjektivattribut**: Das nachhaltige **Angebot** überzeugt uns. **Genitivattribut**: Der **Antrieb** des Reisebusses ist elektrisch. **Relativsatz als Attribut**: Die **Strecke**, die auch mit öffentlichen Verkehrsmitteln machbar ist, benötigt etwa vier Stunden Zeit. **Präpositionale Attribute**: Der **Fähranleger** mit Bushaltestelle ist gut zu erreichen. **Appositionen** (Einschübe): Die **Lehrerin**, Frau Belsanti, bevorzugt den Reisebus.
die Bedingung	Ein anderes Wort dafür ist **Voraussetzung**. Unter Berücksichtigung von Bedingungen kannst du überprüfen, **wie gut** ein Material/ein Angebot **für jemanden oder etwas geeignet** ist; z.B. *Eine Bedingung für eine Reise ist ein niedriger CO_2-Ausstoß*. Überprüfe, welches Angebot die Bedingung(en) am ehesten erfüllt.
die Definition	= eine **genaue Erklärung** eines Begriffs. Definitionen grenzen Dinge voneinander ab und können dir helfen, dich **präzise auszudrücken**.
das Partnerpuzzle in Teams	**1. Schritt:** Beim Partnerpuzzle in Teams werdet ihr zu zweit Experten für ein Thema oder Material: Ihr setzt euch mit ihm auseinander und erschließt es mit Kriterien oder Fragen. **2. Schritt:** Dann vergleicht ihr eure Ergebnisse mit einem anderen Experten für das Thema oder Material. **3. Schritt:** Ihr stellt zwei anderen Experten, die zu einem anderen Thema oder Material gearbeitet haben, eure Ergebnisse vor und sie stellen euch ihre Ergebnisse vor. Das andere Team macht sich währenddessen Notizen. **4. Schritt:** Vergleicht eure Ergebnisse, um zum Beispiel herauszufinden, welches Angebot besser zu den aufgestellten Bedingungen passt.
die Infinitivgruppe	Als Infinitivgruppe bezeichnet man ein **Satzglied**, das einen **Infinitiv mit „zu"** enthält. Die Infinitivgruppe grenzt du mit **Komma**(s) vom Hauptsatz ab, wenn die Infinitivgruppe wie ein Nebensatz funktioniert: *Morgens früh aufzustehen*, ist eine tolle Möglichkeit zum Strandentdecken. Es macht mir Spaß, *mein Wissen über Nachhaltigkeit auszubauen*. Das Komma kann dir zudem helfen, Missverständnisse zu vermeiden: *Die Mitarbeiterin des Nationalparks sagte der Klasse (,) nicht (,) durch die Dünen zu laufen.* Infinitive mit „zu", die Teil des Prädikats sind, darfst du nicht mit Komma(s) abtrennen: Das *scheint* eine gute Idee *zu sein*.
die Lesemethode für Sachtexte	Mit der Lesemethode **entnimmst** du Sachtexten gezielt **Informationen** mit der Aufgabe im Blick. Gehe so vor: **1. Schritt: sich orientieren/Aufgaben klären**: Beim zielgerichteten Erschließen von Texten machst du dir zuerst dein **Leseziel** klar, z. B. *Erfüllt das Angebot die Bedingungen, die die Klasse aufgestellt hat?* **2. Schritt**: **unbekannte Begriffe klären**, **3. Schritt**: **Schlüsselstellen markieren**: Nutze verschiedene Farben, um die relevanten Informationen im Text zu markieren. **4. Schritt: Wichtiges herausschreiben**: Überprüfe dabei, ob du mit deinen Markierungen dein Leseziel beantworten kannst. **5. Schritt: Informationen zusammenfassen.**
Schlussfolgerungen ziehen	Du ziehst Schlussfolgerungen, indem du dich auf das **Wissen**, das du **aus Texten erarbeitet** hast, **beziehst**, und **gleichst** es mit den gestellten Bedingungen **ab**. Formuliere begründet ein **Fazit**.
die sprachliche Gestaltung (in Internetanzeigen)	In Internetanzeigen wird oft eine sprachliche Gestaltung verwendet, um **von einer Werbebotschaft** zu **überzeugen**, zum Beispiel beim **Greenwashing** (= etwas nachhaltiger darstellen, als es wirklich ist). Beliebte Mittel sind **Euphemismen** (= Beschönigungen), **Übertreibungen**, **Allgemeinplätze** (= Formulierungen ohne richtige Bedeutung) und **falsche Versprechen**. Die Sprache wirkt dabei **werbend** und **manipulativ** (= dich beeinflussend).
vergleichen, der Textvergleich	Beim Vergleichen von Materialien **stellst** du zuerst die **Bedingungen vor**, nach denen du vergleichen sollst, gefolgt von den **Materialien** und **wichtigen Inhalten**. **Vergleiche** dann die Materialien mit den Bedingungen, d. h., du setzt sie an Kriterien orientiert zueinander in Beziehung. Abschließend **schlussfolgerst** du, welches Angebot besser zu den Bedingungen passt, und sprichst eine **Empfehlung** aus.

1 Übe die Fachbegriffe, indem du dir die Karteikarten über den Webcode herunterlädst.

Digital+
Karteikarten
WES-126428-133

Aufgaben zum Weiterarbeiten

ZU SEITE 148

Auch im Schulalltag kann Nachhaltigkeit eine Rolle spielen, z. B. bei der Mülltrennung. Handelt deine Klasse auch nachhaltig? Lege ein Cluster an und sammle darin deine Ideen und schon umgesetzte Maßnahmen.

Wie nachhaltig ist meine Klasse?

ZU SEITE 154

Wie kommt ihr von eurer Schule aus am schnellsten nach Neuharlingersiel? Gib in einer Karten-App „Fähranleger Neuharlingersiel“ als Ziel ein und wähle als Startpunkt deinen Ort aus. Vergleiche die Fahrtzeiten mit dem Auto und öffentlichen Verkehrsmitteln miteinander. Welches Verkehrsmittel würdest du wählen, wenn du „grün“ unterwegs sein willst? Begründe deine Einschätzung.

ZU SEITE 158

Gestalte selbst eine Werbeanzeige für eine Unterkunft: Entscheide, ob du auf Greenwashing setzen oder die nachhaltige Unterkunft sachlich bewerben willst. Nutze die Vorlage rechts.

Digital+
Vorlage Anzeige
WES-126428-134

ZU SEITE 167

- Was kann man auf Spiekeroog noch alles erleben? Recherchiere auf der Webseite der *Tourist Information* nach Angeboten für Schulkassen. Was ist davon besonders „grün“?
- Kennst du LandArt?
  a) Schaue dir das Foto an und beschreibe es: Woraus besteht diese Krabbe?
  b) Stelle Vermutungen dazu an, auf welches Problem der Künstler aufmerksam machen möchte.

Berufsfelder erkunden

1 **a)** Betrachte das Bild und tausche dich mit einem Partner oder einer Partnerin in einer Murmelphase darüber aus, was du darauf entdecken kannst. Nutzt die **SPRACHBOX**:
- Wo befinden sich die Schülerinnen und Schüler?
- Was machen die einzelnen Personen dort?
- Welche Informationen kannst du den Bildschirmen, Pinnwänden und Plakaten entnehmen? Welche Websites werden genutzt?
- Vermutet, warum die Schülerinnen und Schüler das Berufsorientierungsbüro besuchen könnten. Beachtet dazu auch die Sprechblasen.

b) Besprecht zu zweit, welche der Angebote in der Abbildung ihr schon kennt.

2 **a)** Welche Tipps bekommen die Schülerinnen und Schüler, um Praktikumsplätze für die BFE-Tage[1] zu finden? Sammle diese in einer Liste.

b) Stellt eure Listen in der Klasse vor und ergänzt sie. Nutzt dazu die **SPRACHBOX**.

Tipps für die Suche nach Praktikumsplätzen für die BFE-Tage:
- eigene Kontakte nutzen
- Betriebe gezielt ansprechen
- Recherche im Internet

...

[1] **BFE-Tage** = Berufsfelderkundungstage: Praktikumstage, die Schülerinnen und Schüler der achten Klassen in unterschiedlichen Betrieben absolvieren

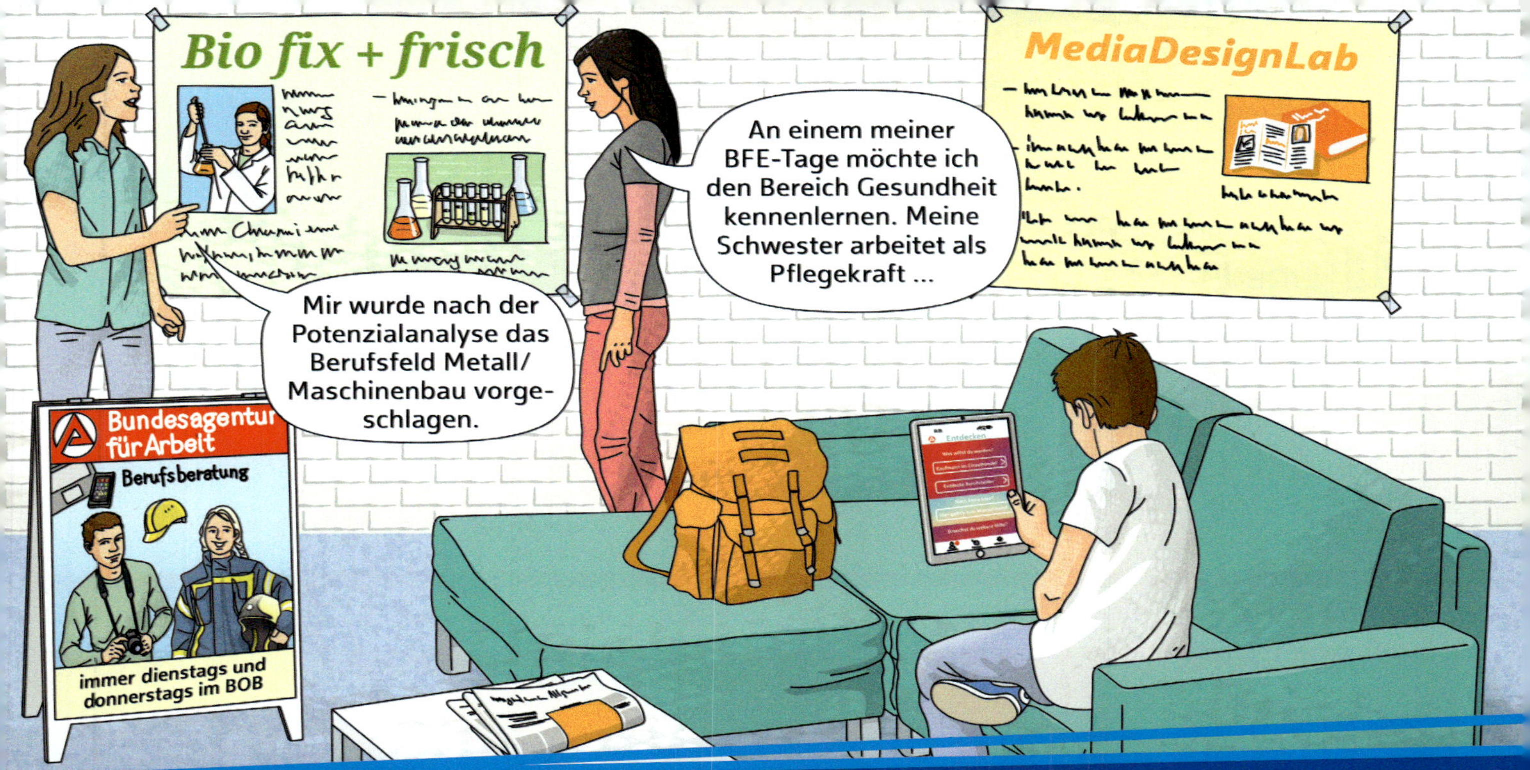

SPRACHBOX

Nomen: die Bundesagentur für Arbeit (BA) – das Berufsorientierungsbüro (BOB) – der Berufsberater/die Berufsberaterin – die Berufsberatung – das Berufsfeld – der Berufsfelderkundungstag (BFE-Tag) – das Tagespraktikum – die Jobsuche – die App – der Aufsteller – die Homepage – der Zeitungsartikel – die Pinnwand – die Öffnungszeiten – die Potenzialanalyse – das Plakat

Verben: sich informieren über – recherchieren nach – sich vorbereiten auf – sich bewerben – sich vorstellen – sich interessieren für – in einem Unternehmen nachfragen – sich erkundigen – Stärken und Interessen herausfinden

Adjektive: interessant – spannend – zukunftsorientiert – lebensweltbezogen – geeignet für – passend – berufsbezogen – neugierig – fähig

Digital+
Interaktive Aufgabe
WES-126428-135

AUSBLICK

Bald geht es los! In diesem Kapitel lernst du, wie du die Ergebnisse deiner Potenzialanalyse nutzt und Plätze für die Berufsfelderkundungstage findest. Du bekommst Tipps, wie du angemessen und höflich Telefongespräche dazu führst. Außerdem lernst du, wie du eine Kurzbewerbung formulierst, wie du ein Tagesprotokoll anlegst, einen Tagesbericht schreibst und diesen überarbeitest. Dabei verwendest du Fachsprache.
Zu jedem der Berufe, die in diesem Kapitel vorkommen, findest du einen Berufssteckbrief über einen QR-Code. Die Steckbriefe kannst du nutzen, um dich selbst genauer über diese Berufe zu informieren.

AH S. 37–38
Richtig schreiben, S. 289–290

Jobbörsen im Internet nutzen

Eine Internetrecherche durchführen

Für Nele steht nach der Potenzialanalyse fest, dass sie den Beruf der Mechatronikerin kennenlernen möchte, der in das Berufsfeld Fertigungstechnik gehört. Um ein Unternehmen für einen ihrer BFE-Tage zu finden, nutzt sie die Jobbörse „Jobsuche" der Agentur für Arbeit.

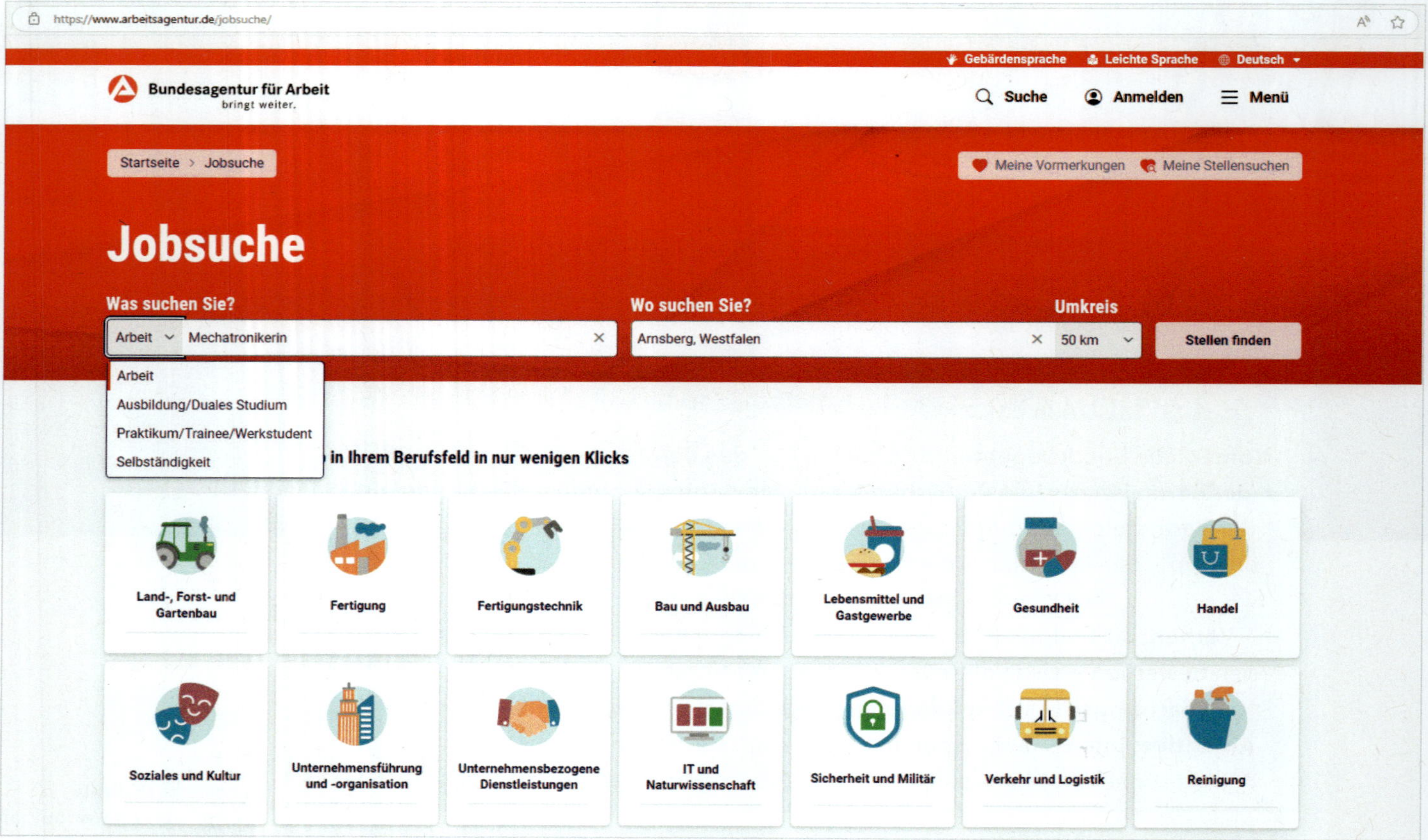

1 **a)** Gib wieder, wie Nele bei ihrer Suche vorgeht:
- Welchen Begriff sollte sie im **Drop-down-Menü** auswählen?
- Wo hat sie ihren Wunschberuf eingetragen?
- In welchem Ort sucht sie einen Praktikumsplatz?
- Welchen Umkreis hat Nele angegeben?

Fachwortschatz, S. 202

b) Worauf sollte Nele achten, wenn sie den Umkreis angibt? Ist die gewählte Entfernung deiner Einschätzung nach angemessen?

c) Vermute, wozu die **Icons** mit den Berufsfeldern im unteren Bereich der Suchmaske dienen: Wann kann man die Suche über die Berufsfelder nutzen?

Fachwortschatz, S. 202

2 Folgende Suchergebnisse sind bei Neles Recherche herausgekommen. Werte die Vorauswahl aus:

a) Verschaffe dir einen Überblick. Welche Informationen enthalten die Angebote?

Ordne die folgenden Begriffe zu: *Entfernung vom Wohnort – Erscheinungsdatum – Betrieb – Beruf – Art der Stelle – Beginn der Tätigkeit.*

b) Welches Angebot könnte nach deinem ersten Eindruck für Nele in Frage kommen?

① Mechatroniker/in
1. Mechatroniker/in – Ausbildung 2025 (m/w/d)
Tecta-Werke oHG — Tecta
Arnsberg, Westfalen (1 km)
ab 01.08.20... — vor 2 Tagen

② Mechatroniker/in
2. Mechatroniker/in – Praktikum möglich
Nadac Antriebstechnik GmbH & Co. KG — Nadac
Holzwickede (45 km)
ab 01.04.20... — vor 10 Tagen

③ Mechatroniker/in
3. Mechatroniker/in – Praktikum möglich
M.K.T. Deutschland GmbH — M.K.T.
Arnsberg, Westfalen (4 km)
ab 01.04.20... — vor 4 Tagen

④ Elektrotechniker/in
4. Elektrotechniker/in – Ausbildung 2025 (m/w/d)
MAREX GmbH — MAREX Elektrotechnik
Wennigloh (5 km)
ab 01.08.20... — vor 30+ Tagen

48342EX

c) Untersuche die Angebote nun genauer. Entnimm jeweils die in der Tabelle genannten Informationen und trage sie in die richtige Spalte ein.

Angebots-Nr.	Beruf	Betrieb	Praktikumsstelle (ja/nein)?	Entfernung vom Wohnort	Alter des Angebots
1)	Mechatroniker/in				4 Tage

d) Wertet eure Ergebnisse gemeinsam aus: Begründet, bei welchem Betrieb Nele für einen BFE-Tag anfragen sollte. Nutzt die **SPRACHBOX** oben.

e) Was könnte Nele tun, wenn bei ihrer Suche keine Praktikumsplätze, sondern nur Ausbildungsangebote erscheinen?

3 **a)** Tauscht euch darüber aus, in welchem Beruf oder Berufsfeld ihr euren Berufsfelderkundungstag gern absolvieren würdet.

b) Rufe ebenfalls die „Jobsuche" der Agentur für Arbeit auf und recherchiere, welche Betriebe in deiner Nähe zum gewählten Beruf oder Berufsfeld passende Praktikumsplätze anbieten. Gehe so vor, wie in Hinweis 2 der **LERNBOX** auf Seite 182 beschrieben.

c) Bewertet eure Recherche. Nutzt dazu die **SPRACHBOX** rechts:
– Welche Einstellungen und Funktionen waren hilfreich?
– Konntet ihr passende Plätze für ein Tagespraktikum finden?

SPRACHBOX

zu **2** d)
- Angebot Nummer ... kommt (nicht) in Frage, weil ...
- Angebot Nummer ... ist kein Praktikum, sondern ...
- Die Entfernung ist passend/zu weit.
- Das Angebot ist schon ziemlich alt, das heißt ...
- Die Firma ... bietet nur ein Praktikum als ... an.

Digital+
Vorlage Tabelle
WES-126428-136

SPRACHBOX

zu **3** c)
- Man sollte nicht vergessen, ... anzugeben/auszuwählen.
- Ich fand es (nicht) hilfreich, ...
- Mir wurden viele/wenige interessanten Angebote angezeigt.
- Mir wurden keine Angebote für ein Praktikum / in meinem Wunschberuf angezeigt, aber ...
- Ich würde euch empfehlen, ...

4 Einige Kreise und kreisfreie Städte haben Buchungsportale für BFE-Tage eingerichtet. Werte den **Screenshot** aus. Gehe so vor:

» Fachwortschatz, S. 202

a) Beschreibe, wie man in diesem Portal bei der Suche vorgeht.

b) Schau dir die Ergebnisse an: Was wird in diesem Portal angeboten?

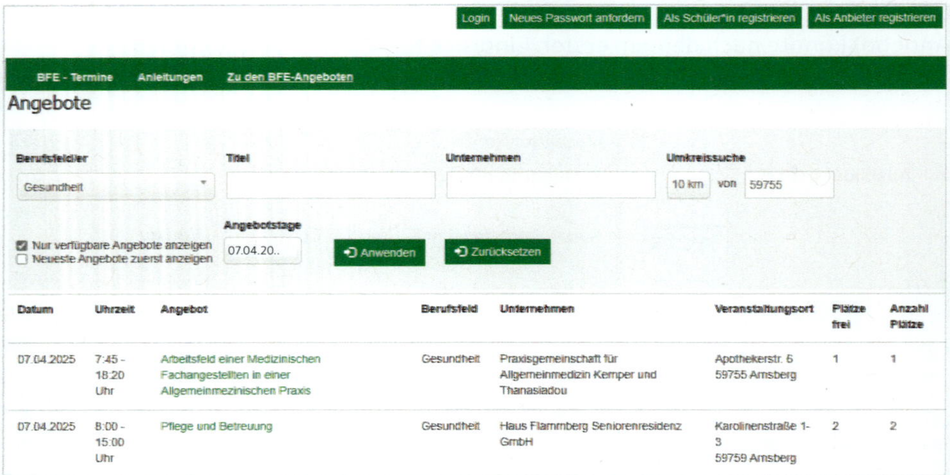

Datum	Uhrzeit	Angebot	Berufsfeld	Unternehmen	Veranstaltungsort	Plätze frei	Anzahl Plätze
07.04.2025	7:45 - 18:20 Uhr	Arbeitsfeld einer Medizinischen Fachangestellten in einer Allgemeinmezinischen Praxis	Gesundheit	Praxisgemeinschaft für Allgemeinmedizin Kemper und Thanasiadou	Apothekerstr. 6 59755 Arnsberg	1	1
07.04.2025	8:00 - 15:00 Uhr	Pflege und Betreuung	Gesundheit	Haus Flammberg Seniorenresidenz GmbH	Karolinenstraße 1-3 59759 Arnsberg	2	2

c) Vergleiche beide Portale. Welches ist für die Suche nach einem BFE-Tag deiner Einschätzung nach besser geeignet?

» Freiraum, S. 203

Digital+
Steckbrief Mechatroniker/-in
WES-126428-137

LERNBOX

So findest du mit der „Jobsuche" Plätze für die BFE-Tage:

1. Tausche dich mit jemandem, der dich gut kennt (z.B. Eltern, Lehrkraft ...), darüber aus, welche **Berufsfelder** bzw. **Ausbildungsplätze** zu deinen **Fähigkeiten** und **Stärken** passen. Nutze auch die **Ergebnisse der Potenzialanalyse** und berücksichtige **deine Interessen**, um passende Bereiche für deine Suche auszuwählen.
2. **Rufe** die Internetseite *www.arbeitsagentur.de/jobsuche* **auf** und entscheide, ob du
   a) über den roten Suchbereich oben oder
   b) über die **Icons** mit den Berufsfeldern unten recherchierst.
   zu Möglichkeit a):
   - Wähle im **Drop-down-Menü** aus, dass du einen **Praktikumsplatz** suchst. Falls dort keine Angebote erscheinen, klicke **Ausbildung** an.
   - Gib in der Suchleiste entweder das **Berufsfeld** oder die genaue **Bezeichnung des Ausbildungsberufes** ein. Achte auf die korrekte Rechtschreibung.
   - Berücksichtige bei der **Auswahl des Umkreises**, dass du den Praktikumsplatz gut erreichen kannst, z. B. mit öffentlichen Verkehrsmitteln.

   zu Möglichkeit b):
   - Wähle ein **Berufsfeld** aus, das deinen Interessen entspricht, und klicke auf das entsprechende **Icon**, z. B. *Gesundheit*.
   - Konkretisiere deine Suche, indem du einen der angezeigten Unterbereiche auswählst, z. B. *Medizinisches Laboratorium*.

   Setze **Filter**, um die angezeigten Suchergebnisse einzuschränken, z. B. nach *Aktualität der Angebote, passendem Arbeitsort/Umkreis, genauem Beruf.*

» Fachwortschatz, S. 202

3. **Werte** die angezeigten Ergebnisse **aus**: Passt die Art des Betriebes zu deiner Suche? Ist die Anzeige noch aktuell? Kannst du den Betrieb erreichen?

Per Anruf zum Praktikumsplatz

Einen Telefonplan erstellen

Handel

Tom hat über die Suche mit einer Jobbörse keinen BFE-Platz im Einzelhandel gefunden. Er möchte die Initiative ergreifen und sich telefonisch im Autohaus Friedrich bewerben.

1 **a)** Notiere, worauf Tom beim Telefonat achten sollte. Denke an: *Vorbereitung des Telefonats – Termine der Praktikumstage – Fragen, die er stellen sollte – Angaben, die für den Arbeitgeber wichtig sind.*
b) Vergleicht eure Ergebnisse zu zweit. Nutzt dazu auch Hinweis 1 der **LERNBOX** (S. 184).

2 **a)** Lest das Telefongespräch in Partnerarbeit mit verteilten Rollen.
b) Tauscht euch danach über eure Eindrücke aus: Was ist euch aufgefallen? Was könnten die beiden von der jeweils anderen Person denken? Nutzt die **SPRACHBOX**.

Tom bittet seine Geschwister, die Musik abzustellen, und isst schnell noch ein paar Chips.

Herr Roos: Guten Tag. Autohaus Friedrich. Sie sprechen mit Herrn Roos. Was kann ich für Sie tun?

Tom (kaut): Hallo, hier ist Tom. Ich rufe an wegen meines BFE-Tags.

Herr Roos: Das musst du mir schon genauer erklären. Für welchen Tag suchst du denn einen Praktikumsplatz?

Tom: Das steht alles in meinem Schulplaner, den hole ich eben. *(Im Hintergrund kläfft ein Hund.)*

Herr Roos: Wie lange soll das denn dauern?

Tom: Nicht lange, ich muss ihn nur aus meiner Tasche nehmen, die steht hier. Moment …! *(Pause. Rascheln.)* Der Berufsfelderkundungstag findet am 08.04. statt.

Herr Roos: Welche Schule besuchst du denn, Tom?

Tom: Ich gehe in die achte Klasse Real.

Herr Roos: Und welcher Ausbildungsbereich interessiert dich?

Tom: Ich möchte gerne den Beruf des Automobilkaufmanns kennenlernen.

Herr Roos: Da muss man aber organisierter arbeiten. Dein Organisationstalent hast du in diesem Telefonat bisher nicht gezeigt. Ich gebe dir meine E-Mail-Adresse, damit du mir die Daten zusenden kannst und wir uns bei dir melden können.

Tom: Eine Sekunde, ich muss mir eben noch einen Kugelschreiber holen … *(Im Hintergrund)* Mama, wie lautet deine E-Mail-Adresse? Wo ist der Kugelschreiber? …

SPRACHBOX

Tom:
- Was denkt der jetzt von mir?
- Ich war nicht …
- Der hat mich gar nicht verstanden, weil …

Herr Roos:
- Was denken meine Mitarbeitenden, wenn Tom bei der Arbeit …
- Soll ich ihn überhaupt einladen?
- Ich bin gespannt, ob …

3 **a)** Vergleicht das Gespräch mit euren Überlegungen aus Aufgabe **1**. Was hat Tom nicht beachtet?
b) Untersuche den Verlauf des Telefongesprächs nun genauer:
- Begründe mithilfe von Textbeispielen, warum Tom unvorbereitet wirkt.
- Wie sollte sich Tom auf das nächste Gespräch vorbereiten?

Tom möchte am zweiten BFE-Tag einen weiteren Einblick in das Berufsfeld Handel erlangen und den Beruf Einzelhandelskaufmann in einem Gartencenter kennenlernen. Er sucht auf der Homepage des Gartencenters Mehnert den Namen und die Telefonnummer der Ansprechpartnerin, Frau Suhrke, heraus. Dieses Mal bereitet er sich mit einem Telefonplan vor, bevor er bei der Firma anruft.

4 Lege für Tom einen **Telefonplan** an, mit dem er sich auf das nächste Gespräch besser vorbereiten kann:

a) Beantworte dazu diese Fragen: *Was ist das Ziel des Gesprächs? – Wie heißt das Unternehmen bzw. der Ansprechpartner/die Ansprechpartnerin? – Welche Informationen möchte Tom erfragen? – Welche Informationen sollte er selbst bereithalten?*

b) Beziehe deine Überlegungen aus Aufgabe **1** mit ein und vergleiche deine Ergebnisse mit Hinweis 1 in der **LERNBOX**.

» Fachwortschatz, S. 202

Telefonplan
Mein Ziel: Platz für BFE-Tag
Unternehmen/ Ansprechpartner: ...
Daten BFE-Tage: 08.04.–10.04.
...

5 **a)** Führt in Partnerarbeit auf der Grundlage des Telefonplans das Telefongespräch zwischen Tom und der Ausbildungsbeauftragten Frau Suhrke. Legt fest, wer welche Rolle übernimmt. Nutzt die **SPRACHBOX** und orientiert euch am 2. Hinweis der **LERNBOX**.

So könnt ihr beginnen:

Frau Suhrke: Gartenbaucenter Mehnert, Sie sprechen mit Marita Suhrke. Was kann ich für Sie tun?
Tom: Guten Tag. Mein Name ist Tom Meyer. Ich suche für einen Berufsfelderkundungstag einen Platz als Einzelhandelskaufmann. Wäre das bei Ihnen möglich?
Frau Suhrke: Wann findet der Berufsfelderkundungstag denn statt?
Tom: ...

b) Reflektiert, wie zufrieden die Gesprächspartner diesmal sein könnten und welche Vorteile es hat, ein Gespräch vorzubereiten.

c) Stell dir vor, du erreichst nur den Anrufbeantworter. Welche Informationen hinterlässt du dort?

SPRACHBOX
- Guten Tag, mein Name ist ...
- Ich bin Schüler der Schule ... und gehe in die 8. Klasse.
- Ich interessiere mich für ein Tagespraktikum als ...
- Ich suche einen Betrieb, in dem ich das Berufsfeld ... kennenlernen kann.
- Können Sie mir Ihre E-Mail-Adresse buchstabieren?
- Danke für das Gespräch!
- Auf Wiederhören!

LERNBOX

So telefonierst du höflich und zielgerichtet mit einem Betrieb:

1. Vor dem Gespräch:
   Notiere in einem **Telefonplan**, was du sagen und fragen möchtest: z. B. *Bewerbung um ein Tagespraktikum als ..., Termin für das Tagespraktikum, Ansprechpartner/-in in der Schule und im Betrieb, Adressen und Telefonnummer ...*
   Suche dir einen **ruhigen Ort**, an dem du nicht gestört wirst.
2. Während des Gesprächs:
   a) **Begrüße** deinen Gesprächspartner und stelle dich vor: *Guten Tag, mein Name ist ... Ich suche ...*
   b) **Nutze deine Notizen** und **frage nach**, wenn du etwas nicht verstehst: *Entschuldigung, können Sie das bitte noch einmal wiederholen ...?*
   Gehe auf deinen Gesprächspartner ein: *Danke, das ist interessant.*
   c) **Vermeide Umgangs-** und **Jugendsprache**.
3. Nach dem Gespräch:
   Vervollständige die Notizen: Ergänze die erhaltenen Informationen und erstelle eine To-do-Liste mit dem, was noch zu tun ist, z. B. *Mail schicken, nochmals anrufen ...*

» Richtig schreiben, S. 289–290
» Freiraum, S. 203

Digital+
Steckbrief Automobilkaufmann/-frau
WES-126428-138

Kurzbewerbung für einen BFE-Tag

Ein Anschreiben untersuchen

Tom hat eine Kurzbewerbung an Frau Suhrke geschrieben:

(A)	Von:	tom-meyer@emails.de
(B)	An:	jobs@gartenbaucenter-mehnert.de
(C)	Betreff:	**Anfrage für einen Praktikumsplatz am Berufsfelderkundungstag**
(D)	Anhang:	**Aufnahmebestätigung BFE-Tag.pdf**

(E) Sehr geehrte Damen und Herren,

(F) in unserem heutigen Telefonat hatte ich Ihnen mitgeteilt, dass an unserer Schule am 09.04.20... einer der Berufsfelderkundungstage durchgeführt wird. Gerne möchte ich diesen Tag nutzen, um bei Ihnen im Betrieb einen Einblick in die Tätigkeiten des Einzelhandelskaufmanns zu bekommen.

(G) Zurzeit besuche ich die achte Klasse der Realschule Hüsten.

(H) Ich arbeite seit Beginn dieses Schuljahres in unserem Schülerladen, sodass ich schon etwas Erfahrung habe. Die Arbeit im Team, der Kontakt zu meinen Mitschülerinnen und Mitschülern, das Erstellen von Einkaufslisten sowie das Überprüfen des Wareneingangs machen mir viel Spaß.

(I) Ich freue mich auf Ihre Rückmeldung.

(J) LG

(K) Tom Meyer

(L) Mobil: 0176 57 58 93

1 Welches Ziel verfolgt Tom mit seiner E-Mail?

2 Wie hat er seine E-Mail aufgebaut? Benenne, welche Bestandteile die E-Mail hat.
Schreibe so: (A) → E-Mail-Adresse des Absenders ...

Ordne die nachfolgenden Begriffe den einzelnen Abschnitten in der E-Mail zu:
kurze Vorstellung der eigenen Person – Betreffzeile – Erreichbarkeit des Absenders – Anliegen – E-Mail-Adresse des Absenders – Name des Absenders – Ausblick – E-Mail-Adresse des Empfängers/der Empfängerin – Verabschiedung – Anrede – Dateianhang – Angabe von Jahrgangsstufe und Schule.

Ordne den Buchstaben (A) bis (L) aus Toms E-Mail die entsprechenden Bestandteile aus der **LERNBOX** (fett gedruckte Begriffe) von Seite 186 zu.

3 Untersuche die Textstellen, die gelb markiert wurden: Welche Änderungen sollte Tom an diesen Stellen in seinem Schreiben vornehmen? Begründe deine Korrekturen mithilfe des 1. Hinweises aus der **LERNBOX** (S. 186).

4 Tom braucht noch einen Praktikumsbetrieb für seinen dritten BFE-Tag. Er findet bei einer Internetrecherche mit der „Jobsuche" heraus, dass es Angebote im Bereich Land-, Forst- und Gartenbau in der Nähe seines Wohnortes gibt, und bewirbt sich bei der Baumschule Krass unter der E-Mail-Adresse *jobs@baumschule-krass.de*.

a) Verfasse Toms **Kurzbewerbung**. Nutze dazu die **LERNBOX** auf Seite 186.

Schreibe die E-Mail in die Vorlage im Webcode.

Öffne dein eigenes E-Mail-Programm und verfasse die E-Mail dort.

b) Überprüft eure Kurzbewerbungen zu zweit mithilfe der **LERNBOX** (Hinweise 1a)–g)).

Fachwortschatz, S. 202

Digital+
Vorlage E-Mail
WES-126428-139

5 An eurer Schule werden ebenfalls BFE-Tage durchgeführt. Stell dir vor, dass diese Angebote in eurem BOB aushängen:

Praktikumstag als Fachkraft für Gastronomie

Bewirb dich hier:

Tel: 02932/952000

oder per Mail: ausbildung@gastro.de

Ansprechpartnerin:
Melanie Schulz (Ausbildungsbeauftragte)

48343EX

BFE-Tag als Medientechnologe Druck (m, w, d)

Interesse? Dann melde dich hier:

Tel: 02932/777500

oder per Mail: jobs@interprint.com

Ansprechpartner:
Torben Lutz (Praktikumsleiter)

48344EX

IT und Naturwissenschaft

Lebensmittel und Gastgewerbe

a) Stellt Vermutungen dazu an, welche Aufgaben und Tätigkeiten euch in den angegebenen Ausbildungsberufen erwarten könnten.

b) Entscheide dich für eines der Angebote, um daran die Vorgehensweise für die Anfrage bei einem Praktikumsbetrieb zu erproben. Wähle aus, ob du einen Telefonplan erstellen oder ein Bewerbungsschreiben verfassen möchtest:

Telefonplan

Gehe zur Vorbereitung so vor, wie im 1. Hinweis der **LERNBOX** auf Seite 184 beschrieben. Nutze auch die **SPRACHBOX** von Seite 184 und die **Sprachbörse** auf Seite 191.

Bewerbungsschreiben

Gehe so vor, wie in der **LERNBOX** auf dieser Seite beschrieben. Nutze auch die **SPRACHBOX** rechts und die **Sprachbörse** auf Seite 191.

SPRACHBOX

- Sehr geehrter Herr ..., / Sehr geehrte Frau ...,
- Am ... finden die BFE-Tage statt.
- Ich möchte ... nutzen, um einen ersten Einblick in ... zu erhalten.
- Ich besuche die ... der ... Schule.
- Ich freue mich auf ...
- Mit freundlichen Grüßen

LERNBOX

So verfasst du eine Kurzbewerbung für einen BFE-Tag:

1. **Schreibe** eine **Kurzbewerbung** an einen Betrieb:
   a) Öffne deinen E-Mail-Account und trage die **E-Mail-Adresse des Empfängers** ein. Achte auf die korrekte Schreibweise, z. B. *jobs@gartenbaucenter-mehnert.de*.
   b) Notiere in der **Betreffzeile**, worum es geht, z. B. *Bewerbung um einen Praktikumsplatz am ...*
   c) Sprich den Adressaten/die Adressatin mit seinem/ihrem Namen an, wenn er dir bekannt ist, und verwende eine **förmliche Anrede**: *Sehr geehrter Herr ..., / Sehr geehrte Frau ...,* alternativ: *Sehr geehrte Damen und Herren, ...*
   d) Nenne dein **Anliegen**, z. B. *Für meinen Berufsfelderkundungstag am 07.04.20... suche ich ...*
   e) Ergänze, welche **Schule** du besuchst und in welchem **Schuljahr** du bist.
   f) Teile dem Adressaten in einem **Ausblick** mit, dass du gerne eine **Rückmeldung** erhalten möchtest, z. B. *Ich freue mich auf Ihre Rückmeldung.*
   g) Verwende als **Verabschiedung** *„Mit freundlichen Grüßen".*
   h) **Unterschreibe** mit **Vor- und Nachnamen** und gib eine **Telefonnummer** an.
2. Falls du eine **Datei anhängen** möchtest, z. B. eine Aufnahmebestätigung, die der Betrieb abstempeln und ausfüllen muss, **klicke** auf das **Icon Büroklammer** und **wähle** den **Dateianhang** aus dem Speicherort **aus**.
3. Lies deine Mail noch einmal durch und überprüfe **Rechtschreibung** und **Zeichensetzung**. Dann kannst du deine **Mail versenden**.
4. **Kontrolliere regelmäßig**, ob dir der Betrieb geantwortet hat.

» Fachwortschatz, S. 202

Ein Tag im Gartencenter

Ein Tagesprotokoll anlegen und überprüfen

IT und Naturwissenschaft

Tom hat seinen zweiten BFE-Tag als Kaufmann im Einzelhandel beim Gartencenter Mehnert absolviert.

1 **a)** Betrachte die Bilder und beschreibe, wie Toms Tag verlaufen ist und welche Aufgaben er kennengelernt hat. Nutze dazu die angegebenen Ausdrücke.
Schreibe so: (A) *Begrüßung durch die Chefin, ...*

b) Vergleicht zu zweit, ob alle Tätigkeiten genannt wurden, und ergänzt fehlende.

c) Reflektiere, ob du diese Tätigkeiten erwartet hättest.

Digital+ Bildvorlage WES-126428-140

2 Tom hat zu seinem BFE-Tag ein **Tagesprotokoll** erstellt (Seite 188).

a) Besprecht in der Klasse, welche Funktionen solch ein Protokoll hat.

b) Benennt, welche Informationen das Protokoll enthält und in welcher Form Tom seine Notizen gegliedert hat.

c) Prüfe, ob Tom alle Etappen des Tages in seinem Protokoll aufgenommen hat. Hake dazu die Tätigkeiten in den Bildern oben ab.

Fachwortschatz, S. 202

Tagesprotokoll vom 09.04.20...

Uhrzeit	Ort der Tätigkeiten	Tätigkeiten	Arbeitsmittel
8:00 – 8:15	Büro	Begrüßung durch die Ausbildungsleiterin Frau Suhrke; ich werde mit der Auszubildenden Laura zusammenarbeiten	grünes Arbeits-Shirt
8:15 – 9:00	draußen	Gießen der Stauden und Blumen, Pflege: Entfernen schäbiger Blüten	Gießkanne, Bioeimer
9:00 – 9:15	Aufenthaltsraum	Frühstück mit der Auszubildenden Laura, die mir von ihrer Arbeit bei Mehnert erzählt	
9:15 – 10:30	draußen	Wir sortieren die Pflanzen, die teilweise schon verblüht sind, aus und packen sie auf den Rollwagen. Laura erklärt mir, dass sie im Preis gesenkt werden müssen.	Rollwagen
10:30 – 12:00	Büro	Frau Suhrke beauftragt uns, neue Klebezettel zu erstellen, die wir auf die Ware kleben sollen, die reduziert wird.	Aufkleber zur Preissenkung
12:00 – 12:30	Bäckerei	Laura und ich bestellen uns belegte Frikadellenbrötchen. 6 € muss ich bezahlen. Wucher!	
12:30 – 14:00	Gartenabteilung	Frau Suhrke bittet uns, neu gelieferte Ware auszupacken und mit der Übersicht auf einem Zettel abzugleichen. Hat ganz schön lange gedauert ...	Übersichtsliste Warenbestand
14:00 – 16:00	Verkaufsfläche	die neue Ware soll in den Regalen aufgefüllt werden: Düngemittel sowie weitere Dinge, die Pflanzen so brauchen, werden in die Regale gestellt; Frau Suhrke erkundigt sich, wie mir die Arbeit im Gartenbaucenter gefallen hat	neue Ware, Regale

3 Untersuche Toms Protokoll nun genauer und überarbeite es mithilfe der **LERNBOX**:
- Überprüfe, ob alle Angaben im Protokoll vollständig und korrekt sind, z. B. die Uhrzeiten, die Orte, an denen Tom gearbeitet hat, die Tätigkeiten, die Werkzeuge.
- An welchen Stellen sollte er präziser formulieren? Ersetze die mit ⌊→ ←⌋ gekennzeichneten Angaben durch passende Fachbegriffe. Nutze dazu die Begriffe aus der Illustration (S. 187).
- Streiche überflüssige und unsachliche Notizen.

Digital+
Textvorlage
WES-126428-141

Korrekturzeichen:
⊢ = streichen
⌊→ ←⌋ = ersetzen

Sprache untersuchen, S. 265–2

LERNBOX

So planst du ein Tagesprotokoll:

1. Lege eine **Tabelle** an, in der du deinen **Tagesablauf geordnet** und **stichpunktartig** festhältst. Notiere Dauer, Ort, Tätigkeiten, Betreuer/Betreuerin, Werkzeuge und Materialien, z. B. *8:00 Uhr – 10:00 Uhr, Außenfläche, Gießen der Pflanzen, Auszubildende Laura, Gießkanne*.
2. Verwende **Fachbegriffe** zur Bezeichnung von Materialien, Werkzeugen, Maschinen oder Tätigkeiten, z. B. *Pflege der Sträucher mit einer Gartenschere*.
3. Vermeide **überflüssige** und **unsachliche Angaben** in deinem Tagesprotokoll, z. B. *~~Hat ganz schön lange gedauert~~*.

Ein Tag als Einzelhandelskaufmann

Einen Tagesbericht untersuchen

Tom hat auf der Grundlage seines Tagesprotokolls einen **Tagesbericht** geschrieben.

Fachwortschatz, S. 202

1 Lies den Tagesbericht. Wie unterscheidet er sich vom Tagesprotokoll?

Mein Tag als Einzelhandelskaufmann im Gartenbaucenter

Ich habe meinen zweiten BFE-Tag am 09.04.20… als Einzelhandelskaufmann im Gartenbaucenter Mehnert in Arnsberg gemacht. Mein Praktikumstag begann um 8 Uhr damit, dass die Ausbildungsleiterin Frau Suhrke mir die Auszubildende Laura vorstellte. Ich erhielt ein grünes Arbeits-T-Shirt, ~~das ich sofort in der Umkleide anzog~~. Anschließend erläuterte sie, welche Aufgaben ich im Verlauf des Tages kennenlernen sollte.

Von 8:15 Uhr bis 10:30 Uhr gingen Laura und ich zur Außenverkaufsfläche, um dort die Pflanzen zu gießen. Laura gab mir eine Gießkanne und erklärte mir, dass ich beim Gießen der Pflanzen darauf achten sollte, nicht zu viel Wasser zu verwenden. Auf einer Präsentationsfläche stand die Aufschrift „Stauden“. Als ich nachfragte, erklärte mir Laura, dass das Pflanzen sind, die jedes Jahr erneut blühen. Außerdem schnitt Laura die Sträucher mit der Gartenschere zurück.

Um neun Uhr begann unsere fünfzehnminütige Frühstückspause.

Dann erstellten wir nach Rücksprache mit der Abteilungsleiterin Etiketten, auf denen stand, um wieviel Prozent der Preis bestimmter Waren reduziert werden sollte. Diese Aufkleber werden an der Kasse gescannt, sodass der neue Preis automatisch berechnet wird.

Mittags haben wir gemeinsam bei Bäckerei Grothe etwas zu essen bestellt. Dass jemand am Nachbartisch die ganze Zeit Audios abspielte, hat mich richtig genervt.

Nach der Mittagspause bekamen wir von 12:30 Uhr bis 14:30 Uhr die Aufgabe, die neu gelieferte Ware zu prüfen. Dazu gab mir Laura den Lieferschein und teilte mir mit, dass ich hinter die Waren, die in der angegebenen Stückzahl geliefert worden waren, einen Haken machen sollte. Dabei stellten wir fest, dass von dem Düngemittel „Oskorna animalin“ zwei Säcke zu wenig geliefert worden waren. Laura teilte dies der Ausbildungsleiterin mit, die die Mitarbeiterinnen und Mitarbeiter in der Buchhaltung bat, sich mit dem Lieferanten in Verbindung zu setzen.

Zuletzt füllten wir die neu gelieferte Ware in den Regalen auf.

Um 16 Uhr endete mein Praktikumstag im Gartenbaucenter.

absolviert

Uhrzeit stimmt nicht

falsche Tätigkeit

eine Tätigkeit fehlt

von wann bis wann? / wie lange?

2 Einiges ist Tom in seinem Tagesbericht schon gut gelungen:

Digital+ Textvorlage WES-126428-142

– Gib wieder, welche Informationen der Einleitungssatz enthält. Beachte dazu auch Hinweis 1a) in der **LERNBOX** auf Seite 190.
Schreibe so: Datum des BFE-Tages: 09.04.20…, Berufsfeld/Ausbildungsberuf: …

– Welche Fachbegriffe hat Tom verwendet (**LERNBOX**, 2b)? Markiere diese blau.

– Welche **Zeitangaben** und **-adverbien** nutzt Tom, um die Reihenfolge im Tagesverlauf darzustellen (**LERNBOX**, Hinweis 2c)? Markiere diese grün.
– Welche Zeitform verwendet Tom in seinem Tagesbericht? Markiere die Verben lila, um die Zeitform zu ermitteln. Beachte auch Hinweis 2d) der **LERNBOX**.

An zwei Stellen verwendet Tom die Zeitform Präsens. Was drückt er damit aus? Beachte Hinweis 2 d) in der **LERNBOX**.

» Fachwortschatz, S. 202

3 Einige Stellen muss Tom im gesamten Bericht noch verändern. Überarbeite sie:
a) Untersuche, ob Tom sämtliche Zeiten, Orte, Tätigkeiten und Arbeitsmittel korrekt wiedergegeben hat. Setze die Korrekturzeichen am Rand fort.

Du musst einmal die Uhrzeit verbessern. Einmal ist eine falsche Tätigkeit angegeben. Ein Arbeitsschritt fehlt vollständig. Zweimal ist die genaue Dauer der Tätigkeit nicht angegeben. Ein Arbeitsschritt ist nicht ausführlich genug dargestellt. Streiche zwei überflüssige Informationen (Z. 4–5, Z. 20–21).

Achte auf: korrekte Angabe der Uhrzeiten, korrekte Angabe der Tätigkeiten, Vollständigkeit aller Tätigkeiten, Angabe der genauen Dauer der Tätigkeiten, ausreichend ausführliche Darstellung der Tätigkeiten, überflüssige Informationen.

Arbeite selbstständig und orientiere dich an der **LERNBOX**.

b) Vergleicht eure Ergebnisse miteinander. Nutzt dazu die **LERNBOX**.

Korrekturzeichen:
|–| = streichen
⌐ = erweitern
└×┘ = ersetzen

4 **a)** Welche der Fähigkeiten, die Tom im Schülerladen erworben hat (siehe seine Bewerbung auf Seite 185), konnte er im Gartenbaucenter unter Beweis stellen? Tauscht euch darüber aus.
b) Würdest du gerne einen BFE-Tag als Einzelhandelskaufmann im Gartencenter absolvieren? Begründe.

» Freiraum, S. 203

Digital+
Steckbrief Einzelhandel
WES-126428-143

LERNBOX

So verfasst du einen Tagesbericht:

1. Diese Inhalte gehören in einen Tagesbericht:
   a) Formuliere einen **Einleitungssatz**, der diese Informationen enthält: **Datum des BFE-Tages**, **Berufsfeld** oder **konkreter Ausbildungsberuf**, **Betrieb/Firma**, **Ort**.
   b) Berichte detailliert über deinen Tagesablauf und gib folgende Informationen an:
      - den **Tätigkeitszeitraum**, z. B. *von 8:00 Uhr bis 10:00 Uhr pflegten wir die Pflanzen*,
      - den **Ort**, z. B. *Außenverkaufsfläche/Büro/Lager*,
      - deine **Tätigkeiten**, z. B. *Erstellen neuer Etiketten*
      - sowie die **Werkzeuge** und **Materialien**, die du verwendet hast, z. B. *Gartenschere, Gießkanne, PC*.
2. So formulierst du:
   a) Schreibe **sachlich** und **genau** und verzichte auf **persönliche Kommentare**.
   b) Nutze **Fachbegriffe**, die zum Berufsfeld gehören, und verwende für die Tätigkeiten **treffende Verben**, z. B. *Etikettieren der neuen Ware*.
   c) Achte auf **unterschiedliche Satzanfänge**, z. B. *Um acht Uhr… / Dann… / Nach der Mittagspause …*
   d) Schreibe im **Präteritum**. Das **Präsens** verwendest du nur für **allgemeingültige Aussagen**, z. B. *Der Abteilungsleiter begrüßte uns.* (Präteritum) *Stauden blühen jedes Jahr.* (Präsens)
3. Lies dir das Tagesprotokoll noch einmal durch und überprüfe, ob **Rechtschreibung** und **Zeichensetzung** korrekt sind.

Sprachbörse

Ein Telefongespräch führen

Guten Tag, mein Name ist ... – Ich bin Schüler/-in der ... Klasse der ... Schule. – Ist es möglich, bei Ihnen einen meiner BFE-Tage zu absolvieren? – Ich suche einen Praktikumsplatz für ... als ... – Ich möchte gerne einen Einblick in das Berufsfeld ... erhalten. – Die BFE-Tage finden vom ... bis zum ... statt. – Können Sie mir Ihre E-Mail-Adresse buchstabieren? – Danke für Ihre Hilfe. – Auf Wiederhören!

Kurzbewerbung

Sehr geehrter Herr ..., / Sehr geehrte Frau ..., – Am ... findet an unserer Schule ein BFE-Tag statt. – Um einen Einblick in das Berufsfeld ... zu erlangen, würde ich diesen Tag gerne in Ihrem Unternehmen verbringen. – Ich interessiere mich sehr für ... / Ich kann gut ... / Ich habe schon oft ... – Ich besuche die ... Klasse der ... Schule. – Ich freue mich auf Ihre Rückmeldung! – Mit freundlichen Grüßen

Tagesbericht

Einleitung:
Mein Tagespraktikum/mein BFE-Tag im Berufsfeld ... fand am ... bei der Firma ... in ... statt.

Satzanfänge:
Als Erstes ... – Dann ... – Danach ... – Von acht bis zwölf Uhr ... – Um viertel vor elf ... – Um dreizehn Uhr ... – Anschließend ... – Zuletzt ...

Arbeitsorte:
die Verkaufsfläche – das Büro – das Lager – die Produktionshalle – das Labor – die Ausleihtheke – die Jugendbuchabteilung – der Backoffice-Bereich – die Werkstatt

Tätigkeiten:
beauftragt werden – Ware etikettieren – Produkte einsortieren – Versuche aufbauen – Proben auswerten – Bücher einbinden – Medien katalogisieren – Schrauben nachziehen – den Ölstand messen ...
Zeitform Präteritum: ich <u>goss</u> – ich <u>ging</u> – ich <u>erstellte</u> – ich <u>wurde</u> damit <u>beauftragt</u> – ...

Werkzeuge/Hilfsmittel/Materialien:
der Rollwagen – die Gartenschere – der Lieferschein – der Messbecher – der Bunsenbrenner – der Barcode-Scanner – der Medienwagen – das Buchungssystem – der Werkzeugwagen – der Zahnriemen – die Hebebühne – der Drehmomentschlüssel

Ein Tag als Chemielaborantin I

Fachsprache verwenden

IT und Naturwissenschaft

Klara absolviert einen BFE-Tag als Chemielaborantin in der Firma „Bio fix + frisch“. Zuerst wird sie durch die Produktionshalle geführt.

1 Betrachte die Abbildung der Produktionshalle:

a) Beschreibe, was sich dort befindet. Ordne dazu die **Fachbegriffe** aus der **SPRACHBOX** den passenden Ziffern in der Abbildung zu.
Schreibe so: 1) – der Kessel

b) Vermute, was mit den Gegenständen und Materialien gemacht wird bzw. wozu sie dienen. Nutze dazu passende Verben und unterstreiche die Fachbegriffe.
Schreibe so: Der Dünger wird aus den Kesseln in die ... abgefüllt. Auf den ...

Nutze die folgenden Verben: *abfüllen – nicht überschreiten – stapeln – lagern – transportieren.*

c) Beschreibe, wie die Mitarbeiterinnen und Mitarbeiter gekleidet sind, und überlege, warum sie nicht in ihrer Alltagsbekleidung in der Produktionshalle arbeiten. Nutze die **SPRACHBOX**.

SPRACHBOX

zu **1** a)
das Förderband – die Grenzmarkierung – der Dünger – der Kanister – der Kessel – die Palette – die Kühlkammer

zu **1** c)
der Laborant/die Laborantin – der Schutzanzug – die Schuhüberzieher – die Haube

» Fachwortschatz, S. 202

» Sprache untersuchen, S. 284

Anschließend führt die Ausbilderin Klara auch durch das Labor:

2 Gib wieder, womit die Personen im Labor arbeiten und was sie genau tun.
Schreibe so: Ein Mitarbeiter misst mit dem Messbecher Chemikalien ab. Eine Laborantin ...

Nutze diese Ausdrücke, um die Tätigkeiten genau zu beschreiben: *abmessen – erhitzen – abwiegen – Ergebnisse protokollieren – untersuchen.*

AH S. 39, S. 63

Nach dem BFE-Tag hat Klara einen Tagesbericht geschrieben:

Ein Tag als Chemielaborantin

(A) Mein Tagespraktikum absolvierte ich am 08.04.20... bei der Firma „Bio fix + frisch“, die umweltschonenden Bio-Dünger entwickelt und herstellt. Das Praktikum begann um 7:30 Uhr morgens im Büro der Chefin, die mir eine schlabberige weiße Jacke und eine Plastikhose gab. Bei der Arbeit musste ich auch dicke Schuhe tragen.
Anschließend führte mich der Ausbildungsleiter mit einer Jugendlichen, die noch nicht so lange dort arbeitet, in das Haus, in dem die Düngemittel hergestellt werden. Hier konnte ich beobachten, wie das Zeug aus großen Kesseln in Plastikteile abgefüllt und diese auf langen fahrenden Bahnen transportiert wurden, um später auf quadratischen Holzbrettern gestapelt zu werden.

einen Schutzanzug, Überzieher und eine Haube

Arbeitsschuhe

Fachbegriff?

Fachbegriff?

(B) Danach nahm mich ein Mitarbeiter mit in den Raum, in dem die Düngemittel entwickelt werden. Hier standen Pötte und Vasen in verschiedenen Formen auf langen weißen Tischen herum, an denen die Labor-Menschen arbeiteten. Ich durfte einer Dame zuschauen, die in einem Reagenzglas über einem Bunsenbrenner eine stinkende Brühe machte. Ein Lehrling schüttete verschiedene Flüssigkeiten in einen Becher mit Strichen darauf. Berühren oder ausprobieren durfte ich in dem Entwicklungsraum nichts, da die Arbeitsmittel gefährlich sind.
Zum Abschluss des Tages besuchte ich nochmals die Chefin von „Bio fix + frisch“, die mir von den Anforderungen erzählte, die in der Ausbildung an mich gestellt würden.
Um 15:00 Uhr gab ich meine Kleidung ab und beendete mein Tagespraktikum.

3 **a)** Lies Klaras Tagesbericht und gib ihre Tätigkeiten im Tagespraktikum wieder.
b) Besprecht zu zweit: Was habt ihr verstanden, welche Dinge sind unklar geblieben?

Digital+ Textvorlage WES-126428-144

4 Überarbeite Klaras Tagesbericht. Gehe dazu so vor:
a) Schau dir die eingefügten Korrekturzeichen und -vorschläge in Teil (A) an und stelle fest, was Klara verändern sollte. Lies dazu auch die **LERNBOX** und nutze die Wörter aus der **Sprachbox** von Seite 192.
b) Ergänze die fehlenden Korrekturzeichen in Teil (B) des Textes. Markiere ungenaue oder falsche Ausdrucksweisen und ersetze sie. Nutze zur Überarbeitung die Fachbegriffe aus den Abbildungen auf Seite 192.

» Freiraum, S. 203
» Sprache untersuchen, S. 285
» Richtig schreiben, S. 295 & 306

LERNBOX

So nutzt du in einem Tagesbericht Fachsprache:

1. Fachsprache ist eine **Sprachvarietät**, die in bestimmten **Berufen** oder **Fachgebieten** verwendet wird. Sie umfasst **Fachbegriffe**, mit denen **Werkzeuge, Materialien** und **Tätigkeiten** präzise benannt werden können, z. B. *Schutzkleidung, abmessen*.
2. Fachsprache enthält oftmals **Begriffe**, die in unserer **Alltagssprache nicht verwendet** werden.
3. Du kannst mit Fachsprache deinen Tagesbericht **präziser** und **kürzer** gestalten, z. B. *Ich musste* Sicherheitsschuhe *tragen* statt *Ich musste Schuhe mit dicken Stahlkappen tragen*.
4. Mit Fachsprache zeigst du, dass du bereits erste **Kenntnisse** in dem Berufsfeld erlangt hast.

Ein Tag als Chemielaborantin II

Fehlerschwerpunkte ermitteln

Klara hat in einem Text, der im BOB ausgehängt wurde, beschrieben, warum sie für einen ihrer BFE-Tage den Ausbildungsberuf der Chemielaborantin ausgewählt hat:

Digital+ Textvorlage WES-126428-145

Nachdem ich mir den Kurzfilm zum Beruf der Chemielaborantin auf berufe.tv
angesehen habe hatte ich großes Interese an diesem Ausbildungsberuf. So Z1, R1
habe ich mich im vorfeld informiert, welche Tätigkeiten im Labor anfallen. R2
In diesem Beruf werden Produkte wie Lebensmittel geprüft und chemische
Prozeße untersucht. Dabei werden unterschiedliche verfahren angewendet. R3, R4
Man darf sogar selbst Mesungen durchführen. Die Versuche müssen aber pro- R5
tokolliert werden. Die Ergebnisse kann man dann am PC auswerten. Da man
mitunter auch mit gefehrlichen Stoffen arbeitet müssen Sicherheits- und R6, Z2
umweltschutzvorschriften sorgfeltig eingehalten werden. Du arbeitest also R7, R8
entweder im Labor oder im Büro.
Die Beschäftigungsmöglichkeiten sind vielfeltig: Zum einen kann man in der R9
industrie oder an Instituten von Hochschulen arbeiten, zum anderen in Betrie- R10
ben, die chemische Untersuchungen durchführen. Auch im Umweltamt kann
man sich um einen Ausbildungsplatz in diesem Beruf bewerben.
Zwei drittel der Auszubildenden haben die Hochschulreife. R11

1 Lest den Text und tauscht euch aus: Was will Klara mit ihrem Text erreichen? Warum hängt er im BOB aus?

2 **a)** Klaras Text enthält noch einige Rechtschreib- und Zeichensetzungsfehler. Finde die Fehler im Text und markiere sie.

b) Führe eine **Fehlerschwerpunktanalyse** durch. Zähle in der Tabelle, wie häufig welche Fehlerart auftritt. Lies dazu auch die **LERNBOX**.

Fachwortschatz, S. 202

c) Verbessere die Fehler und überlege, welche **Rechtschreib- oder Zeichensetzungsstrategie** dabei jeweils helfen könnte. Schreibe so:
R1: das Interesse → In-te-res-se (A Silbenprobe)

Fachwortschatz, S. 202

Fehlerart:	Anzahl:
Großschreibung	
Schreibung der s-Laute	
Schreibung von e/ä	
Zeichensetzung im Satzgefüge	

Wende die folgenden Strategien an: *Artikelprobe/Signalwörter – Silbenprobe – Ableitungsprobe – Sinneinheiten bilden – Erkennungszeichen beachten.*

Orientiere dich an den Seiten 310–311 im Kapitel „Richtig schreiben".

Digital+ Steckbrief Chemielaborant/-in WES-126428-146

LERNBOX

So führst du eine Fehlerschwerpunktanalyse durch:

1. Um deine Rechtschreibung und Zeichensetzung zielführend zu **verbessern**, musst du dir deine **Fehlerschwerpunkte** bewusst machen.
2. Sortiere deine Fehler dafür in Kategorien und zähle die Fehler pro Kategorie.
3. Mache dir klar, mithilfe welcher Rechtschreib- oder Zeichensetzungsstrategie du deine Fehler vermeiden kannst. Du kannst dir auch eine **Textkorrekturkarte** anlegen und diese beim Schreiben nutzen.

Richtig schreiben, S. 310–311

Fachwortschatz, S. 202

Ein Tag als Fachangestellter für Medien

Einen Tagesbericht überarbeiten

Soziales und Kultur

Dennis hat einen Praktikumstag als Fachangestellter für Medien und Informationsdienste mit Fachrichtung Bibliothek in der städtischen Bücherei in Arnsberg absolviert.

1 Überlegt gemeinsam, welche Aufgaben ein Fachangestellter oder eine Fachangestellte für Medien und Informationsdienste mit Fachrichtung Bibliothek täglich erledigt. Bedenkt dabei die folgenden Fragen:
- Mit welchen Medien wird in der Bücherei gearbeitet?
- Wer besucht eine Bücherei und warum?
- Welche Tätigkeiten sieht die Kundin bzw. der Kunde nicht, da sie im Backoffice-Bereich[1] einer Bibliothek erledigt werden?

[1] **das Backoffice:** Bereich eines Unternehmens, der nicht direkt mit den Kunden zu tun hat

2 Vergleiche deine Ideen aus Aufgabe **1** mit der Bilderfolge zu Dennis' Tag. Was hat er tatsächlich gemacht?

Tagesprotokoll vom 08.04.20...

Uhrzeit	Ort der Tätigkeit	Tätigkeiten	Werkzeuge und Materialien
8:30 – 8:45	Bücherei	Begrüßung durch Herrn Klein, den Leiter der Bibliothek, Führung durch die Bücherei; ich arbeite mit Anna, der Auszubildenden, zusammen	
8:45 – 10:00	Ausleihtheke	Arbeit am PC, Verbuchen von zurückgegebenen Medien, Gespräche mit Leserinnen und Lesern, Vorsortieren der zurückgegebenen Bücher	PC, Handscanner, Medienwagen
10:00 – 12:30	Jugendbuchabteilung	Einräumen der Bücher in die passenden Regale, Sortieren der Bücher nach Autorenkürzel, Kontrollieren einsortierter Bücher	Bücherregale, Informationsschilder, vorsortierte Bücher auf Medienwagen
12:30 – 13:00	Einkaufszentrum	Mittagspause	
13:00 – 14:30	Büro	Lieferung neuer Bücher, Katalogisieren der Bücher: Aufkleben von Barcodes, Erfassen und Hinzufügen von Informationen in das Verleihsystem	PC; Programm Webopac, Barcodes, Barcodescanner
14:30 – 16:00	Büro	Medieneinband	Rakel, Klebefolie, Schere

Digital+
Textvorlage
WES-126428-147

SPRACHBOX

Verben:
bestellen – katalogisieren – folieren – sortieren – ausbuchen – verleihen

Nomen:
die Ausleihe – die Rückgabe – der Medienwagen – der Barcodescanner – die Ausleihtheke – das Autorenkürzel

3 **a)** Lies das Tagesprotokoll von Dennis. Tauscht euch zu zweit über seinen Tag aus. Welche Aufgaben hätten euch gefallen, welche eher nicht?
b) Ergänze mithilfe der Bilder (S. 195) weitere Angaben.

4 **a)** Auf der Grundlage seines Protokolls hat Dennis später einen Tagesbericht verfasst (Seite 197). Prüfe und überarbeite diesen mithilfe der Checkliste. Nutze die Korrekturzeichen und setze die Anmerkungen am Rand fort.

In Absatz (A) musst du Folgendes korrigieren: *Überschrift ergänzen, Einleitung vervollständigen, einen fehlenden Arbeitsschritt ergänzen, zwei Arbeitsschritte in die richtige Reihenfolge bringen, überflüssige Information streichen (2 x), ungenauen Fachbegriff ersetzen, Rechtschreib- und Zeichensetzungsfehler: 2 x ie statt i, 1 x ll statt l, 2 x Komma vor das/dass und richtige Schreibung das/dass, 1 x Komma vor ob, 1x Komma vor damit.*
In Absatz (B) musst du Folgendes korrigieren: *falsches Tempus (1 x), überflüssige Information streichen (2 x), Kommasetzung im Satzgefüge (2 x), Schreibung von s-Lauten (2 x), Tätigkeit genauer beschreiben (1 x).*

Orientiere dich im ersten Absatz an den Korrekturzeichen am Rand. Achte im zweiten Absatz auf: *falsches Tempus (1 x), überflüssige Information (2 x), Kommasetzung im Satzgefüge (2 x), Schreibung von s-Lauten (2 x), Ausführlichkeit der Information (1 x).*
b) Schreibe den überarbeiteten Tagesbericht ab.

c) Zu welchen Fehlerschwerpunkten sollte Dennis üben? Benenne sie.

Korrekturzeichen:
= ersetzen
= streichen
= erweitern
= Reihenfolge
R = Rechtschreibfehler
T = Fehler in der Zeitform

AH S. 40–41
Freiraum, S. 203

Tagesbericht vom 08.04.20...

(A) Ich absolvierte mein Tagespraktikum in der Städtischen Bücherei. Ich wurde Anna zugewiesen, die im zweiten Ausbildungsjahr ist ~~und neben uns wohnt~~.
Von 8:45 Uhr bis 10:00 Uhr haben wir die zurückgegebenen Bücher in die zugehörigen Regale einsortirt. Die Kategorien auf dem Buchrücken stimmen mit den Beschriftungen auf den Regalen überein. Deswegen bin ich mit dem Rollwagen an die einzelnen Regale gefaren und habe die Bücher alphabetisch eingeordnet. Beim Durchgang durch die Regale der Kinderabteilung erklärte mir Anna das die Kategorien zum Teil nicht eingehalten wurden und Jugendbücher in der Kinderecke standen. Daraufhin kontrolierten wir ob die Bücher in den richtigen Regalen standen und alphabetisch nach Autor sortirt waren. Irgendwie hatte ich den Eindruck, die wollten uns beschäftigen.
Anschließend bat uns Herr Klein, von 10:00 Uhr bis 12:30 Uhr an der Ausleihtheke auszuhelfen. Anna erklärte mir das ich die Bücher nach den Kategorien auf dem Buchrücken auf dem Medienwagen einsortiren soll. Eine Leserin gab über fünfzehn Bücher zurück und tauschte sich mit Anna über deren Inhalte aus. Anna zeigte mir, wie Medien verbucht und ausgeliehen werden. Man muss die Bücher mit so einer Leuchtpistole fotografieren damit im System gespeichert wird, wer diese Medien mitgenommen hat und wann sie wieder abgegeben werden müssen.
(B) Danach mache ich eine halbe Stunde im Einkaufszentrum Pause. Dort traf ich auch meine Grundschullehrerin Frau Koch.
Da wir einen Karton mit neuen Büchern erhalten haben zeigte mir Anna, wie die Bücher in das Verleihsystem aufgenommen werden. Dazu bekommt jedes Buch einen mehrstelligen Zahlencode, der auf die Rückseite des Einbandes geklebt wird. Um die Bücher dem Bestand hinzuzufügen, muss man nun den Zahlencode sowie die ISBN-Nummer scannen und die dazugehörigen Daten aus dem Internet suchen. Anschließend speichert man alle Informationen und pflegt alle weiteren Bücher ins System ein. Als ich die Bücher in die Regale räumen wollte musste Anna laut lachen. Das hat mich etwas irritiert. Sie meinte dann, dass die Kategorien und Autorenkürzel noch erstellt werden müssen und das Buch anschliessend noch in eine Klebefolie eingefast werden muss.
Deswegen haben wir uns durchsichtige Folie besorgt und die Bücher damit eingeschlagen. Die Zeit in der Bücherei ist richtig schnell vergangen.

Überschrift
R
Medienwagen
R
Z R
R Z
R
Z R
R
Z
Reihenfolge Tätigkeiten

CHECKLISTE

Einen Tagesbericht überarbeiten

1. Sind im **Einleitungssatz** alle wichtigen Informationen enthalten (Datum, Berufsfeld/Beruf, Betrieb/Firma, Ort)? ☑
2. Wurden die **Angaben** aus dem Tagesprotokoll **vollständig, korrekt** und **in der richtigen Reihenfolge** wiedergegeben? ☑
3. Ist die Ausdrucksweise **genau** und **sachlich** und wurden **Fachbegriffe** verwendet? ☑
4. Wurden **unwichtige Informationen** und **persönliche Kommentare weggelassen**? ☑
5. Drücken die **Satzanfänge** die zeitliche **Reihenfolge der Tätigkeiten** aus und sind sie **abwechslungsreich**? ☑
6. Wird **im Präteritum** bzw. **Allgemeingültiges im Präsens** formuliert? ☑
7. Sind **Rechtschreibung** und **Zeichensetzung** korrekt? ☑

Digital+
Textvorlage
WES-126428-148

Digital+
Steckbrief
Fachangestellte/-r Bibliothek
WES-126428-149

Einen Tagesbericht überarbeiten

Lebensmittel und Gastgewerbe

Linus hat seinen BFE-Tag am 07.04.20... als KFZ-Mechatroniker im Autohaus Friedrich absolviert.

…

Digital+
Steckbrief KfZ-Mechatroniker/-in
WES-126428-150

Linus' Tagesprotokoll:

Uhrzeit	Ort der Tätigkeit	Tätigkeiten	Werkzeuge und Materialien
8:00 – 8:15	Büro	Der Chef begrüßt mich und klärt mich über die Unfallverhütungsvorschriften auf. Ich arbeite mit Moritz, einem der Azubis.	
8:15 – 9:15	Werkstatt	Montage eines Zylinderkopfes, Auflegen des Zahnriemens, Inbetriebnahme des reparierten Motors	Werkzeugwagen mit Werkzeugen, Zahnriemen, Zylinderkopf
9:15 – 9:30	Küche	Frühstück, ein Mitarbeiter hat Geburtstag und gibt Brötchen aus	
9:30 – 12:30	Werkstatt	Weiterarbeit am Zylinderkopf, Inbetriebnahme des Fahrzeugs	siehe oben
12:30 – 13:00	Baumarkt	Wir fahren in die Imbissbude am Baumarkt und bestellen uns Döner.	
13:00 – 14:00	Werkstatt	Durchführen eines Ölwechsels, ich darf anschließend mit dem Ölmessstab prüfen, ob der Ölstand stimmt	Hebebühne, Werkzeugwagen, Öl, Ölfilter, Trichter, Auffangwanne, Schrauber
14:00 – 14:30	Werkstatt	Überprüfung und anschließender Austausch einer Autobatterie	Batterietester, Ringschlüssel, neue Autobatterie
14:30 – 16:00	Werkstatt	Fahrzeugwartung an einem Kleinwagen, weitere Mängel werden notiert und mit dem Chef wird abgesprochen, wie es weitergeht, fehlende Teile werden nach Rücksprache mit dem Kunden bestellt	elektronischer Wartungsplan, Tablet zur Auftragserfassung, Werkzeug

Einen Tagesbericht überarbeiten

Überarbeite Linus' Tagesbericht. Gehe dabei so vor:

a) Plane deine Überarbeitung, indem du die am Rand gekennzeichneten Korrekturen im Text findest und umsetzt. Vergleiche dazu den Tagesbericht mit dem Tagesprotokoll. Achte auf:
- eine vollständige Einleitung,
- vollständige und korrekte Angaben zu Zeiten, Orten, Personen, Tätigkeiten,
- die richtige Fachsprache,
- passende und abwechslungsreiche Satzanfänge,
- die korrekten Zeitformen, insbesondere Präteritum,
- eine fehlerfreie Rechtschreibung und Zeichensetzung.

b) Schreibe den überarbeiteten Tagesbericht fehlerfrei auf.

Digital+ Textvorlage WES-126428-151

Mein Tag als Autoschrauber	
Letzten Donnerstag fand im Niedereimer Feld der Berufsfelderkundungstag statt.	
Gegen 7:00 Uhr wurde ich vom Chef in der Annahme persönlich begrüßt. Dann stellte er	
mir seinen Auszubildenden Moritz vor, den ich aber schon aus dem Schützenverein	
kannte. Der Chef teilte mir mit, dass ich an diesem Tag mit Moritz zusammenarbeiten	H
soll.	
Moritz hatte am Vortag einen Motor auseinandergebaut und musste von viertel nach	
acht bis halb eins den Zylinderkopf erneuern. Dazu ruft er an seinem Laptop die Repe-	T rief, R
raturanleitung auf, in der Schritt für Schritt erklärt wird, wie das an dem Farzeugtyp ge-	R
macht werden muss. Er erklärte mir, wie die einzelnen Werkzeuge heißen, und diese	
reiche ich ihm dann an. Das ist teilweise richtig fuckelig und er flucht immer wieder,	, T, H
wenn er an einzelne Stellen schlecht drankommt.	
Um 9:15 Uhr ist erstmal Frühstück, der Meister gibt an diesem Tag Brötchen aus, weil er	T, H
Geburtstag hat.	
Dann arbeiteten wir weiter an dem Zylinderkopf. Gegen Mittag war es dann soweit: Der	Wann genau?
Chef hatte Moritz' Arbeit kontrolliert die Reparaturanleitung war abgearbeitet und der	Z
große Moment war gekommen: Moritz dreht den Zündschlüssel um, und der Motor	H, T
sprang an. Der Wagen konnte aus der Werkstatt gefahren werden.	
In der Mittagspause fahren wir zum Baumarkt und bestellen uns Döner. Da fahre ich	T H
nochmal hin.	
Dann hat Moritz den Auftrag erhalten, einen Ölwechsel zu machen. Dazu hat er sich die	Uhrzeit?
benötigten Teile im Lager geholt. Er sagt mir, wie man die Ölablassschraube so löst dass	T Z
einem die Brühe nicht über die Flossen läuft. Es gelang. Wir ließen das Öl ab, setzten	
den neuen Ölfilter ein und befüllen den Motor mit neuem Öl. Ich durfte nach dem Öl-	T
wechsel mit dem Ölmessstab prüfen, ob der Ölstand stimmt.	
Dann führen wir eine Fahrzeugwartunk an einem Kleinwagen laut elektronischem War-	Uhrzeit? T R
tungsplan durch. Wir stellen weitere Mängel fest und informiren den Chef der mit dem	T R Z
Kunden absprach, wie es weitergehen sollte, und welche zusätzlichen Kosten dadurch	Z
entstehen würden.	
Um 16 Uhr geht ein spannender Arbeitstag zu Ende.	T

Einen Tagesbericht überarbeiten

Überarbeite Linus' Tagesbericht. Gehe dabei so vor:

a) Plane deine Überarbeitung, indem du die Korrekturen am Rand fortsetzt. Nutze dazu die Korrekturzeichen (siehe S. 196). Vergleiche dazu den Tagesbericht mit dem Tagesprotokoll. Achte auf:
   - eine vollständige Einleitung,
   - vollständige und korrekte Angaben, z. B. zu Zeiten, Orten, Personen, Tätigkeiten,
   - die richtige Fachsprache,
   - passende und abwechslungsreiche Satzanfänge,
   - die korrekten Zeitformen,
   - eine fehlerfreie Rechtschreibung und Zeichensetzung.

b) Schreibe den überarbeiteten Tagesbericht fehlerfrei auf.

Digital+ Textvorlage WES-126428-15

Mein Tag als Autoschrauber

Letzten Donnerstag fand im Niedereimer Feld der Berufsfelderkundungstag statt. Gegen 7:00 Uhr wurde ich vom Chef in der Annahme persönlich begrüßt. Dann stellte er mir seinen Auszubildenden Moritz vor, den ich aber schon aus dem Schützenverein kannte. Der Chef teilte mir mit, dass ich an diesem Tag mit Moritz zusammenarbeiten soll.

Moritz hatte am Vortag einen Motor auseinandergebaut und musste von viertel nach acht bis halb eins den Zylinderkopf erneuern. Dazu ruft er an seinem Laptop die Reperaturanleitung auf, in der Schritt für Schritt erklärt wird, wie das an dem Farzeugtyp gemacht werden muss. Er erklärte mir, wie die einzelnen Werkzeuge heißen, und diese reiche ich ihm dann an. Das ist teilweise richtig fuckelig und er flucht immer wieder, wenn er an einzelne Stellen schlecht drankommt.

Um 9:15 Uhr ist erstmal Frühstück, der Meister gibt an diesem Tag Brötchen aus, weil er Geburtstag hat.

Dann arbeiteten wir weiter an dem Zylinderkopf. Gegen Mittag war es dann soweit: Der Chef hatte Moritz' Arbeit kontrolliert die Reparaturanleitung war abgearbeitet und der große Moment war gekommen: Moritz dreht den Zündschlüssel um, und der Motor sprang an. Der Wagen konnte aus der Werkstatt gefahren werden.

In der Mittakspause fahren wir zum Baumarkt und bestellen uns Döner. Da fahre ich nochmal hin.

Dann führen wir eine Fahrzeugwartunk an einem Kleinwagen laut elektronischem Wartungsplan durch. Dabei kann ich Moritz zur Hand gehen indem ich wieder die Werkzeuge anreiche. Wir stellen weitere Mängel fest und informiren den Chef, der mit dem Kunden absprach, wie es weitergehen sollte und welche zusätzlichen Kosten dadurch entstehen würden.

Dann hat Moritz den Auftrag erhalten, einen Ölwechsel zu machen. Dazu hat er sich die benötigten Teile im Lager geholt. Er sagt mir, wie man die Ölablassschraube so löst dass einem die Brühe nicht über die Flossen läuft. Es gelang. Wir ließen das Öl ab, setzten den neuen Ölfilter ein und befüllen den Motor mit neuem Öl. Ich durfte nach dem Ölwechsel mit dem Ölmesstab prüfen, ob der Ölstand stimmt.

Um 16 Uhr geht ein spannender Arbeitstag zu Ende.

LERNBEGLEITBOGEN

Einen Tagesbericht überarbeiten

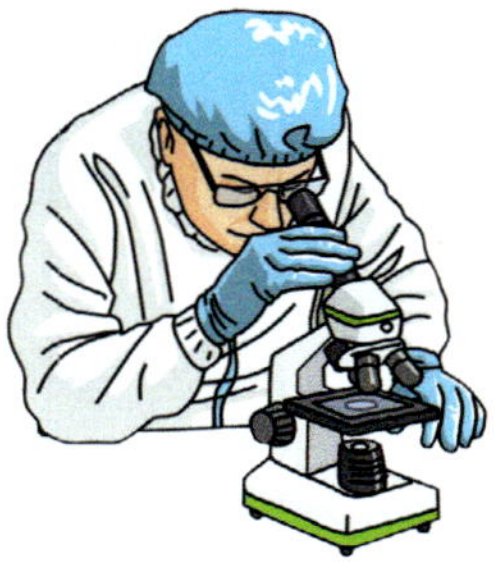

Kompetenz / Inhalt	Selbsteinschätzung ☺ 😐 ☹	Fremdeinschätzung ☺ 😐 ☹	Bemerkungen	Hier kannst du weiterüben:
Ich kann ...				
Vorgehensweisen zur Berufswahlorientierung benennen und Tipps formulieren. (S. 178–179)				SB, S. 289–290 AH, S. 37–38
mithilfe eines Onlineportals einen Platz für ein Tagespraktikum suchen. (S. 180–182)				
mithilfe eines Telefonplans zielgerichtet Telefongespräche führen. (S. 183–184)				SB, S. 289–290
eine Kurzbewerbung untersuchen und selbst eine E-Mail erstellen. (S. 185–186)				
ein Protokoll für ein Tagespraktikum anlegen und überarbeiten. (S. 187–188).				SB, S. 265–266
einen Tagesbericht nach vorgegebenen Kriterien untersuchen und überarbeiten. (S. 189–190)				
passende Formulierungen im jeweiligen Kontext verwenden. (S. 191)				
Fachsprache passend verwenden. (S. 192–193)				SB, S. 284, S. 285, S. 295, S, 306 AH, S. 38, S. 63
Fehlerschwerpunkte ermitteln und Rechtschreibstrategien anwenden. (S. 194)				SB, S. 310–311
einen Tagesbericht mithilfe einer Checkliste und Korrekturzeichen überarbeiten. (S. 195–197)				AH, S. 40–41

FREIRAUM

Diese Aufgaben aus dem Freiraum (S. 202) habe ich gemacht:	

AH = Arbeitsheft, SB = Schülerband

Fachbegriffe und Methoden

der Dateianhang	Du kannst jeder E-Mail eine beliebige Datei anhängen, zum Beispiel ein **Textdokument**, wie eine Aufnahmebestätigung für ein Praktikum, oder ein Bild.
das Drop-down-Menü	Mit einem Drop-down-Menü auf einer Webseite **öffnet sich** ein Fenster, das mehrere vorgefertigte **Auswahlmöglichkeiten** anzeigt. Bei der Jobsuche der Agentur für Arbeit kann man zum Beispiel die Auswahl treffen zwischen *Arbeit, Ausbildungsplatz, Praktikum* oder *Selbstständigkeit*. *Drop-down* ist Englisch und bedeutet *herunterfallen*.
Fachbegriffe / die Fachsprache	Um dich präzise ausdrücken zu können, ist es wichtig, **Fachsprache** zu verwenden, z. B. *Sicherheitsschuhe* statt *Schuhe mit Metallkappe und säurefester Sohle*. So zeigst du, dass du **Kenntnisse** in bestimmten Bereichen erworben hast, und kannst dich **prägnanter** und **fachlich richtig ausdrücken**.
die Fehlerschwerpunktanalyse	Mithilfe einer Fehlerschwerpunktanalyse kannst du **Rechtschreibprobleme** ermitteln und gezielt an der **Verbesserung deiner Rechtschreibkenntnisse** arbeiten.
der Filter	Wenn du bei einem Suchportal im Internet **Filter** setzt (z. B. auf *Praktikum* oder *Ausbildung*), werden dir nur **Ergebnisse** angezeigt, die diese **Kriterien** erfüllen. Auch durch die Eingrenzung des Umkreises auf eine maximale Entfernung vom Wohnort reduziert sich die Anzahl der Treffer.
das Icon	Bild oder **Piktogramm** in Anwendungsprogrammen oder Dateien, das auf dem Bildschirm angezeigt wird.
die Kurzbewerbung	Mit einem **Bewerbungsschreiben** kannst du dich schriftlich per Mail um einen Berufsfelderkundungstag bewerben. Du teilst dem Unternehmen darin den Grund deines Schreibens mit und ergänzt, in welcher Jahrgangstufe du bist und welche Schule du besuchst. Auch gibst du an, unter welcher Telefonnummer du erreichbar bist. Sollte der Betrieb mehr Informationen von dir benötigen, wird er diese anfordern.
das Tagesprotokoll	In einem Tagesprotokoll notierst du **tabellarisch in Stichpunkten**, was du im Verlauf eines Praktikumstages gemacht hast. Du nennst in **chronologischer Abfolge** die **Zeiträume**, **Orte**, **Tätigkeiten** sowie die **Werkzeuge** bzw. **Hilfsmittel**, die du verwendet hast. Nutze dazu **Fachsprache**.
der Tagesbericht	In einem Tagesbericht fasst du die **wesentlichen Tätigkeiten** deines Berufsfelderkundungstages chronologisch geordnet und in ganzen Sätzen ausformuliert zusammen. Dazu verwendest du die Zeitform **Präteritum**.
der Telefonplan	Mit einem Telefonplan sammelst du zur Vorbereitung auf ein Telefonat **geordnet Informationen**, die für dein Telefongespräch wichtig sind. Bei der Bewerbung um einen Praktikumsplatz ist das z. B. das **Datum** des BFE-Tages, der **Name** deiner Ansprechpartnerin/deines Ansprechpartners, die **korrekte Bezeichnung** des Berufsfeldes und des **Ausbildungsberufes**, der dich interessiert.
die Textkorrekturkarte	Darauf notierst du deine Fehlerschwerpunkte und legst sie beim Korrekturlesen eines Textes daneben, um diese Fehler zu vermeiden. Ergänze die passende Rechtschreibstrategie, um sie dir für deine nächsten Texte einzuprägen.
die Rechtschreib- und Zeichensetzungsstrategie	**Rechtschreib-** und **Zeichensetzungsstrategien** sind Verfahren, die du anwenden kannst, um in Zweifelsfällen richtig zu schreiben oder deine Rechtschreibung und Zeichensetzung zu kontrollieren. Dazu gehören beispielsweise das *Verlängern von Wörtern*, das *Zerlegen von Wörtern* oder die *Betonungsprobe* als Rechtschreibstrategien, *Lesepausen beachten*, *Sinneinheiten bilden* oder *Signalwörter beachten* als Zeichensetzungsstrategien (vgl. S. 308–309).
der Screenshot	Ein Screenshot ist ein **Bildschirmfoto**, zum Beispiel von einem Laptop-Monitor. Du kannst Screenshots von deinem gesamten Desktop oder von Ausschnitten anfertigen.
die Zeitangaben und -adverbien	Wenn du die **Tätigkeiten im Verlauf eines Tages** darstellst, solltest du darauf achten, dass die Satzanfänge variieren: *als Erstes, von acht bis zwölf Uhr, dann, um dreizehn Uhr, anschließend, danach, schließlich, nach der Mittagspause, nach dem Gießen der Pflanzen, zuletzt, zum Abschluss des Praktikumstages ...*

1 Übe die Fachbegriffe mit den Karteikarten, die du im Webcode findest.

Digital+
Karteikarten
WES-126428-153

FREIRAUM

Aufgaben zum Weiterarbeiten

ZU SEITE 182

- Recherchiere, ob es für deinen Kreis bzw. deine kreisfreie Stadt ein Buchungsportal für BFE-Tage gibt.
- Alternativ zu einem Buchungsportal kannst du auch die App *AzubiWelt* oder die Seiten *www.girlsday.de* und *www.boysday.de* nutzen, um nach Plätzen für Tagespraktika zu suchen. Recherchiere in einem der Portale nach möglichen Plätzen für ein Tagespraktikum in einem Berufsfeld, das dich interessiert.

ZU SEITE 184

- Nehmt euer Telefongespräch zu zweit mit dem Handy auf und hört es euch anschließend an. Was fällt euch auf, das ihr beim Führen des Gesprächs nicht bemerkt habt? Achtet zum Beispiel auf: *euren Ausdruck – die Sprechgeschwindigkeit – Höflichkeit – die Genauigkeit und Klarheit der Informationen.*

ZU SEITE 190

- Öffne die Internetseite *www.berufe.tv*. Sieh dir dort den Kurzfilm an, in dem der Ausbildungsberuf „Einzelhandelskaufmann/-frau“ vorgestellt wird. Erstelle eine Mindmap und notiere die Aufgaben, die im Film erwähnt und gezeigt werden.

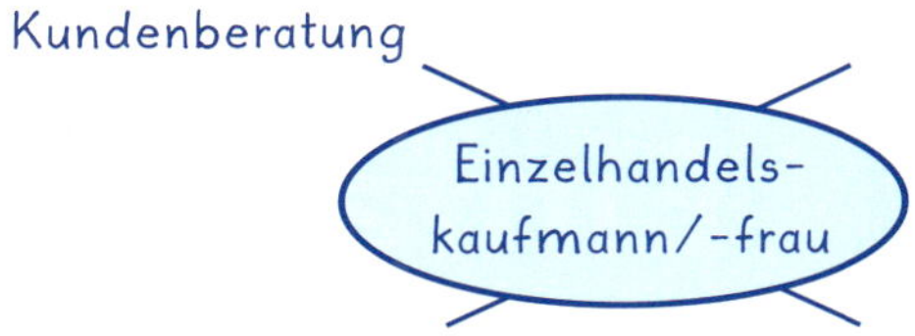

ZU SEITE 193

- In dem folgenden Suchsel sind sieben Fachbegriffe zum Beruf der Chemielaborantin/des Chemielaboranten versteckt. Finde diese.
- Erstelle eine Kartei mit Fachbegriffen zu einem Beruf, der dich interessiert. Du kannst dazu die Website *https://100fachbegriffe.planet-beruf.de* nutzen.

Z	P	E	Q	X	M	I	K	R	O	S	K	O	P	F
D	W	R	U	F	N	L	W	F	P	K	T	C	E	U
M	D	K	O	A	S	H	H	N	D	A	B	H	O	N
C	F	V	U	T	R	R	L	A	B	O	R	E	P	T
Q	A	A	J	N	O	H	Q	T	H	B	E	M	O	E
K	B	G	Q	B	U	K	H	N	Y	Y	R	I	U	R
X	M	H	F	B	J	J	O	B	R	U	F	K	Z	S
A	E	E	F	I	T	P	G	L	Q	Z	N	A	J	U
E	S	Z	D	V	T	H	I	A	L	E	B	L	R	C
R	S	B	Q	B	R	M	Z	V	L	I	K	I	R	H
D	E	B	K	A	R	E	N	W	U	K	E	E	I	E
I	N	F	U	M	S	C	Q	U	O	R	B	R	O	N
I	J	Y	X	L	Q	S	Z	E	N	H	B	U	E	
I	P	S	R	E	A	G	E	N	Z	G	L	A	S	N
M	B	U	N	S	E	N	B	R	E	N	N	E	R	Y

ZU SEITE 196

- Dennis und Anna erhalten den Auftrag, eine Liste mit Jugendbüchern zu erstellen, die neu angeschafft werden sollen. Hilf ihnen bei der Erstellung der Liste:
  - Worauf sollten sie bei der Auswahl der Bücher achten?
  - Welche Internetseiten könnten sie nutzen, um sich über aktuelle Jugendbücher zu informieren?
  - Welche Informationen über das Buch müssen sie notieren?

Paul ist 16 und in seinem Leben läuft alles schief: Er liebt Amira, seit diese mit elf Jahren in seine Klasse kam. Sie möchte jedoch nur mit ihm befreundet sein. Für sie singt er in Amiras Schulband „Going Under". Darin singen alle besser als er selbst, doch Amira hält ihn für einen „Girl-Magneten", der wichtig für den Erfolg der Band ist. Dabei träumt Paul davon, als DJ Karriere zu machen. Er streitet ständig mit seinem Vater und hat das Gefühl, ihm nichts recht machen zu können. Sein Leben scheint am Höhepunkt von „kompliziert" angekommen zu sein, als er sich auf die Suche nach seiner Mutter, genannt „K", macht. Das, was er dabei aufdeckt, verändert sein Leben grundlegend ...

Die preisgekrönte Autorin Tania Witte schreibt authentisch und mit viel Einfühlungsvermögen und Humor über die wichtigste Frage im Leben: Wer bin ich?
Empfohlen von der Jury des LUCHS-Preises von der ZEIT und Radio Bremen.
Von der Deutschen Akademie für Kinder- und Jugendliteratur als Jugendbuch des Monats nominiert (Dezember 2022).

Einfach nur Paul

1 Was erfährst du über die Figur Paul aus dem Jugendroman „Einfach nur Paul"? Nutze zur Beantwortung der folgenden Aufgaben die **SPRACHBOX**:

a) Lies die Zusammenfassung oben und notiere Informationen zu Paul in einem Cluster.

b) In den Zitaten aus dem Roman (S. 205 oben) spricht der Ich-Erzähler über sich selbst. Ergänze das Cluster mit Informationen, die du den Zitaten entnehmen kannst.

c) Vergleicht zu zweit eure Cluster und ergänzt sie, wenn nötig.

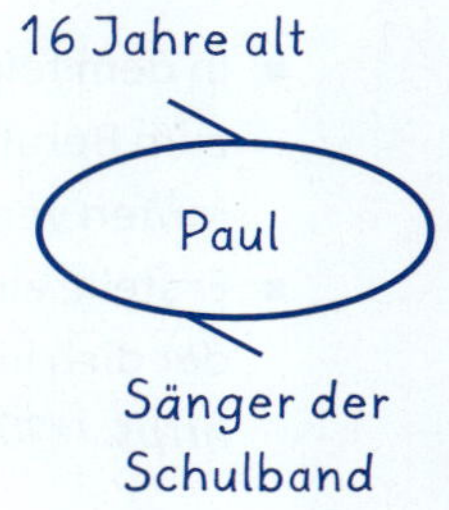

2 **a)** Amira hält Paul für einen „Girl-Magneten". Tauscht euch zu zweit darüber aus, was ihr unter diesem Begriff versteht.

b) Beurteilt, was dafür sprechen könnte, dass Paul ein „Girl-Magnet" sein könnte. Denke an die Kleidung, die Kosmetik ...

c) Tauscht euch darüber aus, wie Paul selbst zu dieser Aussage steht.

3 In der Zusammenfassung heißt es, die Autorin schreibt über die wichtigste Frage im Leben, nämlich „Wer bin ich?". Lege ein Akrostichon (siehe rechts) zu deinem Vornamen an und fülle jeden Buchstaben mit einem Wort oder Satz, das bzw. der auf dich zutrifft.

TALENTIERT
AUTORIN
N
I
AUTHENTISCH

SPRACHBOX

Nomen: die Empfehlung – der Konflikt – die Verwirrung – das Selbstbewusstsein – die Akzeptanz – die Schminke – der Kajalstrich – wie ein Rockstar – die Ausstrahlung – die Krise – die Schulband – der Zweifel

Verben: sich orientieren – sich identifizieren mit … – mitlaufen – sich streiten – aneinandergeraten – ablehnen – provozieren – sich hinter … verstecken – hervorstechen – auffallen – zwei Seiten von sich zeigen – jemandem etwas recht machen

Adjektive: (un-)zufrieden mit … – genervt von … – (un-)kompliziert – natürlich – zurückhaltend – auffallend – cool – sich selbst genug – (un-)auffällig – geschminkt – verliebt – befreundet – zweifelnd – unsicher

Digital+
Interaktive Aufgabe
WES-126428-154

AUSBLICK

In diesem Kapitel begleitest du in Textauszügen die Romanfigur Paul bei der Suche nach seiner Mutter und setzt dich mit den Themen Identität und Toleranz auseinander. Du lernst, dich in Figuren des Romans hineinzuversetzen und aus ihren Perspektiven Dialoge zu verfassen. Dabei berücksichtigst du ihre Gefühle und Interessen und orientierst dich an der Romanhandlung. Die Textauszüge in diesem Kapitel werden ergänzt durch Briefe von Pauls Mutter an ihn. Du kannst sie dir über die Webcodes mit diesem Randsymbol herunterladen und die Textauszüge lesen und bearbeiten.

Wer ist „K“? – *Informationen durch ein Mystery in Beziehung setzen und mittels Concept Map darstellen*

Taucht in Pauls Geschichte ein und löst den **Mystery**-Auftrag:

» Fachwortschatz, S. 234

Wer ist „K“ und was führt dazu, dass Paul sich für „K“ interessiert?

1 Trage die Informationen, die du über die Info-Kärtchen zu den Figuren des Romans erhältst, strukturiert zusammen. Geht so vor:

a) Mache dir mithilfe der **LERNBOX** (Seite 207) klar, wie du ein Mystery löst.

b) Schneide zunächst die Info-Kärtchen aus der Vorlage aus: Arbeite mit den grünen, den grünen und blauen, allen Kärtchen.

c) Lies deine Mystery-Kärtchen und ordne sie nach Gemeinsamkeiten.

Du kannst sie nach Informationen zur Familie, zur Band, zu Freunden, zu „K“ ordnen.

d) Setzt euch zu dritt zusammen. Stellt eure Ideen vor und einigt euch auf eine Struktur. Klebt diese auf ein Plakat. Macht dabei deutlich, welche Hinweise zusammenpassen, und stellt die Zusammenhänge grafisch oder sprachlich dar (3. Hinweis der **LERNBOX**). Beispiel:

Digital+
Vorlage Mystery-Kärtchen
WES-126428-155

PAULS FAMILIE: | Paul hat eine vierzehnjährige Schwester. → heißt → Linn: Blutgruppe 0, Rhesus negativ

K ist mit Paul verwandt.	Vater: Blutgruppe A, Rhesus negativ
Mutter: Blutgruppe A, Rhesus negativ	K wohnt nicht mit Paul zusammen.
Linn: Blutgruppe 0, Rhesus negativ	Paul: Blutgruppe B, Rhesus negativ
K schreibt Paul zu jedem Geburtstag einen Brief. Die Briefe sammelt K in einem Buch und schickt sie nicht ab.	Amira und Paul sind beste Freunde und vertrauen sich vieles an. Amira kennt Pauls Familie gut.
„Going Under“[1] hat fünf Mitglieder.	Linn und Amira sind befreundet.
Amira fiebert auf den Sieg bei einem Band-Wettbewerb hin und will später zum ESC[2].	Skyler spielt Gitarre, E-Bass, Ukulele, Banjo und Mandoline[3].
Die Schlagzeugerin heißt Marie. 	Em wohnt im selben Haus wie K.
Paul findet Julian schrecklich.	Amira macht Julian zum Bandmanager.
Paul hat eine vierzehnjährige Schwester.	Pauls Vater heißt Martin Mérida und ist Halbspanier.
Linn erinnert sich, dass die Blutgruppe des Vaters in seinem Blutspendeausweis steht.	Pauls Vater gibt Paul Ks Adresse.
Linn führt für Bio ein Experiment durch: einen Blutgruppentest für die Vererbungslehre[4].	Martin ist Historiker[5] und arbeitet in Museen.

[1] **Going Under**: Pauls Band

[2] **der ESC**: Eurovision Song Contest

[3] **die Gitarre**: 

der E-Bass: 

die Ukulele: 

das Banjo: 

die Mandoline: 

[4] **die Vererbung**: die Weitergabe von Genen von einer Generation an die nächste

[5] **der Historiker**: Wissenschaftler, der Geschichte studiert hat

Pauls Mutter heißt Charlotte.	Dr. Charlotte Kranz ist Ingenieurin und Zukunftsforscherin.
Wenn beide Eltern die Blutgruppe A haben, kann ein Kind nicht die Blutgruppe B haben.	Paul begegnet im Park einem blauhaarigen Mädchen mit Hund.
Pauls Mutter hat drei Blutgruppentests gekauft: für Martin, sich selbst und Linn.	Linn nimmt Charlotte, Paul und sich selbst Blut für einen Test ab.
Charlotte hat Paul nicht geboren.	K hat Martin verlassen und auf Sorgerechtsansprüche[3] verzichtet.
Paul beherrscht kein Instrument.	Paul macht sich auf die Suche nach seiner Mutter.
Martin hat seit 15 Jahren keinen Kontakt mehr zu K.	K unterschreibt die Briefe an Paul mit „K“.
K heißt Kristin Köfler und nennt sich „Käi“ bzw. „Käi-Käi“.	Das blauhaarige Mädchen heißt Emma und nennt sich Em.
„Ich hatte die ganze Zeit recht. Jedes Mal, wenn ich mich falsch gefühlt hab, hatte ich recht. Wahrscheinlich streiten wir[3] deshalb ständig, wahrscheinlich ist er deshalb so anders mit Linn als mit mir, wahrscheinlich wollte er mich nie, weil ich halt ein dummes Anhängsel von Mama war, das er in Kauf nehmen musste, als er sich in sie verliebt hat.“	
„Julian hatte sie [Amira] auf eine dermaßen verstrahlte Art angesehen; meine Alarmsysteme hatten sofort zu schrillen begonnen.“	

[6] **der Sorgerechtsanspruch**: das Recht, ein Kind erziehen zu dürfen

[3] **wir**: bezieht sich auf Paul und seinen Vater

2 **a)** Beantwortet in der Gruppe den Mystery-Auftrag in einem kurzen Text und schreibt die Lösung als Schlussfolgerung auf euer Plakat.

Diese Formulierungen könnt ihr verwenden: *Bei „K“ handelt es sich um ... – Paul erfährt durch Zufall, dass ... – Bisher hat Paul geglaubt, dass er ... – Paul beschließt, ...*

b) Entwickle weitere Aufträge, die ihr mit diesem Mystery bearbeiten könntet, und gib sie an die Gruppe weiter.

» Freiraum, S. 235

LERNBOX

So löst du ein Mystery:

Mithilfe eines Mysterys kannst du **Lösungsansätze entwickeln**, indem du **Informationen strukturierst** und **zueinander in Beziehung setzt**. Ihr arbeitet dazu in der Kleingruppe:

1. **Mystery-Auftrag klären**: Leitet aus dem Auftrag ab, was ihr herausfinden sollt.
2. **Ordnen**: **Sichtet** die **Info-Kärtchen** und **ordnet** sie nach einer für euch **sinnvollen Struktur** an, z. B. als Mindmap oder Tabelle. Orientiert euch am **Mystery-Auftrag**.
3. **Gestalten**: Gestaltet die Struktur zu einem **Schaubild** aus. Klebt die Kärtchen dazu auf ein Plakat und ergänzt **Gestaltungsmittel** wie beschriftete Pfeile, Farben oder Kommentare, die den inhaltlichen Bezug der Info-Kärtchen zueinander deutlich machen.
4. **Schlussfolgerungen ziehen**: Setzt die Informationen, die ihr zusammengetragen habt, **zueinander in Beziehung** und beantwortet den **Mystery-Auftrag**.
5. **Reflexion**: Vergleicht eure Ergebnisse und besprecht, **wie** ihr **vorgegangen** seid: Was hat zum Ziel geführt? Welche Möglichkeiten hätte es noch gegeben?

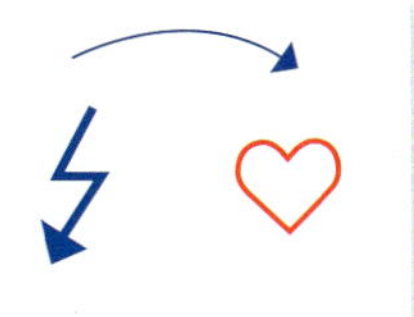

3 Nutzt die Informationen, die ihr durch das Mystery erhalten habt, und verdeutlicht anhand eures Plakats, wie Paul zu den übrigen Figuren in Beziehung steht:

a) Macht euch anhand der **LERNBOX** klar, worauf ihr in eurer Concept Map eingehen solltet.

b) Schreibt auf, welche Figuren ihr kennengelernt habt.

c) Benennt, in welchem Rollenverhältnis die Figuren zueinander stehen (z. B. *Geschwister, Freunde …*) und welche emotionale Beziehung Paul zu den jeweiligen Figuren hat (z. B. *ist verliebt in …, ist wütend auf …*). Gestaltet eure Plakate, zum Beispiel durch Symbole. Ihr könnt die **SPRACHBOX** nutzen.

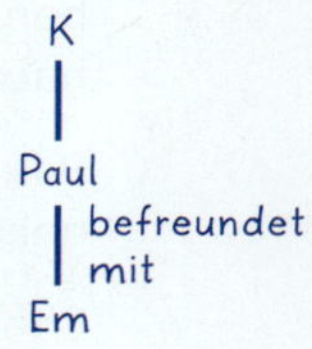

SPRACHBOX

ist wütend auf … – ist verliebt in … – ist eifersüchtig auf … – steht in Konkurrenz mit … – fühlt sich von … bevormundet – ist sehr vertraut mit … – fühlt sich von … hintergangen – ist befreundet mit … – ist enttäuscht von … – erhält Unterstützung von … – hat Vertrauen zu …

4 **a)** Hängt eure Plakate im Klassenraum aus. Wandert in eurer Gruppe zu den Arbeitsergebnissen der anderen und vergleicht deren Ergebnisse mit eurem. Notiert Fragen und Kommentare auf einem zweiten Blatt, um den anderen Gruppen Rückmeldungen zu geben.

b) Besprecht eure Fragen und Rückmeldungen mithilfe der **SPRACHBOX** rechts in der Klasse.

5 **a)** Tauscht euch darüber aus, wie ihr Pauls Situation wahrnehmt: Was könnte in ihm vorgehen?

b) Welche Fragen könnte sich Paul in Bezug auf „K“ stellen? Wie könnte er bei der Suche nach „K“ vorgehen? Sammelt dazu Ideen.

SPRACHBOX

- Ihr habt die Lösung nachvollziehbar erläutert und seid dabei auf … eingegangen.
- Die Figurenkonstellation um Paul wird bei euch (nicht) gut deutlich, weil ihr …
- Ihr habt die Beziehungen der Figuren zueinander durch die Gestaltung anschaulich dargestellt, indem …
- Wir haben uns noch gefragt, ob … / Uns stellt sich die Frage, ob …
- Ihr könntet noch … ergänzen.

LERNBOX

So stellst du Beziehungen zwischen literarischen Figuren in einer Concept Map dar:

Fachwortschatz, S. 234

Um sich gut in literarische Figuren hineinversetzen zu können, ist es wichtig, die Beziehung der Figuren zueinander zu ermitteln:

1. Benenne, in welchem **Verhältnis** die Figuren zueinander stehen: *Sind sie Freunde? Gehören sie zu einer Familie (Vater – Sohn – Geschwister …)? Sind die Figuren in einer Klasse, in einer Band … ?*
2. Benenne, welche **emotionale Beziehung** die Figuren zueinander haben. Du kannst diese an deren Verhalten, ihren Gefühlen, ihrem Denken und ihren Äußerungen ermitteln. *Sind sie befreundet, verliebt, zerstritten … ?*
3. **Veranschauliche** die Beziehung grafisch in einer **Concept Map**, z. B. durch Symbole auf dem Plakat:

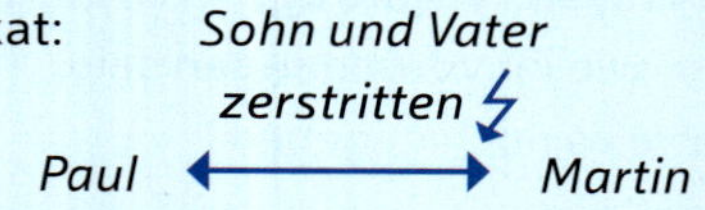

Ein Test, der alles verändert

Gefühle und Gedanken von Figuren ermitteln

1 Zu Beginn des Romans führt Pauls Schwester Linn einen folgenschweren Blutgruppentest durch. Bestimmt zu zweit mithilfe der Grafik, welche Blutgruppe die Eltern von Personen haben können, deren Blutgruppen A, A oder B, A, B oder 0 sind.

		Blutgruppe des Vaters			
		A	B	AB	0
Blutgruppe der Mutter	A	A, 0	A, B, AB, 0	A, B, AB	A, 0
	B	A, B, AB, 0	B, 0	A, B, AB	B, 0
	AB	A, B, AB	A, B, AB	A, B, AB	A, B
	0	A, 0	B, 0	A, B	0

48189EX © Westermann

2 Erschließt den folgenden Textauszug zu zweit mithilfe des **verzögerten Lesens**. Lest dazu den Text abschnittsweise und beantwortet gemeinsam die Fragen in der Randspalte in Stichworten.

» Fachwortschatz, S. 234

Digital+ Textvorlage WES-126428-156

Kapitel 2: Der Bluttest

Als Paul von einer Bandprobe nach Hause kommt, trifft er in der Küche auf Linn. Sie bereitet gerade ein Experiment für ihren Biounterricht vor, bei dem es um Vererbungslehre[1] geht. Dafür möchte sie die Blutgruppen aller Familienangehörigen bestimmen. Linns Mutter hat die benötigten Tests besorgt. Linn bittet Paul um Hilfe bei der Durchführung des Tests. Dabei stellt er fest, dass die Mutter nur drei Tests gekauft hat.

[1] **die Vererbungslehre:** Wissenschaft, die sich mit Genetik auseinandersetzt

„Nur drei? Und ich?“ Kurz wirkte Linn verwirrt, als wäre ihr bisher gar nicht aufgefallen, dass drei Tests einer zu wenig waren. Autsch. Und wäre es mein Vater gewesen, der die Tests gekauft und mich vergessen hätte, wäre ich jetzt gepflegt ausgerastet. Aber es war meine Mutter und es war Linn, also lachte ich den Stich, den mir das versetzte, weg, und deutete mit einer großen Geste auf mich selbst. „Hallo? Ich bin doch wohl auch Teil unserer Familie!“

P: ist verletzt/ fühlt sich ausgegrenzt

1. Warum reagiert Paul verletzt darauf, dass die Mutter nur drei Tests besorgt hat?

„Klar.“ Diesmal griff sie die Brille mit beiden Händen, als müsste sie sich an ihr festhalten. Hielt in der Bewegung inne, eine Hand am rechten, eine am linken Brillenbügel, die Augen groß hinter den Gläsern. „Sorry“, stammelte sie schließlich. „Ich war voll im Vater-Mutter-Kind-Modus. Und Mama ... Vielleicht dachte sie, du würdest das doof finden. Oder sie war halt verpeilt, sie hatte es ziemlich eilig, wegen dem Treffen mit ihrer Arbeitsgruppe und ...“ „Schon okay“, beschwichtigte ich. „Ich bin gar nicht heiß drauf. Erzähl weiter.“ Linn ließ von ihrer Brille ab und schob den Beipackzettel noch ein Stückchen weiter zur Seite. „Sie hat es echt gut gemeint“, murmelte sie. „Es war einfach hektisch und ...“ „Wirklich, Keks, alles gut.“ Sie musterte mich mit schief gelegtem Kopf. „Okay“, entschied sie schließlich. „Mama hat ihren gerade gemacht.“ Neben den Päckchen lag ein Stück Papier, auf dem vier Kreise in unterschiedlichen Rottönen zu sehen waren. Charlotte, stand darunter. A, Rhesus negativ.

2. Welche Erklärungen hat Linn für das Verhalten der Mutter?

3. Warum betrachtet Linn Paul so intensiv?

„Cool!“, rief ich – etwas überbegeistert, um Linn und mich selbst davon zu überzeugen, dass ich nicht sauer war. Und wenn, dann nicht auf sie. Sie lächelte und die Aufregung, die ich beim Betreten der Küche gespürt habe, schlich sich zurück in ihre Stimme. „Ja, ne? Und jetzt, jetzt bin ich dran.“ „Super. Dann fehlt noch Papa und dein Referat ist eingetütet[2]. Und du hast eine neue Eins für dein Einserzeugnis.“

4. Was macht Paul, um Linn zu beruhigen?

[2] **eingetütet:** hier = fertig

Ich kniff sie neckend in die Wange. Kichernd schlug sie meine Hand weg. „Ich hab neulich eine drei geschrieben!“ „Du lügst. In welchem Fach?“ „Physik.“ Gespielt schockiert schlug ich die Hände vor den Mund […]. „Physik? Obwohl unsere Mutter einen Doktor in Ingenieurswissenschaften hat? Oje, Papas Gene müssen ziemlich dominant sein.“ „Scheint so.“ Sie grinste. „Lass mich mal kurz raus.“

5. Warum ist eine Drei besonders für Linn?
6. Warum müsste Pauls Mutter gut in Physik sein?
7. Was meint Paul damit, dass sich in diesem Fall Papas Gene durchgesetzt haben müssen?

Ehe ich Platz machen konnte, war sie schon über mich gekrabbelt und verschwand aus meiner Sichtweite, während ich den Beipackzettel studierte. Über den Flur, in das Arbeitszimmer unseres Vaters, die Schreibtischschublade quietschte und quietschte erneut […]. Neugierig fing ich ihre [Linns] Hand aus der Luft und schnappte mir das Kärtchen. „Papa spendet Blut?“ „Ja, vor zwei Jahren oder so zum ersten Mal, als diese Blutspendebusse überall waren.“ Sie nahm mir den Blutspende-Pass wieder ab und legte ihn vor sich auf den Tisch. […] „Ist mir gerade wieder eingefallen, als du das über seine Gene gesagt hast. Mega, oder? “ „Ahm … ja?“ „Mann, Paul, manchmal bist du so lahm! Auf dem Pass steht natürlich seine Blutgruppe.“ „Yay!“, rief ich betont begeistert, noch immer, ohne zu begreifen, worüber sie sich so freute. Sie verdrehte erneut die Augen und fügte erklärend hinzu: „Das heißt, wir haben einen Test übrig! Und den kannst du machen. Dann hab ich eben doch die *ganze* Familie.“

8. Warum freut sich Linn, dass sie den Blutspende-Pass ihres Vaters gefunden hat?
9. Wie löst Linn das Problem des fehlenden Tests?

Wie süß war das denn? Hatte ich ernsthaft geglaubt, meine kleine Schwester würde den Stich, den mir der fehlende Test versetzt hatte, nicht bemerken? […] So ganz verstand ich immer noch nicht, was sie mit unseren Blutgruppen vorhatte, aber für Linn würde ich fast alles tun. Und außerdem waren Ängste dazu da, überwunden zu werden, und es war bloß eine kleine Nadel, ein Nädelchen eher, zumindest hoffte ich das. Ein Piks, den man kaum spürte, sagten Ärztinnen das nicht immer? Außerdem hatte ich immer seltener die Chance, mich in der Kluger-großer-Bruder-Rolle zu sonnen, jetzt, wo Linn auf immer mehr Ebenen gleichauf mit mir war. „Dann los“, entschied ich. Sie strahlte, streckte mir die flache Hand hin, und ich schlug ein. Gut gelaunt öffnete sie ihr Bioheft und übertrug die Daten unserer Mutter auf eine Seite.

Mutter (Charlotte) A Rhesus negativ

10. Welche Beziehung hat Paul zu seiner Schwester?
11. Wie fühlt sich Paul vor dem Nadelstich und wie geht er damit um?
12. Was meint Paul mit dem Ausdruck „Kluger-großer-Bruder-Rolle“, die er immer seltener einnehmen kann?

Dann studierte sie die Plastikkarte unseres Vaters und schnappte vernehmlich nach Luft. „Krass! Kann das sein?“ Sie schob mir die Karte hin und diesmal inspizierte[3] ich sie genauer. Martin Mérida, 29. Oktober 1976, Spendernummer und rechts oben in der Ecke: die „Blutformel“. Was war denn das bitte für ein Wort? Darunter eine Reihe von Buchstaben und Abkürzungen. „Da steht viel mehr als bei Mama“, wunderte ich mich.
„Na, logisch.“ Das klang nicht nach Bewunderung für den klugen großen Bruder, eher nach Dir-muss-man-auch-alles-Erklären. „Die haben da ja ganz andere Messmethoden. Das“, sie tippte auf den Zettel, der vor uns auf dem Tisch lag, „ist eine grobe Einordnung. Für uns ist nur dieser Teil hier wichtig. Und das ist ja wohl der Hammer, oder?“ Sie wies auf die ersten beiden Buchstaben der Blutformel und endlich verstand ich, was sie meinte. „Na ja“, erwiderte ich. „So ungewöhnlich ist das nicht, oder? Dafür sind sie in fast allen anderen Bereichen verschieden.“ Glücklicherweise, fügte ich innerlich hinzu. Sonst wäre es in diesem Haus nicht auszuhalten.

[3] **inspizieren**: genau betrachten

13. Was erstaunt Linn an dem Ergebnis der Blutgruppe des Vaters?

Linn runzelte die Stirn. Sichtlich enttäuscht von meinem mangelnden Enthusiasmus[4] schrieb sie neben die Daten unserer Mutter.

[4] **der Enthusiasmus**: die Begeisterung für etwas

Vater (Martin) A Rhesus negativ

14. Was ist bei Pauls Mutter und Vater gleich?

„Jetzt ich“, forderte sie. [...] Ich holte tief Luft und drückte. Nichts geschah. „Fertig?“, erkundigte sie sich. Vorsichtig hob ich die Lanzette[5] an und erblickte einen roten Punkt an Linns Fingerkuppe. „Ja.“ „Cool!“ Kurz betrachteten wir beide den größer werdenden Blutstropfen, dann nahm Linn die letzte Lanzette, und ehe ich protestieren konnte, hatte sie meinen Finger geschnappt und abgedrückt. Sie hatte recht. Alle hatten recht. Es tat nicht weh. [...] Sie fuhr mit dem Finger über den Beipackzettel und deutete auf die Tabelle mit den Farbkombinationen, an denen sich die Blutgruppen ablesen ließen. Dann griff sie nach ihrem Kuli und schrieb *Sohn (Paul)* unter den Namen unseres Vaters und *Tochter (Linn)* in die letzte Zeile. Ihre Schrift krakelte[6] mehr als normalerweise. Ich lachte. „Du bist total aufgeregt, warum?“ „Naja, stell dir vor, wir haben etwas falsch gemacht, dann ist der ganze Test für'n Arsch ...“ „Das sagt man nicht.“ Neckend zog ich an ihrer Haarsträhne, die sich schon wieder befreit hatte. Sie schnaufte verächtlich, wickelte die Strähne erneut um den Bügel der Brille und platzierte die Farbschematabelle zwischen uns auf dem Tisch. Ich beobachtete, wie ihr Finger von Kreis zu Kreis pendelte und dabei die Farben ihres eigenen Blutes mit denen auf der Tabelle verglich. Dunkelrot, hellrot, hellrot, hellrot. „Ich glaub ... Null, oder?“ Eindeutig. „Null negativ.“ Sorgsam schrieb sie es neben ihren Namen.

[5] **die Lanzette**:

[6] **krakeln**: unsauber schreiben

15. Wie geht Linn vor, um die Blutgruppen zu bestimmen?
16. Wie hält Linn die Ergebnisse der einzelnen Testpersonen fest?

Tochter (Linn) 0 Rhesus negativ

„Okay, jetzt du. Gib her.“ Gehorsam reichte ich ihr meinen Teststreifen und wieder hüpfte ihr Finger von Kreis zu Tabelle zu Kreis zu Tabelle. Hellrot, weiß mit Klümpchen, hellrot, hellrot. „B negativ, richtig?“ „Absolut.“ Der Kugelschreiber kritzelte, dann kritzelte er nicht mehr und plötzlich war alles sehr, sehr still. Ich hob die Augen von meinem Namen auf dem Blatt und schaute zu Linn. Sie starrte mich mit offenem Mund an, der Kugelschreiber schwebte über dem Heft. „Was?“ Sie schwieg und starrte, auf mich, auf ihr Heft, wieder zu mir. Zog die Vergleichstabelle und meinen Bogen näher zu sich. Setzte ihre Brille ab und beugte sich nach vorne, was sie immer tat, wenn sie etwas ganz scharf stellen wollte. Sie tastete sogar nach ihrem Handy, schaltete die Taschenlampe an, wieder aus, richtete sich auf, schluckte. Ich bemerkte, wie ihre Zähne mahlten, und war so damit beschäftigt, ihr beim Denken zuzusehen, dass ich den Blutpunkten keinerlei Beachtung mehr schenkte. „Keks?“, versuchte ich vorsichtig. Aber sie hörte mich nicht. Entsperrte ihr Handy, tippte, las, ihre Lippen teilten sich, und als sie den Blick vom Display löste und mich endlich ansah, waren ihre Augen voller Tränen. In mir wuchs ein diffuses Gefühl von Angst. „Was ist denn los? Haben wir was falsch gemacht?“ „Nein“, krächzt sie. „Wir haben es richtig gemacht. Aber ... Wenn Papa und Mama beide Blutgruppe A haben – dann kannst du nicht B sein.“

17. Welche Blutgruppe hat Paul?
18. Wie reagiert Linn auf das Ergebnis?
19. Was macht Linn, um zu überprüfen, dass das Ergebnis stimmt?
20. Welche Emotionen löst das Ergebnis bei Linn aus und warum?

3 Linn klärt Paul entsetzt über das Ergebnis auf:

a) Was geht ihm wohl durch den Kopf? Vermute, welche Fragen Paul sich nach Linns Äußerungen stellen könnte.

b) Stellt euch zu zweit eure Fragen vor und notiert gemeinsam mögliche Antworten darauf.

Völlig aufgewühlt telefoniert Paul später mit Amira, seiner besten Freundin. Er erzählt ihr von Linns Experiment und dessen Ergebnis. Er schildert seine Gefühle und Gedanken. Verfasse diesen **Dialog** und ergänze die **Sprechweise** der Figuren.

» Fachwortschatz, S. 234

4 Bearbeite die Aufgabe im Kasten. Versetze dich dazu in die Figuren. Gehe so vor:

a) Kennzeichne im Text **Ankerstellen**, an denen Pauls Gefühle und Gedanken deutlich werden (vgl. **LERNBOX**, Hinweis 1). Mache dazu Notizen am Rand, wie im Beispiel auf Seite 209.

» Fachwortschatz, S. 234

b) Verfasse auf der Grundlage deiner Vorarbeiten den Dialog. Ergänze die Sprechweise der Figuren in Klammern. Beginne mit der Schilderung der Gesprächssituation. Orientiere dich am 2. und 3. Hinweis der **LERNBOX**. Nutze die **SPRACHBOX** und setze diesen Anfang fort.

(Situation:) Etwas später telefoniert Paul mit Amira, um ihr von den Bluttests und dem Ergebnis zu berichten.
Paul (völlig fertig): Hi Amira, du, ich bin richtig fertig! Es ist etwas Schreckliches passiert ...
Amira (erschrocken): Du hörst dich fürchterlich an! Gab es einen Unfall?
Paul (beruhigend/traurig): Nein, das nicht! Ich weiß gar nicht, wie ich es sagen soll ... Ich ... Ich habe gerade erfahren, dass ich nicht der Sohn meiner Eltern sein kann.
Amira (völlig überrascht): Waaas???? Das kann doch nicht sein!!! Warum???
Paul (traurig): Ach, ich bin in ein Experiment von Linn geplatzt und zwar ...

Amira könnte diese Fragen stellen: *Wieso ist es dir komisch vorgekommen, dass nur drei Tests da waren? – Hast du dich ausgeschlossen gefühlt? – Warum hast du denn den Test gemacht? – Wie seid ihr an die Blutgruppe eures Vaters gekommen? – Du bist sicher jetzt sehr verletzt? – Kannst du mit deinen Eltern darüber reden? – Was hast du als Nächstes vor?*

SPRACHBOX

Gefühlsäußerungen:
- Ich fühle mich schrecklich. / Ich bin völlig aufgelöst/erstarrt. / Mir geht es gerade fürchterlich.
- Was soll ich nur tun? Kannst du mir helfen?
- Was für eine verzwickte Situation. Wie gehe ich nur damit um?

Sprechweise:
niedergeschmettert – betrübt – verstört – beunruhigt – besorgt – aufgelöst – einfühlsam – aufgeregt – aufgewühlt – wütend – traurig

5 Stellt euch eure Dialoge vor und gebt euch Rückmeldungen: Passen Pauls Gefühle und Gedanken zu der Darstellung im Roman? Wie reagiert Amira auf die Neuigkeiten?

Digital+
WES-126428-157
Jahr 2006

LERNBOX

So ermittelst und formulierst du Gedanken und Gefühle literarischer Figuren für einen Dialog:

1. a) Kennzeichne **Ankerstellen**, anhand derer du mögliche Gefühle und Gedanken der Figur ermitteln kannst.
   – Textstellen, an denen die **Gefühle** der Figur **direkt genannt** werden: *„Neugierig fing ich ihre Hand aus der Luft* [...]*." (Z. 33).*
   – Textstellen, die die **Gefühle** und **Gedanken indirekt zum Ausdruck bringen**, sodass du sie davon **ableiten** kannst, z. B. **wörtliche Rede**: *„Autsch."* (Z. 2). → Ableitung: *Das ist schiefgelaufen! Das tut mir weh!* oder genannte **Verhaltensweisen**, die auf die Gefühle schließen lassen: *„Sie [Linn] starrte mich mit offenem Mund an..." (Z. 87).* → Ableitung: *Sie ist überrascht, ungläubig, schockiert.*

   b) **Notiere** anhand der Ankerstellen passende Gefühle und Gedanken.
2. Formuliere im Dialog aus der Sicht der Figuren (**Ich-Form**): *„Das hat mich echt verletzt!"*
3. **Ergänze** die **Sprechweise** der Figuren, um zu benennen, wie sie sich gerade fühlen oder mit welcher Absicht sie sprechen. Notiere sie in Klammern wie eine Regieanweisung: *Paul (völlig fertig): ...*

Pauls Suche nach Antworten

Kommunikationssituationen untersuchen und deuten

1 **a)** Betrachte die Abbildung und mache dir die Situation klar: Wen erkennst du? Wo befinden sich die Personen? Was ist wohl gerade passiert?
b) Fülle die Denkblasen mit Gedanken, die zu der Situation passen.

Digital+
Textvorlage
WES-126428-158

Kapitel 8: Neue Hinweise auf „K"

Paul und Linn haben nach dem Testergebnis ihre Eltern zur Rede gestellt[1]*. Nachdem Paul zuerst angenommen hat, Martin sei nicht sein Vater, stellt sich heraus, dass diese Annahme falsch ist. Es ist vielmehr so, dass Charlotte nicht seine richtige Mutter ist. Pauls biologische Mutter, „K", hat ihn kurz nach seiner Geburt verlassen und auf alle Sorgerechtsansprüche verzichtet. Damit Paul sich nicht unerwünscht fühlt, hat sein Vater ihm dies verheimlicht. Der Grund, warum „K" Martin verlassen hat, wird weiterhin verschwiegen. Um mehr herauszufinden, stöbern Paul, Linn und Amira unerlaubt im Arbeitszimmer des Vaters und finden dort ein Foto, auf dem vermutlich „K" abgebildet ist. Da werden sie von Martin überrascht …*

[1] **jemanden zur Rede stellen:** eine Antwort verlangen

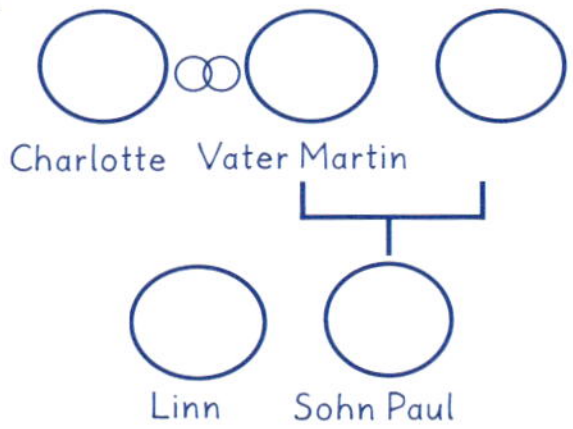

2 Erschließe die Zusammenfassung und bearbeite die Aufgaben dazu. Vergleicht eure Ergebnisse dann im Lerntempoduett.
a) Mache dir die Familienverhältnisse klar: Zeichne dazu einen Stammbaum und beschrifte ihn mit den Namen der Figuren und der familiären Beziehung zu Paul.
Verwende diese Begriffe und Namen: *Halbschwester – Vater – Stiefmutter – biologische Mutter – Martin – Linn – „K" – Charlotte.*
b) Beantworte stichpunktartig diese Fragen: Aus welchem Grund durchsuchen Paul, Linn und Amira das Arbeitszimmer des Vaters? Was ist daran ungewöhnlich? Kannst du ihre Gründe nachvollziehen?

Freiraum, S. 235

3 Erschließt auch den folgenden Textauszug zu zweit mithilfe des **verzögerten Lesens**. Lest den Text dazu abschnittsweise und beantwortet gemeinsam die Fragen in der Randspalte.

Fachwortschatz, S. 234

„Wer ist diese Ka-Ka oder Käi-Käi, verdammt? Ist das meine Mutter?"
Ein großer Schritt über die Fotokiste, zu mir. „Woher kennst du diesen Namen?", fauchte er. Die Augen zusammengekniffen, die Kiefer fest aufeinandergepresst. So nah waren wir uns ewig nicht gewesen. Bedrohlich nah. Ich bemerkte seine fahle Haut, die Bartstoppeln, die leicht rissigen Lippen und die bläulichen Schatten unter seinen Augen. Ich roch sei-

1. Woran wird deutlich, dass der Vater sehr wütend ist?

nen Zorn. Ich hatte mich noch nie vor meinem Vater gefürchtet, aber das hier ... „Es steht hintendrauf." Linns Stimme. „Auf den Fotos." [...]

2. Wer ist auf dem Foto abgebildet und wie ist es beschriftet?

„*Chewie*[3] *loves Käi-Käi*", höhnte ich und nahm wieder meinen Vater ins Visier. „Muss ja eine Megaliebe gewesen sein, wenn sie dich ein paar Jahre später sitzengelassen hat." Sein Adamsapfel zuckte, wie immer. Aber dieser Blick ... der war neu. Ein in die Ecke getriebenes Tier. Er war nicht wütend, er hatte Angst, begriff ich. Panik, um genau zu sein. Wir starrten uns an, keiner gab nach. Seine Augen waren gerötet, meine vermutlich auch. Erinnerte ich ihn an sie? „K", er sprach es englisch aus, zum Glück, „hieß eigentlich Kristin." Und ergänzte, sichtlich und mühsam beherrscht: „Und sie hat mich nicht sitzen gelassen."
„Hieß?", wieder Linn, weit weg. „Ist sie tot?"
Zugleich fragte ich: „Sie hat dich nicht verlassen? Dann hast du sie also rausgeschmissen? Oder..." [...] „Nein, warte! Du hast sie geschlagen! Und deshalb ist sie abgehauen." [...] „Wie kannst du es ... Ich habe noch niemals einen Menschen geschlagen!"
„Was dann?", schrie ich zurück. „Was war es dann?" Und plötzlich, als ob man ihm den Stecker gezogen hätte, wich sämtliche Spannung aus seinem Körper und er fiel in sich zusammen. Nicht wörtlich, eher ... von der Energie her. „Manchmal", er flüsterte beinah, „ist Liebe nicht genug."

[3] **Chewie:** gemeint ist die Figur Chewbacca aus den Star Wars-Filmen. Auf dem Foto trägt Martin ein Chewbacca-Kostüm

3. Wofür steht „K" und wie wird das Kürzel ausgesprochen?

4. Welche Vermutungen äußern Linn und Paul dazu, was mit „K" passiert sein könnte, und wie reagiert der Vater darauf?

5. Was gibt Pauls Vater mit seiner Äußerung zu?

Leider war meine Wut im Gegensatz zu seiner nicht verschwunden – vielmehr wuchs sie in dem Maße, in dem er schrumpfte. „Was für eine beschissene Phrase[4]!", ätzte ich. „Sei doch einfach ehrlich: Ihr habt es verkackt!" Kein Kommentar über meine Wortwahl, nicht mal ein missbilligendes Schnalzen. Stattdessen ein Seufzen. „Ja, vermutlich haben wir es ... verkackt. Obwohl wir uns geliebt haben. Uns und dich, Paul, dich auch. Wie verrückt."
In mir riss etwas. „Wie verrückt?" Ich verringere den Abstand zwischen uns bis auf wenige Zentimeter. „Und das soll ich dir glauben? In meiner Welt bleiben Leute zusammen, wenn sie sich wie verrückt lieben. Und ein Kind haben, das sie wie verrückt lieben!"

[4] **die Phrase:** eine nichtssagende Aussage

6. Wie reagiert Pauls Vater auf Pauls Vorwürfe?

7. Warum bezweifelt Paul, dass sein Vater und „K" sich geliebt haben?

Sein Blick schien sich zu verschlucken, sein Adamsapfel[5] tobte und beinah erwartete ich doch noch eine Ohrfeige. Aber er schlug nicht, in der Tat, nie, auch die Panik kehrte nicht zurück. Aber seine Lider zuckten, während er versuchte, meiner Wut standzuhalten.
„In einer idealen Welt wär das so, ja." Das gequälte Gestammel, sein roter Kopf, seine herumirrenden Augen und die diffuse[6] Trauer darin – all das hätte mich besänftigen sollen, aber stattdessen stachelte seine passive, um Verständnis heischende Art meinen Zorn weiter an. Ich brauchte Widerstand, brauchte Widerspruch, brauchte Reibung.
„Kannst du eigentlich", jetzt brüllte ich, „was anderes als Scheiß-Rätsel von dir geben? Kannst du einmal in deinem Leben, einmal!, Klartext reden? Was ist damals passiert?" Ein Spucketröpfchen landete auf seiner Wange, aber er wischte es nicht fort, sondern schaute mich offen an. „Ich", erwiderte er leise. „Ich bin passiert."

[5] **der Adamsapfel:** Kehlkopf des Mannes, am Hals deutlich hervorstehend

[6] **diffus:** unbestimmt, ungenau

8. Wie verhält sich Pauls Vater nach den deutlichen Vorwürfen?
9. Worüber regt Paul sich so auf?
10. Was erwartet Paul von seinem Vater?

„Du?“ Als hätte ich das nicht längst gewusst. Sag es, dachte ich. Sag es. „Ich, das Leben, die Gesellschaft, die Welt“, erwiderte er. „Aber ja, wahrscheinlich bin vor allem ich schuld.“ Ich ballte meine Hände, zog die Fäuste vor die Brust, zwischen uns, zwischen meinen Vater und mich. „Fuck you“, platzte ich heraus. „Fuck you!“ „Ru!“ Amira. Neben mir. Woher … „Ich glaub, du spinnst! Das ist immer noch dein Vater!“ […]

11. Wem gibt der Vater die Schuld an „Ks“ Weggang?

12. Wie reagiert Amira auf Pauls Ausbruch?

[…] und dann, endlich, begann er zu erzählen. Von dem Festival, das er seit dem ersten Mal jedes Jahr besucht hatte, immer mit diesem Kostüm. Wie er dort 1999 auf R2-D2[7] getroffen sei, wie sich alles gleich wahnsinnig vertraut angefühlt hatte, wegen *Star Wars*, aber vor allem habe K den schrägsten Humor der Welt gehabt. „Humor“, ätzte ich. „Seit wann stehst du denn auf Humor?“ Ich spürte seinen Blick auf mir. „Schon immer“, erwiderte er. „Und K hatte den besten Humor, trocken und sarkastisch[8].“ Pause, Schlucken. „Genau wie du.“ Er schaute mich an, mich, direkt, und ich suchte Chewbacca, fand aber nur einen müden mittelalten Mann, der von früher schwärmte. Zu meiner Überraschung überspülte mich eine Welle an Mitgefühl. „Und sie war genauso verrückt nach Musik wie ich. Und Reisen!“ […] „Es tut mir leid, dass wir euch belogen haben. Wir wussten nicht weiter, also, K und ich. Sie hat es ernsthaft versucht, aber … es gibt Dinge, an die kann man sich anpassen, für einen Menschen, für eine Beziehung. Nur eben …“ Er verstummte. „Nicht alles“, ergänzte Amira tonlos. […]

[7] **R2-D2**: ein Roboter aus dem Film Star Wars (siehe S. 214)

13. Wo und wie haben sich „K“ und Pauls Vater kennengelernt?

[8] **sarkastisch, der Sarkasmus**: dunkler Humor

14. Was waren Gemeinsamkeiten zwischen „K“ und Pauls Vater?

„Ich kann das nicht mehr, Papa“, sagte ich und wunderte mich mehr über das Kosewort[9] das mir entschlüpft war, als darüber, wie erschöpft ich klang. „Ich will doch einfach wissen, warum sie weg ist. Warum sie mich alleingelassen hat. Warum sie mich nicht wollte!“ Amira zuckte neben mir zusammen, Linns Augen schimmerten. Der Atem meines Vaters ging flach. „Ich hab versprochen, dir nichts …“ Er drückte Zeige- und Mittelfinger gegen die Innenseite seiner Augen, an der Stelle, an der Tränen produziert wurden, gleich an der Nasenwurzel.

„Okay.“ Linn straffte die Schultern und nickte mir energisch zu. „Wenn du ihr versprochen hast, nichts zu sagen, fragen wir sie halt selbst.“ Meine kleine Schwester war unschlagbar. Ich straffte mich ebenfalls. „Dazu brauchen wir allerdings ihre Adresse“, schob ich hinterher. […]

[9] **das Kosewort**: ein liebevoll gemeinter Name

15. Wie nimmt Paul seinen Vater wahr und warum antwortet er Paul nicht endlich?

16. Wie reagieren Linn und Amira und warum?

17. Welche Idee hat Linn?

4 **a)** Was erfährt Paul Neues über „K“? Trage die Informationen, die du im Text zu „K“ findest, zusammen:

Neues über K:

– Pauls Mutter wird K-K genannt, der Name wird englisch ausgesprochen …

Hier findest du Hinweise im Text: Z. 20f., Z. 55, Z. 57, Z. 59, Z. 62.

b) Vergleicht zu zweit eure Ergebnisse und tauscht euch darüber aus, welchen Eindruck ihr von „K“ erhalten habt. Nutzt dazu die **SPRACHBOX**.

c) Vermutet, aus welchem Grund sich „K“ und Pauls Vater getrennt haben könnten. Bezieht dabei die unterkringelten Textstellen mit ein.

Digital+
WES-126428-159
Jahr 2016

SPRACHBOX

- K wirkt … / Sie scheint … / Vermutlich … / Sie macht den Eindruck, …
- unternehmungslustig – lebensfroh – unzuverlässig – verantwortungslos – verantwortungsvoll – gefühllos – lustig – humorvoll – gesellig – einsam – zerrissen

5 Untersuche die im Text dargestellte **Kommunikationssituation** zwischen Paul und seinem Vater und ziehe Rückschlüsse auf deren Beziehung:

» Fachwortschatz, S. 234

a) Markiere dazu mithilfe der **LERNBOX** Beispiele für ihre Wortwahl (Hinweis 1), ihre Sprechweise (Hinweis 2) und ihre nonverbale Sprache (Hinweis 3) und sammle die Ergebnisse wie im Beispiel unten. Verwende für Paul grün und für seinen Vater blau (vgl. Beispiele ab Seite 213).

b) Werte die Textstellen aus und ermittle so die Gefühle der Figuren in dieser Situation (**LERNBOX** Hinweis 2).

Paul	Vater
- „verhöhnt" (Z. 8–9) den Vater - nimmt Vater ins Visier, starrt Vater an - schreit - „verdammt" (Z. 1)	- „faucht" (Z. 2) - zusammengekniffene Augen, aufeinandergepresste Kiefer, zuckender Adamsapfel, starrt Paul an - bedrohlich ...
- wütend auf den Vater, aufgeregt - fühlt sich überlegen - respektlos ...	- wütend - hält seine Wut zurück ...

c) Leite die Beziehung daraus ab und beschreibe sie (**LERNBOX**, Hinweis 4).

d) Erläutere, aus welchem Grund Paul und sein Vater auf diese Art und Weise miteinander reden. Nutze die Formulierungen in der **SPRACHBOX**.

SPRACHBOX

- Paul spricht mit seinem Vater so, weil .... – ... ordnet sich ... unter, indem er... – ... lenkt ein – sind gleichrangig – überlegen – sprechen respektvoll/respektlos/unverschämt/unangemessen/voller Emotionen miteinander
- fühlen sich unverstanden – fühlt sich an Versprechen gebunden

LERNBOX

So untersuchst du eine Kommunikationssituation:

Nicht nur durch das, **was** gesagt wird (= Gesprächsinhalt), wird deutlich, in welcher Beziehung die Figuren zueinander stehen, sondern auch durch die **Art und Weise, wie gesprochen** oder **reagiert** wird, werden Gedanken und Gefühle deutlich. Dies geschieht durch:

1. **verbale Sprache der Figuren** (z.B. wörtliche Rede): Welche **Wortwahl** verwenden sie, z. B. „Verdammt!"
2. Die **Sprechweise** (= paraverbale Sprache): Auf welche **Art und Weise** sprechen die Figuren miteinander und welche **Wirkung** erzeugen sie damit? Was wird durch die **Interpunktion** (!/?/...) deutlich? Beachte:
   - die **Stimmlage**, z. B. *fauchen, tonlos, tief, zittrig...* / Wirkung: *zittrige Stimme = unsicher, nervös;*
   - die **Lautstärke**, z. B. *laut, sehr leise...* / Wirkung: *leise = besonders eindringlich, traurig;*
   - die **Aussprache**, z. *B. nuschelnd, (un-)deutlich, stotternd, betont* / Wirkung: *stotternd = unsicher;*
   - das **Sprechtempo**, z. B. *gehetzt, schnell, langsam, lebhaft* / Wirkung: *lebhaft = aufgeregt.*
3. **Nonverbale Sprache,** z. B. **Körpersprache**: Auch mit **Gestik** (Körper) und **Mimik** (Gesicht) sowie durch das **Verhalten** wird kommuniziert: *freundlich lächeln, aufrecht stehen, die Augen zusammenkneifen*.
4. a) Die **Beziehungsebene**: Wie stehen die Figuren zueinander? Sprechen sie z. B. auf Augenhöhe miteinander, gehen sie respektvoll miteinander um oder lehnen sie sich ab? ...

   b) Die **Rollenerwartungen**: Welche Rolle haben die Figuren und verhalten sie sich entsprechend ihrer Rollen, z. B. *Vater und Sohn, Freunde untereinander, Lehrkraft und Schülerinnen und Schüler* ...

„Verkackt“ oder „versagt“?
Sprachvarietäten unterscheiden

Im Gespräch zwischen Paul und seinem Vater kommt es zu folgenden Äußerungen:

Paul: Sie hat dich nicht verlassen? Dann hast du sie also rausgeschmissen?
Vater: Manchmal ist Liebe nicht genug!
Paul: Was für eine beschissene Phrase! Sei doch ehrlich: Ihr habt es verkackt!
Vater: Ja, vermutlich haben wir es ... verkackt!
Paul: Kannst du eigentlich was anderes als Scheiß-Rätsel von dir geben?
Paul: Fuck you!

(Text verändert und gekürzt)

1 Mache dir die Situation noch einmal klar: Worum geht es bei diesem Wortwechsel? Was will Paul von seinem Vater wissen? Lies dazu erneut auf Seite 213–215 nach.

2 Ermittelt durch ein Rollenspiel, wie sich Pauls Äußerungen für den Vater anfühlen:
a) Versetzt euch in die Figuren Paul und den Vater: Stellt euch zu zweit gegenüber und spielt den Dialog nach. Achtet dazu besonders auf eine passende Sprechweise.
b) Tauscht euch über eure Wahrnehmung aus: Wie wirkt Pauls Sprache auf den Vater? Wie fühlt sich die Wortwahl in Pauls Rolle an? Warum verwendet Paul diese Art der Sprache?
c) Benenne, welche **Sprachvarietät** Paul verwendet, und nenne seine Gründe dafür. Lies dazu die **LERNBOX**.

» Fachwortschatz, S. 234

3 **a)** Beurteilt zu zweit, ob Pauls Wortwahl seinem Vater gegenüber angemessen ist.
b) Pauls Vater übernimmt die Wortwahl von Paul („Ja, vermutlich haben wir es ... verkackt!“). Vermutet, was er wohl damit erreichen will.
c) Erläutert, wie beide eigentlich miteinander sprechen sollten.

Bedenke die erwartbare Beziehung zwischen Vater und Sohn.

» Sprache untersuchen, S. 278
» Freiraum, S. 235

LERNBOX

Sprachvarietäten unterscheiden

Je nachdem, welche Personen in welchen Situationen miteinander sprechen, kann ihre Sprache variieren (= sich unterscheiden), z. B. um sich jemandem anzunähern, um sich abzugrenzen, um Wut auszudrücken oder um verstanden zu werden. Diese **Sprachvarietäten** kannst du unterscheiden:

1. Die **Standardsprache** ist die **allgemein verbindliche Form** einer Sprache. Sie wird überregional gesprochen und geschrieben und folgt den Regeln der Grammatik, des Satzbaus und der Aussprache. Sie dient einem allgemeinen Verständnis untereinander.
2. Die **Umgangssprache**: Sie wird vor allem mündlich im vertrauten Umfeld verwendet. In schriftlicher Form begegnet sie dir oft in den Medien, z. B. in Chats, in Internet-Blogs, aber z.B. auch in Jugendromanen.
3. Die **Soziolekte**: Damit ist die **Sprache** innerhalb einer bestimmten **Gruppe** gemeint, z. B. die Jugendsprache. Diese unterscheidet sich in Wortschatz (z.B. eigene Begriffe, Redewendungen), Satzbau und Aussprache von der Standardsprache.
   Zu den Soziolekten gehört auch die **Vulgärsprache**. Dies ist eine Sprache, die als gesellschaftlich anstößig und respektlos gilt. Mit ihr wird provoziert, verletzt oder Wut ausgedrückt, z. B. durch gemeine Aufforderungen („*Verpiss dich!*“), Schimpfwörter („*Du Blödmann!*“) oder Flüche („*Fuck!*“).
4. Die **Fachsprache**: Das ist die Sprache eines bestimmtes Fachgebiets oder Berufsfeldes. Sie zeichnet sich vor allem durch spezifische Fachbegriffe aus und erleichtert die Kommunikation in ihrem Nutzungsgebiet.

Auf dem Boden der Tatsachen

„Andere Wortarten“ mit Verben verbinden

Ein Schüler hat zum Textauszug von Seite 213–215 diesen Dialog geschrieben:

Paul ist nach dem Gespräch mit seinem Vater sehr aufgewühlt:

Linn: Das hätte ich (1) *vorher?sagen* können, dass Papa nichts über K verraten wird!

Amira: Aber euer Vater hat ja schon einiges über K (2) *mit?geteilt*.

Paul: Aber er hätte mir doch zumindest (3) *vorher?sagen* sollen, dass es K gibt! Ich verstehe nicht, dass unsere Eltern (4) *vor?täuschen* wollten, dass Charlotte meine Mutter ist! Wie konnten sie uns nur so (5) *über?gehen* ... Daran kann man (6) *wieder?sehen*, wie wichtig ich ihnen bin!

Linn: Zu Anfang habe ich damit gerechnet, dass Papa weiterhin (7) *zu?macht*. Immerhin haben wir ihn dann ja wohl (8) *auf?gerüttelt*.

Paul: Meinst du wirklich? Ich würde das nicht (9) *herunter?spielen*.

Linn: Ein schlimmes Ende hat Papa zum Glück abgewendet. Schließlich habt ihr euch ja (10) *zusammen?gerauft*.

Amira: Und er hat Ks Adresse (10) *raus?gegeben*. Jetzt kannst du K (11) *auf?suchen*. Ob ihr euch wohl bald (12) *wieder?seht*?

> etwas Zukünftiges voraussagen – nichts verraten – etwas verraten – aufschrecken – jemanden treffen – herausgeben – etwas behaupten, was nicht stimmt – etwas früher sagen – etwas positiv darstellen

1 **a)** Tauscht euch darüber aus, wie die drei das Verhalten von Pauls Eltern beurteilen.
b) Beurteilt, ob ihre Meinungen für euch nachvollziehbar sind.

2 **a)** Entscheide, ob du die kursiv gedruckten Ausdrücke getrennt- oder zusammenschreiben musst. Führe die Betonungsprobe durch oder wende die Bedeutungsprobe an (vgl. **LERNBOX**). Finde dazu ein anderes Wort zur Erklärung.
Schreibe so: (1) vorhersagen = etwas Zukünftiges voraussagen
Ordne zur Anwendung der Bedeutungsprobe die Erklärungen aus dem Kasten oben den passenden Wörtern zu.

10 x schreibst du zusammen, 2 x getrennt. Bei einem Wort geht beides.

b) Welches Wort kannst du sowohl getrennt- als auch zusammenschreiben? Erkläre deine Wahl mithilfe des Dialoginhalts.

LERNBOX

So schreibst du Verbindungen aus „anderen Wortarten“ und einem Verb:

Richtig schreiben, S. 294

1. **Adverbien** und **Präpositionen** (*ab, auf, wieder, zusammen*) können mit vielen Verben Verbindungen bilden: *abmachen, zusammenkommen ...*
2. Sie werden meistens **zusammengeschrieben**. Um sicherzugehen, führe die folgenden Proben durch:
   a) Die **Betonungsprobe**: Wenn du beim Lesen der Wörter **den ersten Teil** betonst, schreibst du **zusammen**: *ein Unglück vorhersagen*. Wenn du **beide** Wörter **gleich betonst**, schreibst du **getrennt**: *etwas vorher sagen*.
   b) Die **Bedeutungsprobe**: Du schreibst **zusammen**, wenn sich eine **neue Bedeutung** ergibt: *etwas vorhersagen (= voraussagen, was in der Zukunft passiert); etwas vorher sagen (= davor sagen)*, also **getrennt**.

Fachwortschatz, S. 234

Fachwortschatz, S. 234

Wo lebt K?

Einen Dialog textbezogen vorbereiten

1 **a)** Vermute, wie es im Roman weitergeht: Wen erkennst du auf der Abbildung? Wo befinden sich die Personen? Was könnten sie vorhaben?

b) Lies nun den Romanauszug Absatz für Absatz und beantworte die Fragen am Rand. Entscheide, ob du allein oder zu zweit arbeiten möchtest.

c) Vergleicht eure Lösungen anschließend im Lerntempoduett, entweder mit einer zweiten Person oder einem anderen Team.

Kapitel 13: Vor Ks Haustür

Digital+ Textvorlage WES-126428-160

Pauls Vater möchte Paul bei seiner Suche nach „K“ nicht länger im Weg stehen und hat ihm die Adresse seiner leiblichen Mutter gegeben. Nun steht Paul vor „Ks“ Wohnhaus und trifft dort überraschend auf das Mädchen, das sich „Em“ nennt und das er vor Kurzem im Park kennengelernt hat.

1. Wer hat Paul die Adresse gegeben?
2. Woher kennt Paul Em?

„Er hat mir ihre Adresse gegeben.“ Em begriff sofort. Sie ließ von Spike[1] ab und sprang in den Stand. „Sie wohnt bei mir im Haus?“ „Scheint so.“
Und das Haus noch länger anzuglotzen, würde meine Neugier nicht stillen. Genug gedacht, entschied ich, jetzt wird gehandelt. Ich holte Luft, ließ Em stehen, marschierte über die Straße und nahm die fünf Stufen zur Haustür mit drei Schritten. Mein Finger glitt über die Klingelschilder, es war ein Altbau. Vorderhaus, Seitenflügel, Hinterhaus.

[1] **Spike**: Ems Hund

neugierig/ entschlossen

3. Was wird Em klar, als sie Paul trifft?
4. Warum holt Paul tief Luft?

„Warte!“ Em drängelte sich neben mich auf den schmalen Treppenabsatz und beobachtete, wie mein Finger die Namen abfuhr. „Krass“, murmelte sie. „Das kann doch wohl nicht … Vielleicht sollte ich doch an Zufälle … Kenn ich sie? Ich mein … Wie heißt sie überhaupt?“
„Kristin“, entgegnete ich. „Sie heißt Kristin …“ Da! Seitenflügel. Sei-ten-flüg-el! Beinahe hätte ich laut gejubelt. „… Köfler. K. Köfler! Das ist sie, Em, das muss sie sein.“
Ehe das Denken und die Fragen und die Zweifel mich überschwemmen und versuchen würden, die Sehnsucht nach einem Menschen abzutöten, der rein biologisch ein Teil von mir war, presste ich den Klingelknopf. Dann wandte ich mich zu Em, hibbelig vor Aufregung und Angst und Freude, wollte meine Arme um sie schlingen, besann mich gerade noch rechtzeitig und hielt ihr die Hände zum Abklatschen hin.

5. Wie geht Paul vor, um herauszufinden, wo genau „K“ wohnt?
6. Warum klingelt Paul möglichst schnell?
7. Wie möchte Paul seine Gefühle mit Em teilen? Was tut er stattdessen?

Sie schlug nicht ein. Stattdessen starrte sie mich an, als wären mir plötzlich fünf Köpfe gewachsen, aus denen Antennen ragten.
„K?“, fragte sie tonlos. „Du suchst K?“
„Ja, genau, K! Nennt sie sich immer noch so? Dann kennst du sie, wie cool!“
Em regte sich nicht, aber ihr Mund stand leicht offen. Selbst Spike, die eine Stufe unter uns saß, spürte, dass etwas seltsam war. Sie winselte.
„Was ist denn?“, fragte ich alarmiert. „Ist was mit ihr? Ist sie scheiße?“ „Nee, K ist toll. Aber …“ Warum wirkte sie so konfus?[2] Warum betrachtete sie ihre Schuhspitzen, statt sich mit mir zu freuen? Warum …? Nicht denken, handeln! Fragen in diesem Fall. Und noch mal klingeln.

8. Wie reagiert Em auf den Namen „K. Köfler“?

[2] **konfus**: durcheinander

„Was aber? Was hast du denn? Wenn du sie toll findest, finde ich sie bestimmt auch mega. Ich mein ...“ [...] Warum summte der Türöffner nicht? Oder wenigsten die Gegensprechanlage[3]? Es war Samstagmittag, da war man doch zu Hause oder nicht?

[3] **die Gegensprechanlage:** ein Klingelknopf mit Lautsprecher

„Krank?“, bohrte ich weiter. „Ist sie krank?“ Glücklicherweise schüttelte sie den Kopf. Ich wollte gerade ein drittes Mal läuten, als Em meine Hand abfing und sie zwischen ihren Handflächen barg. „Lass stecken, Paul“, sagte sie sanft. „Da ist niemand. K arbeitet.“ „Am Wochenende?“ „Manchmal.“ Mein Hirn ratterte so schnell, dass ich vergaß, herauszufinden, wie sich meine Hand in Ems anfühlte. Was tat ein Mensch, der am Wochenende arbeitete? Es fühlte sich warm an und flatternd. Gastronomie, dachte ich, oder was Soziales. Oder ... Flatterte sie oder flatterte ich? „Was macht sie denn?“ Meine Stimme klang gepresst. „Krankenpflege. Im Hildegard-von-Bingen-Krankenhaus.“
Krankenpflege. Es gab also immerhin eine Person in meiner Familie, die etwas Praktisches tat. [...] Krankenpflege, das war konkret und nützlich und sozial ... Meine Neugier auf meine Mutter begann, die Wut zu übersteigen, die – wenn ich ehrlich zu mir war – die ganze Zeit gar nicht allzu tief in mir geschlummert hatte.

9. Warum greift Em nach Pauls Hand?

10. An welche Berufe denkt Paul zunächst?

11. Wie findet Paul, dass „K“ in der Krankenpflege arbeitet?

„Weißte, was?“ Em knetete meine Hand, als wäre sie ein Stressreduktionsball[4]. Erstaunlicherweise beruhigte es mich ungemein. „Komm doch einfach nachher wieder, die Schicht geht normalerweise bis zwei, dann schlafen, was essen. Um fünf sollten deine Chancen gut stehen.“ „Um fünf?“ Ich checkte mein Handy. Noch vier Stunden. Vier Stunden, und ich würde meine Mutter kennenlernen. Die der Grund war, warum mir mein gesamtes Leben immer ein bisschen off vorgekommen war. Und möglicherweise auch der Grund für das Sehnen in meinem Herzen, das in den letzten Jahren still und leise gewachsen war. Der Grund für mein Anderssein. Oder war das typisch Pubertät? Hatte jeder Mensch diese Sehnsucht nach ... Zugehörigkeit? „Okay.“ [...]

[4] **der Stressreduktionsball :**

12. Warum soll Paul um fünf Uhr wiederkommen??

13. Was meint Paul damit, sein Leben sei ihm „off“ vorgekommen?

2 a) Fasse dein Textverständnis zusammen: Was erfährst du Neues über „K“?
b) Wie erklärt sich Paul „das Sehnen in [s]einem Herzen“ (Z. 46–47)?

3 Was geht gerade in Paul vor? Versetze dich in ihn und beschreibe seine Gefühle:
a) Unterschlängele dazu wie im Beispiel unten **Ankerstellen**, die Pauls Gefühle verdeutlichen, und notiere am Rand passende Adjektive.

» Fachwortschatz, S. 234

Orientiere dich am Ankersymbol am Rand und suche die dazugehörige Textstelle.
Aus diesen Adjektiven kannst du auswählen: *aufgeregt – überrascht – erwartungsvoll – ungeduldig – stolz – unwohl – verlegen – überfordert – neugierig – ängstlich – freudig – zögerlich – entschlossen – aufgedreht – durcheinander – verwirrt – nachdenklich – erleichtert – sehnsüchtig.*

Textbeispiel: *„Und das Haus noch länger anzuglotzen, würde meine Neugier nicht stillen. Genug gedacht, entschied ich, jetzt wird gehandelt. Ich holte Luft, ließ Em stehen, marschierte über die Straße und nahm die fünf Stufen zur Haustür mit drei Schritten.“*

Pauls Gefühle:
neugierig, entschlossen

Umsetzung im Dialog: *Paul (neugierig/entschlossen): Und dann bin ich einfach losgegangen. Ich wollte jetzt unbedingt meine Mutter kennenlernen.*

b) Vergleiche deine Ergebnisse mit denen einer Partnerin oder eines Partners.

» Richtig schreiben, S. 293

4 Schreibe zu dem Romanauszug einen Dialog zwischen Paul und seiner Schwester Linn:

a) Lies zuerst die Aufgabenstellung im blauen Kasten und markiere die Operatoren (Verben) und Schlüsselwörter (Nomen) der Teilaufgaben.

b) Gib jemandem die Teilaufgaben in eigenen Worten wieder, sodass deutlich wird, ob du die Aufgabe verstanden hast.

> Paul erzählt seiner Schwester Linn in seinem Zimmer von seiner Begegnung mit Em. Er möchte von Linn wissen, wie er sich seiner Mutter „K“ gegenüber verhalten soll, wenn er sie zum ersten Mal treffen wird. Verfasse einen Dialog zwischen Paul und seiner Schwester Linn. Verdeutliche darin seine Gefühle und Gedanken. Gehe so vor:
>
> - Stelle in einem kurzen Vortext die Sprecher/-innen, die Gesprächssituation sowie die Gesprächsabsicht dar.
> - Berücksichtige folgende Inhalte und ergänze Hinweise zur Sprechweise der Figuren:
>   - Pauls Begegnung mit Em vor „Ks“ Haus und seine Gefühle währenddessen;
>   - Ems Verhalten, als sie erfährt, dass sie Pauls Mutter „K“ kennt;
>   - Pauls Reaktion auf Ems Verhalten (Abschnitt 5 und 6);
>   - den Ratschlag, den Linn ihrem Bruder für seine erste Begegnung mit seiner Mutter gibt.

5 Plane deinen Dialog mithilfe eines Schreibplans. Übertrage dazu den Schreibplan unten oder lade ihn über den Webcode herunter. Gehe so vor, wie in der **LERNBOX** auf Seite 222 beschrieben. Nutze das **Dialog-Fenster** auf Seite 223.

Digital+
Schreibplan
WES-126428-161

Beteiligte Figuren: Paul, …
Situation: vertrauliches Gespräch in Pauls Zimmer
Gesprächsabsicht: Paul möchte einen Rat, wie er sich K gegenüber verhalten soll.

Teilaufgabe	Paul:	Linn:
Begegnung mit Em und Pauls Gefühle dabei	(aufgeregt): Vor Ks Haustür habe ich Em getroffen. Sie kennt K … →	(gespannt): Em kennt …? Wie das?
	← (…) sie wohnt bei ihr … →	(besorgt): Wie hast du dich denn gefühlt, als du …?
	← (angespannt) Ich war mega aufgeregt und so neugierig, dass ich … →	(mitfühlend): Und Em? Wie hat sie denn reagiert, als sie gemerkt hat, …?
Ems Verhalten	(…): Sie war echt seltsam …	
Pauls Reaktionen auf Em	(…)	
Linns Ratschlag	(…) Linn, was soll ich denn nun tun, wenn ich gleich auf K treffe? →	(…) Puh Paul, das ist echt schwer! Wie wäre es, wenn du …

6 Verfasse auf der Grundlage deines Schreibplans und der **LERNBOX** den Dialog zwischen Paul und seiner Schwester Linn. So kannst du beginnen:

Paul und Linn treffen sich in Pauls Zimmer. Paul möchte ...
Paul (aufgeregt): Gerade habe ich Em vor Ks Haustür getroffen. Genau dann, als ich mich überwunden habe, dort zu klingeln. Stell dir vor: Sie kennt K!
Linn (überrascht): Waas? Sie kennt K? Woher denn? ...

Diese Fragen könnte Linn stellen, um auf Paul einzugehen: *Wie hat Em gemerkt, dass du nach K suchst? – Was ist nach dem Klingeln passiert? Hat K geöffnet? – Kennt Em K gut? – Was hält Em von K? – Was hast du gedacht, als K nicht geöffnet hat? – Wie hast du dich gefühlt, als du vor Ks Haus standest?*

Danach könnte Linn Paul fragen: *nach seinem Vorgehen beim Klingeln – nach dem, was Em über K weiß – nach seinen Gedanken und Gefühlen.*

Formuliere auch Fragen, die sich auf Ems Reaktionen beziehen.

7 Stellt eure Dialoge vor und gebt euch mit dem **Feedback-Burger** Rückmeldungen:
- Habt ihr alle Teilaufgaben aus dem blauen Kasten (S. 221) berücksichtigt?
- Habt ihr passende Ankerstellen berücksichtigt?
- Passen die Gedanken und Gefühle zu den Textstellen?
- Passen die Fragen und Antworten der Gesprächspartner zueinander? Gehen diese aufeinander ein?

8 Spekuliert einmal: Aus welchem Grund könnte Em so zögerlich auf Pauls Fragen zu „K“ reagiert haben?

» Freiraum, S. 235

» Fachwortschatz, S. 234

LERNBOX

So planst du einen Dialog zu einem literarischen Text:

1. Orientiere dich bei der Planung deines Dialogs an der **Handlung** im **Text** und an den **inhaltlichen Schwerpunkten** der **Aufgabenstellung**:
   a) Erschließe die **Aufgabenstellung** und mache dir klar, was du tun sollst.
   b) Erschließe den **Text** (unbekannte Wörter klären, Schlüsselstellen markieren).
2. a) Versetze dich in die Situation der Figuren und ermittle ihre **Gedanken** und **Gefühle**: *Was haben sie erlebt? Was haben sie beobachtet? Welche Figuren sind ihnen begegnet? Was haben sie gedacht oder gefühlt?*
   b) Unterschlängele **Ankerstellen** ⚓ im Text und leite daraus die Gefühle der Figuren ab. Benenne sie mit passenden **Adjektiven**, zum Beispiel *neugierig*, *aufgewühlt*, *enttäuscht* ... Du kannst sie für die Darstellung der Sprechweise nutzen.
3. Nenne in einem **Vortext** die **Gesprächssituation** und die **-absicht**: Beginne mit einem **Gesprächsöffner**, z. B. *„Du wirkst so durcheinander. Was ist denn passiert?“*
4. Verfasse den Dialog und **berücksichtige dabei** die **Beziehung** der **Gesprächspartner**: *Welche Fragen könnten sie stellen? Wie könnten sie reagieren?* Achte darauf, dass sich die Gesprächspartner im Dialog aufeinander beziehen, d.h., sie *beantworten Fragen, reagieren auf Impule ...*
6. Ergänze in Klammern **Hinweise zur Sprechweise** der Figuren: *Paul (aufgeregt): ...*

SPRACHBOX

Dialog-Fenster

GESPRÄCHSSITUATION UND GESPRÄCHSABSICHT IM VORTEXT

... möchte von ... wissen, ... – ... will einen Rat zu ... – ... ist es wichtig, die Meinung von ... zu ... zu erfahren. – ... will ... von seinem/ihrem Erlebnis berichten und ... – sich aussprechen/erleichtern

GESPRÄCHSÖFFNER

Hast du gerade Zeit? – Kann ich mal kurz mit dir sprechen? – Stell dir vor, was mir passiert ist! – Ich bin gerade völlig durcheinander. Kannst du mir bitte helfen? – Ich möchte dir etwas Wichtiges erzählen. – Was ist denn los mit dir? – Du wirkst sehr aufgewühlt. Was ist denn passiert? – Du wirkst, als bräuchtest du ein offenes Ohr.

GEFÜHLE

Ich bin so ... – In mir sieht es ... aus. – Ich fühle mich unendlich leer – Enttäuschung ist gar kein Audruck! – aus allen Wolken fallen – hin- und hergerissen sein – Ich fühle mich ... – froh – betrogen – ganz fremd – hintergangen – ausgeschlossen

GEDANKEN

Hoffentlich ... – Ich denke, dass ... – Ich befürchte, dass ... – Ich hätte nie gedacht/vermutet, dass ... – Wie kann es sein, dass ...? – Erklär mir doch mal, warum ...

KOMMENTIEREN UND VERSTÄNDNIS ZEIGEN

Ich kann verstehen, dass du ... – Ich merke, dass es dir gerade ... geht. – Kann es sein, dass du ... bist? – Du hast völlig recht mit ... – Ich verstehe deine Gefühle. – Ich kann mir gut vorstellen, was in dir vorgeht. – Ich denke, du hast richtig gehandelt. – Das sehe ich genauso/anders, denn ... – Da stimme ich dir (nicht) zu, weil ... – Ich verstehe dich. – Ich kann gut nachvollziehen, dass ... – Mir tut es sehr leid, dass ... – Ich kann mich gut in dich hineinversetzen, denn ... – Aus deiner Sicht sehe ich das ebenso, denn ... – Dein Vater sieht das sicher anders, weil ...

SPRECHWEISEN

wütend – verwirrt – glücklich – (un)zufrieden – traurig – verzweifelt – völlig überrascht – verunsichert – verletzt – aufgeregt – durcheinander – aufgebracht – schnell – erwartungsvoll – nachdenklich – mitfühlend – verständnisvoll – aufgelöst – beruhigend – neugierig – enttäuscht – ratlos – überfordert – tröstend

EINEN RATSCHLAG GEBEN

Ich schlage vor, dass du ... – Wie wäre es, wenn ... – Kannst du dir vorstellen, dass ...? – Ich rate dir dazu ... – Meiner Meinung nach könntest du ... – Würde es dir helfen, wenn ...? – Möchtest du hören, was ich darüber denke? – Du solltest/solltest nicht ...

Pauls Begegnung mit K I

Einen Dialog planen und schreiben

1 **a)** Betrachte die Abbildung und beschreibe, was du siehst: Wen erkennst du? Wo befinden sich die Personen? Was könnte passiert sein?
b) Erschließe den Romanauszug und beantworte die Fragen in der Randspalte. Entscheide, ob du allein oder zu zweit arbeiten möchtest. Vergleicht eure Lösungen anschließend im Lerntempoduett, entweder mit einer zweiten Person oder einem anderen Team.

(AH) S. 42–43

Digital+
Textvorlage
WES-126428-162

Kapitel 16: Begegnung mit K

Paul geht erneut zu Ks Wohnung in der Hoffnung, sie nun anzutreffen. Als er vor der Wohnungstür steht, öffnet ihm Em. Paul denkt daraufhin, dass K auch Ems Mutter ist, und sie somit seine Schwester. Ihm wird schwindelig und Em ruft ihre Mutter zu Hilfe. Paul steht nun erstmals vor der Frau, die er für K hält.

1. Was vermutet Paul zu Beginn?

Mama, dachte ich probehalber, aber es fühlte sich falsch an.
Und sie … Schaute und schaute, als ob sie mich zu ergründen versuchte, und dann, schlagartig, zog Erstaunen über ihr Gesicht.
„Du bist …?“ Verwirrt drehte sie sich zu Em um, die hinter ihr stand, dann wieder zu mir. „Wie …? Woher …?“ „Lange Geschichte“, murmelte Em. Und dann: „Aber ja, das ist Paul. Und es wär wirklich cool gewesen, wenn ich seinen Namen gekannt hätte, dann hätte ich das längst …“ Die Frau, meine Mutter, schwankte, fand Halt am Geländer und umklammerte es so, wie ich eben. Etwas an ihrem Gesichtsausdruck hatte sich verändert. Wir schwiegen, alle drei, während ich probierte, mich in ihr wiederzufinden. Woran merkt man, ob man jemandem ähnlich sieht? […]

2. Was denkt Paul über die fremde Frau?

3. Warum geht Paul diese Frage durch den Kopf?

Die Frau, die meine Mutter war, räusperte sich. „Ich brauch einen Schnaps.“ Dann drehte sie sich um und marschierte in die Wohnung. […] „Wow“, wisperte Em. „Sie trinkt fast nie Alkohol.“ Dann streckte sie mir die Hand entgegen, und ich legte meine hinein und ließ mich auf die Füße ziehen. Merkte wieder, wie gut sich meine Hand in Ems oder ihre in meiner anfühlte, und ließ sie los, als wäre sie ein giftiges Insekt. Sie war meine Schwester, verdammt. Sie legte den Kopf schief, schob mich sanft zur Seite und drückte sich an mir vorbei in die Wohnung. Ich folgte ihr, schloss die Tür, lief ihr hinterher, den Flur entlang. Zwei Türen rechts, zwei links, hinten eine Art Wendekreis: die Küche. […]

4. Welche Reaktion der Frau überrascht Em und warum?

5. Wodurch versucht Em Paul Halt zu geben?

„Und jetzt?“, fragte ich niemand Bestimmtes. Die Frau, die meine Mutter war, schnippte mit den Fingern. „Gute Frage. Setzt euch erst mal.“ […]
Die Frau, die unsere Mutter war, trank nun Ems Glas aus. Dann nickte sie, dreimal, viermal, machte einen Schritt in den Flur hinein und rief: „K! Hier ist jemand, der … Ich glaub, du solltest mal herkommen …“ Der Laut, der mir entfuhr, glich einem Gurgeln.
„Warte, wie? Du … du bist nicht K?,“ stammelte ich. „Aber …?“ „Oh, entschuldige“, antwortete sie, herzlich und gelassen, als wäre das keine große Sache. Als hätte ich nicht die ganze Zeit meine Gene in ihrem Gesicht gesucht. Jetzt war ich es, der Ems Hand ergriff. „Ich heiße Miriam.“ […]

6. Woran merkt Paul, dass die Frau nicht seine Mutter ist?

Ich lachte laut auf. Es klang nach dem verzerrten Geräusch, das ein psychopathischer Serienmörder in einem US-amerikanischen Horrorfilm ausstieß, ehe er zu metzeln[1] begann. Ich spürte mein Blut fließen, hoch in meinen Kopf, wo es sich sammelte, in meinen Ohren pulsierte, bis nichts als Rauschen blieb. Ich nahm den scharfen Geruch des Schnapses wahr und den nach Essen und Sommerabend und hörte nichts außer dem Rauschen ... und eine Tür, die sich öffnete und schloss. Schritte. Miriams Stimme. „Es tut mir leid, Paul. Ich dachte, Emma hätte dir von unserer“, sie suchte meinen Blick, dann Ems, „... Familienkonstellation erzählt.“ Familienkonstellation.

[1] **metzeln:** ermorden

7. Was passiert mit Paul und warum?

8. Was bedeuten das Türklappern und die Schritte?

Das Rauschen trat in den Hintergrund, als mein Gehirn das Blut für sich beanspruchte. Es zahlte sich aus, dass ich es täglich im Gedankenketten-Auffädeln[2] trainierte, das zusätzliche Blut in meinem Kopf tat sein Übriges: In mir keimte eine Ahnung.
„Das ist alles?“, platzte ich heraus. „Deshalb der ganze Aufriss? K ist lesbisch?“
Em zerquetschte meine Finger. Miriam warf einen sehnsüchtigen Blick zu der Schnapsflasche auf dem Tisch. „Nö“, erwiderte sie schließlich. Dann wandte sie sich von uns ab und starrte in den Flur. Seufzte. „Jetzt komm schon rein, Schatz.“

[2] **Gedankenketten-Auffädeln** (= Metapher): Paul reiht viele Gedanken aneinander

9. Wie kommt Paul auf die Vermutung, K sei lesbisch?

Kurzes Haar in der Farbe von nachgedunkeltem Fichtenholz[3]. Augen, eine Nuance heller als meine. Eine Nase, die mir unvertraut vorkam. Leicht zusammengepresste Lippen, die meinen ähnelten. Lange Jeans. Sneakers. Ein halb aufgeknöpftes Hemd mit hochgerollten Ärmeln. Es war, als würde ich in einen Spiegel sehen. Einen, der mich selbst in zwanzig Jahren zeigte. Inklusive der Fältchen um die Augen und denen auf der Stirn, die von einem gedankenübervollen Kopf zeugten. Inklusive der abgekauten Nägel. Inklusive auch des Dreitagebartes. Und das Einzige, was ich dachte, denken konnte, war: ...

[3] **die Fichte:** 

10. Wie sieht die Person aus, die ins Zimmer kommt?

11. Was bedeutet die unterstrichene Textstelle?

2 a) Ergänze den Schlusssatz: Was denkt Paul?
b) Vergleiche deinen Schlusssatz mit dem einer anderen Person.
c) Im Webcode findet ihr den Original-Satz. Vergleicht eure Lösung mit diesem.
d) Diskutiert, was diese Erkenntnis bei Paul auslösen könnte: *Paul denkt/fühlt ...*
e) Sprecht auch darüber, wie K sich lange Jahre gefühlt haben muss: *Ich stelle mir vor, dass K sich ...*

Digital+ Lösung WES-126428-163

» Freiraum, S. 235

3 a) Lies die Aufgabenstellung im blauen Kasten und mache dir klar, was du tun sollst.
b) Markiere im Text Ankerstellen, die sich auf die Teilaufgaben beziehen, und leite daraus Pauls Gefühle ab (s. Beispiel auf Seite 220).

Stell dir vor, Paul verlässt verstört die Wohnung seiner Mutter und trifft sich mit Linn, um ihr von den Neuigkeiten zu erzählen. Verfasse einen Dialog zwischen Paul und Linn. Verdeutliche darin Pauls Gefühle und Gedanken. Berücksichtige folgende Inhalte und ergänze Hinweise zur Sprechweise der Figuren in Klammern:
- Stelle in einem Vortext die Gesprächssituation dar und nenne Pauls Gesprächsabsicht.
- Paul und Linn sprechen ...
  - über die Situation in Ks Wohnung und Pauls Gefühle währenddessen;
  - über Miriams Reaktion auf Pauls Besuch;
  - darüber, was Paul bezogen auf seine Verwandtschaftsverhältnisse zu Em und Miriam vermutet und
  - über die tatsächliche Familienkonstellation.
- Stelle dar, wie Linn Paul unterstützen könnte.

4 Plane deinen Dialog mithilfe des Schreibplans unten. Übertrage ihn oder nutze den Schreibplan im Webcode. Nutze auch das **Dialog-Fenster** von Seite 223 sowie die **SPRACHBOX**.

SPRACHBOX

mitfühlend – völlig verstört – sprachlos – ratlos – wütend – verständnisvoll – tröstend – hoffnungsvoll – hilflos – irritiert – überfordert – aufgeregt – einfühlsam – verzweifelt

Digital+ Schreibplan WES-126428-164

Beteiligte Figuren: ... **Situation: ...** **Gesprächsabsicht: ...**		
Teilaufgabe	Paul:	Linn:
Situation in Ks Wohnung u. Pauls Gefühle	(völlig verstört) Meine Mutter ist jetzt ein Mann ... (aufgelöst) Ich war gerade ...	(ungläubig): Waas? Das muss ein totaler Schock für dich sein!!! Wie hast du das entdeckt?
Miriams Reaktion auf Paul	...	
Pauls Vermutung ü. die Familienkonstellation u. sein Verhalten gegenüber Miriam	(...) Zuerst habe ich geglaubt, Miriam sei ...	(...) Wie? Miriam ist gar nicht K?
So hilft Linn Paul		(...) Du musst da nicht allein durch ...

5 Schreibe einen Entwurf des Dialogs. Orientiere dich an der **LERNBOX**. So kannst du beginnen: (AH) S. 44–46

Völlig verstört spricht Paul mit Linn über das Geschehene. Er braucht eine vertrauensvolle Gesprächspartnerin und hofft, dass ...

Paul (völlig verstört): Ach, Keks! Ich weiß gar nicht, wie ich anfangen soll. Ich kenne jetzt das Geheimnis meiner Mutter. Sie ...

Linn (ungläubig): ...

LERNBOX

So schreibst du einen Dialog zu einem literarischen Text:

1. Formuliere einen **Vortext**, in dem du die **beteiligten Figuren**, die **Gesprächssituation** sowie die **-absicht** darstellst, z.B. *Paul und Linn treffen sich in Linns Zimmer. Paul erzählt Linn von der Situation in Ks Wohnung und seiner Entdeckung. Er hofft auf Linns Trost und Unterstützung.*
2. a) **Orientiere** dich im Dialog nacheinander an den **inhaltlichen Schwerpunkten** (= Teilaufgaben). Greife **Ankerstellen** auf, die für die beteiligten Figuren eine besondere Bedeutung haben und deren **Gefühle** und **Gedanken** deutlich machen.
   b) Ergänze in Klammern **Hinweise zur Sprechweise** der Figuren: *Paul (völlig verstört): ...*
   c) Formuliere **Fragen** und **Antworten beider Figuren**, um zu zeigen, dass sie einander zuhören, sich aufeinander beziehen und aufeinander reagieren.
3. Verfasse die Gesprächsbeiträge in der **Ich-Form**. Übernimm die **Sprache der Figuren** und berücksichtige ihre Beziehung zueinander, z.B. *Bruder und Schwester*.

Pauls Begegnung mit K II

Einen Dialog überarbeiten

1 Eine Schülerin hat den folgenden Entwurf für den Dialog zwischen Paul und Linn (Seite 226) verfasst.

a) Lies den Textentwurf: Was findest du daran gelungen?

b) Vergleiche deinen Eindruck mit dem einer anderen Person. Formuliert gemeinsam ein Feedback für die Schülerin, in dem ihr ihr mitteilt, was ihr schon gut gelungen ist.

Digital+ Textvorlage WES-126428-165

Textentwurf	Anmerkungen
⌜	⌜ Vortext fehlt!
Paul ⌜: Ach, Keks! Ich weiß gar nicht, wie ich anfangen soll. Ich kenne jetzt das Geheimnis meiner Mutter. Sie ist ein Mann! K ist ein Mann!!!	⌜ Sprechweise (verstört)
Linn ⌜: Waaas? Das muss ein ziemlicher Schock für dich sein! Wie hast du das denn entdeckt?	gut: einfühlsame Antwort
Paul ⌜: Ich war gerade noch einmal bei K. Sie sollte ja gegen fünf Uhr zu Hause sein. Ich wollte sicher gehen, dass ich sie antreffe. Und dann hat Em mir die Tür geöffnet. Ich war völlig überrascht! Das habe ich nicht voraus gesehen.	R (Hause sein. Ich wollte sicher gehen …) R (mir die Tür geöffnet …)
Linn ⌜: Em?? ⌜	⌜ Frage fortsetzen
Paul ⌜: Ja, sie wohnt tatsächlich da. Ich habe natürlich sofortgedacht, dass das bedeutet, K ist auch Ems Mutter und somit wäre Em meine Schwester. ⌜ Mir war total schwindelig. Und vor lauter Panik hat Em dann ihre Mutter gerufen.	⌜ Pauls Gefühle nennen
Linn ⌜: Was für ein Durcheinander! Aber dann kam K, um dir zu helfen …	
Paul ⌜: Das dachte ich zuerst. Aber es war ganz anders. ⌜ Die Frau ist erstmal wieder in die Wohnung gegangen, um einen Schnaps zu trinken. Und Em und ich hinterher.	⌜ ausführlicher: Wie hat Miriam reagiert?
Linn ⌜: Sie brauchte einen Schnaps? Wieso das?	
Paul ⌜: Ich glaube, sie war einfach geschockt! Em meinte nämlich, dass sie normalerweise kaum Alkohol trinkt. Sie musste sich wohl auch klar machen, wer ich eigentlich bin.	R (normalerweise kaum Alkohol trinkt. Sie musste sich wohl auch klar machen,)
Linn ⌜: Wie ist es denn weiter gegangen?	R
Paul ⌜: Ich glaube, die Frau war einfach komplett durch den Wind. Und dann… Puh! … Dann … hat sie K gerufen.	
Linn ⌜: K? Wieso hat sie K gerufen? Die Frau ist doch K! Jetzt verstehe ich gar nichts mehr!	
Paul ⌜: Tja … So ging es mir auch … ⌜ Aber das war Miriam.	⌜ Pauls Gefühle
⌜	⌜ Ergänze eine Frage von Linn
Paul ⌜: Miriam ist Ems Mutter und lebt mit K zusammen. Ich dachte also, K sei lesbisch und hätte uns deshalb verlassen.	
Linn ⌜: Aber warum machen dann alle so ein Geheimnis daraus?	
Paul ⌜: Das verstehe ich auch nicht. Aber es geht ja weiter, denn dann kam K.	
Linn ⌜: Endlich! Und hat sie sich gefreut, dich zu sehen?	
Paul ⌜: Äh, Linn! K ist doch keine „sie“ mehr, sondern ein Mann. Aber er	

kam dann tatsächlich. Er musste sich wohl erst auf rütteln. Und er sieht mir — R
ähnlich. ⌐ So könnte ich in zwanzig Jahren aussehen. — ⌐ genauer
Linn ⌐: Und jetzt? Du musst schrecklich durcheinandersein! Aber du musst da — R
nicht allein durch! Wir könnten uns genauer über Transidentität informieren — gute Idee!
und mit jemandem darüber reden. Sicher hat K es sich nicht leicht gemacht!
Wir sollten mehr über ⌊sie⌋ erfahren. Das machen wir gemeinsam! Und es — ⌊ihn⌋
ändert nichts daran, wer du bist, Paul. Denk daran, dass wir dich alle weiterhin
sehr lieben! Daran wird sich doch nichts ändern! Du bleibst doch Paul!!!

2 Der Textentwurf enthält noch einige Stellen, die du mithilfe der **CHECKLISTE** sowie der Randbemerkungen und eigener Korrekturhinweise überarbeiten solltest. Nutze dazu die Korrekturzeichen. Gehe so vor:

a) Überprüfe, ob in dem Entwurf alle Aufgaben zum Inhalt bearbeitet wurden. Vergleiche ihn dazu mit der Aufgabe im blauen Kasten auf Seite 225.

b) Überarbeite nun den Entwurf:

Nimm folgende Korrekturen vor und nutze dazu das Dialogfenster (S. 223):
- Ergänze den Vortext.
- Benenne Pauls Gefühle genauer: z. B. *Das hat mich echt umgehauen! / Ich war völlig verstört! / Ich konnte keinen klaren Gedanken fassen. / Ich bin ihnen wie ein Roboter gefolgt. / Ems Nähe hat mir gutgetan.*
- Schildere genauer, wie Miriam auf Paul reagiert (S. 224, Z. 2–5, Z. 7–8).
- Schildere, wie Paul darauf reagiert, als er erfährt, dass Miriam nicht K ist (Z. 32 ff.).
- Setze eine Frage von Linn fort, sodass sie zu Pauls Antwort passt, und ergänze eine weitere Frage.
- Finde zwei weitere Rechtschreibfehler und korrigiere die gekennzeichneten.

Ergänze die Korrekturzeichen und achte bei der Überarbeitung besonders auf Folgendes:
- Ergänze einen Vortext sowie zwei Fragen von Linn.
- Schildere ausführlicher die Reaktionen von Paul auf Miriam sowie die Reaktion von Miriam auf Paul.

Überarbeite den Dialog auf der Grundlage der Randbemerkungen und deiner Ergänzungen.

Korrekturzeichen:
- ↳↲ = ersetzen
- ⌐ = erweitern
- ⌐ = Absatz
- R = Rechtschreibfehler

Digital+
WES-126428-166
letzter Tagebucheintrag

CHECKLISTE
Einen Dialog zu einem literarischen Text überarbeiten

1. Werden zu Beginn die beteiligten Figuren, die Gesprächssituation sowie die Gesprächsabsicht, orientiert an der Aufgabe, in einem **Vortext** genannt? ☑
2. Werden alle vorgegebenen **Schwerpunkte** zum Inhalt im Dialog berücksichtigt? ☑
3. Werden in Klammern **Hinweise zur Sprechweise** der Figuren gegeben? ☑
4. **Passen** die **Gefühle** und **Aussagen** zum Inhalt des Textes? ☑
5. **Beziehen sich** die **beteiligten Figuren** im Gespräch durch Fragen oder Reaktionen **aufeinander**? ☑
6. Sprechen die Figuren durchgängig in der **Ich-Form**? ☑
7. Sind **Rechtschreibung**, **Zeichensetzung** und **Grammatik** korrekt? ☑

Chatbot-Helfer

Mit KI Texte prüfen und überarbeiten

Die Schülerin hat für ihren Dialogentwurf die Möglichkeit genutzt, ein Feedback durch einen **KI-Chatbot** zu erhalten. Dazu hat sie den Dialogtext gescannt und folgenden Prompt eingegeben:

» Fachwortschatz, S. 234

A Ich soll einen Dialog zwischen Bruder (Paul) und Schwester (Linn) schreiben. Beide sind Jugendliche. Der Bruder erzählt, dass er herausgefunden hat, dass seine biologische Mutter nun ein Mann ist. Die Schwester soll den Bruder trösten und ihm Tipps und Hilfe geben. Bitte überprüfe folgenden Dialog zu dieser Situation.

B Hier sind einige positive Aspekte des Dialogs:
1. Emotionale Tiefe: Der Dialog zeigt, dass Paul in einer emotional belastenden Situation steckt und versucht, seine Gefühle zu verarbeiten. Das verleiht der Geschichte Tiefe und Menschlichkeit.
2. Beziehungsdynamik: Die Geschwisterbeziehung zwischen Paul und Linn wird deutlich, vor allem durch die liebevolle Anrede „Keks". Es zeigt eine enge und vertraute Beziehung zwischen den beiden.
3. Reaktionsfähigkeit von Linn: Linn reagiert sofort empathisch und erkennt den Schock, den diese Nachricht für Paul bedeutet. Sie stellt auch Fragen, um besser zu verstehen, was passiert ist.

1 **a)** Besprecht, wie die Schülerin vorgegangen ist, um ein KI-Feedback zu erhalten. Welche Aspekte waren ihr besonders wichtig (Teil Ⓐ)?
b) Vergleicht eure Ergebnisse mit den Informationen in der **LERNBOX.**

2 Lies die Rückmeldung des Chatbots (Teil Ⓑ): Beurteile begründet, ob die Antwort der KI hilfreich für die Schülerin ist. Prüfe dazu den Prompt der Schülerin (Teil Ⓐ).

3 **a)** Reflektiert das Feedback durch eine KI: Auf welcher Grundlage kann die KI eine Rückmeldung zu dem Text geben? Worauf muss sie zugreifen können?
b) Wende, sofern deine Eltern einverstanden sind, ebenfalls einen KI-Chatbot an, um eine Rückmeldung zu deinem Textentwurf zu Aufgabe 5 von S. 226 zu erhalten.

LERNBOX

So erhältst du ein digitales Feedback durch KI-Chatbots:

Ein KI-Chatbot kann dir helfen, deinen Schreibprozess zu begleiten. Du kannst den Chatbot beispielsweise für den Beginn deines Textes als **Ideenanstoß** oder für die **Überarbeitung** nutzen.

1. Wähle zunächst einen **Chatbot** aus, z. B. *OpenAI GPT*.
2. Gib in das Textfeld des Chatbots den **Auftrag** oder die **Frage** (= **Prompt**) ein, z. B. *die Textsorte, die Situation* und *die Gesprächsabsicht*. Achte darauf, möglichst genau zu prompten, d. h., nenne auch die *Teilaufgaben* und den *Sprachstil der Figuren (z. B. Jugendliche)*.
3. **Kontrolliere** die Antwort des Chatbots und gib, wenn nötig, genauere Anweisungen ein, z. B. *Womit könnte Linn Paul noch trösten?*
4. Gib nie KI-Texte als eigene Arbeit aus oder lade Texte herunter, für die du keine Rechte hast – damit begehst du einen Betrug. Gib also stets die **Quelle** (den verwendeten Chatbot) und die Prompts an, die du eingegeben hast. **Verwende die KI nur als Hilfe** und formuliere mit eigenen Worten.
5. Nutze einen **KI-Chatbot** nur dann, wenn deine **Eltern** damit **einverstanden** sind.

Einen Dialog schreiben

Kapitel 18

Paul hat entdeckt, dass K nach einer Geschlechtsumwandlung nun ein Mann ist und mit seiner Lebensgefährtin Miriam und deren Tochter Em zusammenlebt. Nachdem Paul nach dieser Erkenntnis völlig verstört Ks Wohnung verlassen hat, schickt K ihm sein Tagebuch und seine Telefonnummer.

Ich hatte es drei Tage liegen gelassen und dann doch aufgeschlagen, weil ich zu neugierig war, um es nicht zu tun. Es war eine Art Tagebuch, an mich gerichtet und gleichzeitig nicht. Ich hatte es gelesen, mehrmals, die Schrift analysiert und über die Bedeutung jedes Kaffee-, Wasser- oder Tränenflecks gegrübelt. Hatte geweint und geschluckt und getobt. Nach dem dritten Durchgang hatte ich vieles verstanden und noch mehr nicht. [...]

Digital+
Textvorlage
WES-126428-167

Ich liebe dich, das waren die letzten Worte in diesem Buch, einfach so. Als wär das nichts Großes. Als wär das eine Selbstverständlichkeit. Weil ich sein Kind war, das er nicht kannte und trotzdem liebte. Müsste ich ihn dann umgekehrt nicht ebenso vorbehaltlos lieben? Ich fühlte nichts dergleichen. Lediglich eine seltsame Verbindung, von der ich nicht einschätzen konnte, ob sie aus meinem Herzen, Bauch oder Hirn kam. Darüber lagen, das schätzte K richtig ein, Schichten an Wut und Verwirrung. Seither sammelte ich Fragen, die ich nicht stellte. [...] Ich konnte unmöglich mit allem herausplatzen, was mir durch den Schädel spukte[1]. Denn es könnte verletzend für K sein. Oder wie ein -ismus[2] oder ein -phob[3]. Wie, bitte schön, ließen sich meine „Meine Mutter hat mich verlassen, als ich ein Baby war"-Gefühle mit Ks Geschichte verbinden? Irgendwann, dachte ich, irgendwie geht das. [...]

Er würde warten, bis ich so weit war, das hatte er gesagt und geschrieben, und er wirkte, als könnte man ihm glauben. Wahrscheinlich hatte ich ihm deshalb vorgestern eine Nachricht geschickt. Als eine Art ... Test? – *Danke für das Buch. Ich bin froh, dass du es mir geschickt hast, aber ich bin auch total wütend.* – Die drei Pünktchen waren sofort erschienen, die Antwort hatte ein paar Minuten gedauert. – *Versteh ich.* –

Ich tippte und löschte und tippte und löschte und ließ es dann sein. Denn, ganz ehrlich: Was sollte ich fragen? Und wie? Die ganze Situation war dermaßen überkomplex[4]! Und wenn mir das schon so vorkam, wie fühlte es sich wohl für K an? Heute, aber vor allem damals, kurz nach meiner Geburt und wahrscheinlich schon lange davor? So was passierte ja nicht über Nacht, dass man feststellt, dass der Körper, den man hat, nicht mit dem übereinstimmt, was man fühlt, oder? Wie falsch muss sich das angefühlt haben für K, bevor er gegangen war. [...]

K schien gute Antennen[5] zu haben. Zumindest schrieb er eine Viertelstunde später eine weitere Nachricht. Wieder: – *Ich weiß, dass du Zeit brauchst. Ich bin da.* – In dem Brief, in dem Martin mir Ks Adresse gegeben hatte, hatte dasselbe gestanden: „Ich bin da". Und er – im Gegensatz zu K – war in der Tat da gewesen, immer. Vielleicht nicht auf die Art, die ich mir gewünscht hatte, aber er war mir nie ausgewichen. [...]

[1] **durch den Schädel spuken** (= Metapher): die Gedanken
[2] **-ismus:** eine Nachsilbe, zum Beispiel im Wort Egoismus
[3] **- phob:** eine Nachsilbe, zum Beispiel in homophob (= Abneigung gegen lesbische und schwule Menschen)
[2 und 3] beides drückt etwas Negatives aus
[4] **überkomplex:** sehr kompliziert
[5] **gute Antennen haben** (= Metapher): ein gutes Gespür haben, einfühlsam sein

Einen Dialog schreiben

Abends setzt sich Linn zu Paul ins Zimmer. Paul erzählt ihr von dem Erhalt des Tagebuchs und seinen Gedanken, die er sich zu seinem Umgang mit K gemacht hat. Er möchte Linns Meinung zu seinem Verhalten K gegenüber hören.

Verfasse einen Dialog zwischen Paul und Linn. Verdeutliche darin Pauls Gefühle und Gedanken. Berücksichtige folgende Inhalte und ergänze Hinweise zur Sprechweise der Figuren in Klammern:

- Stelle in einem Vortext die beteiligten Figuren, die Gesprächssituation sowie die Gesprächsabsicht dar.
- Paul spricht mit Linn ...
  - über den Inhalt des Tagebuchs und wie er darauf reagiert hat;
  - darüber, wie er über K denkt und was er für K empfindet;
  - darüber, warum er nicht sofort Kontakt mit K haben möchte und wie Linn darüber denkt.

1 Plane deinen Dialog:

a) Erschließe den Textauszug (S. 230) mit den Schritten 2 und 3 der Lesemethode für erzählende Texte.

b) Lege einen Schreibplan wie unten an und ergänze ihn.

Digital+ Schreibplan WES-126428-168

Beteiligte Figuren:
Situation: vertrauliches Gespräch in Pauls Zimmer
Gesprächsabsicht: Paul möchte sich aussprechen und Linns Meinung dazu hören, wie er sich K gegenüber verhalten soll

Teilaufgabe	Paul:	Linn:
Inhalt und Reaktion auf das Tagebuch und Pauls Gedanken und Gefühle gegenüber K	(schweigt, wirkt in sich gekehrt) (nachdenklich) K hat mir sein Tagebuch geschickt ... (...) Ich war hin- und hergerissen ... (...) K liebt mich. Dann müsste ich ihn doch genauso lieben, oder? Aber ...	(besorgt) Was ist denn mit dir los? Was ist passiert? (interessiert) Hast du es sofort gelesen?
Pauls Umgang mit K und Linns Rückmeldung dazu	(...) Ich möchte K so vieles fragen, aber ich möchte ihn mit meinen Fragen nicht verletzen ...	(...) Womit könntest du ihn denn verletzen?

2 Verfasse mithilfe deines Schreibplans den Dialog. So kannst du beginnen:

Paul und Linn unterhalten sich in Pauls Zimmer über Ks Tagebuch. Paul spricht mit Linn, weil er von ihr wissen möchte ...
Paul (schweigt, wirkt in sich gekehrt)
Linn (besorgt): Ach, Paul! Was ist denn mit dir los? Sag mir doch bitte, was dich in den letzten Tagen so beschäftigt! Was ist denn passiert? Du warst so komisch.
Paul (nachdenklich): Du hast recht, Keks. Ich bin total von der Rolle, denn ...

3 Überprüfe deinen Dialog mithilfe der **CHECKLISTE** von Seite 228.

Einen Dialog schreiben

Abends setzt sich Linn zu Paul ins Zimmer. Paul erzählt ihr von dem Erhalt des Tagebuchs und möchte von Linn wissen, wie er sich ihrer Meinung nach nun K gegenüber verhalten soll.
Verfasse einen Dialog zwischen Paul und Linn. Verdeutliche darin Pauls Gefühle und Gedanken. Berücksichtige folgende Inhalte und ergänze Hinweise zur Sprechweise der Figuren in Klammern:

- Stelle in einem Vortext die beteiligten Figuren, die Gesprächssituation sowie die Gesprächsabsicht dar.
- Paul spricht mit Linn …
  - über den Inhalt des Tagebuchs und wie er darauf reagiert hat;
  - darüber, wie er über K denkt und was er für K empfindet;
  - darüber, warum er nicht sofort Kontakt mit K haben möchte und wie Linn darüber denkt;
  - über seine Einstellung zu seinem Vater Martin im Vergleich zu K.
- Stelle dar, welchen Ratschlag Linn Paul für seinen Umgang mit K geben könnte.

1 Plane deinen Dialog:

a) Erschließe den Textauszug (S. 230) mit den Schritten 2 und 3 der **Lesemethode für erzählende Texte**.

b) Lege einen Schreibplan an. Orientiere dich dabei an den Teilaufgaben.

Digital+ Schreibplan WES-126428-169

Beteiligte Figuren: Situation: Gesprächsabsicht:		
Teilaufgabe	Paul:	Linn:
Inhalt und Reaktion auf das Tagebuch und Pauls Gedanken …	(schweigt, wirkt in sich gekehrt)	(besorgt) Was ist denn mit dir los? Was ist passiert?
	(nachdenklich) K hat mir sein Tagebuch geschickt …	(…) Hast du es sofort gelesen?
	(…) K liebt mich. Dann müsste ich ihn doch genauso lieben, oder? Aber …	
Pauls Einstellung zu …	(…) Ich habe plötzlich zwei Väter: Bisher habe ich oft gedacht, Martin interessiert sich nicht für mich. Er mag es nicht, …	
		(…) Und was denkst du jetzt über ihn? …
Linns Ratschlag	…	

2 Verfasse mithilfe deines Schreibplans den Dialog zwischen Paul und seiner Schwester Linn. So kannst du beginnen:

Paul (schweigt, wirkt in sich gekehrt)
Paul erzählt Linn von Ks Tagebuch. Er möchte von Linn wissen, …
Linn (besorgt): Mensch, Paul! Sag mir doch bitte, …

3 Überprüfe deinen Dialog mithilfe der **CHECKLISTE** von Seite 228.

LERNBEGLEITBOGEN

Einen Dialog schreiben

Kompetenz / Inhalt	Selbsteinschätzung ☺ 😐 ☹	Fremdeinschätzung ☺ 😐 ☹	Bemerkungen	Hier kannst du weiterüben:
Ich kann ...				
anhand einer Abbildung, einer Zusammenfassung und von Zitaten eine literarische Figur kennenlernen und mich mit anderen über diese austauschen. (S. 204–205)				
ein Mystery durchführen und dadurch mein Textverständnis erweitern. (S. 206–207)				
die ermittelte Figurenkonstellation mittels Concept Map verdeutlichen und diese reflektieren. (S. 208)				
durch verzögertes Lesen Fragen zum Text beantworten, Gefühle und Gedanken von Figuren ermitteln und einen Dialog schreiben. (S. 209–212)				
Beziehungen zwischen Figuren anhand der Untersuchung einer Kommunikationssituation erschließen und deuten. (S. 213–216)				
Sprachvarietäten unterscheiden. (S. 217)				SB, S. 278
Verbindungen aus anderen Wortarten und Verb richtig schreiben und als Rechtschreibstrategien die Betonungs- und Bedeutungsprobe anwenden. (S. 218)				SB, S. 294
einen Dialog textbezogen vorbereiten und verfassen. (S. 219–222)				SB, S. 293
einen treffenden Wortschatz für Dialoge verwenden. (S. 223)				
einen Dialog planen und schreiben. (S. 224–226)				AH, S. 42–43, S. 44–46
einen Dialog mithilfe einer **Checkliste** und Korrekturzeichen überarbeiten. (S. 227–228)				
ein digitales Feedback mittels KI einholen. (S. 229)				

FREIRAUM	
Diese Aufgaben aus dem Freiraum habe ich gemacht:	

AH = Arbeitsheft, SB = Schülerband

Fachbegriffe und Methoden

die Ankerstelle	Ankerstellen sind Textstellen, die z. B. Auskunft über die Gefühle und Gedanken einer Figur geben: *Das war bestimmt schrecklich!* Nutze diese Ankerstellen, um daraus Gefühle und passende Sprechweisen von Figuren abzuleiten.
die Bedeutungsprobe	Diese wendest du als Strategie an, um zu ermitteln, ob Wörter getrennt- oder zusammengeschrieben werden. Du schreibst **zusammen**, wenn sich eine **neue Bedeutung** ergibt: *etwas vorhersagen (= voraussagen, was in der Zukunft passiert); etwas vorher sagen (= früher sagen)* schreibst du **getrennt**.
die Betonungsprobe	Diese wendest du als Strategie an, um zu ermitteln, ob Wörter getrennt- oder zusammengeschrieben werden. Wenn du beim Lesen der Wörter **den ersten Teil betonst**, schreibst du **zusammen**: *ein Unglück vorhersagen*. Wenn du **beide** Wörter **gleich betonst**, schreibst du **getrennt**: *etwas vorher sagen*.
der Chatbot	Ein Chatbot ist ein Programm, das Künstliche Intelligenz (KI) verwendet. Man kann es wie eine Suchmaschine benutzen. Dazu gibt man in das Textfeld möglichst genau eine Frage oder einen Auftrag ein: den **Prompt**. Der Chatbot bietet dann Antworten oder auch ganze Texte an, die du aber überprüfen musst.
die Concept Map	Mit einer Concept-Map (= Begriffslandschaft) kannst du Zusammenhänge, z. B. Beziehungen von Figuren, anschaulich grafisch darstellen. Mache die Verhältnisse durch beschriftete Pfeile oder Symbole deutlich.
der Dialog	Der Dialog ist ein Gespräch zwischen zwei Personen, die auf die Beiträge der jeweils anderen Person eingehen, etwa durch Fragen, die beantwortet werden.
der Feedback-Burger	Mithilfe der Methode des Feedback-Burgers könnt ihr euch gegenseitig **konstruktives Feedback** geben. Ihr orientiert euch dabei an den Schichten des Burgers, die euch folgende Schritte vorgeben: **positive Rückmeldung**, **Beobachtung**, **Wirkung der Beobachtung**, **Empfehlung/Tipp** und positive **Zusammenfassung**.
die KI	KI ist die Abkürzung für Künstliche Intelligenz. Damit ist ein Computerprogramm gemeint, das gestellte Aufgaben lösen kann, indem es auf Informationen aus dem Internet zurückgreift und diese verknüpft.
die Kommunikationssituation	Situation, in der Menschen oder literarische Figuren miteinander in Austausch treten. Anhand dieser kannst du die Beziehung der Figuren zueinander ermitteln. Dazu untersuchst du die **verbale Sprache** der Figuren (z.B. Wortwahl), die **Sprechweise** (Stimmlage, Lautstärke, Aussprache, Sprechtempo) sowie die **nonverbale Sprache** (z. B. Körpersprache). Du kannst so die **Beziehungsebene** ermitteln und beispielsweise beurteilen, ob die Figuren den **Rollenerwartungen** entsprechen.
die Mystery-Methode	Mit der Mystery-Methode könnt ihr in einer Kleingruppe oder in Partnerarbeit **gemeinsam Lösungsansätze entwickeln**, indem ihr Informationen strukturiert und zueinander in Beziehung setzt.
die Sprachvarietäten	Zu den unterschiedlichen Sprachvarietäten gehören z.B. (a) die **Standardsprache**: befolgt die Regeln von Grammatik, Satzbau und Aussprache und ist allgemein verständlich; (b) die **Umgangssprache**: wird zumeist mündlich und im vertrauten Umfeld verwendet; (c) die **Soziolekte**: Sprachen, die innerhalb einer bestimmten Gruppe verwendet werden, z. B. Jugendsprache; (d) die **Vulgärsprache:** verwendet Begriffe, die beleidigend und unangemessen sind, um damit zu provozieren oder zu verletzen; (e) die **Fachsprache**: ist die Sprache eines bestimmtes Fachgebiets oder einer Berufsgruppe.
die Sprechweise	= die Art und Weise, wie jemand spricht, z. B. *laut, leise, traurig, aufgeregt*. Du ergänzt die Sprechweise in einem Dialog in Klammern hinter dem Namen des Sprechers oder der Sprecherin, um deutlich zu machen, wie er/sie spricht und wie sich sich dieser/diese fühlt: Paul (aufgewühlt): *Oh je, ich bin echt fertig.*
verzögertes Lesen	Beim verzögerten Lesen stoppst du den Leseprozess an den ausgewiesenen Stellen und beantwortest für dich die zu einem Abschnitt gestellten Fragen, bevor du den nächsten Abschnitt liest. So setzt du dich intensiver mit dem Inhalt auseinander.

1 Nutzt die Karteikarten, um die Fachbegriffe zu üben.

Digital+
Karteikarten
WES-126428-170

FREIRAUM

Aufgaben zum Weiterarbeiten

ZU SEITE 207

In diesem Suchsel verbergen sich 8 Musikinstrumente. Findest du sie?

C	C	J	H	I	J	B	Q	D	P	O	J	L
Y	V	B	T	M	A	N	D	O	L	I	N	E
K	B	X	K	J	T	P	W	X	R	X	E	V
C	J	K	E	Y	B	O	A	R	D	M	O	B
G	M	M	Q	B	X	V	J	P	T	D	Y	A
G	M	T	I	M	X	N	R	X	R	Z	Y	N
I	L	U	K	U	L	E	L	E	M	L	D	J
T	E	G	B	T	Z	P	T	M	L	K	D	O
A	V	N	C	S	E	U	J	Y	W	F	R	Y
R	P	S	C	H	L	A	G	Z	E	U	G	J
R	M	R	O	F	P	B	S	J	M	F	N	V
E	Z	F	D	C	P	R	X	G	E	I	G	E
X	P	C	E	L	L	O	Q	X	Z	D	X	H

ZU SEITE 213

Erstelle einen Stammbaum deiner Familie und gestalte ihn. Wie weit geht deine Recherche zurück?

ZU SEITE 217

Vermittle zwischen Paul und seinem Vater: Schreibe einen Entschuldigungsbrief vom Vater an Paul oder von Paul an seinen Vater:

Lieber Paul, es tut mir leid, dass es so zwischen uns gelaufen ist … / Lieber Papa, …

ZU SEITE 222

Paul sehnt sich nach Zugehörigkeit. Erstelle eine Wortwolke, mit der du darstellst, zu wem du dich zugehörig fühlst, bzw. welche Begriffe du mit Zugehörigkeit verbindest. Du kannst zum Beispiel die App *Wortwolken.com* oder *Mentimeter* nutzen, wenn deine Eltern die Nutzung dieser Apps erlauben.

ZU SEITE 225

Auch in der Schule begegnen uns Menschen, die ihre Geschlechtsidentität geändert haben. Zwei Personen berichten von ihren Erfahrungen:

„Als ich mich vor meiner Klasse geoutet und meinen neuen Namen genannt habe, wurde ich nur angestarrt. Einige haben getuschelt und sich abgewendet. Immer wieder wurde ich mit meinem alten Mädchennamen angesprochen. Ich habe mich sehr ausgegrenzt gefühlt.“

„Mein Coming-Out ist sehr gut verlaufen. Ich habe im Vorfeld gemeinsam mit meinen Eltern und unserer Schulleiterin überlegt, was sich für mich im Schulalltag ändert. Wir haben über Toilettennutzung und den Sportunterricht gesprochen. Von meiner Klasse wurde ich sofort als Mädchen akzeptiert.“

- Markiere, welche Reaktionen ihrer Klasse die Trans-Jugendlichen in den Zitaten nennen.
- Notiere, welche Veränderungen auf die Trans-Jugendlichen nach ihrem Outing zugekommen sind.
- Überlege Möglichkeiten, wie ihr als Klasse Trans-Mitschülerinnen und -Mitschüler unterstützen könntet.

Kinostart:
11. April
2024

Mona ist elf Jahre alt. Sie kann besser Fußball spielen als Deutsch sprechen und ist neu an der Schule in Berlin-Wedding.
Mit ihrer kurdischen Familie musste sie aus dem [damaligen] Krieg in Syrien fliehen und versucht nun, mit ihrem neuen Leben klarzukommen. [...]
Mona vermisst ihr altes Leben und dann [bekommt] sie auch noch schlechte Noten. Durch den motivierten Lehrer Herrn Chepovsky, genannt Che, wird sie schließlich in das Mädchenfußballteam aufgenommen, [in dem] sie ihr Talent beweisen kann.
Die Fußballerinnen trainieren trotz des Spotts der Jung[en] fleißig und möchten bei den Berliner Meisterschaften antreten, nur fehlt es an Teamgeist. [...] Als ein Streit über einen Schulstreich eskaliert, steht die Teilnahme am Turnier auf dem Spiel.
(Text verändert)

Sieger sein – Mein „Buch zum Film“

1 a) Vermute aufgrund des Filmplakats, worum es in dem Film gehen könnte. Nutze die **SPRACHBOX**.
b) Vergleiche deine Vermutungen aus Aufgabe **1** a) mit der Inhaltsangabe.
c) Welche Rollen könnten die Personen auf dem Plakat spielen und wie wirken sie auf dich? Begründe deine Einschätzung. Nutze die **SPRACHBOX**.

2 Stelle Vermutungen zu den Screenshots an: Wo spielt die **Szene** und wo befinden sich die Personen? Was könnten sie in dieser Situation sagen?

» Fachwortschatz, S. 259

3 a) Welche Figuren tauchen im **Drehbuch**auszug auf? Ordne sie denen auf dem Filmplakat zu.
b) Wie motiviert der Trainer die Mannschaft? Belege deine Vermutungen.
c) Stelle Vermutungen dazu an, was die Mannschaft zu „Außenseitern“ macht.

» Fachwortschatz, S. 259

4 Gestalte ein ansprechendes Deckblatt für dein Buch zum Film. Ergänze darauf deinen Namen, die Klasse, das Fach, den Namen des Films und dessen Thema.

Drehbuchauszug: 1:36:23 – **Berliner Schulturnier** – Sporthalle

GINA: Ey, meinst du, sie kommt?
THI-LE: Ich hoffe es. Mit Yasmin im Tor wird das sonst 'ne Vollkatastrophe!
GINA: Is so.
MÄDCHEN 3: Mein Bauch tut richtig weh! Wir haben's so weit geschafft!
HERR CHE: Kommt noch mal alle zusammen. Ihr habt Schiss, oder?
MÄDCHEN 3: Ja, schon!
HERR CHE: Ich auch, aber egal, was das heute wird. Ihr habt allen bewiesen, dass ihr als Außenseiter genauso gut spielt. Ihr seid Verlierer, ja. [...] Wer als Verlierer anfängt, der kann nur gewinnen. Guckt euch euren Gegner an. Das sind Gewinner. Die gewinnen schon ihr ganzes Leben. Aber nicht heute. Heute zeigt ihr denen, was es heißt, Verlierer zu sein. Verstanden?
ALLE: Verstanden!
MONA kommt in die Halle, die Mannschaft ist erleichtert. Das Publikum jubelt.

SPRACHBOX

Themen: Auf dem Plakat ist ... zu sehen – Das Plakat zeigt ... – Das Thema des Films könnte ... sein. – Es könnte darum gehen, dass ... – Im Drehbuchauszug geht es um ...
Personen: das/die Mädchen – die Mannschaft – die Protagonistin – der Trainier – der Lehrer – die Kapitänin – die Mitspielerin – das Teammitglied – die Außenseiterinnen – stolz – motiviert – entschlossen – siegessicher – ernst – freundlich – verschränkte/abgestützte Arme – lässig – herausfordernd – Die Körperhaltung wirkt ... – Der Gesichtsausdruck sagt ... aus. – Die Kleidung scheint ... – Das könnte bedeuten, dass ... – Auf mich wirkt die Person ...

Fachwort-Lexikon
das Drehbuch: schriftliche Vorlage eines Films ...

5 Lege ein Fachwort-Lexikon mit Begriffen aus der Filmsprache an und ergänze es fortlaufend. Beginne mit den Fachbegriffen dieser Seite. Recherchiere die Bedeutung der Begriffe im Internet oder mithilfe eines Wörterbuchs.

SO ARBEITEST DU MIT DIESEM KAPITEL:

In diesem Kapitel tauchst du in die Filmwelt ein und setzt dich produktiv mit Szenen und Drehbuchauszügen des Films „Sieger sein" auseinander. Dabei erstellst du eine Projektmappe, in der du deine Ergebnisse sammelst, und bearbeitest Pflicht- (Filmklappe) und Wahlaufgaben (Stern). Der Lernbegleitbogen (Seite 238) gibt dir eine Übersicht über die Aufgaben.

Pflichtaufgaben

Wahlaufgaben

Pflichtaufgaben (EA, PA, GA) 	Wahlaufgaben 	Erledigt am …	Selbsteinschätzung ☺ 😐 ☹	Ich kann …	Das ist mir heute klar geworden / Bemerkungen
P1 Deckblatt für das „Buch zum Film“ (EA) (S. 236)				ein ansprechendes Deckblatt gestalten.	
P2 Lexikon der Filmsprache (EA) (S. 237) 				ein Filmplakat und einen Drehbuchauszug mit Fachbegriffen beschreiben.	
P3 Filmsteckbrief (EA) (S. 240)	**W1** Erwartungen an den Film			Informationen ermitteln und für einen Steckbrief nutzen.	
P4 Bestandteile eines Drehbuchs (EA) (S. 242)	**W2** Dialog vor der Vitrine			die Bestandteile eines Drehbuchs nennen und zuordnen.	
P5 Filmtechnische Mittel (EA) (S. 243)	**W3** Monas Erinnerungen			filmtechnische Mittel und ihre Wirkung untersuchen.	
P6 Interview mit Mona (EA) (S. 245)	**W4** Wortwolke Demokratie			ein fiktives Interview zum Thema „Freiheit“ führen.	
P7 Storyboard 1 (EA) (S. 247)				mich mit Inhalten einer Szene auseinandersetzen.	
P8 Storyboard 2 (GA) (S. 250)				einen Drehbuchauszug in ein Storyboard umformen.	
P9 Fotostory (GA) (S. 250)	**W5** innerer Monolog von Mona			mithilfe eines Storyboards eine Fotostory gestalten.	
P10 Sprichwörter (EA) (S. 251)				Sprichwörter in verschiedenen Sprachen vergleichen.	
P11 Brief aus Monas Sicht (EA) (S. 253)				einen Brief planen und formulieren.	
P12 Standbild (GA) (S. 255)	**W6** Ein Trikot gestalten			die Handlung einer Szene grafisch darstellen.	
P13 Dialog (PA) (S. 256)				Lösungsvorschläge in einem Dialog festhalten.	
P14 Spielbericht (EA) (S. 257)				einen Spielbericht formulieren.	
P15 Gesamteindruck (EA/PA) (S. 258)	**W7** Quiz			die Handlung des Films mit einer Stimmungskurve reflektieren.	

Hinter den Kulissen – *Informationen ermitteln und einen Filmsteckbrief anlegen*

Die Autorin des Drehbuchs zum Film „Sieger sein“, Soleen Yusef, teilt ein ähnliches Schicksal wie die **Protagonistin** Mona. Daher sind viele biografische Parallelen enthalten.

1 **a)** Sammelt zu zweit Fragen, die ihr Soleen Yusef gern im Zusammenhang mit dem Film stellen würdet, z. B. *Was hat Sie dazu bewegt, den Film „Sieger sein“ zu drehen?*
b) Lest das Interview (M 1), um eure Fragen aus Aufgabe **1** a) zu beantworten.

» Fachwortschatz, S. 259

M 1 Interview mit der Drehbuchautorin

Digital+ Textvorlage WES-126428-171

SIEGER SEIN ist nicht rein fiktiv[1], sondern angelehnt an Ihre eigene Lebensgeschichte als Kind. Wieviel Fakt und wie viel Fiktion[1] stecken darin?
Soleen Yusef: [...] Ich bin Kurdin, wuchs in der Autonomen Region Kurdistan im Irak auf, [...] meine Familie floh 1996 nach Deutschland. [...] Irgendwann entschieden meine Eltern, dass wir Kinder nicht länger in Kriegsverhältnissen aufwachsen können.
Ihre junge Heldin Mona stammt aber nun aus Syrien ...
Soleen Yusef: Weil der Krieg im Irak und die [...] Fluchtwelle so weit zurückliegen, habe ich es auf Syrien adaptiert[2]. Mona hätte aber genauso gut Afghanin sein können. Aber bei einem kurdischen Hintergrund kenne ich mich einfach besser aus. Das ist viel näher dran.
Kamen Sie gleich nach Berlin-Wedding?
Soleen Yusef: Nein, erstmal nach Ostfriesland! Etwa ein halbes Jahr hielten wir uns in einer Flüchtlingsunterkunft in Rhauderfehn bei Leer auf, von dort ging es ein Jahr nach Wolfsburg. 1997 oder 1998 kamen wir nach Berlin. Das war die erste längere Station meines Lebens, und ich verbrachte die fünfte und sechste Klasse[3] in einer sehr wilden Grundschule im Wedding. [...]
Und dann kam Wedding, der legendäre, harte, triste, aber auch bunte Bezirk Berlins.
Soleen Yusef: War echt ‘n hartes Pflaster, ja! In der Schule ging es extrem ruppig und respektlos zu. Von zuhause kannte ich noch Fahnenappell[4], Schuluniformen und Schläge mit dem Lineal. [...] Ich war Außenseiterin, sprach nicht gut Deutsch, wurde gehänselt und gemobbt. Das Einzige, worin ich mich beweisen konnte, war der Sport. Meinem Klassenlehrer fiel auf, dass ich Talent im Fußball habe, und der holte mich in die neue Mädchenfußballmannschaft. Er wollte den jungen Frauen, die aus schwierigen gesellschaftlichen Verhältnissen kamen, über den Fußball Kraft und Selbstbewusstsein vermitteln. Was auch funktionierte! [...]
Würden Sie aus heutiger Perspektive sagen, dass er für Sie eine lebensverändernde Person war?
Soleen Yusef: Definitiv! Dank seiner Empfehlung musste ich nach der sechsten Klasse nicht auf die Hauptschule, wie die offizielle Empfehlung lautete, sondern wurde auf einer großartigen [...] Gesamtschule aufgenommen, wo ich meine mittlere Reife gemacht habe und später mein Fachabitur an einem OSZ[5] machte. Wir waren zu der Zeit erst zwei Jahre in Deutschland. Er schrieb, das sind gute Schüler, die brauchen nur Zeit.
Das stimmte auch, mein Bruder und ich waren Einser-Schüler in der Heimat. Dieser Lehrer, ich nannte ihn Herrn Che, half mir also nicht nur, meinen Platz in der Schule zu finden. Ohne seinen Einsatz hätte ich nie studiert, wäre nie Filmemacherin geworden. [...]

[1] **fiktiv/die Fiktion:** etwas Erfundenes oder Ausgedachtes

[2] **adaptieren:** anpassen

Thema/Autorin

[3] sechsjährige Grundschule in Berlin

[4] **der Fahnenappell:** Veranstaltung an Schulen mit militärischen Zügen

Herr Che im Film „Sieger sein“

[5] **das OSZ:** eine Berliner Schulform

Hat es das Berliner Schulturnier also auch in Wirklichkeit gegeben?

Soleen Yusef: Das Turnier war echt, die erste Niederlage war echt, mein Weinen war echt. [...]. Ich stand im Tor. Als Torwart musst du dich der Gefahr entgegenwerfen, du bist die letzte Instanz, die etwas ausschalten kann. Ich glaube, es hat die anderen beeindruckt, dass ich keine Angst vor dem Ball hatte. Vielleicht hatte ich auch einfach nichts zu verlieren. [...]

M 2 Rezension zum Film (Jugendmagazin „Film und Serie“)

Digital+ Textvorlage WES-126428-172

Diesen Film musst du gesehen haben! Das Drama „Sieger sein“ wurde in Deutschland produziert und gedreht und erschien am 11.04.2024 in den Kinos. Das Drehbuch wurde von Soleen Yusef geschrieben, die auch die Regie des Films übernahm. Es geht um Freundschaft, Fußball, Krieg und Flucht, Mobbing, Rassismus, Schule und Teamgeist. Außerdem spricht die Protagonistin Mona kein Deutsch, sondern Kurdisch und stößt hiermit anfangs auf Schwierigkeiten. Es geht also auch um Fremdsprachen. Freigegeben ist er ab einem Alter von 6 Jahren. Wir sind der Meinung: Egal, ob jung oder alt – mit einer Länge von 119 Minuten ist hier für jeden was dabei.

→ Film-Lexikon

Besonders gut gefallen hat uns auch die Besetzung. Sie ist genauso bunt und abwechslungsreich wie Berlin. Die Fußballszenen waren ebenfalls sehr authentisch. Der Spielerin Yasmin fällt es schwer, die Kontrolle zu bewahren, und sie rastet auf dem Spielfeld aus. Mit Mannschaftskapitänin Terry hat die Mannschaft aber auch eine Person im Team, die sich für andere einsetzt und Ruhe bewahrt.

→ Film-Lexikon

„Sieger sein“ hat 2024 bereits einige Auszeichnungen erhalten, zum Beispiel erhielt er den *Deutschen Filmpreis* als „Bester Kinderfilm“. Er wurde außerdem auf dem *Giffoni Film Festival* zum „Besten Film“ ernannt und beim *Goldenen Spatz* gewann das Drehbuch die Auszeichnung „Bestes Drehbuch“.

2 Tauscht euch aus: Wie wird der Film beurteilt? Was spricht dafür, den Film zu schauen?

3 Erstelle einen tabellarischen Steckbrief, um die Informationen zum Film für andere Jugendliche übersichtlich darzustellen:

a) Überlege, über welche Themen der Steckbrief zum Film informieren sollte. Halte sie in der linken Spalte einer Tabelle fest. Du kannst die Vorlage im Webcode nutzen.

Digital+ Vorlage Steckbrief WES-126428-173

Denke an: Daten zum Film (Titel, Erscheinungsjahr, Zielgruppe, Genre, Autorin, Regie, Musik), Themen, Figuren.

b) Erschließe M 1 und M 2. Markiere Textstellen, die zu den Informationen passen. Orientiere dich dazu an den Farben, die du in der Aufgabe findest.

c) Notiere die Informationen stichwortartig rechts in der Tabelle.

d) Ergänze Gemeinsamkeiten von Mona und Soleen Yusef in einer weiteren Zeile, indem du die markierten Informationen mit denen von Seite 236–237 vergleichst.

Ergänze z. B.: *Lehrer Herr Che, Mädchenfußballmannschaft, Berliner Meisterschaften.*

e) Stellt euch gegenseitig eure Steckbriefe vor und ergänzt sie, wenn nötig.

4 Ergänze neue Begriffe aus der Filmsprache in deinem Fachwortschatz-Lexikon.

5 Welche Erwartungen hast du an den Film? Welche Themen interessieren dich? Worüber möchtest du noch mehr erfahren? Notiere deine Überlegungen.

Herzlich willkommen!?

Einen Drehbuchauszug untersuchen

1 **a)** Sieh dir die erste Filmszene über den Webcode an. Tauscht euch zu zweit aus: Was passiert darin? Welche Personen treten auf?

b) Fasse den Inhalt mit eigenen Worten zusammen.

c) Gib wieder, was Mona über sich selbst sagt. Wie kommt sie zu diesen Aussagen? Nutze die **SPRACHBOX**.

d) Vermute, wie sich Mona an ihrem ersten Tag an der neuen Schule fühlt. Notiere, welche Gedanken ihr durch den Kopf gehen könnten. Nutze die **SPRACHBOX**.

Begründe deine Einschätzung mit Zitaten aus der Szene.

Digital+
Video
WES-126428-174

SPRACHBOX

sich mit etwas abfinden – etwas akzeptieren – sich ärgern über – sich Gedanken machen über – sich fragen, ob ... – hoffnungslos – besorgt – traurig – unglücklich – eine Meinung übernehmen – sich abwerten

Ⓐ Szenennummer

1 EXT. EINGANG/HOF – GRUNDSCHULE – WEDDING-BERLIN – TAG

Digital+
Textvorlage
WES-126428-175

Erster Schultag für MONA (11). Sie weiß nicht, wohin. Steht verloren vor dem Schuleingang und wird angegafft. Was auch sonst. Mona sieht nämlich aus wie ein Opfer.

Dann dreht sie sich plötzlich Richtung Kamera und lässt ihren Gefühlen freien Lauf.

MONA
Ja, ich bin ein scheiß Flüchtling. Und jetzt?

Dann schaut sie an sich herunter.

MONA (CONT'D)
So sehen wir aus. Hässliche Jeans,
hässliche Schuhe und ein noch hässlicherer Pulli.

Einige SchülerInnen flüstern und kichern.

MONA (CONT'D)
Willkommen in Deutschland. Hier,
Klamotten, die niemand trägt ...

Andere lachen sie laut aus. MONA guckt sich unsicher um, bevor sie Richtung Eingang läuft.

MUSIK setzt ein und geht über das nächste Bild. Wie CIWAN HACO und „Dil Ketme[1]“.

2 EXT. FLUR/VITRINE – GRUNDSCHULE – WEDDING-BERLIN – TAG

MONA betritt die Schule und schaut sich um. Was für ein CHAOS! Wild gewordene Kinder schreien, streiten, schmeißen mit Sachen und rennen aufgedreht durch Gänge. MONA schaut geschockt zur Kamera.

[1] *Dil Ketme* ist ein Song des kurdischen Sängers Ciwan Haco.

MONA
Ehhh ... okay?!

Dann entdeckt sie eine große leuchtende Vitrine[1]. Darin sind kleine Pokale, Medaillen, Fotos und Teilnehmerurkunden ausgestellt. Im Zentrum ein großes Mannschaftsfoto. Nur Jungs. Hallenfußballer.
MONA hat kurze BLITZERINNERUNGEN aus einem anderen Leben, einem anderen Ort. Gleißende Sonne. Ein Fußball. Spielende Kinder. Lachende Gesichter. Eine Umarmung. Flucht.

HERR CHE
SCHLUSS JETZT! HERRGOTT NOCHMAL!

[1] **die Vitrine:** ein Schrank oder Regal mit Glastüren

2 Untersuche den Drehbuchtext zu den ersten beiden Szenen im Film:
a) Untersuche, wie das Drehbuch aufgebaut ist. Ordne dazu den Ziffern die Bestandteile des Drehbuchs zu. Orientiere dich dabei an den Hinweisen in der **LERNBOX**. Verfahre so wie im Beispiel (Seite 241) und nutze die Vorlage im Webcode.

Ordne die folgenden Bestandteile zu:
(A) Szenenummer (B) Orts- und Zeitangabe (C) Szenenbeschreibung
(D) Figurenname (E) Dialogtext (F) Dialoganweisung

Ordne die Bezeichnungen aus der **LERNBOX** zu.
b) Besprecht gemeinsam, welche Funktion die einzelnen Bestandteile haben.

3 Ergänze dein Fachwort-Lexikon um weitere Begriffe zu den Bestandteilen eines Drehbuchs. Nutze die Definitionen und Begriffe aus der **LERNBOX**.

4 Formuliere einen möglichen Dialogtext zwischen Mona und Herrn Che, der vor der Vitrine (Szene 2, Zeile 6–13) spielt. Beginne so: *Mona: Ich bin Mona, die neue Schülerin ...*

LERNBOX

Bestandteile eines Drehbuchs:

Ein **Drehbuch** ist die **schriftliche Vorlage** für einen Film. Es unterstützt die Dreharbeiten und die Produktion des Films. Es hat folgende Bestandteile:

a) die **Szenennummer**: Alle Szenen werden nummeriert, damit die Reihenfolge der Szenen deutlich wird, auch wenn die Handlung nicht chronologisch ist. Die Szenennummer steht immer am Anfang und Ende der Überschrift der Szene.
b) die **Orts- und Zeitangabe** (in Großbuchstaben): Die Angaben zur Tageszeit und ob es sich um eine Innen- (*INT.* für *intern*) oder Außenaufnahme (*EXT.* für *extern*) handelt, sind z. B. wichtig für die Beleuchtung, z. B. *BERLIN-WEDDING – TAG → also helles Licht.*
c) die **Szenenbeschreibung**: Hier wird beschrieben, was passiert. Wo befindet sich eine Figur? Was tut sie? Wie bewegt sie sich? Welche Geräusche sind zu hören? Wird Musik gespielt? → *Mona weiß nicht, wohin.*
d) der **Figurenname**: Der Name der Figur, die spricht, steht immer mittig.
e) der **Dialogtext**: Alles, was die Schauspielerinnen und Schauspieler sprechen, wird eingerückt abgedruckt, damit es auf einen Blick von den beschreibenden Texten zu unterscheiden ist.
f) die **Dialoganweisung**: Eine bestimmte Sprechweise kann in Klammern ergänzt werden, wenn die Autorin oder der Autor das für besonders wichtig hält, z. B. *CONT´D* (= *continued*; die Figur spricht in die Kamera und damit die Zuschauerinnen und Zuschauer direkt an).

Monas erster Schultag

Filmtechnische Mittel identifizieren

1 Sieh dir den Filmausschnitt der ersten beiden Szenen (S. 241) noch einmal genauer an.

Ⓐ

Mona steht vor ihrem ersten Schultag auf dem Schulhof.

Ⓑ

Mona liebt es, mit ihren Freunden in ihrer Heimat Rojava Fußball zu spielen.

Ⓒ

Mona sieht das Foto der Schulmannschaft und erinnert sich an ihre Heimat.

Digital+ Vorlage Screenshots WES-126428-176

2 Bringe die Bilder in die richtige zeitliche Reihenfolge in Monas Leben.

3 **a)** Der Filmauszug enthält ein spezielles **filmtechnisches Mittel**. Spüre es mithilfe der **LERNBOX**, Hinweis 1, auf. Benenne die Funktion und begründe, warum es in dieser Situation eingesetzt wurden. Nutze die **SPRACHBOX**.

» Fachwortschatz, S. 259

b) Auch die Kameraperspektiven wechseln. Schaue dir die Szene erneut an. Stoppe, wenn sich die Perspektive ändert.

» Fachwortschatz, S. 259

c) Benenne mithilfe der **LERNBOX**, Hinweis 2, welche **Kameraperspektiven** du auf den drei Screenshots erkennst, und stelle mithilfe der **SPRACHBOX** Vermutungen dazu an, warum diese Perspektive hier gewählt wurde. Nutze die Vorlage im Webcode.

Beginne so: *Die Perspektive „…" wurde gewählt, um … zu verdeutlichen.*

4 Ergänze dein Fachbegriff-Lexikon um filmtechnische Mittel.

5 Fasse Monas Erinnerungen an ihre Heimat in einer Denkblase zusammen. Folgende Satzanfänge können dir helfen: *Ich erinnere mich daran, dass … Immer wieder denke ich daran, dass … Nicht mehr aus dem Kopf geht mir …*

LERNBOX

Filmtechnische Mittel

1. Wenn in einem Film Szenen gezeigt werden, die in der Vergangenheit spielen, wird von einer **Rückblende** gesprochen. So können zum Beispiel Gedanken, Erinnerungen einer Filmfigur oder vergangene Ereignisse verdeutlicht werden, damit die Handlung in der Gegenwart besser verstanden werden kann. Das Gegenteil einer Rückblende, der Sprung zu zukünftigen Ereignissen, wird als **Vorausschau** bezeichnet.
2. Ein zentrales filmisches Gestaltungsmittel ist die **Kameraperspektive**:
   a) **Vogelperspektive**: Personen und Gegenstände werden von oben herab abgebildet. Das Gezeigte wirkt dann klein, verloren, einsam, unbedeutend usw.
   b) **Normalsicht**: Personen und Gegenstände werden auf „Augenhöhe" gefilmt.
   c) **Froschperspektive**: Personen und Gegenstände werden von unten abgebildet. Das Gezeigte wirkt groß, mächtig, dominant, bedeutsam usw.

SPRACHBOX

- Die Rückblende/Kameraperspektive bewirkt …
- Dadurch erhält man den Eindruck, dass …
- Um … zu zeigen, wird … eingesetzt.
- Dadurch wird … deutlich.

Wo liegt Rojava?

Materialien sichten und Informationen entnehmen

1 Erschließe die folgenden Materialien, um mehr über die Hintergründe von Monas Flucht zu erfahren. Kläre unbekannte Begriffe und markiere Schlüsselstellen.

M 1 Wo liegt Monas Heimat?

Digital+ Textvorlage WES-126428-177

Im Norden von Syrien liegt Rojava. Rojava ist eine autonome Region, entlang der Grenze zur Türkei. „Autonom" bedeutet, dass sie eigenständig ist. Sie hat ihre eigenen Regeln und Gesetze. Hier treffen viele Kulturen aufeinander.

Syrien ist ein Staat im Nahen Osten. Präsident al-Assad herrschte seit 2000 und hatte aus dem Land eine Diktatur gemacht. Das bedeutet, dass er in seinem Land die Regeln und Gesetze allein bestimmte. Das Volk hatte kein Recht auf Mitbestimmung. Häufig versuchte er, seine Ziele mit Gewalt zu erreichen, und bekämpfte seine Gegner. Die Menschen konnten ihn nicht in einer freien Wahl abwählen.

Ein Diktator verspricht den Menschen, dass die Situation in dem Land sich verbessern würde, aber in Wahrheit interessiert er sich nicht für die Wünsche der Menschen, sondern will nur seine Macht stärken und handelt zu seinem Vorteil. Seit 2016 wird Rojava außerdem von der Türkei angegriffen, zerstört und besetzt, weshalb es zu Flucht und Vertreibung kommt.

Diktatur = ein Land, in dem eine einzelne Person regiert

Diktator = Alleinherrscher

2 Erkläre, was Staatspräsident Bashar al-Assad zu einem Diktator machte (M 1).

So kannst du beginnen: *In einer Diktatur regiert ... Seine Ziele versucht er, durch ...*

Erkläre auch, was eine Diktatur von einer Demokratie wie z. B. in Deutschland unterscheidet.

M 2 Hier liegt Rojava

3 **a)** Sieh dir die Karten (M 2) an und beschreibe mithilfe der **SPRACHBOX**, wo Rojava liegt.
b) Wie viele Länder liegen zwischen Deutschland und Syrien?
d) Rojava und Deutschland liegen etwa 4000 Kilometer auseinander. Auf welche Herausforderungen könnte Mona gestoßen sein, als sie ihre Heimat verließ und in Deutschland ankam?

SPRACHBOX
- Zwischen Syrien und Deutschland liegen ...
- Syrien befindet sich ... von Deutschland.
- ... liegt nördlich / östlich / südlich / westlich von ...

M 3 Zitate aus dem Film

Diktatur ist Feind von Freiheit.

Alle in meiner Familie kämpfen. Meine Eltern mit Worten, meine Tante mit Waffen.

In meiner alten Schule hatten wir viele Regeln. Jeden Morgen mussten wir vor der Fahne stehen und [die Lehrkräfte] haben dann kontrolliert: Uniform und Nägel. Und wenn sie nicht ordentlich oder sauber waren, dann wir haben Schläge bekommen.

***Monas Mutter**: Wir werden uns dieser Diktatur nicht beugen. Wir werden kämpfen und wir werden siegen.*

Er [Assad] [war] ein Diktator. Nur wegen ihm [gab] es seit Jahren Krieg in Syrien.

4 Lies die Äußerungen von Mona und ihrer Mutter (M 3). Welche Einstellung haben sie zu der Diktatur in ihrer Heimat? Welche Erfahrungen schildern sie?

M 4 Dialog zwischen Mona und Herrn Che im Unterricht

Herr Che: Mona, du musst nicht aufstehen, wie oft soll ich's dir denn noch sagen?
Mona: Doch, muss ich. Respekt für Lehrer.
Herr Che: Mona, du bist ein Kind, Herrgottnochmal! Du bist kein Soldat. Wir leben hier nicht in 'ner Diktatur, setz dich hin.
Mitschüler: Was ist Diktatur?
Mona: Diktatur ist Feind von Freiheit.
Herr Che: Richtig. Was ist das Gegenteil von Diktatur?
Mona: Demokratie. [...] Hört auf zu lachen, Demokratie ist kein Spaß. Manche sterben dafür.
Herr Che: Stimmt. Aber ihr habt Glück. Ihr alle seid frei. Ihr könnt frei entscheiden.

5 **a)** Lies den Dialog zwischen Mona und Herrn Che, als er Mona im Unterricht aufruft.
b) Erkläre, warum Mona aufsteht.
c) Wie reagiert Herr Che darauf, dass Mona aufsteht, wenn sie aufgerufen wird?
Wähle aus diesen Adjektiven aus: *ernst, freundlich, amüsiert, wütend, böse.*
d) Stelle Vermutungen an, warum er so reagiert, und begründe deine Vermutung.

6 Führe ein fiktives, schriftliches Interview mit Mona, um mehr über die Gründe ihrer Flucht zu erfahren. Nutze auch die Informationen auf der Doppelseite. Mögliche Fragen könnten sein: *Was war an der Politik in Syrien problematisch? Was schätzt du an dem Land hier? Welche Sorgen hast du? Was ist an deinem Schultag anders? Was gefällt dir hier an der Schule, was nicht? Warum sollten wir uns für Demokratie einsetzen?*

7 Informiere dich über die Staatsform Demokratie. Stelle den Begriff „Demokratie" in einer Wortwolke dar. Erstelle die Wortwolke analog oder digital mit einer App.

Was ein Schuss!

Zu einem Drehbuch-Auszug ein Storyboard erstellen

Mona ist inzwischen seit fünf Wochen an der Schule. Auf dem Schulhof kommt es zu einer Auseinandersetzung zwischen der Jungen- und der Mädchen-Fußballmannschaft. Es geht um das anstehende Fußballturnier, an welchem beide Teams planen, teilzunehmen. Die Mannschaft, die siegt, erhält neue Schuhe und Trikots mit Rückennummern und Namen.

Ein Schüler hat mit Fotos und **Textelementen** eine **Fotostory** zur Szene angefertigt:

Fachwortschatz, S. 259

FUẞBALLTOR/PAUSENHOF – GRUNDSCHULE – WEDDING – TAG

1

Auf einmal spalten sich die Gruppen und es kommt zum Konflikt.

2

3

Der Ball rollt auf Mona zu. Sie schießt in Richtung Tor zu den Mädchen.

4

5

Aysel lässt Monas Schuss nicht auf sich sitzen und schießt.

6

Mona wird am Kopf getroffen. Sie fällt auf den Boden und wieder hat sie eine Blitzerinnerung. Sie wacht auf dem Boden in ihrer Heimat auf.

7

Mona erinnert sich an ihre Heimat Rojava.

8 Später geht Terry zu Herrn Che. Sie erzählt ihm davon, dass Mona gemobbt wird. Sie berichtet auch von Monas Schusskraft und ihrer Vermutung, dass Mona gut für das Team wäre, da sie gut Fußball zu spielen scheint. Daraufhin sucht Herr Che ein Gespräch mit Monas Mutter und schlägt auch ihr vor, dass Mona Teil der Mannschaft wird.

1 **a)** Was passiert in der Szene? Welche Personen kannst du namentlich zuordnen?
b) Beschreibe, wie es zu dem Konflikt zwischen Aysel und Mona kommt.
c) Wie stehen die Mädchen zu Mona, bevor und nachdem sie den Ball geschossen hat? Welche besondere Rolle hat Terry dabei?

2 Zur Planung der Fotostory hat der Schüler ein **Storyboard** angefertigt:

Fachwortschatz, S. 259

a) Benenne, aus welchen Elementen das Storyboard besteht.
Ordne zu: *Bilder, Textelemente, besondere Gestaltung.*
b) Überprüfe, inwiefern die Planung aus dem Storyboard in den ersten beiden Bildern der Fotostory umgesetzt wurde. Die Erklärung der Abkürzungen findest du in der **LERNBOX** auf Seite 250.

	Inhalt des Fotos	Textelemente Ort- und Zeitangabe Szenenbeschreibung (B) Sprechblasen (SB)	Gestaltung der Fotos Kameraperspektive (KP) Einstellungsgröße (EG)
Bild 1	Foto: Dialog, drei Jungen der Jungenmannschaft, die die Mädchen provozieren	B: Streit auf dem Schulhof; auf einmal spalten sich … Ort: Pausenhof, Fußballtor Zeit: in der großen Pause SB: „Ich hab euch doch gesagt, dass ihr kein Fußball könnt, okay?!“	KP: Normalsicht EG: Nah
Bild 2	Foto: Mädchenteam wehrt sich gegen Spott der Jungen. Im Vordergrund: Yasmin und Aysel, dahinter Ayla und Terry, im Hintergrund: Gina und Thi-Le	B: … Ort: … | Zeit: … SB: Yasmin: „Wir spielen nicht nur, wir gewinnen!“; Terry: „Und dann stellen wir …“	KP: Froschperspektive EG: Nah
Bild 3	Foto: …	…	…

Fachwortschatz, S. 259

c) Ergänze das Storyboard bis Bild 7. Nutze die **LERNBOX**, um in der letzten Spalte die **Einstellungsgröße** und Kameraperspektive (**LERNBOX**, S. 243) zu identifizieren.
d) Stellt euch euer Storyboard im Lerntempoduett vor und ergänzt es, wenn nötig. Begründet, warum ihr die Kameraperspektiven und Einstellungsgrößen gewählt habt.
Überlege, wie es weitergehen könnte, und stelle dies mithilfe des Textes als Bild 8 dar.

Digital+
Vorlage Storyboard
WES-126428-178

LERNBOX
Einstellungsgrößen im Film

1. Die **Einstellungsgröße** beschreibt die Distanz zwischen der Kamera und dem Aufgenommenen:
   a) **Totale:** Der Handlungsort ist zu sehen, Menschen werden in voller Größe dargestellt. Sie wird vorwiegend für die Vorstellung des Handlungsorts verwendet.
   b) **Nah:** Menschen werden von der Brust aufwärts gezeigt, die Umgebung spielt eine geringere Rolle. Sie kann Gefühle und Reaktionen (z. B. in Dialogszenen) sichtbar machen.
   c) **Groß:** Das Gesicht der Person, ein Körperteil oder ein einzelner Gegenstand ist sichtbar. Die Einstellung wird häufig in emotionalen Situationen verwendet, um Nähe zu vermitteln.
   d) **Detail:** Nur ein Teil des Gesichts, Körperteils oder eines Gegenstandes wird gezeigt. So wird extreme Nähe hergestellt und die Bedeutung des Gezeigten unterstrichen.

Heimweh I

Einen Drehbuchauszug erschließen

Mona vermisst ihre Heimat und ihre Tante Helin. Sie erinnert sich an das Fußballspielen mit ihren Freunden und an die letzte Begegnung mit ihrer Tante. Kurz bevor sie flüchten mussten, hatte ihre Tante sie beim Fußballspielen besucht und ihr einen Fußball geschenkt, den Mona in Rojava zurücklassen musste.

1 Lies den Vortext. Welche Bedeutung hat der Fußball, den ihre Tante Helin ihr geschenkt hat, für Mona? Welche Erinnerungen verbindet sie damit?

2 Erschließe den folgenden Drehbuchauszug, in dem Mona mit ihrer Mutter Nada spricht, mit der **Lesemethode für dramatische Texte**. Gehe dazu so vor:

Fachwortschatz, S. 259

a) Orientiere dich, indem du den Drehbuchauszug überfliegst. Mache dir klar, wo und wann die Szene spielt (Ort, Zeit), welche Figuren auftauchen (Figurennamen) und worum es im Verlauf der Szene gehen könnte (Inhalt).

1. Schritt: sich orientieren

b) Lies den Drehbuchauszug nun genauer. Unterschlängele und erschließe unbekannte Begriffe. Nutze hierzu ein Wörterbuch oder eine Suchmaschine im Internet.

2. Schritt: unbekannte Begriffe klären

c) Lies den Drehbuchauszug ein zweites Mal. Markiere dabei Schlüsselstellen, die Antworten auf passende W-Fragen geben, z. B. *Welche Figuren treten auf? – In welcher Beziehung stehen sie zueinander? – Worum geht es? – Welche Informationen geben die Szenenbeschreibungen?*

3. Schritt: Schlüsselstellen markieren

d) Bilde Sinnabschnitte und formuliere zu jedem Abschnitt eine Überschrift. Notiere wichtige Stichworte wie im Beispiel am Rand.

4. Schritt: Sinnabschnitte bilden und Wichtiges herausschreiben

Digital+
Textvorlage
WES-126428-179

12 INT. WOHNUNG MONA – KINDERZIMMER – WEDDING-BERLIN – ABEND

MONA sitzt immer noch unter der Decke und schaut sich das Polaroidfoto von sich und Tante Helin an.

NADA betritt wortlos das Zimmer und setzt sich zu ihr neben den Deckenberg. Ihre Tochter versteckt sich vor ihr und der Welt.

Mona und Nada haben Sehnsucht
- Mona vermisst Tante Helin
- Mona vermisst ihre Freunde
- Beide würden gern zurück nach Rojava
...

NADA
Keça min[1], will ich auch zurück, glaub mir ...
MONA
Warum wir gehen dann nicht? Ich vermisse meine Freunde.
NADA
Nabe[2] ... wir können nicht.
MONA
Çima[3], warum nicht?
NADA
Unser Leben jetzt hier, müssen wir akzeptieren ...
Wir alle müssen neue Freunde finden ...
Dürfen wir nicht aufgeben, weißt du ... *Jiyan wiloye*[4].

[1] **keça min:** mein Mädchen

[2] **nabe:** wir dürfen nicht

[3] **cima:** Warum?

[4] **Jiyan wiloye:** Das Leben ist gut

Texte | Rezeption: in literarischen Texten zentrale Handlungsverläufe beschreiben und unter Berücksichtigung gattungsspezifischer Darstellungsmittel (u. a. dramatisch vermittelte Darstellung) erläutern

Darüber muss NADA selbst weinen.

MONA
Nicht weinen, *yadê*[5].

[5] **yadê:** Mutter

MONA umarmt sie durch die Decke.

NADA
Musst du wieder Fußball spielen
Mona, macht dich glücklich ...

JAGAR und OMEED rufen aus dem Bad.

OMEED
Erê[6], schlechte Mädchenfußball.

JAGAR
Wo keiner guckt. [...]

[6] **erê:** ja

NADA
Versprich mir, du spielst wieder, *başe*[7]?
Für mich, für deine Tante ... wäre sie stolz.

[7] **başe/de baş:** in Ordnung

MONA schaut sich das Foto ihrer Tante an. Überlegt.

MONA
De baş[7], okay, ich mache ...

NADA
Aber Schule nicht vergessen, okay?

MONA
Ja ja ...

NADA
Du bist klug. Kannst du studieren. Medizin. Jura oder Politik.
Du kannst Welt ändern ... *Jibîr neke*[8]!

[8] **Jibîr neke!:** Vergiss es nicht!

MONA guckt augenrollend in die Kamera unter der Decke.

MONA (CONT'D)
Übertreiben eure Eltern auch immer so?
Ich soll also Fußballprofi, Anwältin, Ärztin und Politikerin werden.
Ich kann nicht mal richtig Deutsch.

3 **a)** Überprüfe dein Textverständnis. Beantworte dazu die folgenden Fragen zum Inhalt:
– Warum muss Monas Mutter Nada weinen?
– Warum möchte sie, dass Mona wieder Fußball spielt?
– Was geht in ihren Brüdern Jagar und Omeed vor?
– Vor welchen Herausforderungen stehen die Familienmitglieder?

b) Überprüfe deine Ergebnisse mit der Lösung im Webcode.

Digital+
Lösungen
WES-126428-180

Heimweh II

Eine Fotostory zu einem Drehbuchauszug erstellen

1 Setzt den Drehbuchauszug (Seite 248–249) zu dritt in einer Fotostory um. Geht so vor, wie in der **LERNBOX** beschrieben. Ihr könnt die Fotostory auch digital gestalten. Legt zuerst das Storyboard an. Orientiert euch dabei an Hinweis 1–2 in der **LERNBOX**. Nutzt die Vorlage im Webcode.

Digital+ Vorlage Storyboard WES-126428-181

	Inhalt des Fotos	Textelemente Ort- und Zeitangabe Szenenbeschreibung (B) Sprechblasen (SB)	Gestaltung der Fotos Kameraperspektive (KP) Einstellungsgröße (EG)
Bild 1	Mona sitzt unter der Decke und schaut sich das Foto an.	Ort: Kinderzimmer Mona Zeit: Abend B: Mona sitzt unter Decke, … SB: …	KP: .. EG: …
Bild 2	…	…	…

2 Setzt das Storyboard mithilfe der **LERNBOX** in eine Fotostory um.

3 Hängt eure Fotostorys aus und stellt sie euch in der Klasse vor. Bewertet sie mithilfe der vier Fragen an der Zielscheibe. Gebt zu jeder Fotostory eine kurze Rückmeldung.
① Gibt der Inhalt der Fotos die Handlung passend wieder?
② Passen die Textelemente zu den Fotos?
③ Wurde die Kameraperspektive passend gewählt?
④ Unterstützt die Einstellungsgröße die Wirkung des Fotos?

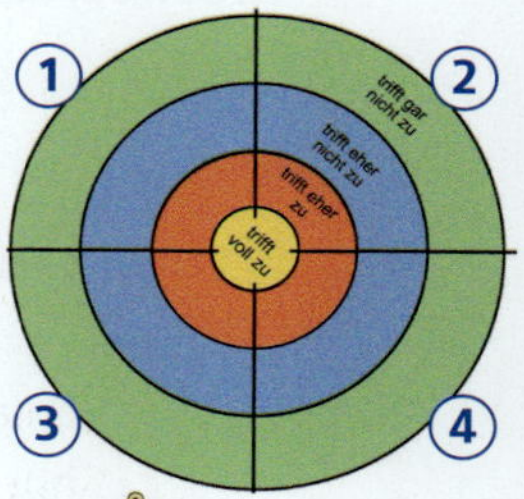

4 Schreibe einen inneren Monolog, in dem sich Mona über das Gespräch im Kinderzimmer und insbesondere über die letzte Aussage (Z. 45–46) Gedanken macht. Beginne so:
Müssen Eltern immer so übertreiben? Ja, ich habe Heimweh, aber …

LERNBOX

So gestaltest du ein Storyboard für eine Fotostory:

1. **Unterteile** die im Drehbuchauszug dargestellte Szene **in Abschnitte**. Jeden Abschnitt setzt du in ein **passendes Bild** um.
2. Lege ein Storyboard zu der Szene an. Orientiere dich am Drehbuchauszug:
   a) Notiere in der linken Spalte den jeweiligen **Inhalt des Fotos**.
   b) Formuliere in der mittleren Spalte mögliche **Textelemente**:
      – **Szenenbeschreibung** (B), um Situationen genauer zu erläutern;
      – **Sprech-** und **Gedankenblasen** (SB) für Äußerungen/Gedanken der Figur.
   c) Notiere in der rechte Spalte **Hinweise zur Gestaltung des Fotos** und lege die **Kameraeinstellungen** (Einstellungsgröße (EG) und Kameraperspektive (KP)) fest (vgl. **LERNBOXEN**, S. 243 & 247).
3. Erstelle nun die Fotostory mithilfe deines Storyboards:
   a) Stelle die Abschnitte der Szene in einzelnen Bildern nach und fotografiere sie.
   b) Ergänze die Textelemente, die das Verständnis der Handlung unterstützen.

„Şêr şêre – çi jine, çi mêre“

Sprachen vergleichen

Mona spricht viele Sprachen: Kurdisch, Arabisch, Englisch und jetzt sogar Deutsch. Ihre Tanta Helin sagte auf Kurdisch häufig zu ihr: „Şêr şêre – çi jine, çi mêre.“ Übersetzt lautet das **Sprichwort** „Der Löwe ist ein Löwe – egal ob Frau oder Mann.“

» Fachwortschatz, S. 259

1 **a)** Was möchte Tante Helin mit dem Sprichwort ausdrücken? In welcher Situation könnte sie es nutzen?
b) Vergleicht eure Erläuterungen mit der **LERNBOX**.

Digital+ Audio WES-126428-182

Digital+ Lösungen WES-126428-183

2 **a)** Höre dir die kurdischen Sprichwörter über den Webcode an und lies ihre Übersetzung.
b) Stelle Vermutungen an, was die Sprichwörter (A) – (C), (A) – (D), (A) – (E) bedeuten.
c) Gleiche deine Vermutungen mithilfe der Lösungen im Webcode ab.

(A) *Bilind nenerê, kur nekeve.*
„Schaue nicht zu hoch, falle nicht zu tief.“

(B) *Dara di bin xwede qut nekê.*
„Trenne nicht den Ast, auf dem du sitzt.“

(C) *Pêl marê razayî neke.*
„Tritt nicht auf die schlafende Schlange.“

(D) *Av dilop dilop dibe gol.*
„Tropfen für Tropfen wird das Wasser zu einem Meer.“

(E) *Şêr şêre – çi jine, çi mêre.*
„Der Löwe ist ein Löwe – egal ob Frau oder Mann.“

3 **a)** Lest die folgenden Sprichwörter aus der deutschen Sprache und macht euch zu zweit ihre Bedeutung klar:
(1) Schlafende Löwen soll man nicht wecken.
(2) Säge nicht den Ast ab, auf dem du sitzt.
(3) Hochmut kommt vor dem Fall.
b) Vergleiche die kurdischen Sprichwörter mit den deutschen. Was stellst du fest?
Vergleiche jeweils (A) und (3), (B) und (2) sowie (C) und (1).

4 **a)** Gibt es Sprichwörter mit diesen Bedeutungen auch in den Sprachen, die ihr sprecht?
b) Tauscht euch in Kleingruppen darüber aus, welche Sprichwörter ihr in euren Sprachen noch kennt. Notiert sie mit ihrer Bedeutung.
c) Stelle sie in einer Skizze bildlich dar.

LERNBOX

Sprichwörter (idiomatische Wendungen) verstehen

1. **Sprichwörter (idiomatische Wendungen)** sind Wortgruppen oder Sätze, die **nicht wortwörtlich erschlossen** werden können, sondern eine übertragende **Bedeutung** haben. Diese muss man kennen, um das Sprichwort verstehen zu können, z. B. *seinen Senf dazugeben*.
2. Sie können zu **Missverständnissen** führen, wenn du sie wörtlich verstehst, z.B. *sich zum Affen machen* oder *in den sauren Apfel beißen*.
3. Sprichwörter verwendet man, um andere auf etwas **indirekt hinzuweisen** oder **Ratschläge** zu geben.

Das Probetraining
Einen Brief schreiben

Mona nimmt ihren Mut zusammen und folgt der Einladung von Herrn Che zum Training der Mädchenfußballmannschaft.

1 Erschließe den Drehbuchauszug mithilfe der Lesemethode für dramatische Texte. Kläre unbekannte Begriffe, markiere Schlüsselstellen und notiere Stichworte am Rand.

Fachwortschatz, S. 259

Digital+ Textvorlage WES-126428-184

13 INT. SPORTHALLE – GRUNDSCHULE – WEDDING-BERLIN – TAG

MONA steht [...] vor der Eingangstür der Turnhalle. Sie beobachtet aufgeregt das Training durch einen Türspalt und sieht AYSEL, AYLA, JASMIN, TERRY, GINA (12), THI-LE (11), NADINE (11), FUNDA, RANIA und drei weitere MÄDELS. Sie traut sich nicht rein, will am liebsten abhauen. Doch im nächsten Moment trifft TERRY die Tür mit voller Wucht.

AYSEL
Boah, du schießt wie ein *Kek*[1]!
HERR CHE
Aysel ... [...]

Dann sehen sie zur Tür. MONA steht wie angewurzelt da. HERR CHE winkt sie rein.

HERR CHE
Schön, dass du gekommen bist. Du kannst dich dort umziehen.

MONA flüstert HERRN CHE etwas zu. Die anderen beobachten sie.

MONA
Hab ich kein Fußballschuhe.
HERR CHE
Kein Problem ... [...] Hört mal alle her, wir trainieren heute barfuß.
GINA
Wollen Sie uns foltern ...
THI-LE
... das tut doch voll weh.
HERR CHE
Heult nicht rum! Es kommen nur die Härtesten zum Turnier mit.
TERRY
Oha, er meint es ernst ...
HERR CHE
Los, alle mal die Schuhe ausziehen! Dann nimmt sich jede einen Ball.

Halbherzig kommen alle der Aufforderung nach. HERR CHE macht mit. MONA kommt barfuß dazu. Alle stellen sich in einem Kreis auf.

[1] **Kek:** Begriff aus der Internetsprache; sich über jemanden lustig machen

Texte | Produktion: aus Aufgabenstellungen konkrete Schreibziele ableiten, Texte planen und zunehmend selbstständig eigene Texte adressaten- und situationsgerecht formulieren

HERR CHE (CONT'D)
Barfuß zu spielen macht euch technisch stärker.
Ohne Schuhe und Schoner spielt ihr nämlich mehr mit Köpfchen.
Nicht einfach blind drauf los.

MONA steht ein wenig abseits, gehört noch nicht dazu.

AYSEL
Man denkt doch eh nicht nach beim Fußball. Man spielt einfach.
HERR CHE
Genau das ist euer Problem ... barfuß spielen wird euch helfen,
bisschen mehr zu denken.
NADINE
Hast du gehört, Jasmin?

Alle lachen, MONA bleibt nervös.

2 **a)** Stelle Vermutungen an, warum Mona sich nicht in die Turnhalle traut. Was könnte sie befürchten?
Wähle aus: *Sie hat Angst, nicht Fußball spielen zu können. – Sie hat Angst, dass die Mädchen sie nicht dabeihaben wollen. – Sie fürchtet sich vor ihrem Trainer, Herrn Che.*
b) Notiere Gedanken, die ihr vor der Eingangstür durch den Kopf gehen könnten.

3 **a)** Erkläre, warum Herr Che die Mannschaft barfuß spielen lässt.
b) Erläutere, warum er dem Team Folgendes sagt: *„Barfuß zu spielen macht euch technisch stärker, ohne Schuhe und Schoner spielt ihr nämlich mehr mit Köpfchen. Nicht einfach blind drauf los."*
c) Stimmst du seiner Erklärung zu? Begründe deine Einschätzung.

4 Noch am selben Abend schreibt Mona einen Brief an ihren Freund Baz in Rojava, um von ihrem ersten Training zu berichten. Sie schreibt, wie sie das Training erlebt hat, welche Erfahrungen sie bisher an der Schule gemacht hat und wie es ihr dabei ging.

a) Plane Monas Brief, indem du die Notizen in der Tabelle fortführst:

Digital+ Schreibplan WES-126428-185

Inhalt	Monas Gefühle
Das Training – beobachtet aufgeregt, traut sich nicht rein – ...	– Ich möchte abhauen! – Angst, Unsicherheit, Aufregung ...
Bisherige Erfahrungen – ...	...

b) Schreibe den Brief aus Monas Sicht. Nutze deine Vorarbeiten aus der Tabelle und die **SPRACHBOX**.
So kannst du beginnen:

Berlin, 15.09.20...

Hallo Baz,
wie geht es dir? Ich denke oft an euch. Besonders heute, denn heute habe ich am Fußballtraining in meiner neuen Schule teilgenommen. Anfangs ...

SPRACHBOX
- Heute habe ich am Probetraining teilgenommen ...
- Anfangs wollte ich nur weglaufen ...
- Dabei habe ich mich ... gefühlt.
- Du müsstest Herrn Che kennenlernen. Er ist ...
- Das Besondere an ihm ist, dass ...
- Der Start an der Schule war ... / Ich vermisse ... / Ich freue mich auf ...

Ein Streit eskaliert!

Einen Konflikt in Standbildern darstellen

Die Mannschaftszusammensetzung für das Turnier steht und die Mädchen trainieren weiter für die Stadtmeisterschaft. Viele wurden nicht ins Team gewählt, Mona schon. Einige finden es unfair, dass Mona als Neuzugang ins Team gewählt wurde. Sie nehmen die Entscheidung persönlich und lassen dies Mona spüren. Einige Mädchen aus ihrem Team setzen sich jedoch für sie ein. Schließlich steht das erste Freundschaftsspiel an: Berlin-Wedding spielt gegen Berlin-Kreuzberg.

1 Lies die Sprechblasen mit den Aussagen von Herrn Che, die er während des Freundschaftsspiels äußert, und stelle Vermutungen an: Wie läuft das Freundschaftsspiel gegen den Berliner Bezirk Kreuzberg? Welches Grundproblem hat die Mannschaft? Was sollte sie ändern?

2 Lies den Text, um zu erfahren, wie sich ihr Teamverhalten auf das Spiel auswirkt.

Während des Freundschaftsspiels eskaliert ein Streit zwischen den Mannschaften. Yasmin wird handgreiflich und es kommt zur Schlägerei auf dem Spielfeld. Die Konsequenz ist, dass Yasmin aus der Mannschaft ausgeschlossen wird. Die Motivation der Mädchen ist zerstört. Einige von ihnen schließen sich Yasmin an und wollen nicht mehr beim Turnier antreten, da sie nicht mehr an einen Sieg glauben.

Beim nächsten Training stellt sich die Mannschaft neu auf. Unter dem Motto „Wer nicht kämpft, hat schon verloren!“ nehmen sie das Training wieder auf und schöpfen neue Motivation. Für das Turnier steht fest: Von jetzt an steht Mona im Tor. Terry wird neue Mannschaftskapitänin, da sich auch Aysel entschlossen hat, die Mannschaft mit Yasmin zu verlassen.

Die Jungen fürchten den Sieg der Mädchenmannschaft bei den Stadtmeisterschaften. Deshalb haben sie einen Plan, um die Mädchen gegeneinander aufzubringen: ① Sie schicken Yasmin und den anderen Mädchen, die die Mannschaft verlassen haben, Videos vom Training der Mädchen, wodurch diese erfahren, dass die Mannschaft das Training wieder aufgenommen hat und Mona Aysels Stammplatz im Tor übernimmt.

Der Plan der Jungs geht auf: Wütend rächen sich Yasmin, Aysel und die anderen Mädchen an der neuen Mannschaft. ② Sie kippen Gips in die Schuhe der Mädchen und zerschneiden ihre Trikots.

Die Mannschaft nimmt an, es seien die Jungs gewesen, und schwören Rache. ③ Sie färben die Trikots der Jungenmannschaft pink, die wiederum Rache schwören und die Turnhalle verwüsten.

Kommunikation | Produktion: sich an unterschiedlichen Gesprächsformen (kooperative Arbeitsformen) ergebnisorientiert beteiligen

Das Ergebnis: Mädchen gegen Mädchen. Jungs gegen Mädchen. Jeder gegen jeden. Und auch in der Schule hinterlässt der Streit Spuren: Die Turnhalle ist verwüstet, das Schulgebäude und sogar der Schulhof beschmiert, Toilettenpapier in den Fluren und auf dem Schulhof verteilt und von den Bäumen hängen Schuhe. Herr Che ist entsetzt und auch die anderen Lehrerinnen und Lehrer zeigen sich fassungslos. In einer Versammlung der Lehrkräfte wird entschieden, das Turnier für beide Teams abzusagen. (4)

3 Stellt den Streit in Gruppen als **Standbild** dar. Geht so vor:

a) Stellt heraus, wer in den markierten Passagen (1) – (2), (1) – (3), (1) – (4) mit wem in Konflikt steht und wie sich der Konflikt entwickelt.

b) Überlegt, welche aussagekräftige **Gestik** und passende **Mimik** die Handlungen der Beteiligten gut verdeutlichen würden.

» Fachwortschatz, S. 259

c) Baut das Standbild, wie in Hinweis 1 der **LERNBOX** beschrieben, und fotografiert es ab, sobald es eingefroren ist.

SPRACHBOX

- (Weniger) gelungen ist euch ...
- Mit eurer Gestik/Mimik habt ihr ... verdeutlicht.
- Besonders gut war, dass ...
- Ihr hättet zusätzlich auf ... achten können.

4 a) Präsentiert die Standbilder in der Klasse und gebt euch Feedback dazu, ob diese zur Handlung passen. Nutzt die **SPRACHBOX**.

b) Fügt die Fotos danach zu einer Collage zusammen und besprecht, ob und wie sie sich unterscheiden.

5 Was macht ein gutes Team aus? Sammle, welche Eigenschaften ein Team haben muss, um zu gewinnen. Worauf sollten Spielerinnen und Spieler achten? Gestalte dazu ein Trikot mit passenden Begriffen. Du kannst die Vorlage im Webcode nutzen.

Digital+
Vorlage Trikot
WES-126428-186

6 Ergänze dein Fachwörter-Lexikon um weitere Begriffe der Filmsprache.

LERNBOX

So baust du Standbilder und wertest sie aus:

In einem Standbild **stellst** du eine **Situation** (z. B. eine Szene aus einem Drehbuch) **nach**. Mache die Situation durch **Mimik**, **Gestik** und **Körperhaltung** deutlich.

1. a) Bildet Gruppen und bestimmt eine Person, die euch als Standbildbauerin oder -bauer Anweisungen zum **Bau des Standbildes** gibt. Die anderen Gruppenmitglieder nehmen je die Rolle einer der Figuren in der Szene ein.
   b) **Führe** als Figur im Standbild die **Anweisungen** zu Mimik, Gestik und Körperhaltung **aus**, die dir der/die Standbildbauer/-in gibt.
   c) **Verharrt** in eurer Position, sodass der/die Standbildbauer/-in ein **Foto vom Standbild** anfertigen kann, wenn er/sie *„freeze“* sagt.
2. Betrachtet in der Gruppe oder in der Klasse eure Fotos der angefertigten Standbilder und **wertet sie aus**. Diskutiert,
   a) ob das Bild zur Handlung passt,
   b) die Emotionen der Figuren gut zur Geltung kommen,
   c) was an den Standbildern verbessert werden könnte (Tipps).

Monas Rede überzeugt

Eine Szene weiterspielen

1 Beschreibe mithilfe der **SPRACHBOX**, welche Spuren der Streit der Schülerinnen und Schüler hinterlassen hat. Betrachte dazu die Screenshots.

SPRACHBOX

auf dem Schulhof –
in der Sporthalle –
im Flur –
in der Kabine –
der Basketballkorb –
beschmiert –
aufgehängt –
geworfen

2 In der Lehrerversammlung wird abgestimmt, ob die Fußballteams nach der Verwüstung der Schule vom Turnier ausgeschlossen werden. Mona setzt sich mit einer Rede dafür ein, dass die Teams weiter mitmachen dürfen.

a) Hört euch Monas Rede über den Webcode an: Worum geht es in ihrer Rede?

b) Sammelt Vorschläge, wie die Mannschaften ihren Fehler wiedergutmachen könnten. Bezieht dabei auch Monas Rede mit ein.

Digital+
Audio
WES-126428-187

3 Stellt in einer Kleingruppe eine Lösung szenisch dar.

a) Wählt dazu eine der Situationen aus:

(A) Begegnung mit Herrn Che (B) In der Lehrerversammlung

b) Entwickelt einen Dialog zwischen (A) Mona, Mitschülerinnen und Mitschülern sowie Herrn Che bzw. (B) Mona und den Lehrkräften und macht daran deutlich, wie die Schülerinnen und Schüler ihren Fehler wiedergutmachen wollen.

Diese Fragen helfen euch: *Wie entschuldigen sie sich? – Was schlagen sie vor, nun zu tun? – Wie reagieren Herr Che bzw. die Lehrerinnen und Lehrer darauf?*

Geht im Dialog auch auf folgende Fragen ein: *Nehmen Herr Che bzw. die Lehrerinnen und Lehrer die Entschuldigung an? – Bekommen die Mannschaften noch eine Chance, an dem Turnier teilzunehmen?*

4 **a)** Stellt eure Lösung in der Klasse szenisch vor.

b) Gebt euch mithilfe der folgenden Fragen Feedback:

- Wurde deutlich, worin die Wiedergutmachung besteht?
- Wurde die Reaktion von Herrn Che bzw. den Lehrerinnen und Lehrern deutlich?
- Führt die Begegnung zu einer sinnvollen Lösung, die für alle annehmbar ist?

5 Fasst in der Klasse zusammen, zu welchen Lösungsvarianten ihr gekommen seid, und diskutiert, welcher Lösungsvorschlag am erfolgreichsten sein könnte.

Begründet eure Einschätzung mithilfe der Vorgeschichte.

Einer für alle, alle für einen!

Einen Spielbericht schreiben

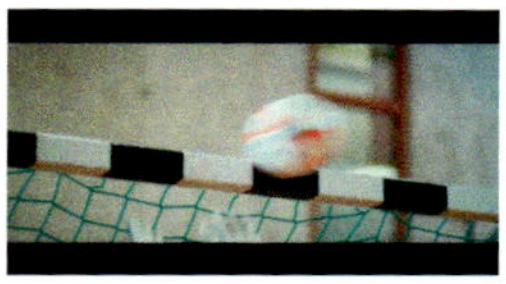

Die Weddinger Mannschaft schießt kurz vor Halbzeit an die Latte.

Mona hält den entscheidenden Elfmeter. Wedding gewinnt!

Die Mannschaft hat großes Glück: Nachdem ihnen die Teilnahme durch die Abstimmung der Lehrkräfte nach Monas Rede genehmigt wurde, erhalten sie überraschend eine erneute Chance auf den Sieg. Im Finale der Meisterschaft spielen sie gegen den Berliner Bezirk Charlottenburg.

1 Ein Schüler möchte für die Schülerzeitung einen Spielbericht schreiben. Dafür hat er Fotos vom Spiel gemacht und Notizen angefertigt. Erschließe die Notizen und die Fotos im Webcode: Wie verläuft das Finalspiel? Gebt zu zweit den Verlauf wieder. A beginnt, B korrigiert, dann tauscht ihr die Rolle.

Digital+
Vorlage Material
WES-126428-188

Notizen:
Was? Finale des Berliner Meisterschaft
Wann? Heute Vormittag | **Wo?** Sporthalle Charlottenburg
Wer? Wedding – Charlottenburg | **Warum?** Berliner Meisterschaften
Wie? 1. Halbzeit: ruhiger Start ins Spiel, Führung (Terry), Jubel bei Wedding. Foul durch Mona, Charlottenburg verwandelt vor der Pause einen Elfmeter. Zwischenstand: 1 zu 1. / 2. Halbzeit: Beide Teams erzielen keinen Treffer. Es kommt zum Entscheidungsschießen in der Nachspielzeit! | **Welche Folgen?** Wedding siegt mit 5:4.
Warum gewinnt Wedding am Ende? Teamgeist, Zusammenhalt

2 Gib den Spielverlauf in einem Spielbericht für die Schülerzeitung wieder. Nutze dafür die erschlossenen Informationen aus Aufgabe **1** und orientiere dich für den Aufbau des Berichts an der **LERNBOX**. Nutze die **SPRACHBOX**.
So kannst du beginnen:
Charlottenburg steckt Niederlage ein
„Berlin ballert" – Das war an diesem Vormittag Programm.
Gestern Vormittag fand in der Sporthalle Charlottenburg das Finale der Berliner Meisterschaften statt ...

SPRACHBOX
die Führung – das Foul – der Strafstoß – im Angriff – unter Druck geraten – der Spielstand – die Halbzeit – zur Halbzeit führt ... – liegt hinten – der Gleichstand – der Ausgleich – das Entscheidungsschießen

LERNBOX

So schreibst du einen Spielbericht:

1. In einem Spielbericht informierst du den Leser bzw. die Leserin über den Verlauf und das Ergebnis eines Spiels. Schreibe **sachlich** und **genau.**
2. **Plane** deinen Spielbericht und mache dir Notizen zu den **W-Fragen:** ***Was** passierte? **Wer** spielte gegen wen? **Wann** geschah es? **Wo** geschah es? **Warum** geschah es? **Wie** verlief es? **Welche Folgen** ergaben sich daraus?*
3. **Schreibe** einen **Vortext,** um **neugierig** zu machen, zum Beispiel: *„Berlin ballert" – Das war an diesem Vormittag Programm!*
4. **Einleitung**: Nenne die wichtigsten Fakten zum Spiel: Beantworte dazu die W-Fragen: *Was, Wann, Wo, Wer.*
5. **Hauptteil**: Schildere den Spielverlauf in **chronologischer Reihenfolge**: Wie verlief die 1. Halbzeit, wie die 2. Halbzeit des Spiels? Gehe auf **Besonderheiten** ein, z. B. *Karten, Torschüsse, Strafschüsse, Endstand ...*
6. **Fazit**: Welche Folgen ergeben sich daraus? Wodurch gelang der Sieg?
7. Schreibe im **Präteritum**, z. B.: *lieferten* Spannung. Nutze bei Vorzeitigkeit das **Plusquamperfekt**.

„Sieger sein“

Den Gesamteindruck zum Film reflektieren

1 Wie erging es Mona im Verlauf des Filmes? Erstelle eine Stimmungskurve, um ihre Gefühlslage zu reflektieren. Gehe dabei so vor:

a) Bringe die Ereignisse in die richtige Reihenfolge und nummeriere sie.

- (A) Mona trifft das erste Mal auf Herrn Che. (__)
- (B) Mona denkt an das Fußballspielen in ihrer Heimat. (__)
- (C) Mona steht vor Beginn ihres 1. Schultags auf dem Schulhof. (1)
- (D) Mona erinnert sich an Tante Helin. (__)
- (E) Die Mitschülerinnen reagieren abweisend auf Mona. (__)
- (F) Die Mannschaft wird nach der Schlägerei vom Turnier ausgeschlossen. (__)
- (G) Mona besucht das Probetraining. (__)
- (H) Das 1. Freundschaftsspiel gegen Kreuzberg findet statt. (__)
- (I) Mona hält den Ball und die Mannschaft gewinnt das Finale. (__)

b) Übertrage die Ereignisse in die Stimmungskurve und mache durch Kreuze Monas Stimmung zum jeweiligen Zeitpunkt deutlich.

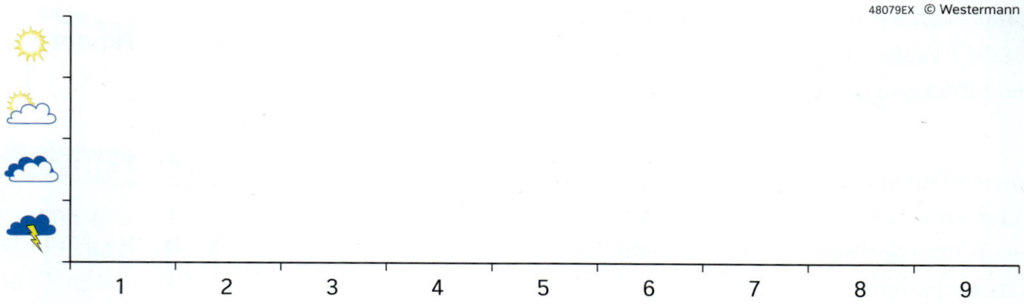

Digital+ Stimmungskurve WES-126428-189

c) Stellt euch eure Stimmungskurven im Lerntempoduett vor. Nutzt hierfür die Formulierungen in der **SPRACHBOX**.

2 Wie beurteilst du Monas Situation im Film? Tauscht euch zu zweit mithilfe der **SPRACHBOX** aus:

a) Was habt ihr über die Ursachen von Monas Flucht gelernt? Womit hat die Familie im Alltag in Deutschland zu kämpfen?

b) Welche Rolle spielt der Fußball für Mona?

3 **a)** Worüber seid ihr bei der Arbeit mit dem Film ins Grübeln gekommen?

b) Wofür wurde euer Verständnis geweckt?

c) Diskutiert, wie Mona in Deutschland aufgenommen wurde.

4 Beweise dein Filmwissen und löse das Kreuzworträtsel im Webcode.

SPRACHBOX

zu **1** c): Die Stimmungskurve zeigt, dass ... – Mona erging es ... – negative/positive Erfahrungen – der Tiefpunkt – der Höhepunkt – abwechselnd – abhängig von ...
zu **2**: die Diktatur – die Sicherheit – bessere Lebensbedingungen – die Sehnsucht – die eigenen Stärken zeigen – Sport verbindet – etwas überwinden

Digital+ Kreuzworträtsel WES-126428-190

Medien | Rezeption: ihren Gesamteindruck von Filmen beschreiben und anhand inhaltlicher und ästhetischer Merkmale begründen

Fachbegriffe und Methoden

das Drehbuch	= die **schriftliche Vorlage für einen Film.** Es unterstützt die Dreharbeiten und die Produktion des Films. Ein Drehbuch enthält Szenennummern, Orts- und Zeitangaben, Szenenbeschreibungen, Figurennamen, Dialogtexte und Dialoganweisungen.
die Einstellungsgröße	Ein zentrales filmisches Gestaltungsmittel ist die **Einstellungsgröße.** Sie beschreibt die **Distanz** zwischen der Kamera und dem Aufgenommenen. Wichtige Einstellungsgrößen sind: *Totale, Nah, Groß, Detail.*
die filmtechnischen Mittel	Zu ihnen gehören **Rückblenden** und **Vorausschauen**, die **Einstellungsgröße** und die **Kameraperspektive**. Sie werden im Film genutzt, um eine bestimmte Stimmung und Wirkung zu erzeugen.
die Fotostory	In einer Fotostory kannst du mit **Fotos** und **Textelementen** Szenen und Drehbücher **grafisch gestalten**.
die Gestik	Gestik ist der **bewusste** oder **unbewusste Einsatz des Körpers**, z. B. der Hände, um eine bestimmte Stimmung zu vermitteln, z. B. *verschränkte Arme bei Ablehnung*.
die Kameraperspektive	Ein zentrales filmisches Gestaltungsmittel ist die **Kameraperspektive:** **Vogelperspektive**: Personen und Gegenstände werden von oben herab abgebildet. Das Gezeigte wirkt aus dieser Perspektive *klein, verloren, einsam, unbedeutend* etc. **Normalsicht**: Personen und Gegenstände werden auf „Augenhöhe" gefilmt. **Froschperspektive**: Personen und Gegenstände werden von unten abgebildet. Das Gezeigte wirkt *groß, mächtig, dominant, bedeutsam* etc.
die Lesemethode für dramatische Texte	**1. Schritt: sich orientieren** – „Überfliege" den Text und verschaffe dir einen Überblick. **2. Schritt: unbekannte Begriffe klären** – Markiere beim ersten genauen Lesen mit einer Wellenlinie unbekannte Begriffe und erschließe ihre Bedeutung aus dem Sinnzusammenhang, mithilfe des Internets oder eines Wörterbuchs. **3. Schritt: Schlüsselstellen markieren** – Markiere beim zweiten genauen Lesen **Schlüsselstellen**, die dir Antworten auf die **W-Fragen** geben. Beachte, dass viele Informationen in einem dramatischen Text nicht direkt gegeben werden, sondern **aus der Interaktion** der Figuren **erschlossen** werden müssen. Orientiere dich an den Aufgaben zum Text und halte deine Ergebnisse am Rand fest. **4. Schritt: Wichtiges herausschreiben** – Bilde **Sinnabschnitte**. Ein neuer Sinnabschnitt beginnt, wenn z. B. eine neue Figur auftritt oder ein wichtiges Ereignis geschieht. Formuliere zu jedem Abschnitt eine **Überschrift**. Schreibe dazu **wichtige Stichworte**, z. B. Antworten auf die Fragen zum Text, auf.
die Mimik	Mimik ist der **bewusste** oder **unbewusste Einsatz des Gesichts**, um eine bestimmte Stimmung zu vermitteln, z. B. *Lächeln für Freude* oder *hochgezogene Augenbrauen für Erstaunen*.
der/die Protagonist/-in	Bei einem Protagonisten bzw. einer Protagonistin handelt es sich um **den Hauptdarsteller** oder **die Hauptdarstellerin** einer Handlung, z. B. in Romanen oder Filmen.
das Sprichwort	Sprichwörter sind **Äußerungen**, die **nicht wörtlich** genommen werden dürfen, sondern eine übertragene **Bedeutung** haben und oft eine Lehre ausdrücken, z. B. *der Elefant im Porzellanladen* steht für eine tollpatschige Person.
das Standbild	Bei Standbildern stellst du durch das Einfrieren eine Situation mit einer bestimmten Gestik, Mimik und Körperhaltung dar. Standbilder helfen dir, dich in Personen und Situationen hineinzuversetzen.
das Storyboard	Mithilfe eines **Storyboards** könnt ihr die Umwandlung eines Drehbuchauszugs in eine Fotostory planen. In einem Storyboard werden Angaben zum Inhalt der Fotos gemacht, Notizen zu **Textelementen** einer Fotostory (Sprech- und Gedankenblasen, Szenenbeschreibung) festgehalten und **Hinweise zur Gestaltung** des Fotos notiert.
die Szene	= ein **Abschnitt** eines Dramas oder eines Drehbuchs. Häufig wechseln in den Szenen Themen, Orte und Personen.
die Textelemente	**Textelemente** (Sprech- und Gedankenblasen, Szenenbeschreibung) ergänzen z. B. eine Fotostory, um ihrer Handlung besser folgen zu können und Leerstellen zu füllen.

1 Prüfe dein Filmwissen mit dem digitalen Quiz im Webcode.

Digital+
Quiz zum Fachwortschatz
WES-126428-191

Hoppers Gemälde

Edward Hoppers Gemälde ermöglicht (1) dem Betrachter einen Blick in die amerikanische Stadtkultur der 1940er Jahre. Nach Angaben des Künstlers wurde (2) das Lokal nach dem Vorbild eines echten Restaurants in Hoppers Nachbarschaft gestaltet: dem Greenwich Village. Im Kontrast zu den (3) dunklen Straßen (4) draußen (5) steht die grelle Beleuchtung (6) im Inneren des Restaurants. Diese Esskultur wurde in den USA erst seit Ende der 1920er-Jahre praktiziert, (7) sodass (8) Nachtschwärmer und Schlaflose, wie die Charaktere auf dem Gemälde, endlich einen Ort zum Entspannen und Unterhalten (9) fanden. In dem Restaurant konnten sie der einsamen Stadt (10) für eine Weile entkommen.

1 Betrachtet den Ausschnitt des Bildes und beschreibt zu zweit die dargestellte Situation.

2 Testet euer Grammatikwissen:

a) Bestimmt zu zweit die markierten Wörter und Wortgruppen oben. Erklärt, wie ihr auf die Lösung gekommen seid. Wählt aus den Antwortmöglichkeiten von unten aus:

Digital+ Textvorlage WES-126428-192

(1) In welchem Fall steht dieses Objekt? ☐ Genitiv (R) ☐ Dativ (N) ☐ Akkusativ (V)

(AH) S. 47–48

(2) Um welches Satzglied handelt es sich? ☐ Subjekt (I) ☐ Akkusativobjekt (E) ☐ adverbiale Bestimmung des Ortes (A)

(3) Bestimme die Wortart: ☐ Adjektiv (G) ☐ Nomen (I) ☐ Adverb (J)

(4) Um welche Wortart handelt es sich? ☐ Präposition (T) ☐ Konjunktion (U) ☐ Adverb (H)

(5) In welcher Form steht das Verb? ☐ Infinitiv (R) ☐ Präsens (T) ☐ Plural (M)

(6) Welche Wortarten sind in diesem Wort zusammengefasst? ☐ Präposition + Artikel (H) ☐ Adverb + Artikel (G) ☐ Präposition + Adverb (S)

(7) Bestimme die Wortart: ☐ Konjunktion (A) ☐ Präposition (B) ☐ Pronomen (L)

(8) Um welches Satzglied handelt es sich? ☐ Prädikat (A) ☐ adverbiale Bestimmung (B) ☐ Subjekt (W)

(9) In welcher Zeitform steht das Verb? ☐ Perfekt (A) ☐ Futur I (L) ☐ Präteritum (K)

(10) Um welches Satzglied handelt es sich? ☐ Dativobjekt (W) ☐ Prädikat (I) ☐ adverbiale Bestimmung der Zeit (S)

b) Überprüft eure Lösungen, indem ihr die Lösungsbuchstaben auf die Linie scheibt. Sie ergeben den Namen des Gemäldes, der durch die Pinselkleckse verdeckt wird.

Das Gemälde von Hopper heißt _ _ _ _ _ _ _ _ _ _ _ _ _ _ .

c) Überlegt euch jeweils drei weitere Grammatik-Fragen zu dem Gemälde. Schreibt sie auf digitale oder analoge Karteikarten und notiert die Antworten wie im Beispiel rechts auf der Rückseite. Fragt euch gegenseitig mithilfe der Karteikarten ab.

Frage 11:
Das Gemälde wirkt geheimnisvoll. In welcher Zeitform steht das Verb?

Antwort:
Präsens

Die vier Fälle richtig verwenden

1 **a)** Beschreibt zu zweit, was ihr auf der Plakatwerbung seht und wofür geworben wird.
b) Besprecht, warum in dieser Werbung Sportler gezeigt werden.

Sport und Genuss: Das schmeckt (1. *die Fans*) ___

(2. *die Werbung*) ___ zeigt (3. *eine Handballmannschaft*) ___. Der Fokus liegt auf (4. *die Lebensmittel*) ___ und (5. *die Sportler*) ___. Bei (6. *die Produkte*) ___ handelt es sich um (7. *eine Auswahl*) ___, die vegan ist. (8. *die Sportler*) ___ (9. *die Mannschaft*) ___ deutet lächelnd auf (10. *der Einkauf*) ___. (11. *die Headline*) ___ „Veganes Heimspiel" legt nahe, dass man bei (12. *das Heimspiel*) ___ auf (13. *die Vielfalt*) ___ (14. *die Produkte*) ___ setzen sollte. (15. *die Vielfalt*) ___ (16. *die Produkte*) ___ reicht von (17. *der Kakao*) ___ bis zu (18. *die Würstchen*) ___ und erfreut sich (19. *große Beliebtheit*) ___. (20. *die Qualität*) ___ (21. *die Produkte*) ___ wird aufgewertet, da auch (22. *die Sportler*) ___ (23. *die Mannschaft*) ___ (24. *die Produkte*) ___ kaufen.

2 **a)** Vervollständige den Text. Setze dafür die Wörter aus den Klammern in den richtigen Fall, um auf die Endungen der Nomen zu kommen. Orientiere dich an der **LERNBOX**.
b) Schreibe den Text ab und setze die **Nomen** in die Lücken ein.
c) Ordne den Nomen die Regeln aus der **LERNBOX** zu. Überprüfe deine Entscheidung, indem du passende Fragen formulierst, z. B. (1) Wem schmeckt das? -> den Fans (Regel a), Dativ ...
Du musst 6 x Nominativ, 6 x Genitiv, 7 x Dativ, 5 x Akkusativ einsetzen.
d) Ergänze die Beschreibung der Werbung um zwei weitere Sätze, in denen du mindestens drei, vier Nomen und ihre Begleiter in unterschiedlichen Fällen verwendest. Bestimme die Fälle.

Digital+ Textvorlage WES-126428-193
Fachwortschatz, S. 287

LERNBOX
So verwendest du Nomen in vier Fällen

1. Der **Fall des Nomens** hängt zumeist vom Verb ab. Du erkennst ihn an der **Endung des Nomens** und **seiner Begleiter** (Artikel, Adjektiv, Pronomen). Ermittle die Fälle der Nomen so:
   a) Hängt das Nomen von einem **Verb** ab, frage zusammen mit dem Verb:
   Wer oder was backt den Kuchen? → Nominativ: *Die Familie backt den Kuchen.*
   Wem hilft der Mann? → Dativ: *Seinen Töchtern hilft der Mann.*
   Wen oder was backt die Familie? → Akkusativ: *Einen Kuchen backt die Familie.*
   Wessen erfreut sich das Produkt → Genitiv: *Es erfreut sich einer großen Beliebtheit.*
   b) Viele Nomen im Genitiv erläutern ein **anderes Nomen** (= **Attribut**):
   Wessen Rezept wird verwendet? → Genitiv: *Das Rezept der Oma wird verwendet.*
   c) Wenn eine **Präposition** davorsteht, erfrage das Nomen mit der Präposition:
   Mit wem backt der Vater? → *Dativ: Mit seinen Töchtern backt der Vater.*

Nomen und Pronomen untersuchen, S. 316
Fachwortschatz, S. 288
Fachwortschatz, S. 287
Sprache untersuchen, S. 275
Fachwortschatz, S. 288

Wechselpräpositionen richtig verwenden

Ⓐ Backin zaubert Freude (in) die Gesichter!

Ⓑ Strahlende Freude (in) den Gesichtern dank Backin!

1 **a)** Beschreibe die Werbeanzeige. Erkläre, woran du erkennst, dass sie schon älter ist.

b) Vergleicht zu zweit die beiden eingekreisten Ausdrücke in den Werbeüberschriften und benennt, welcher einen Ort (= Wo?) und welcher die Richtung (= Wohin?) angibt.

c) Bei den eingekreisten Wörtern handelt es sich um **Wechselpräpositionen**. Informiere dich dazu in der **LERNBOX**.

» Fachwortschatz, S. 288

Ⓐ (Auf) <u>dem Werbeplakat</u> aus den 1950ern ist eine glückliche Familie zu sehen, die einen Kuchen genießt. Während die Frau neben dem Mann steht, steht das kleine Mädchen vor den Eltern. Die Frau trägt eine Schürze über ihrem Kleid.

Ⓑ Zwischen (1. *die Frau und die Tochter*) ist ein Hund zu sehen. Die Mutter hält auf (2. *eine Platte*) einen Kuchen in (3. *die* Hände). Auf (4. *der Kuchen*) ist Puderzucker zu erkennen. Der Kuchen ist zwischen (5. *der Mann und die Frau*) wahrzunehmen. Der Hund scheint auf (6. *der Kuchen*) zuzuspringen. Der Vater schaut auch auf (7. *der Kuchen*). Er hat seine Arme hinter (8. *der Rücken*) verschränkt.

Ⓒ Unter (9. *die Abbildung*) ist der Slogan „Backen macht Freude mit Backin" zu lesen. Hinter (10. *die Familie*) ist ein blassgelber Farbton zu sehen, der den Fokus auf (11. *die Familie und der Kuchen*) lenkt.

2 **a)** Ermittle in Abschnitt Ⓐ jeweils den Fall der Orts- und Richtungsangaben. Gehe so vor:

- Kreise alle Wechselpräpositionen (**LERNBOX**, Hinweis 1) wie im Beispiel ein.
- Unterstreiche die darauffolgenden Ausdrücke.
- Entscheide, ob es sich um eine Orts- oder Richtungsangabe handelt, und bestimme den Fall der unterstrichenen Ausdrücke. Schreibe so: (Auf) <u>dem Werbeplakat</u>: Auf wem?/Wo? (Ort) → Dativ

b) Setze in Abschnitt Ⓑ, Ⓑ und Ⓒ die Nomen und ihre Begleiter aus den Klammern in den richtigen Fall. Schreibe den Text dazu ab.

Du musst 6 x Dativ und 2 x Akkusativ verwenden.

Digital+ Textvorlage WES-126428-194

AH S. 49

LERNBOX

Bei Wechselpräpositionen den richtigen Fall verwenden

1. Die **Präpositionen** *in, an, auf, hinter, neben, über, unter, vor, zwischen* können sowohl den **Dativ** als auch den **Akkusativ** erfordern. Sie werden auch als **Wechselpräpositionen** bezeichnet.
2. Durch die Fälle wird verdeutlicht, ob es sich bei der Angabe um einen **Ort** oder eine **Richtung** handelt:
   a) Auf die Frage **„Wo?"** folgt eine Angabe im **Dativ**, sie bezeichnet also einen **Ort**. *Die Familie steht (in) <u>der Küche</u> (wo?). / Der Kuchen steht (auf) <u>dem Tisch</u> (wo?).*
   b) Auf die Frage **„Wohin?"** folgt der **Akkusativ**, er bezeichnet also eine **Richtung**: *Die Familie geht (in) <u>die Küche</u> (wohin?). / Der Vater stellt den Kuchen (auf) <u>den Tisch</u> (wohin?).*

Zeitformen im Überblick

Mann findet ungewöhnliche Verkaufsanzeige im Internet

In Krefeld veröffentlichte ein Mann eine ungewöhnliche Anzeige: „Antiker Mumienfuß zu verkaufen“, (1. *schreiben*) er. Nachdem ein Hinweisgeber die Anzeige (2. *lesen*), (3. *informieren*) er die Polizei. „Ich (4. *sich wundern*) über diesen Fund. Die Geschichte Ägyptens (5. *interessieren*) mich immer schon und ich (6. *finden*) die Bewahrung der Kultur wichtig, deshalb (7. *melden*) ich meine Beobachtung.“ Nachdem ein Ägyptologe das Fundstück (8. *untersuchen*), (9. *bestätigen*) er den Verdacht: „Das Stück (10. *stammen*) aus der Antike. Die genaue Herkunft (11. *sein*) jedoch noch ungeklärt.“ Vermutlich (12. *finden*) die Eltern des Verkäufers den Fuß während einer Ägyptenreise in den 1950er-Jahren, bevor sie ihn nach Deutschland (13. *bringen*). Nachdem die Polizei den Fuß (14. *sicherstellen*), (15. *ermitteln*) sie gegen den Verkäufer. Es (16. *sich handeln*) nämlich um geschmuggelte Ware. Im vergangenen September (17. *überreichen*) die Krefelder Behörde das Objekt dem ägyptischen Botschafter. Der Fuß (18. *befinden*) zeitnah an seinem Ursprungsort. Museumsbesucherinnen und -besucher (19. *bestaunen*) den Fuß dort neben vielen weiteren Fundstücken.

Digital+
Textvorlage
WES-126428-195

1 a) Tauscht euch darüber aus, was an dem beschriebenen Verkauf ungewöhnlich ist.

b) Schreibe den Text ab und setze die Infinitive aus den Klammern dabei in die richtige Verbform (Personal- und Zeitform). Markiere vorher in den Sätzen die Subjekte. Orientiere dich an den Hinweisen in der **LERNBOX**.
Beachte, dass es sich beim Plusquamperfekt, Perfekt und Futur I um zusammengesetzte **Zeitformen** handelt.

Verbtabelle, S. 316

Fachwortschatz, S. 288

Du kannst folgende Zeitformen einsetzen: 4 × Plusquamperfekt, 3 × Perfekt, 6 x Präteritum, 6 × Präsens.

c) Vergleicht, ob ihr die Verben in die gleichen Zeitformen gesetzt habt, und diskutiert über unterschiedliche Möglichkeiten.

LERNBOX

Die Zeitformen des Verbs richtig gebrauchen

1. **Präsens**: Es zeigt an, dass etwas **gerade geschieht**, **immer wiederkehrt** oder **allgemeingültig** ist. Du verwendest das Präsens z. B. in Zusammenfassungen, Beschreibungen oder Analysen: *ich vergesse, du erinnerst*. Du kannst auch **Zukünftiges** ausdrücken, wenn eine Zeitangabe (*morgen …*) dabeisteht: *Ich gehe morgen ins Museum*.
2. **Präteritum**: Diese Zeitform verwendest du meistens in **schriftlichen Texten** (z. B. Erzählung, Bericht), um etwas **Vergangenes darzustellen**: *ich vergaß, du erinnertest*.
3. **Perfekt**: Das Perfekt verwendest du meistens in der **mündlichen Sprache** oder der wörtlichen Rede, um etwas **Vergangenes darzustellen**: *ich habe vergessen, du hast erinnert*.
4. **Plusquamperfekt**: Diese Zeitform zeigt an, dass es zu einem im **Präteritum** dargestellten Vorgang, Ereignis usw. eine **vorausgehende Handlung** gibt: *Nachdem du mich daran erinnert hattest, …*
5. **Futur I**: Das Futur I bezieht sich auf einen Sachverhalt in der **Zukunft**: *ich werde vergessen, du wirst erinnern*.

Sprache untersuchen, S. 264

Vorzeitigkeit bei Texten im Präteritum ausdrücken

Portemonnaie zwischen Kinosesseln nach 23 Jahren wiedergefunden

Vermutlich im Jahr 2000 verlor ein Junge in einem Kino in Hamm seine Geldbörse, als er dort einen Film gesehen hatte. Nachdem man in diesem Frühjahr mit dem Ausbau der alten Sitze begonnen hatte, fanden Handwerker das Portemonnaie wieder. Die Kinobetreiber formulierten daraufhin einen Facebook-Post, um den Besitzer ausfindig zu machen. Nachdem sie den Beitrag veröffentlicht hatten, erreichte er mehrere Tausend Menschen. Obwohl der Besitzer zunächst gezögert hatte, meldete sich der mittlerweile erwachsene Mann nach zwei Tagen. Der Eigentümer des Portemonnaies konnte vor 23 Jahren nicht mehr zuordnen, wo genau er die Geldbörse verloren hatte. *(Text verändert)*

1 Lest den Bericht und tauscht euch dazu aus, was ihn lesenswert macht.

Digital+ Textvorlage WES-126428-196

2 a) Lies den Text Satz für Satz. Markiere und vergleiche die **Zeitformen**: In welcher Zeitform stehen die Aussagen? Durch welche Zeitform wird verdeutlicht, dass etwas vorher passiert ist? Orientiere dich an den Hinweisen in der **LERNBOX**.
b) Unterstreiche wie im Beispiel in jedem Satz, was vorher passiert ist.
c) Vergleiche deine Ergebnisse mit dem ersten Hinweis der **LERNBOX**.

Fachwortschatz, S. 288

Verbtabelle, S. 316

Als die Besitzer die Sitze (1. *herausreißen*), (2. *fallen*) ihr Blick direkt auf das Portemonnaie. Nachdem der Kinobesitzer zuvor bereits viele Sitze (3. *austauschen*), (4. *renovieren*) er nun auch die ersten drei Reihen. Der Kinobesucher (5. *erklären*), dass er nie zuvor einen Gegenstand nach so vielen Jahren (6. *wiederfinden*). Als der Eigentümer des Portemonnaies dieses wieder in seinen Händen (7. *halten*), (8. *zeigen*) er dem Kinobesitzer stolz seinen Schwimmpass. Nachdem er das Portemonnaie (9. *öffnen*), (10. *fallen*) ihm nicht nur dieser Schwimmpass, sondern auch Pfennige, ein Lotterieschein der Eltern und eine Pokémon-Figur aus dem Portemonnaie.

3 a) Setze im zweiten Text die Verben 1–6, 1–8, 1–10 in die richtige Zeitform. Orientiere dich dazu an der **LERNBOX**, 1. und 3. Hinweis.
b) Unterstreiche die Satzteile, die eine vorausgehende Handlung angeben, und überprüfe, ob du sie ins **Plusquamperfekt** gesetzt hast.

Digital+ Textvorlage WES-126428-197

Fachwortschatz, S. 288

AH S. 50

LERNBOX

Die Abfolge von Handlungen durch Zeitformen deutlich machen

1. In Texten, die im **Präteritum** geschrieben sind (z. B. in Berichten, Erzählungen), verwendest du für die **vorausgehende Handlung** das **Plusquamperfekt**: *Er bemerkte auf dem Heimweg, dass er zuvor seine Geldbörse verloren hatte.*
2. In Texten, die im **Präsens** geschrieben sind (z. B. Zusammenfassungen, Beschreibungen, Textuntersuchungen), drückst du die **vorausgehende Handlung** durch das **Perfekt** aus: *Er bemerkt auf dem Heimweg, dass er seine Geldbörse verloren hat.*
3. Oft zeigt eine **Konjunktion** wie *nachdem* oder *als* eine vorausgehende Handlung an.

Aktiv- und Passivsätze erkennen und bilden

1 Betrachtet die Abbildung rechts: Könntet ihr euch vorstellen, euer Praktikum bei einem Floristen zu machen? Tauscht euch dazu zu zweit aus.

(A) Der Praktikant beobachtet die Floristin.

(B) Die Floristin wird von dem Praktikanten beobachtet.

2 **a)** Vergleiche die beiden Aussagen oben: Worin besteht der Unterschied? Wer oder was wird jeweils betont?
b) Untersuche, welche Satzglieder in Satz (A) jeweils in den unterschiedlichen Farben markiert sind.
c) Markiere in Satz (B) Subjekt, Prädikat und Objekt in denselben Farben. Was kannst du feststellen? Gleiche dein Ergebnis mit den Hinweisen 1 und 2 der **LERNBOX** (S. 266) ab.

3 **a)** Betrachte die Bilder: Welche Aufgaben übernimmt der Praktikant während des Praktikums? Formuliere zu den Bildern (A)–(D), (A)–(F), (A)–(H) beschreibende Sätze, in denen betont wird, was der Praktikant macht. Verwende dazu das **Aktiv**, z. B.
(A) Der Praktikant gießt die Blumen.

» Fachwortschatz, S. 287

Du kannst diese Nomen als Objekte nutzen: *die Blumen, die Blüten, die Sträuße, die Ware, der Zustand, die Floristin.*
b) Markiere in den Sätzen **Subjekt**, **Prädikat** und **Objekt** wie im Beispiel oben.

» Fachwortschatz, S. 288

4 **a)** Formuliere die Sätze ins **Passiv** um, um in den Vordergrund zu stellen, was mit jemandem passiert oder was mit etwas getan wird, z. B.
(A) Die Blumen werden von dem Praktikanten gegossen.

» Fachwortschatz, S. 288

b) Markiere Subjekt, Prädikat und Objekt. Beachte, dass das Prädikat zweiteilig sein kann.
c) Vergleiche deine Markierungen mit denen aus Aufgabe **2** b): Was passiert mit dem Subjekt des Aktivsatzes im Passiv? Vergleiche mit der **LERNBOX**, 5. Hinweis.

1. Die Werkzeuge werden von einem Azubi auf die Baustelle getragen. (Präsens)
2. Die Wandhöhe wurde bei einer ersten Sichtung der Baustelle gemessen. (__)
3. Dem Maurer sind die Ziegelsteine von mir angereicht worden. (__)
4. Zuvor wurde der Mörtel für die Wand von mir gemischt. (__)
5. Bei der Fixierung der Steine ist auf Genauigkeit geachtet worden. (__)
6. Heute werde ich von einem anderen Maurer begleitet. (__)

5 **a)** Markiere in den Sätzen oben die Prädikate.
b) Bestimme die **Zeitformen** in den Passivsätzen und schreibe sie in die Klammern. Beachte dazu den 3. Hinweis der **LERNBOX**.
Setze ein: 1 x Präsens, 2 x Präteritum, 2 x Perfekt.
c) Finde außerdem die Objekte und bestimme sie.

» Fachwortschatz, S. 288

Digital+ Textvorlage WES-126428-198

6 Spielt das Passiv-Tabu und erratet so viele Praktikumsberufe wie möglich! Geht so vor:
- Teilt die Klasse in zwei Teile (Team A und B).
- Team A beginnt: Ein Spieler/eine Spielerin zieht eine Karte vom Stapel und muss den Beruf auf der Karte erklären. Es darf ausschließlich mit Passivsätzen erklärt werden, z. B. In diesem Beruf werden Menschen von Krankheiten geheilt (→ Arzt).
- Die Team-Mitglieder müssen die Berufe anhand der Beschreibungen erraten.
- Wenn die erklärende Person den Beruf selbst sagt oder Aktivsätze verwendet, wird die Karte von einem Schiedsrichter oder einem neutralen Spieler abgelehnt, und das Team verliert einen Punkt. Jeder erratene Praktikumsberuf bringt einen Punkt.
- Jede Runde dauert 60 Sekunden. Danach ist das nächste Team an der Reihe.
- Das Team, das nach einer festgelegten Anzahl an Runden die meisten Punkte gesammelt hat, gewinnt.

Digital+ Tabu-Spielkarten WES-126428-199

Älteren Menschen wird Essen gereicht …

AH S. 51

LERNBOX

Verben im Aktiv und Passiv verwenden

1. Wenn du in den Vordergrund stellen möchtest, **wer** etwas tut, verwendest du das **Aktiv**: *Die Praktikantin wechselt das Blumenwasser*.
2. Wenn du in den Vordergrund stellen möchtest, **was mit jemandem** oder **mit etwas getan wird**, verwendest du das **Passiv**:
Das Blumenwasser wird von der Praktikantin gewechselt.
3. Das Passiv wird **mit einer konjugierten Form von *werden*** und dem **Partizip II** des Verbs gebildet. Je nach Zeitform wird das Hilfsverb *werden* im Präsens, Präteritum oder Perfekt verwendet:
   a) **Präsens**: *Der Blumenladen wird aufgesucht.*
   b) **Präteritum**: *Der Blumenladen wurde aufgesucht.*
   c) **Perfekt**: *Der Blumenladen ist aufgesucht worden.*
4. Im Passiv kann der „Täter" durch **Ergänzungen mit *von*** oder ***durch*** in einem **präpositionalen Objekt** genannt werden.
5. Wandelst du einen Aktiv- in einen Passivsatz um, wird das **Akkusativobjekt** zum **Subjekt** und das **Subjekt** zum **präpositionalen Objekt**:
Aktiv: Die Praktikantin (= Subjekt) fegt den Blumenladen (= Akkusativobjekt).
Passiv: Der Blumenladen (= Subjekt) wird von der Praktikantin (= präp. Objekt) gefegt.

» Fachwortschatz, S. 288

Aussagen im Konjunktiv I wiedergeben

1 a) Was hat Ben über das lyrische Ich im Songtext gesagt? Formuliere schriftlich.
b) Vergleicht eure Formulierungen in der Klasse.
c) Gleicht eure Überlegungen mit den Hinweisen in der **LERNBOX** ab.

Ben: „Über den Wolken fühlt sich das lyrische Ich frei."

Ⓐ In der ersten Strophe berichtet das lyrische Ich, es höre die brüllenden Motoren am Flughafen und es spüre den zitternden Asphalt. Das lyrische Ich beschreibt, am Flughafen regne es.

Ⓑ In der zweiten Strophe erklärt das lyrische Ich, es **sieht** dem Flugzeug noch lange nach. Es beschreibt, das Flugzeug **erklimmt** die Wolken und es **verschwindet** letztendlich komplett hinter den Wolken. Das lyrische Ich stellt fest, es **hört** nur noch ein leises Geräusch der Motoren.

Ⓒ Das lyrische Ich erklärt in der dritten Strophe, nun ist alles still am Flughafen, und es geht mit der Regenjacke vom Platz. Es beschreibt, die Regenjacke ist durchnässt, und es bereut, nicht mitgeflogen zu sein.

Ⓓ Über den Wolken muss die Freiheit wohl grenzenlos sein.
Alle Ängste, alle Sorgen [...] blieben darunter verborgen [...].

2 a) Untersuche, wie die erste Strophe des Liedes „Über den Wolken" in Absatz Ⓐ zusammengefasst wird.
- Markiere die Verben in den einleitenden Sätzen, die verdeutlichen, dass Aussagen wiedergegeben werden (vgl. **LERNBOX**, Hinweis 1).
- Kreise die Verben in der Wiedergabe ein.
- Markiere die **Konjunktiv-I**-Endung wie im Beispiel in Zeile 1.

b) Setze die fett gedruckten Verben aus Absatz Ⓑ in den Konjunktiv I. Orientiere dich an der **LERNBOX**, Hinweis 3.

Setze diese Verbformen ein: *erklimme, höre, verschwinde, sehe.*

d) Setze in Absatz Ⓒ die Verben, wo nötig, in den Konjunktiv I.

d) Gib die Aussagen des Refrains aus Absatz Ⓓ indirekt wieder.

Digital+
Textvorlage
WES-126428-200

» Fachwortschatz, S. 287

3 Gib eine Aussage, zwei, drei Aussagen aus Bens Analyse mit dass-Sätzen wieder. Bedenke, dass du den Indikativ verwenden kannst (**LERNBOX**, Hinweis 4).

» Verbtabelle, S. 316
AH S. 52

LERNBOX

Aussagen im Konjunktiv I wiedergeben

1. Bevor du Aussagen wiedergibst, machst du in einem einleitenden Satz deutlich, **von wem die Äußerung stammt**. Setze nach diesem ein **Komma**: *Das lyrische Ich beschreibt*, ...
2. Passe die **Pronomen** *(ich → sie/er/es; mein → ihr/sein)* und **Zeitangaben** *(heute → an diesem Tag/gestern → am Tag davor)* an.
3. Setze das **Verb** in den **Konjunktiv I**, indem du die folgenden **Endungen** an den **Wortstamm des Infinitivs** anhängst: *ich geb-**e**, du geb-**est**, er/sie/es geb-**e**, wir geb-**en**, ihr geb-**et**, sie geb-**en**.*
4. In einigen Fällen kann auf den Konjunktiv I verzichtet werden, zum Beispiel bei **dass-Sätzen**: *Das lyrische Ich beschreibt, dass es die Motoren hören kann.*
5. Bei **Fragen ohne Fragewort** fügst du ein *ob* ein: *Es fragt sich, ob es gehen solle.*
6. Bei **Imperativen** (Befehlsform) umschreibst du den Konjunktiv I mit *sollen*: *Es sagt sich, es solle verreisen.*

Mit dem Konjunktiv II Wünsche äußern

Dann ist alles still, ich geh',
Regen durchdringt meine Jacke [...].

Ich wäre gern mitgeflogen.

1 **a)** Betrachte die Aussagen: Zu welchem Lied auf dem Kapitel „Auszeit" gehören sie?
b) Gib wieder, was durch die Aussage links und durch die Gedanken rechts ausgedrückt wird.
c) Markiere rechts das Verb und erkläre, warum hier der **Konjunktiv II** verwendet wird. Fachwortschatz, S. 287
d) Vergleiche deine Ergebnisse mit den Hinweisen in der **LERNBOX**.

(A) Auszeit (1) ist der Moment, in dem sich alles um einen herum (2) beruhigt und der Stress (3) abfällt. Heute (4) herrschte in der Schule zum Beispiel regelrechtes Chaos: Hausaufgaben, Tests und dann noch die Mitschüler, die mich mit irgendwelchen Kleinigkeiten (5) vollquatschten. Ich (6) wünsche mir in solchen Momenten, ich (7) könnte ohne ein einziges Wort das Gewimmel hinter mit lassen. Es (8) wäre wirklich toll, wenn ich einfach mal allein irgendwo (9) hingehen könnte, vielleicht nach draußen in die Natur. Ich (10) würde die Ruhe genießen.
(B) Dabei würde ich mir um nichts und niemanden Gedanken machen. Wenn ich es mir aussuchen dürfte, würde ich der Schule ein paar Tage lang fernbleiben. Meine Eltern würden mir sicherlich ein paar Takte dazu erzählen und würden mich für faul halten. Trotzdem würde ich diese Zeit genießen. Das wäre wie ein kleines Wunder. Leider handelt es sich hierbei nur um einen Traum.

Digital+
Textvorlage
WES-126428-201

2 **a)** Eine Schülerin hat sich überlegt, was für sie „Auszeit" bedeutet. Nimm Stellung dazu, ob du ähnlich denkst oder ob du anderer Meinung bist.
b) Erkläre, wodurch deutlich wird, wann die Schülerin die Wirklichkeit darstellt und wann sie Vorstellungen und Wünsche äußert.
Beachte dazu die markierten Verben in Absatz (A).
c) Bestimme mithilfe der **LERNBOX** die markierten Verbformen in Absatz (A). Schreibe so: (1): Indikativ ...
Du findest 6 x den Indikativ, 3 x Konjunktiv II, 1 x Konjunktiv II mit Umschreibung.
d) Markiere auch die Verbformen in Absatz (B) und bestimme sie wie in Aufgabe **2** c). (AH) S. 53

LERNBOX

Mit dem Konjunktiv II Wünsche und Vorstellungen äußern

1. Den **Indikativ** verwendest du, um zu verdeutlichen, dass etwas wirklich passiert: *Manchmal stresst mich der Alltag.*
2. a) Den **Konjunktiv II** verwendest du, um über **Wünsche**, **Träume** und **Fantasien** zu sprechen: *Ich wäre dann gern an einem anderen Ort.*
   b) Den **Konjunktiv II** leitest du vom **Präteritumstamm** ab. Dieser kann sich durch **Umlaut** ändern. Ergänze diese Endungen: *ich käm-**e**, du käm-**est**, er käm-**e**, wir käm-**en**, ihr käm-**et**, sie käm-**en***.
   c) Du kannst den Konjunktiv II auch durch **würden + Infinitiv** umschreiben. Das machst du oft bei regelmäßigen Verben (*Ich würde das gerne machen.*) oder wenn der Konjunktiv II altmodisch oder ungewöhnlich klingt, z. B. *er böte → er würde bieten.*

Mit Adverbien genaue Angaben machen

(A) Unternehmen täuschen Nachhaltigkeit vor. Verbraucherinnen und Verbraucher achten auf die Details.

(B) Unternehmen täuschen oftmals Nachhaltigkeit vor. Verbraucherinnen und Verbraucher achten deshalb immer genau auf die Details.

1 a) Tauscht euch zu zweit über die Aussagen aus: Welche Kritik wird hier geäußert?

b) Schau dir die markierten **Adverbien** in Absatz (B) an: Wozu dienen sie? Vergleiche deine Überlegungen mit dem 1. Hinweis in der **LERNBOX**.

» Fachwortschatz, S. 287
(AH) S. 54

Grün getäuscht!

(A) Viele Unternehmen setzen auf grüne Werbung, obwohl ihre Produkte kaum umweltfreundlich sind. Deshalb ist es wichtig, kritisch zu hinterfragen. Natürlich betonen Marken ihre Umweltfreundlichkeit, verschweigen aber oft die Wahrheit. Zweifelsohne schützt Greenwashing die Umwelt nirgends wirklich.

(B) Damit wir nachhaltiger handeln können, sollten wir schnellstens daheim beginnen und bewusste, sorgfältige Entscheidungen treffen. Hier ist unser Engagement gefragt, denn dort, wo Transparenz fehlt, können leider Täuschungen entstehen. Morgen könnte es schon zu spät sein – handeln wir daher sofort!

(C) Nur wer (1) hinter die glänzende Fassade schaut, erkennt, ob Versprechen halten, was sie (2) (3) behaupten – (4) bleibt der Kampf gegen Greenwashing (5) (6), aber (7) notwendig.

2 a) Lies den Kommentar und erkläre, wozu er auffordert.

b) Lege dir mithilfe des 3. Hinweises der **LERNBOX** eine Adverbien-Tabelle an oder lade sie über den Webcode herunter. Erfrage die unterstrichenen Adverbien in Absatz (A). Ordne sie in die richtige Spalte der Tabelle ein.

c) Unterstreiche die Adverbien in Absatz (B) und ordne sie in die Tabelle ein.

Du findest in Absatz (B) 3 Adverbien des Ortes, 4 der Zeit, 1 des Grundes sowie 1 Kommentaradverb.

d) Ergänze in Absatz (C) passende Adverbien aus dem Kasten.

e) Tauscht euch dazu aus, inwiefern Kommentaradverbien die Meinung des Lesers bzw. der Leserin zu einem bestimmten Thema beeinflussen können.

Digital+ Textvorlage WES-126428-202

Digital+ Vorlage Tabelle WES-126428-203

schnurstracks – meistens – vergebens – selbstverständlich – andernfalls – beinahe – bestimmt

3 Überprüfe mithilfe der Ersatzprobe, ob du die Adverbien durch andere derselben Art (vgl. Hinweis 3 in der **LERNBOX**) ersetzen kannst.

» Richtig schreiben, S. 308–309

LERNBOX

Mit Adverbien genaue Umstände beschreiben

1. Mit **Adverbien** (Singular: das Adverb) kannst du ein **Geschehen genau beschreiben**, sodass es **eindeutig** ist: *Überall und immer ist Greenwashing zu finden.*
2. a) Adverbien gehören zu den vier **unveränderlichen** (= nicht flektierbaren) **Wortarten**.
   b) Manche Adverbien haben ein *s* am Ende des Wortes (= Fugen-s): *abends, mittags...*
3. Folgende Adverbien kannst du unterscheiden: **Adverbien ...**
   a) **... des Ortes (Lokaladverbien)**: *Wo? Woher? Wohin? → dort, überallhin, daheim ...*
   b) **... der Zeit (Temporaladverbien)**: *Wann? Seit wann? Wie lange? Wie oft? → sofort, oft ...*
   c) **... der Art und Weise (Modaladverbien)**: *Wie? Auf welche Weise? → kaum, vergebens ...*
   d) **... des Grundes (Kausaladverbien)**: *Warum? Weshalb? Wozu? → deshalb, daher ...*
   e) **... zum Kommentieren/Bewerten (Kommentaradverbien)**: *leider, zweifelsohne, natürlich ...*

Mit Konjunktionen sinnvoll verknüpfen

Die Mitglieder der AG „Zukunftsmacher" möchten Bäume pflanzen, __________ vor allem die nächsten Generationen etwas davon haben.

1 **a)** Betrachtet das Bild und tauscht euch dazu aus, inwiefern die AG-Mitglieder die Welt hier ein Stück besser machen.
b) Setzt in der Sprechblase eine **Konjunktion** ein. Vergleicht eure Einträge: Wie verändert sich der Sinn der Aussage durch unterschiedliche Konjunktionen?
» Fachwortschatz, S. 287
c) Vergleicht eure Ergebnisse mit den Hinweisen in der **LERNBOX**.

Werde Teil der AG „Zukunftsmacher"

Ⓐ Unsere AG pflanzt Bäume in der Stadt, weil wir etwas gegen den Klimawandel tun wollen. Die Bäume verbessern das Klima, denn sie absorbieren[1] CO_2. Wir möchten andere für den Umweltschutz begeistern und zum Mitmachen ermutigen, zumal viele Stadtteile wenig Grün haben. Die Idee entstand, als wir über die Auswirkungen des Klimawandels sprachen, damit wir etwas dagegen tun können.

Ⓑ Es gibt Herausforderungen, (1) die Bäume nicht richtig gepflegt werden. Wir kümmern uns regelmäßig um die Pflanzen, (2) diese auch in Zukunft weiter wachsen. Wir hoffen, (3) unsere Stadt so grüner und das Klima besser wird. Es gibt noch viel zu tun, (4) wir bleiben dran.

Ⓒ Es lohnt sich für uns, zu kämpfen, (5) wir glauben an den Erfolg unseres Projekts. (6) wir müssen weiterhin hart arbeiten, (7) wir regelmäßig neue Bäume pflanzen (8) die bestehenden gut pflegen, (9) unsere Ziele erreicht werden.

[1] = **absorbieren:** etwas aufnehmen

2 **a)** Markiere alle nebenordnenden oder unterordnenden Konjunktionen in Absatz Ⓐ.
Du findest 2 nebenordnende und 4 unterordnende Konjunktionen.
b) Bestimme, welche Funktion die Nebensätze in Absatz Ⓐ erfüllen. Orientiere dich an der einleitenden Konjunktion: weil → kausal (Grund).
c) Setze in Absatz Ⓑ, Absatz Ⓑ und Ⓒ die fehlenden Konjunktionen ein.
Wähle aus: *sodass, aber, falls, dass*.

Digital+ Textvorlage WES-126428-204

Ⓐⓗ S. 55

LERNBOX

Mit Konjunktionen Wörter und Sätze sinnvoll verknüpfen

» Richtig schreiben, S. 299–30

1. Konjunktionen verknüpfen Sätze miteinander.
2. **Nebenordnende Konjunktionen** (*und, aber, oder, denn, doch, jedoch*) verbinden Hauptsätze zu **Satzreihen**.
3. **Unterordnende Konjunktionen** verbinden Haupt- und Nebensätze zu **Satzgefügen**. Die Nebensätze haben unterschiedliche Funktionen:
   a) **temporal**: *Wann? Seit wann? → als, bevor, nachdem, während, sobald;*
   b) **kausal**: *Warum? Wieso? → weil, da;*
   c) **konditional**: *Unter welcher Bedingung? → wenn, falls, sofern;*
   d) **final**: *Wozu? → damit, um … zu, (so)dass;*
   e) **konsekutiv**: *Mit welcher Folge? → sodass;*
   f) **konzessiv**: *Trotz welcher Beschränkung? → obgleich, obwohl, wenngleich;*
   g) **modal**: *Womit? Wodurch? Wie? → indem, wie, als ob, insofern.*

» Fachwortschatz, S. 288
» Fachwortschatz, S. 288

Satzglieder ermitteln und umstellen

Kurioses Ereignis in der Stadt: Hund stiehlt Hotdog vor Kamera

Ⓐ Ein Passant / erlebte / am Samstag / einen kuriosen Vorfall / am Alexanderplatz. / Er kaufte sich an einem Kiosk ein Hotdog. Der Mann hielt das Hotdog in den Händen. Der Ahnungslose beobachtete die Leute vor dem Kiosk.

Ⓑ Ein Mops entdeckte das Essen sofort. Der Hund sprang blitzschnell hoch. Er schnappte sich das Hotdog. Dem Passanten wich die Farbe aus dem Gesicht. Der Mops rannte in ein Waldstück. Der Hund verzehrte dort das Diebesgut. Die Beobachter amüsierten sich. Die Zuschauer zückten ihre Handys und filmten den Diebstahl.

Ⓒ Der Passant schüttelte irritiert den Kopf und zuckte mit den Schultern. Er ging zu einem anderen Stand und kaufte sich ein neues Hotdog. Der Hundebesitzer entschuldigte sich reumütig. Er erstattete dem Bestohlenen den Kaufpreis.

Digital+ Textvorlage WES-126428-205

1 **a)** Lies den Artikel: Von welchem kuriosen Ereignis wird hier berichtet?
b) Ermittle mit der **Umstellprobe** die **Satzglieder** in Absatz Ⓐ. Trenne die Satzglieder durch Schrägstriche wie im Beispiel oben ab. Orientiere dich an der **LERNBOX**, Hinweis 1.
c) Bestimme die ermittelten Satzglieder (**Subjekt**, **Prädikat**, **Objekt**, **adverbiale Bestimmung**) aus Absatz Ⓐ genauer. Schreibe so: Ein Passant (Subjekt) / erlebte (...)

» Fachwortschatz, S. 288

» Fachwortschatz, S. 287–288

2 **a)** Tauscht euch darüber aus, was in Absatz Ⓐ sprachlich überarbeitet werden sollte. Beachtet dazu die Ergebnisse von Aufgabe **1** b).
Was kannst du im Hinblick auf die Satzgliedstellung feststellen?
b) Untersucht die Funktion unterschiedlicher Satzgliedstellungen genauer: Setze mit der Umstellprobe in Absatz Ⓐ unterschiedliche Satzglieder an den Anfang der Sätze. Welche Wirkung hat es, wenn du bestimmte Satzglieder nach vorne stellst?
c) Erkläre, warum es sinnvoll ist, dass die Satzgliedstellung in einem Text variiert.
d) Gleiche deine Überlegungen mit Hinweis 2 der **LERNBOX** ab.

3 Überarbeite Absatz Ⓐ, Ⓐ–Ⓑ, Ⓐ–Ⓒ, um den Text abwechslungsreicher zu gestalten. Gehe dazu so vor:
a) Verändere die Reihenfolge der Satzglieder. Begründe, welches Satzglied du an den Anfang des Satzes stellen würdest.
b) Tauscht euch zu zweit zu euren Ergebnissen aus: Vergleicht unterschiedliche Möglichkeiten und erklärt, wie ihr zu eurem Ergebnis gekommen seid.

AH S. 56

LERNBOX

So ermittelst du Satzglieder

1. **Satzglieder** sind Bausteine eines Satzes. Sie können aus einem oder mehreren Wörtern bestehen. Alle Wörter, die beim Umstellen des Satzes (= **Umstellprobe**) immer zusammenbleiben, bilden ein **Satzglied**: *Ein Hund / klaute / einem Mann / ein Hotdog / am Alexanderplatz. // Ein Hotdog / klaute / am Alexanderplatz / ein Hund / einem Mann. /*
2. Je nachdem, welches Satzglied du an den Anfang eines Satzes stellst, kann dies die Wirkung eines Satzes verändern (**Betonung, sinnvolle Zusammenhänge (= Kohärenz, Abwechslung)**).

Das Prädikat an das Subjekt anpassen

Ein anderer Praktikant und ich besucht/besuche/besuchen heute eine Redaktionskonferenz.

1 **a)** Lies die Aussage der Praktikantin und kläre, was eine Redaktionskonferenz ist (S. 14).
b) Entscheide, welches der drei auszuwählenden **Prädikate** du einsetzen würdest.
Von welchem **Satzglied** machst du deine Entscheidung abhängig? Kreise ein.

» Fachwortschatz, S. 288

Eine Menge Journalisten (1. *diskutieren*) in einer Redaktionskonferenz. Die Redakteurinnen und Redakteure und der Chefredakteur (2. *besprechen*) die Themen für die nächste Ausgabe. Laut einer Umfrage (3. *überfliegen*) die Leserschaft am liebsten die Ressorts *Sport* und *Lokales*. Ein Mann, dem die anderen Redakteure zuhören, (4. *präsentieren*) seine Ergebnisse. Der andere Praktikant und ich (5. *sitzen*) im Konferenzraum. Der Chefredakteur, dem die Redakteurinnen und Redakteure die Themen vorstellen, (6. *entscheiden*) gemeinsam mit den anderen über die Auswahl. Ein Redakteur, der an einem Layout arbeitet, und ich (7. *schreiben*) anschließend zusammen an einem Artikel. Er sagt: „Ihr beiden Praktikanten (8. *begleiten*) mich morgen zu einem Termin."

2 **a)** Lies den Text: Was könnte der Redakteur am Ende mit „Termin" meinen?
b) Unterstreiche die **Subjekte**, auf die sich die Prädikate beziehen, und kennzeichne deren Zugehörigkeit wie im Beispiel mit einem Pfeil.
c) Passe die Infinitive an die Subjekte an (= konjugieren) und schreibe sie mit dem dazugehörigen Subjekt auf. Markiere die Personalendung des Prädikats. Schreibe so:
Eine Menge Journalisten diskutiert / diskutieren ...
d) Untersuche, welche Regeln aus der **LERNBOX**, Hinweis 3a)–f), du bei der Konjugation der Prädikate (1)–(5), (1)–(7), (1)–(8) beachten musst, und notiere sie.
e) In welchen Sätzen sind mehrere Formen möglich? Begründe deine Einschätzung.

Digital+ Textvorlage WES-126428-206

» Fachwortschatz, S. 288

LERNBOX

Subjekt und Prädikat angleichen

1. **Subjekte** sind meist **Nomen und ihre Begleiter** (*beide Redakteure* ...) oder Pronomen (*ich, du, er, sie, es* ...). Du erfragst sie mit „*Wer oder was?*" (Nominativ).
2. Das **Prädikat** ist ein **Verb** und richtet sich in seiner **Personalform** nach dem **Subjekt**: *ich helfe, du hilfst, sie helfen*.
3. **Besonderheiten** im Hinblick auf den **Numerus** (= die Anzahl) und die **Person**:
   a) Bei **Mengenangaben** (*eine Menge Leute*) kannst du wählen, ob das **Prädikat** im **Singular** oder **Plural** stehen soll: *Eine Menge Praktikanten möchten / möchte an der Redaktionskonferenz teilnehmen.*
   b) Bei **Sammelbegriffen** *(die Familie, das Paar ...)* steht das **Prädikat** im **Singular**, auch wenn mehrere Personen gemeint sind: *Das Team arbeitet gut.*
   c) Bei **mehrteiligen Subjekten** mit **unterschiedlichem Numerus** steht das **Prädikat** im **Plural**: *Sowohl der Praktikant als auch die Redakteure sitzen im Konferenzraum.*
   d) Bei **eingeschobenen Satzgefügen** richtet sich das **Prädikat** des **Hauptsatzes** nur nach dem **Subjekt** des **Hauptsatzes**, nicht nach eingeschobenen Satzteilen: *Der Redakteur, der die Konferenz leitet, notiert ein Fazit.*
   e) Wenn du mehrere Personen und Pronomen gemeinsam nutzt, steht das Prädikat in der 1. Person Plural (wir), wenn du das Subjekt durch *wir* ersetzen kannst: *Du und ich (→ wir) gehen*. Wenn du das Subjekt durch *ihr* ersetzen kannst, steht das Prädikat in der 2. Person Plural (ihr): *Du und der Redakteur (→ ihr) geht*.

Das Prädikat bestimmt das Objekt

Federchaos nach Sekundenschlaf

(A) *Washington* – Auf der Autobahn nahe Tacoma verlor ein LKW eine Ladung von rund 18 Tonnen Federn. Zuvor hatte er die Fahrzeugkontrolle verloren. Den Bergungskräften bot sich zunächst ein erschreckendes Bild. Es bedurfte viel Mühe, da sie Millionen von Federn von der Fahrbahn entfernen mussten.

(B) Innerhalb kürzester Zeit waltete die Polizei (*ihr Amt*) und bezichtigte (*der Fahrer*) nach Prüfung (*die Fahrlässigkeit und die Verkehrsgefährdung*). Zudem beschuldigte die Polizei (*der Fahrer*) (*die Nicht-Einhaltung der vorgegebenen Pausenzeiten*). Zu Beginn enthielt sich der Fahrer (*seine Aussage*), wies (*die Vorwürfe*) allerdings später zurück. Die Bergungskräfte behielten (*ein kühler Kopf*), trotz der chaotischen Lage auf der Autobahn.

(C) Achtung, Fehler: Sie begegneten vieler Herausforderungen, am Ende erfüllten sie ihren Aufgaben und brachten dem Autobahn wieder in einen sicheren Zustand, besonders zum Beginn der Sommerferien erfreuten sich die Urlauberinnen und Urlauber die rasche Weiterfahrt.

1 **a)** Lies zunächst die Überschrift und betrachte das Bild: Was könnte hier passiert sein?
b) Überprüfe deine Vermutung anhand des Textes.
c) In Absatz (A) sind die Prädikate markiert. Erfrage mithilfe der Prädikate die unterschlängelten **Objekte**. Orientiere dich an der **LERNBOX**, Hinweise 1 und 2. Probiere mehrere Möglichkeiten aus. Schreibe so: Wen oder was verlor ein Lastwagen? → seine Ladung (= Akkusativobjekt).
d) Schreibe Absatz (B) ab und setze die Objekte in den richtigen Fall. Erfrage sie zuvor mit den markierten Prädikaten und den W-Fragen.
e) In Absatz (C) stehen die Objekte im falschen Fall. Überarbeite den Abschnitt, indem du die Objekte erfragst und sie in den richtigen Fall setzt.
f) Das Prädikat in Zeile 6 weist eine Besonderheit auf. Benenne sie und vergleiche dein Ergebnis mit dem 3. Hinweis der **LERNBOX**.
g) Formuliere passend zum Artikel mit zwei Verben aus dem Kasten rechts eigene Sätze. Achte auf das passende Objekt.

Digital+ Textvorlage WES-126428-207

» Fachwortschatz, S. 288

erfüllen, glauben, schenken, kaufen, mitbringen

» Verbtabelle, S. 316
AH S. 57

LERNBOX

Mit dem Prädikat Objekte bestimmen

1. **Objekte** können Nomen und ihre Begleiter *(Der LKW verlor seine Fracht.)* oder ein Pronomen *(Ein LKW verlor sie.)* sein.
2. Das **Prädikat** (Verb) bestimmt den **Fall eines oder mehrerer Objekte**. Erfrage daher die Objekte immer mithilfe eines Prädikats.
   a) Das **Akkusativobjekt** erfragst du mit ***Wen oder Was?*** *Die Presse lobte den Einsatz. → Wen oder Was lobte die Presse?*
   b) Das **Dativobjekt** *ermittelst du mit der Frage* ***Wem?*** *Die Polizei folgte der Spur. → Wem folgte die Polizei?*
   c) Das **Genitivobjekt** erfragst du mit ***Wessen?*** *Er schämt sich seiner Taten. → Wessen schämte er sich?*
3. Nach einigen Verben folgen **mehrere Objekte**: *Die Polizei verrät der Presse die Ermittlungsergebnisse. Wem verrät die Polizei …? → der Presse (Dativobjekt) / Wen oder was verrät …? → … (Akkusativobjekt).*

Präpositionale Objekte erkennen

1 Was ist für euch ein „Wunderkind“? Tauscht euch darüber aus.

2 **a)** Ergänze die Lücke im Satz rechts: Welche Wortart hast du eingefügt?
b) Erkläre, zu welchem Satzglied das eingesetzte Wort gehört.
c) Erfrage das **Objekt** mithilfe des **Prädikats** und dieser **Präposition**. Nutze die **LERNBOX**. Bestimme den Fall. Schreibe so: Womit …? → Mit … (Dativ)

» Fachwortschatz, S. 288

Das Wunderkind aus Wermelskirchen

Digital+ Textvorlage WES-126428-208

(A) Der 12-jährige Ruben Charara verfügt über eine besondere Lernleistung: Bereits im Alter von einem Jahr staunten die Eltern über die flüssige Sprache ihres Sohnes. Mit vier Jahren wartete er neugierig auf sein erstes Tagespraktikum im Architektenbüro. Dort sorgte das Kita-Kind für große Augen. Aber schon damals zweifelte niemand an seinem Talent. Er hat nicht nur mit 12 Jahren sein Abitur absolviert, sondern sich auch eine Programmiersprache selbst beigebracht. Dabei achtete er auf alle Details. An dem dazugehörigen Softwareprogramm tüftelte Ruben über zwei Wochen. Ruben denkt an eine Zukunft in der Informatik oder Wirtschaft.

(B) Mit seinem eisernen Willen hat Ruben sich an (*viele Herausforderungen*) gewöhnt. Er rechnet mit (*eine aufregende Zukunft*) und bereitet sich auf (*das Studium*) vor. Er stellt sich auf (*ein neues Umfeld*) ein, vertraut aber auf (*seine Stärken*).

3 **a)** Stellt euch im Wechsel Interviewfragen zu Ruben Charara. Geht so vor: Eine/einer erfragt die **präpositionalen Objekte** in Abschnitt (A) mithilfe der gelb markierten Prädikate, der Präpositionen und der Fragewörter: Worüber (über wen oder was) verfügt Ruben? Die/der andere antwortet mit den präpositionalen Objekten: … über eine besondere Lernleistung.

» Fachwortschatz, S. 288

b) Nimm die präpositionalen Objekte genauer unter die Lupe: Unterschlängele die präpositionalen Objekte und bestimme den jeweiligen Fall in Abschnitt (A). Schreibe deine Lösung auf: (1) verfügt über … (Akkusativ), (2) …

Abschnitt (A) enthält 2 präpositionale Objekte im Dativ und 6 im Akkusativ.

c) Setze die präpositionalen Objekte in Abschnitt (B) in den richtigen Fall. Markiere dazu die Prädikate und erfrage mithilfe der Prädikate, den Präpositionen und den Fragwörtern den Fall. Schreibe den Abschnitt korrekt ab.

LERNBOX

So erkennst du präpositionale Objekte

1. Einige Verben werden **zusammen mit einer Präposition** verwendet: *lachen über, denken an, sich kümmern um, hoffen auf …*
2. Das darauf folgende Objekt lässt sich mithilfe des Prädikats, der Präposition und Fragewörtern erfragen. Es wird **präpositionales Objekt** genannt. Der Fall des Objekts richtet sich nach der Präposition: *Manche Kinder beneiden Ruben für sein Talent? Wofür (für was) beneiden manche Kinder Ruben?* → präpositionales Akkusativobjekt; *Ruben beschäftigt sich mit Softwareprogrammen.* → *Womit (mit wem) beschäftigt sich Ruben?* → präpositionales Dativobjekt.

Attribute – Genaue Angaben zu Nomen machen

Wie wir die Welt retten: Klassenfahrt fürs Klima

Die 7d (1) unternahm eine (2) Klassenfahrt, (3): Statt mit einem Bus, (4), reisten die (5) Schüler vier Tage lang zu Fuß durch Hamburg, (6). Sie erlebten (7) Abenteuer, (8). Die Teilnahme (9) bereitete den (10) Lernenden (11) (12) Freude. Frau Koch, (13), hatte im Vorfeld (14) Programmpunkte organisiert. Der Bitte (15) kamen (16) Betriebe gerne nach.

1 Lest den Text und betrachte das Bild: Was ist an der Klassenfahrt klimafreundlich?

2 **a)** Sammle mit einer Partnerin oder einem Partner, welche W-Fragen zur Klassenfahrt der Text nicht beantwortet. Vergleicht eure Ideen mit den Hinweisen in der **LERNBOX**.
b) Schreibe den Text ab und ergänze genaue Angaben aus dem linken, rechten Kasten. Beachte auch die Hinweise 1 und 2 in der **LERNBOX**.
c) Markiere die eingesetzten **Attribute**. Kennzeichne durch Pfeile, worauf sie sich beziehen.

Digital+ Textvorlage WES-126428-209

Fachwortschatz, S. 287

klimafreundliche – die zweigrößte Stadt Deutschlands – einer Hamburger Schule – die unvergesslich war – umweltbewussten – einem umweltschädlichen Verkehrsmittel – um eine Übernachtung oder um Mahlzeiten – zahlreiche – welche den Besuch einer Wasserstofftankstelle umfasste – an dem Bogensport-Training – zahlreiche – des siebten Jahrgangs – engagierten – die Klassenlehrerin – viele – große

klimafreundliche – einem langsamen Transportmittel – die zweigrößte Stadt Deutschlands – einer Hamburger Schule – die unvergesslich war – umweltbewussten – einem umweltschädlichen Verkehrsmittel – engagierten – um eine Übernachtung oder um Mahlzeiten – zahlreiche – welche den Besuch einer Wasserstofftankstelle umfasste – an dem Bogensport-Training – zahlreiche – des siebten Jahrgangs – die Klassenlehrerin – viele – große

c) Vergleiche die Ergebnisse mit denen einer Lernpartnerin oder eines Lernpartners: Sprecht über unterschiedliche Ergänzungen.

3 Lege dir eine Tabelle mit Attribut-Arten (vgl. **LERNBOX**, Hinweis 1) an oder lade dir die Tabelle über den Webcode herunter. Trage 7, 12, alle Attribute mithilfe der **LERNBOX** in die richtige Spalte ein.

Digital+ Vorlage Tabelle WES-126428-210

AH S. 57–58

LERNBOX

Mit Attributen genaue Angaben zu einem Nomen machen

1. **Mit Attributen** (= Beifügungen) machst du **genauere Angaben zu einem Nomen:**
   a) das **Adjektiv** (= **Adjektivattribut**): *Die nachhaltige **Klassenfahrt***
   b) das **Nomen im Genitiv** (= **Genitivattribut**): *Die **Klassenfahrt** der Lernenden war toll.*
   c) der **Relativsatz** (= **Attributsatz**): *Der **Rucksack**, der getragen wurde, war leicht.*
   d) das **präpositionale Attribut**: *die **Bitte** um regelmäßiges Frühstück*
   e) die **Apposition**: ***Herr Bastian**, Besitzer der Bogensport-Anlage, war sehr freundlich.*
2. Ein Attribut bezieht sich auf ein **vorausgehendes oder folgendes Nomen.** Attribute können zu Subjekten, Objekten oder adverbialen Bestimmungen ergänzt werden. Sie sind keine eigenen Satzglieder.

Adverbialsätze bilden

1 Was stellt ihr euch unter einem „Generationenprojekt“ vor? Tauscht euch dazu aus.

Ich nehme an einem Generationenprojekt teil, weil ich gerne Menschen unterstütze.

Ich nehme an einem Generationenprojekt teil, sofern ich die Zeit dafür habe.

2 a) Vergleiche die beiden Aussagen und erkläre, worin sie sich unterscheiden.
b) Gleiche deine Überlegungen mit der **LERNBOX**, Hinweis 2, ab.

(1) Die Senioren freuen sich immer, wenn wir zu Besuch kommen. (2) Wir treffen uns regelmäßig dort, wo die Senioren wohnen. (3) Das Projekt haben wir entwickelt, weil ältere Menschen oft soziale Kontakte vermissen. (4) Wir erklären die Technik, sofern die älteren Menschen Fragen dazu haben. (5) Alle Teilnehmer kommunizieren respektvoll *(+ Modalsatz)*. (6) Wir helfen den Senioren *(+ Temporalsatz)*. (7) Das Projekt wird ein Erfolg *(+ Konditionalsatz)*. (8) Nachdem wir zu Mittag gegessen haben, gehen wir mit den älteren Leuten spazieren. (9) Indem die älteren Herrschaften sich regelmäßig bewegen, bleiben sie in Form. (10) Weil eine ältere Dame gegen 15 Uhr Besuch bekam, wartete ich eine halbe Stunde.

3 a) Bestimme die **Adverbialsätze** näher. Gehe so vor:
- Unterschlängele die Nebensätze.
- Lies die **LERNBOX** und erfrage mithilfe der Fragewörter in Hinweis 2 und der Prädikate, um welche Arten von Adverbialsätzen es sich bei den Nebensätzen handelt.
  Schreibe so: Wann freuen sich die Senioren immer? Wenn ...
  → Temporalsatz = ein Zeitraum wird angegeben

b) Ergänze die Sätze (5)–(7) durch passende Adverbialsätze. Du kannst aus den Beispielen rechts auswählen.

c) Bestimme die Adverbialsätze (8)–(10) mithilfe der **LERNBOX**.

Fachwortschatz, S. 287

Digital+ Textvorlage WES-126428-211

wenn alle Teilnehmenden engagiert mitmachen / indem sie einander aufmerksam zuhören / während sie gemeinsam im Garten arbeiten

AH S. 59

LERNBOX

Adverbialsätze bilden

1. **Adverbialsätze** (= Gliedsätze) sind Nebensätze und können im Satz eine **adverbiale Bestimmung** (= Satzglied) sein.
2. Wie die adverbialen Bestimmungen können **Adverbialsätze** mithilfe der **W-Fragen** näher bestimmt werden. Es gibt folgenden Arten von Adverbialsätzen:
   a) des **Grundes** (**Kausalsatz**) (*Warum? → weil, da*): *Weil die Jugendlichen Spaß an dem Projekt haben, besuchen sie die älteren Menschen regelmäßig.*
   b) der **Zeit** (**Temporalsatz**) (*Wann? Wie lange? Seit wann? → als, nachdem, bevor ...*): *Nachdem wir die Senioren besucht haben, gehen wir wieder zurück zur Schule.*
   c) der **Art und Weise** (**Modalsatz**) (*Wie? Woraus? → indem, dadurch, dass, wie*): *Wir bereiten den älteren Leuten Freude, indem wir sie regelmäßig besuchen.*
   d) des **Ortes** (**Lokalsatz**) (*Wo? Von wo? Wohin? → wo, wohin, woher*): *Wir gehen dorthin, wo die älteren Menschen wohnen.*
   e) der **Bedingung** (**Konditionalsatz**) (*Unter welcher Bedingung? → wenn, falls, sofern*): *Sofern wir wieder mehr Zeit haben, werden wir den Besuch wiederholen.*

Subjekt- und Objektsätze nutzen

1 Lest den Text und tauscht euch dazu aus, welche Vorteile ein Buddyprojekt für die Beteiligten bieten kann.

(1) Wir glauben, dass ein Buddyprojekt für Geflüchtete an unserer Schule sehr sinnvoll ist. (2) Wer Interesse an der Teilnahme hat, wird im Vorfeld zu einem Buddy ausgebildet. (3) Wir freuen uns darauf, euch zahlreich begrüßen zu dürfen. (4) Wir haben bereits Ideen gesammelt, welche Aktivitäten wir organisieren können. (5) Dass dabei auch für uns der Spaß an erster Stelle steht, steht außer Frage. (6) Wie intensiv ihr euch in die Planung einbringt, ist euch selbst überlassen. (7). Ein solches Projekt auf die Beine zu stellen, ist natürlich zeitintensiv. (8) Es kann einem aber auch selbst helfen, anderen Nachhilfe zu geben. (9) Wir überzeugen euch davon, dass auch Sprachförderung sehr nützlich sein kann. (10) Wer anderen hilft, zeigt soziale Verantwortung. (11) Wohin es beim ersten Treffen gehen soll, bleibt zunächst unser Geheimnis. (12) Ob das Programm erfolgreich ist, hängt von der Beteiligung der Schülerinnen und Schüler ab. Dass Geflüchtete sich im neuen Land wohlfühlen, ist uns wichtig.

2 **a)** Ermittle, um welche Satzart es sich bei den unterstrichenen Satzteilen in den Sätzen (1) bis (5) handelt:
Markiere die Prädikate in den Hauptsätzen.
– Lies die **LERNBOX** (Hinweis 1) und erfrage mithilfe der dir bekannten Fragewörter und der Prädikate im Hauptsatz, um welches Satzglied es sich bei den Nebensätzen handelt. Schreibe so: *Was glauben wir? ... dass ein Buddyprojekt für Geflüchtete an unserer Schule sehr sinnvoll ist (Objektsatz im Akkusativ).*

b) Unterstreiche in den Sätzen (6)–(8), (6)–(10), (6)–(12) die **Subjekt-** und **Objektsätze** und bestimme sie genauer.

Digital+
Textvorlage
WES-126428-212

Fachwortschatz, S. 288
AH S. 60
Richtig schreiben, S. 301

LERNBOX

Subjekt und Objektsätze nutzen

1. **Nebensätze** können im gesamten Satz auch die Rolle eines **Subjektes** (= Subjektsatz) oder eines **Objektes** (= Objektsatz) einnehmen.
   a) **Subjektsatz:** *Dass Jugendliche sich für die Umwelt engagieren, gefällt mir sehr!* → Wer oder was gefällt mir sehr?
   b) **Objektsatz im Dativ:** *Ich helfe, wem ich will.* → Wem helfe ich?
   c) **Objektsatz im Akkusativ:** *Dass ein umweltbewusstes Leben nicht immer einfach ist, kann ich mir vorstellen.* → Wen oder was kann ich mir vorstellen?
   d) **Objektsatz mit Präposition:** *Wir ärgern uns darüber, dass sich nicht noch mehr Menschen für die Umwelt einsetzen.* → Über wen oder was/worüber ärgern wir uns?
2. Subjekt- und Objektsätze können in **unterschiedlichen Satzformen** auftreten:
   a) als **Fragesätze,** eingeleitet durch Fragewörter, z. B. *wer, wie, welcher* oder *ob*: *Wir fragen uns, warum sich nicht mehr Menschen für die Umwelt einsetzen.*
   b) als **dass-Sätze**: *Viele glauben nicht, dass Umweltschutz so wichtig ist. (Objektsatz)*
   c) als **Infinitivsätze:** *Wir bedauern, nicht mehr Einsatz zu zeigen. (Objektsatz)*
   d) als uneingeleitete Nebensätze: *Ich wünschte, die Schulgemeinschaft wäre mit von der Partie. (Objektsatz)*

Interjektionen und Parenthesen nutzen

1 Tauscht euch dazu aus, warum Paul in „Einfach nur Paul“ (S. 217) so aufgebracht ist.

(A) Paul kann mir nicht einmal in die Augen blicken.

(B) Oje! Paul – zitternd vor Wut – kann mir nicht einmal in die Augen blicken.

2 **a)** Lies die beiden Sätze oben und markiere den Unterschied: Welche Funktion haben die zusätzlichen Wörter/Wortgruppen in Satz (B)? Was wird durch sie veranschaulicht?
b) Gleiche deine Ergebnisse mit den Hinweisen der **LERNBOX** (Hinweis 1 und 2a) ab.

(AH) S. 61

(A) Ich, in den Augen von Paul wahrscheinlich der schlechteste Vater der Welt, kann verstehen, dass Paul so aufgebracht ist. Sein Blick – wie er mich ins Visier nimmt – schmerzt. Ich kann all die Enttäuschung (so erdrückend) in seinen Augen ablesen. Oh Mann! So gerne – und das ist noch eine Untertreibung – würde ich ihm die Wahrheit über K verraten. Mist! All die Vorwürfe treffen mich ins Herz, so hart und verletzend, wie ein Hammer. Autsch! Er flucht wie verrückt. Unter normalen Umständen (aber was ist schon normal?) hätte ich ihn längst in die Schranken gewiesen. Tja!
(B) Ich spüre seinen Atem vor meinem Gesicht. Linn erinnert Paul daran, dass ich immer noch sein Vater bin, ich kann ihm den Zorn jedoch nicht verdenken. Ich weiß nicht, was ich tun soll. Alles scheint aus den Fugen zu geraten. Ich habe Angst vor Pauls nächsten Schritten.

Digital+
Textvorlage
WES-126428-213

3 Eine Schülerin hat einen inneren Monolog aus der Sicht von Pauls Vater verfasst.
a) Markiere in Absatz (A) alle **Interjektionen** in Gelb und notiere, was die Interjektionen jeweils ausdrücken (Ärger, Erstaunen, Schmerz ...): Oh Mann! → ...
b) Ergänze 2, 3, 4 weitere Interjektionen. Nutze das Textkorrekturzeichen.

Fachwortschatz, S. 287

⌐ = erweitern

4 **a)** Markiere in Absatz (A) die **Parenthesen** in Blau und kreise die Satzzeichen, die sie vom übrigen Satz abgrenzen, ein: Was fällt dir im Hinblick auf die Zeichensetzung auf? Lies dazu Hinweis 2b) der **LERNBOX**.
b) Ergänze in Absatz (B) 2, 3, 4 Parenthesen. Überlege dir, durch welche Satzzeichen du die Parenthesen abgrenzen möchtest. Schreibe den Abschnitt ab.
Du kannst die Formulierungen rechts nutzen und an passender Stelle einsetzen.

Fachwortschatz, S. 288

ja wirklich alles, gut gemeint, alles andere wäre eine Lüge, ein panischer Atem

LERNBOX

Interjektionen und Parenthesen nutzen

1. **Interjektionen** sind Empfindungs- und Ausrufewörter, die spontane Gefühle wie Freude, Schmerz oder Überraschung ausdrücken und einen Text lebendig machen, z. B. *ach, hurra, he, stopp, tja, Oh nein!* oder *Aua!*
2. a) **Parenthesen** sind **Einschübe**, die in einem Satz **zusätzliche Informationen** oder **Kommentare** bieten oder **Unerwartetes** oder **Überraschendes** ankündigen.
   b) Sie werden vom restlichen Teil des Satzes durch zwei **Gedankenstriche**, zwei **Kommas** oder **Klammern** abgetrennt: *Ich würde ihm am liebsten – so schwer es mir auch fallen würde – die Wahrheit sagen.*

Anglizismen – Lehn- und Fremdwörter

1 **a)** Finde die englischen Ausdrücke in diesen Abbildungen.
b) Vergleiche diese Wörter und erkläre, inwiefern die englischen Begriffe im Deutschen beibehalten oder verändert wurden.
c) Informiere dich in der **LERNBOX** über **Lehn- und Fremdwörter** aus dem Englischen.

Fachwortschatz, S. 287

2 **a)** Trenne die Begriffe durch Schrägstriche ab und sortiere sie in die Tabelle nach Lehn- und Fremdwörtern ein.

Lehnwörter	Fremdwörter
gedownloadet (download)	*out*

b) Benenne, von welchen englischen Wörtern die Lehnwörter abstammen. Schreibe wie im Beispiel dahinter.

Du findest 6 Lehn- und 7 Fremdwörter.

c) Ergänze die Tabelle um jeweils 2, 3, 4 weitere Lehn- und Fremdwörter.

Digital+
Vorlage Tabelle
WES-126428-214

Denglisch in der Werbung *(Jochen Leffers)*

Anglizismen in der Werbung sind deutschen Konsumenten nicht nur oft unverständlich, sondern lassen sie auch kalt. Das hat die [...] Statistikerin Isabel Kick in ihrer Diplomarbeit herausgefunden. Bei der Untersuchung testete sie zehn Werbesprüche, indem sie den Hautwiderstand von 24 Probanden[1] beim Abspielen maß – wie beim Lügendetektor. Deutlich stärkere Gefühlsreaktionen beobachtete sie bei den fünf deutschen Slogans. Dazu zählten „Wir sind da“, „Ganz schön clever“, „Wenn‘s um Geld geht“, „Geiz ist geil“. *(Text verändert)*

[1] **der Proband:** eine Testperson

3 Diskutiert, welche Konsequenzen diese Studie für die Gestaltung von Werbungen haben könnte und wie ihr selbst zu dem Untersuchungsergebnis steht.

LERNBOX

Anglizismen: Lehn- und Fremdwörter erkennen

1. Ein **Anglizismus** (Plural: Anglizismen) ist ein Wort, das aus der englischen Sprache übernommen wurde. Anglizismen können als Lehn- oder Fremdwörter vorkommen:
   a) Ein **Lehnwort** ist ein Wort, das aus einer anderen Sprache ins Deutsche übernommen (entlehnt) wurde und in seiner Form und/oder Aussprache der deutschen Sprache angepasst wurde, z. B. *zoomen*.
   b) Ein **Fremdwort** ist ein Wort, das aus einer anderen Sprache in das Deutsche übernommen wurde und seine Aussprache und Form (außer Großschreibung) beibehält, z. B. *Shampoo*.

Fachwortschatz, S. 287

Denotationen und Konnotationen unterscheiden

 „Du bist nicht du, wenn du hungrig bist.“ (Snickers)	(A) Eine hungrige Person verhält sich anders als gewöhnlich.	(1) Viele Menschen kennen das Gefühl, gereizt oder unkonzentriert zu sein, wenn sie hungrig sind. Die Aussage legt nahe, dass Snickers hilft, nicht unangenehm in seinem Umfeld – z. B. im Job oder in der Schule – aufzufallen.
 „Waschmaschinen leben länger mit Calgon.“	(B) Wenn man Calgon benutzt, bleibt die Waschmaschine länger funktionsfähig.	(2) Die Formulierung weckt das Bedürfnis, das Produkt zu kaufen, um die eigene Waschmaschine zu schützen und hohe Anschaffungskosten für ein neues Gerät zu ersparen.
 „Haribo macht Kinder froh und Erwachsene ebenso.“	(C) Es sagt, dass Haribo-Süßigkeiten Kinder und Erwachsene glücklich machen. ↓	(3) Erwachsene fühlen sich erinnert an die Unbeschwertheit ihrer Kindheit, während Kinder einfach Spaß an den Süßigkeiten haben. ↓

1 **a)** Lies die Slogans in der linken Spalte: Von welchem fühlst du dich angesprochen?
b) Setzt die Sätze zu den Slogans in Beziehung und findet heraus, welche gemeinsamen Merkmale die Sätze (A)–(C) und welche gemeinsamen Merkmale die Sätze (1)–(3) aufweisen.
c) Tauscht euch über eure Ergebnisse aus und notiert die Ergebnisse stichwortartig.
d) Gleicht eure Ergebnisse mit der **LERNBOX** ab und notiert unterhalb der Pfeile, ob es sich bei den Aussagen um **Denotationen** oder **Konnotationen** handelt.
e) Formuliere die Denotation und Konnotation zu 1, 2, 3 weiteren Slogan(s) von Seite 102.

Digital+
Vorlage Slogans
WES-126428-215

» Fachwortschatz, S. 287

LERNBOX

Denotationen und Konnotationen unterscheiden

1. Die **Denotation** eines Wortes oder einer Aussage ist die klar definierte **Grundbedeutung**. Sie ist sachlich und bleibt immer gleich, z. B. *Geiz ist geil → Sparsamkeit ist löblich.*
2. Die **Konnotation** bezeichnet die **Nebenbedeutung** eines Wortes oder einer Aussage, d. h. die positiven oder negativen **Vorstellungen, Empfindungen, Erfahrungen** und **Assoziationen**, die wir mit ihm verbinden. Die Nebenbedeutungen sind auch abhängig vom **Kontext**, in welchem sie verwendet werden, z. B.: *Geiz ist geil → Das Unternehmen bietet sich als Quelle günstiger Angebote an.*

Homonyme und Polyseme erkennen

Die erste Bedeutung des Begriffs ist ein Bekleidungsstück, das Männer zu festlichen Anlässen am Hals tragen.

Die zweite Bedeutung des Begriffs ist ein fliegendes Insekt.

1 **a)** Tauscht euch dazu aus, wie ihr die Abende auf euren vergangenen Klassenfahrten verbracht habt: Welche Spiele habt ihr gespielt?
b) Auf der „grünen" Klassenfahrt (S. 164–167) spielen die Schülerinnen und Schüler abends das Teekesselchen-Spiel. Betrachte die Situation oben: Welches Teekesselchen-Wort wird hier gesucht?

2 **a)** Spielt nun auch das Teekesselchen-Spiel. Geht dazu so vor:
- Die Klasse wird in zwei Gruppen geteilt, die gegeneinander antreten.
- Ein Tandem beginnt und nimmt sich gemeinsam eine Karte vom Stapel. Darauf steht ein Begriff mit zwei Bedeutungen, z. B. Fliege.
- Spieler/Spielerin A erklärt die erste Bedeutung (Begriff nicht nennen) wie im Beispiel oben. Die Zuhörenden zeichnen das Gehörte.
- Spieler/Spielerin B erklärt die zweite Bedeutung (Begriff nicht nennen). Auch diese wird von den Zuhörenden gezeichnet.
- Der Schüler bzw. die Schülerin, der/die als Erstes auf den Begriff kommt, erhält für seine bzw. ihre Gruppe einen Punkt. Gewonnen hat die Gruppe, die nach 5 Runden die meisten Punkte gesammelt hat.
- Nach jeder Runde werden die Zeichnungen miteinander verglichen: Gibt es Gemeinsamkeiten in Funktion oder Aussehen?

b) Klärt mit den Hinweisen der **LERNBOX** begründend, ob es sich bei den Begriffen um ein **Homonym** oder ein **Polysem** handelt. Bezieht euch auch auf die Zeichnungen. Schreibe so: „Fliege" ist ein Polysem, weil die Form ...

Digital+ Teekesselchen-Karten WES-126428-216

Fliege

Fachwortschatz, S. 287–288

3 **a)** Formuliere die beiden Bedeutungen zu 3, 5, allen der nachfolgenden Wörter. Schlage bei Unklarheiten in einem Wörterbuch nach oder recherchiere im Internet: *Mutter, Wurzel, Boxer, Kiefer, angeben, anordnen, raten.*
b) Entscheide, ob es sich jeweils um ein Homonym oder Polysem handelt.
c) Finde ein Wort, das mindestens drei Bedeutungen hat.

AH S. 62

LERNBOX

Homonyme und Polyseme erkennen

1. Bei **Homonymen** handelt es sich um Wörter, die **mehrere Bedeutungen** haben. Ihre Bedeutungen haben **keine Ähnlichkeit** miteinander, z. B. warten (*eine Maschine warten (= reparieren)* und *auf jemanden warten*.
2. **Polyseme** sind Wörter, die auch **mehrere Bedeutungen** haben, allerdings sind sich diese **Bedeutungen untereinander ähnlich**, z. B. *die Maus (die Computermaus und das Tier) → Aussehen ähnlich.*

Deutsch und Türkisch miteinander vergleichen

Hier laufen wir mit dem Schiff in den Hafen ein.
Gemi ile limana **giriyoruz.**

Wir laufen uns vor dem Wettrennen zum Strand ein.
Plaja kadar olan yarış için **ısınma koşusu yapıyoruz**.

Wir laufen unsere neuen Schuhe ein.
Yeni ayakkabılarımızı **deniyoruz**.

Unser neues Klassenshirt: Hoffentlich läuft es nicht ein!
Yeni sınıf tişörtümüz: Umarım **çekmez**!

Wir laufen das erste Mal in die Mensa ein.
İlk kez yemekhaneye **çıkıyoruz**.

Digital+
Vorlage Fotowand
WES-126428-217

1 Die Klasse 8b besucht eine Ausstellung des 9. Jahrgangs, der eine Fotowand mit einigen Hintergrundinfos zu ihrer Klassenfahrt gestaltet hat. Was hat die Klasse vermutlich unternommen?

2 **a)** Beim Sichten der deutschen Beschriftungen fällt den Lernenden ein Wort auf, das immer wieder auftaucht. Markiere es. Beachte, dass es aus zwei Teilen besteht.
b) Notiere die Bedeutung dieses Begriffs in den unterschiedlichen Sätzen.
c) Die türkischen Lernenden haben die Untertexte ins Türkische übersetzt. Die fett markierten Wörter sind die Übersetzungen des Wortes „einlaufen": Was fällt euch auf?
d) Gleicht eure Überlegungen mit den Hinweisen in der **LERNBOX** ab.

3 **a)** Notiert rechts auch zu dem Wort „anfahren" mindestens 2, 3, 4 Sätze, in welchen das Wort jeweils eine andere Bedeutung hat.
b) Tauscht euch über eure Ergebnisse aus und ergänzt eure Übersicht.
c) Überprüft, ob das Wort „anfahren" auch in den anderen Sprachen eurer Lerngruppe mehrere Bedeutungen hat. Übersetzt dazu die Beispiele aus Aufgabe **3** a).

anfahren

Sprache untersuchen, S. 281

LERNBOX

Die deutsche und die türkische Sprache miteinander vergleichen

1. Sowohl im **Deutschen** als auch im **Türkischen** gibt es **Wörter**, die **mehrere Bedeutungen** haben.
   a) Diese **Mehrdeutigkeit** ist oft **sprachspezifisch**, das heißt, dass ein Wort **in einer Sprache unterschiedliche Bedeutungen** haben kann. In **anderen Sprachen** kann es aber entweder nur **eine Bedeutung** besitzen oder **verschiedene Worte** werden für die verschiedenen Bedeutungen genutzt, z. B. Türkisch: *Kapı* (Tür / Eingang); Deutsch: *Schloss* (Gebäude / Türschloss).
   b) Diese Unterschiede in der Mehrdeutigkeit können zu **Herausforderungen** und **Missverständnissen** beim Sprachenlernen führen. Daher solltest du in Wörterlisten immer die unterschiedlichen Bedeutungen mit Beispielsätzen notieren.

Sich präzise, höflich und angemessen ausdrücken

1 Tauscht euch dazu aus, welche Probleme während eines Praktikums auftreten können.

Dennis: Wir Praktikanten sind total genervt! So haben wir uns das Praktikum nicht vorgestellt. Immer stehen wir nur rum und wissen nicht, was wir machen sollen.
Herr Klein: Lieber Dennis, es gibt doch immer was zu tun. Mmh, zum Beispiel ...
Dennis: Hören Sie uns auf mit „zum Beispiel". Wir wollen genaue Aufgaben! Kaffee kochen können wir auch zu Hause. Und außerdem ist es Ihre Aufgabe, uns Aufgaben zu vergeben, die uns Einblicke in den Beruf verschaffen. Sie nutzen uns nur aus.
Herr Klein: Reg dich mal nicht so auf! Ich darf euch nur Aufgaben geben, die ihr als Praktikanten auch erfüllen könnt. Es gibt Vorgaben. Ich habe dafür jetzt auch keine Zeit.
Dennis: Aber es langweilt uns total, den ganzen Tag nur Bücher einzusortieren.
Herr Klein: Ich habe die Nase voll. Komm nachher bitte zu einem ruhigen Gespräch in mein Büro. So finden wir keine Lösung. Geh aber zunächst deinen Aufgaben nach.

2 **a)** Lies das Gespräch und benenne die Probleme des Praktikanten.
b) Untersuche, wie Herr Klein auf die Äußerungen von Dennis reagiert.
c) Überlege, wie der Praktikant sein Gesprächsziel eher erreicht hätte.

Digital+
Textvorlage
WES-126428-218

3 Untersucht das Gespräch zu zweit genauer:
a) Markiert im Gespräch alle Formulierungen, die euch unhöflich und unangemessen erscheinen.
b) Formuliert die markierten Äußerungen in freundliche, der Situation und Rolle angemessene Äußerungen um. Beachtet dazu die Hinweise in der **LERNBOX**.
So kannst du beginnen: total genervt → *Ich hätte etwas Wichtiges mit Ihnen zu besprechen. Haben Sie einen Moment Zeit?*
c) Schreibe das Gespräch so um, dass sich Dennis höflich und angemessen ausdrückt. Darauf reagiert auch Herr Klein anders.
d) Tragt euer überarbeitetes Gespräch in verteilten Rollen in der Klasse vor. Beurteilt mithilfe der **LERNBOX**, ob die Gespräche nun erfolgversprechender sind.

LERNBOX

So drückst du dich präzise, höflich und angemessen aus:

1. Um Missverständnisse in Gesprächen zu vermeiden, ist klare Kommunikation wichtig: Die Senderin bzw. der **Sender** (= die Person, die etwas sagt) sollte **eindeutig formulieren** und die Empfängerin bzw. der **Empfänger** (= die Person, die zuhört) **aufmerksam zuhören**.
2. Verständigung hängt auch von der **Beziehung** (z. B. *Praktikant – Vorgesetzter, Freunde, Eltern – Kinder*), **Stimmlage** und **Körpersprache** ab.
3. Stelle **Nachfragen** und formuliere **Bitten**. Zeige dabei Interesse mit **offener Körpersprache** (z. B. *keine verschränkten Arme*). Bleibe **höflich**, d. h. **bedanke** dich (z. B. *Können Sie mir bitte das Programm erklären? Vielen Dank für den Hinweis.)*
4. Du kannst **Beschwerden** äußern, indem du **ruhig** und **respektvoll**, **klar** und **sachlich** das Problem ansprichst und mögliche **Lösungen** anbietest.
5. Sprich von dir in der **Ich-Form**, z. B. *Können Sie mir bitte eine neue Aufgabe geben? / Es tut mir leid ...*

Sprachvarietäten: Standard-, Alltags- und Bildungssprache unterscheiden

Ⓐ „Heute ham wir in Deutsch geguckt, wie Paul und sein Dad so drauf sind. Wir haben gemerkt, dass die beiden nicht miteinander klarkommen, was eine gestörte Beziehung!“

Ⓑ „Die Beziehung zwischen Paul und seinem Vater ist sehr komplex. Paul unterstellt seinem Vater, dass dieser nur in Rätseln zu ihm spreche (Z. 45). Pauls Vater gelingt es erst nach mehreren Anläufen, offener mit Paul zu sprechen (Z. 54). Anhand der sprachlichen Gestaltung …“

Ⓒ „In der Deutschstunde haben wir heute die Beziehung zwischen Paul und seinem Vater in den Blick genommen. Wir haben herausgefunden, dass die Beziehung zueinander sehr kompliziert ist …“

1 **a)** Lies die Aussagen oben: Was fällt dir auf?

b) Stelle Vermutungen dazu an, in welchen Situationen die Aussagen gemacht wurden und an welche Adressatin bzw. welchen Adressaten sie sich richten. Begründe deine Meinung, indem du dich auf die sprachliche Gestaltung der Texte beziehst.

Wähle aus: *Freundeskreis, Mitschülerinnen und Mitschüler, Familienmitglied, dem Lehrer gegenüber, Klassenarbeit.*

c) Ordne jeder Aussage oben begründet eine **Sprachvarietät** aus der **LERNBOX** zu. Schreibe so: Ⓐ … , weil …

» Fachwortschatz, S. 288
(AH) S. 63

2 **a)** Wähle eine der beiden Aufgaben aus:

– Beschreibe die Abbildung rechts und erkläre ihre Aussage zu Sprachvarietäten: Welche Rolle spielen die verschiedenen Farben im Kopf und in den Sprechblasen?

– Erkläre das Zitat des griechischen Philosophen Sokrates: „Sprich, damit ich dich sehe“. Beantworte dazu diese Fragen: Was gibst du mit der Art und Weise, wie du sprichst, über dich preis? Wie passt dies zu Sokrates‘ Metapher des „Sehens“?

b) Diskutiert, warum ihr abhängig von Adressatenkreis und Situation eure Sprache variieren solltet.

LERNBOX

Standard-, Alltags- und Bildungssprache unterscheiden

1. Je nach Adressatin bzw. Adressaten verwendest du **verschiedene Sprachvarietäten**, z. B.
   a) die **Standardsprache: allgemein verbindliche Form** unserer Sprache; vor allem im **Schriftlichen** verwendet; sie ist **überregional** und an **bestimmte Regeln** (z. B. *Rechtschreibung, Satzbau*) gebunden.
   b) die **Bildungssprache: besondere Form** der **Standardsprache;** du verwendest sie meist im Unterricht (z. B. *Klassenarbeiten*); sie zeichnet sich durch eine **korrekte Grammatik** und **vollständige Sätze** aus und enthält **Fachsprache**.
   c) die **Alltagssprache** (Umgangssprache): meist im **privaten Raum;** sie wird durch **moderne Medien** beeinflusst; Merkmale sind z. B. **unvollständige Sätze** (z. B. *Wir gehen Kino*), **grammatische Veränderungen** (z. B. *Wir gehn ins Kino*) und **umgangssprachliche Wendungen** (z. B. *Pauls Vater geht ihm auf den Keks*). Auch die Alltagssprache lässt sich weiter unterteilen, z. B. in die Soziolekte, wozu auch die Jugendsprache zählt.

Mündliche und schriftliche Verständigung unterscheiden

1 Welche Hopper-Bilder würdest du dir gern in einer Ausstellung anschauen? Worauf würdest du besonders achten?

(A) Hey, weißt du, wann die Hopper-Ausstellung startet? Bin mega gespannt. Hoffentlich wird's nicht boring. 😥

(B) Es war eine dieser Nächte, in denen der Nebel wie ein zäher Schleier über Cape Cod kroch und selbst das knarrende Holz der alten Fischerhäuser in der Ferne flüsterte …

(C) **Lena**: Ey, wie krass das Licht bei Hopper einfach den ganzen Vibe bestimmt.
Tom: Safe, aber die Leute stehen da so random rum …

(D) Hier seht ihr das Bild „Abend in Cape Cod" von Edward Hopper aus dem Jahr 1939. Dazu solltet ihr wissen, dass …

(E) **Edward Hopper – Meister der Farben**
Kommt zu unserer Ausstellung in der Mensa und erlebt die tollen Bilder von Hopper. Wir freuen uns auf euren Besuch!

(F) Die Museumsleitung behält sich vor, Besucherinnen und Besuchern, die sich nicht an die Regelungen der Besucherordnung oder die Anweisungen des Aufsichtspersonals halten, ein Hausverbot zu erteilen.

2 **a)** Lest die Texte (A)–(D), (A)–(E), alle Texte und tauscht euch dazu aus, wer jeweils die Adressatin bzw. der Adressat sein könnte und welche Absichten die Verfasserin bzw. der Verfasser verfolgt.
Schreibe so: (A) = Empfänger: Freund; Absicht: persönliche Nachfrage …

b) Notiert, um welche Kommunikationsform (= **Medium**) es sich jeweils handelt. Lest dazu die **LERNBOX**.

Fachwortschatz, S. 287

Wählt aus: *Plakat, Benutzerordnung, persönliches Gespräch, WhatsApp-Gespräch, Romanauszug, Referatsvortrag.*

	Konzeption	
	konzeptionell schriftlich ⟵	⟶ konzeptionell mündlich
medial mündlich:		
medial schriftlich:		Chat in Messenger-App

Digital+ Vorlage Schema WES-126428-219

c) Wie wird formuliert? Untersuche, ob die Art und Weise, sich auszurücken, eher dem mündlichen Sprachgebrauch (= **konzeptionell mündlich**) oder dem schriftlichen Sprachgebrauch (= **konzeptionell schriftlich**) zuzuordnen ist, und ordne die Texte wie im Beispiel in das Schema ein.

Fachwortschatz, S. 287

LERNBOX

Mündliche und schriftliche Verständigung unterscheiden

1. Sprache kann grundsätzlich in **Mündlichkeit** und **Schriftlichkeit** unterschieden werden.
   a) Dies betrifft zum einen das **Medium**, d. h. das **gesprochene** oder **geschriebene Wort**, z. B. medial mündlich: *persönliches Gespräch, Vorstellungsgespräch;* medial schriftlich: *Tagebucheintrag, Internet-Chat.*
   b) Zum anderen betrifft dies die **Konzeption**, also die Art und Weise, sich auszudrücken. Merkmale der **konzeptionellen Schriftlichkeit**: *Sprache der Distanz* und *Bildungssprache*; Merkmale der **konzeptionellen Mündlichkeit**: *Sprache der Nähe* und *Alltagssprache*.
   c) Texte lassen sich so in ein **Modell** einordnen, z. B. *Vorstellungsgespräch* → medial mündlich, konzeptionell schriftlich; *Tagebucheintrag* → medial schriftlich, konzeptionell mündlich.

Sprache untersuchen

Kompetenz / Inhalt	Selbsteinschätzung ☺ 😐 ☹	Fremdeinschätzung ☺ 😐 ☹	Bemerkungen	Hier kannst du weiterüben:
Ich kann ...				
Fachwissen reaktivieren und mit Fachbegriffen benennen. (S. 260)				AH, S. 47–48
die vier Fälle richtig verwenden. (S. 261)				AB, S. 275
Wechselpräpositionen richtig verwenden. (S. 262)				AH, S. 49
mit Verben Tätigkeiten beschreiben: – die Zeitformen des Verbs richtig verwenden. (S. 263) – Vorzeitigkeit bei Texten im Präteritum ausdrücken. (S. 264) – Aktiv- und Passivsätze erkennen und bilden. (S. 265–266) – Aussagen im Konjunktiv I wiedergeben. (S. 267) – mit dem Konjunktiv II Wünsche und Vorstellungen äußern. (S. 268)				 SB, S. 24 & 264 AH, S. 50 SB, S. 126, AH, S. 51 SB, S. 126, AH, S. 52 AH, S. 53
mit Adverbien genaue Angaben machen. (S. 269)				AH, S. 54
mit Konjunktionen sinnvoll verknüpfen. (S. 270)				SB, S. 76 & 299–300, AH, S. 55
Satzglieder ermitteln und sinnvoll verwenden: – Satzglieder ermitteln und umstellen. (S. 271) – das Prädikat an das Subjekt anpassen. (S. 272) – mit Prädikaten Objekte bestimmen. (S. 273) – präpositionale Objekte erkennen. (S. 274) – mit Attributen genaue Angaben zu Nomen machen. (S. 275) – Adverbialsätze bilden. (S. 276) – Subjekt- und Objektsatz nutzen. (S. 277)				 AH, S. 56 AH, S. 57 SB, S. 155, AH, S. 57–58 AH, S. 59 SB, S. 301, AH. S. 60
Interjektionen und Parenthesen nutzen. (S. 278)				AH, S. 61
Wortbildung und Wortbedeutung: – Lehn- und Fremdwörter (Anglizismen) erkennen. (S. 279) – Denotationen und Konnotationen unterscheiden. (S. 280) – Homonyme und Polyseme erkennen. (S. 281)				 SB, S. 104 AH, S. 62
innere und äußere Mehrsprachigkeit untersuchen: – Deutsch und Türkisch miteinander vergleichen. (S. 282) – mich präzise, höflich und angemessen ausdrücken. (S. 283) – Sprachvarietäten: Standard-, Alltags- und Bildungssprache unterscheiden. (S. 284) – mündliche und schriftliche Verständigung unterscheiden. (S. 285)				 SB, S. 252 & 281 SB, S. 217, AH ,S. 63 SB, S. 41–42 & 284

Fachwörter und Methoden

der Adverbialsatz	Adverbialsätze sind Nebensätze und können im Satz eine **adverbiale Bestimmung** (= Satzglied) sein.
die adverbiale Bestimmung	Man unterscheidet zwischen adverbialen Bestimmungen des **Grundes**, des **Ortes**, der **Art und Weise**, der **Zeit** und der **Bedingung**. Wie die Adverbialsätze können sie mithilfe der **Fragewörter** erfragt werden.
das Adverb	Adverbien (Pl.) sind eine Wortart, die die genauen Umstände eines Geschehens beschreibt: *dort, oft, deshalb …*
das Aktiv	Wenn du einen Satz im Aktiv formulierst, betonst du, wer etwas tut: *Meine Freundin nimmt an einem Kurs teil.*
der Anglizismus	Ein Anglizismus (Plural: Anglizismen) ist ein Wort, das aus der **englischen Sprache** übernommen wurde. Je nach Anpassung an die deutsche Sprache unterscheidet man zwischen **Fremdwörtern** und **Lehnwörtern**.
das Attribut	Mit Attributen macht man **genauere Angaben** zu einem **Nomen**. Sie können Adjektive (**Adjektivattribut**) sein: *der breite Weg*; ein Nomen im Genitiv (**Genitivattribut**): *die Breite des Weges*; Relativsätze (**Attributsatz**): *das Angebot, das recht teuer ist, …*; **präpositionale Attribute**: *der Fähranleger mit Bushaltestelle*; **Appositionen**: *Die Lehrerin, Frau Belsanti, spricht sich für den Bus aus.*
die Denotation	Als Denotation bezeichnet man eine **klar definierte Grundbedeutung** eines Wortes bzw. einer Aussage, z. B. *Geiz ist geil → Sparsamkeit ist löblich oder erstrebenswert.*
die Fälle	Nomen, ihre Begleiter und Pronomen können in vier Fällen auftreten. Durch Fragen kann man ihn bestimmen. **Nominativ**: *Wer? oder Was?* → die Werbung; **Genitiv**: *Wessen?* → der Werbung; **Dativ**: *Wem?* → der Werbung; **Akkusativ**: *Wen? oder Was?* → die Werbung. Nach dem Kasus richten sich die Form des Artikels und die Endung des Nomens.
das Fremdwort	Ein Fremdwort ist ein Wort, das aus einer **anderen Sprache** in das Deutsche **übernommen** wurde und seine **Aussprache** und **Schreibung beibehält**, z. B. Shampoo.
das Homonym	Bei Homonymen handelt es sich um Wörter, die **mehrere Bedeutungen** haben. Ihre Bedeutungen haben **keine Ähnlichkeit zueinander**, z. B. *warten (eine Maschine warten* und *auf jemanden warten).*
die Interjektion	= **Empfindungs**- und **Ausrufewörter** (z. B. *ach, hurra, he, stopp, tja …*), die oft als spontane Äußerungen auftreten.
die Konnotation	Die Konnotation meint die **Nebenbedeutung** eines Wortes, d. h. die positiven oder negativen **Vorstellungen**, **Erfahrungen** und **Assoziationen**, die wir mit ihm verbinden. Die Nebenbedeutungen sind auch **abhängig vom Kontext**, in welchem sie verwendet werden, z. B.: *Familie → Fürsorge.*
die Konjunktion	= Wortart, die **Wörter**, **Wortgruppen** oder **Sätze verbindet**. Mit Konjunktionen kannst du in deinen Texten Zusammenhänge deutlich machen. Du unterscheidest zwischen **unterordnenden** Konjunktionen (*weil, wenn, da, obwohl, als, nachdem, bevor …)* und **nebenordnenden** Konjunktionen (*und, oder, aber, denn, doch …*).
der Konjunktiv I	Du verwendest den Konjunktiv I, um **wörtliche Rede indirekt wiederzugeben**, z. B. in der Inhaltszusammenfassung. Im Konjunktivsatz musst du das Pronomen aus der wörtlichen Rede anpassen und das Verb verändern: Nic sagt: *„Inas Text hört sich gut an." → Nic sagt, ihr Text höre sich gut an.*
der Konjunktiv II	Mit dem Konjunktiv II drückst du **Irreales** wie Wünsche oder Träume aus: *Er wäre am liebsten zu Hause*. Du bildest ihn so: *ich gäb-e, du gäb-est, er gäb-e, wir gäb-en, ihr gäb-et, sie gäb-en*. Du kannst den Konjunktiv II auch durch *würden* + Infintiv umschreiben.
die Konzeption	Man unterscheidet zwischen **konzeptionell mündlichen** (**Sprache der Nähe**, eher **alltagssprachlich**) und konzeptionell **schriftlichen** Beiträgen (**Sprache der Distanz**, eher **bildungssprachlich**). Die Konzeption hängt eng mit der **Sprachvarietät** zusammen und ist von den **Kommunikationspartner**/-innen und dem **Kontext** abhängig.
das Lehnwort	Ein Lehnwort ist ein Wort, das aus einer **anderen Sprache** in das Deutsche übernommen (dieser entlehnt) und in seiner **Schreibung** der deutschen Sprache **angepasst** wurde, z. B. *zoomen*.
das Medium	= beschreibt das **geschriebene** oder **gesprochene Wort**. **Medial mündliche** Äußerungen sind z. B. *persönliche Gespräche*, *Telefongespräche*, **medial schriftliche** Äußerungen z. B. *Tagebucheinträge* oder *Chat-Beiträge*.
das Nomen	Mit Nomen bezeichnet man Lebewesen, Gegenstände sowie Gedachtes und Gefühltes. Die meisten Nomen können im **Singular** (Einzahl) und **Plural** (Mehrzahl) stehen und werden immer großgeschrieben. Sie haben ein **grammatisches Geschlecht**: Maskulinum (*der Wald*), Femininum (*die Katze*) oder Neutrum (*das Haus*). Dieses wird durch den **Artikel** angezeigt. Das Nomen steht im Satz immer in einem der **vier Fälle** (Nominativ, Genitiv, Dativ, Akkusativ).

das Objekt	Das Objekt ist ein **Satzglied**, das eng mit dem Verb verbunden ist. Das Verb legt fest, in welchem **Fall das Objekt** steht (z. B. Genitiv-, Dativ- oder Akkusativobjekt). Objekte können aus einem oder mehreren Wörtern bestehen: *Die Stiftung verlieh der Klasse* (Dativ) *einen Preis* (Akkusativ).
der Objektsatz	Nebensätze können **im Satz** auch die **Rolle** eines **Objekts** einnehmen. Du trennst diese Sätze durch Komma vom Hauptsatz ab. *Ich helfe, wem ich will (wem helfe ich?).*
die Parenthese	Parenthesen sind **Einschübe** oder **Nachträge**, die in einem Satz **zusätzliche Informationen** oder Kommentare bieten oder Unerwartetes ankündigen: *Das ist – wie ich dir schon sagte – keine gute Idee.*
das Partizip II	Das Partizip Perfekt (= Partizip II) wird für die Bildung des Perfekts, des Plusquamperfekts und des Passivs benötigt. Es wird mit dem Präfix *ge-* und der Endung *-t*, *-et* oder *-en* gebildet: *gearbeitet, gelaufen, gekauft.*
das Passiv	Wenn du einen Satz im Passiv formulierst, betonst du, **mit wem** oder **womit** etwas getan wird: *An einem Praktikum wird teilgenommen*. Das Passiv bildest du mit der konjugieren Form von *werden* und dem Partizip II.
das Polysem	Polyseme sind Wörter, die **mehrere Bedeutungen** haben, allerdings sind sich diese **Bedeutungen untereinander ähnlich**, z. B. *die Maus (die Computermaus* und *das Tier)* → Aussehen ähnlich.
das Prädikat	Das Prädikat ist ein **Satzglied**. Es bildet den **Kern eines Satzes** und wird immer durch ein **Verb** gebildet.
die Präposition	Präpositionen sind eine Wortart, mit der du **räumliche** und **zeitliche Verhältnisse** angibst: *die Familie auf dem Plakat*; Präpositionen bestimmen den Fall des darauffolgenden Nomens und seiner Begleiter.
das präpositionale Objekt	Einige Verben werden immer mit einem **präpositionalen Objekt** verwendet, z. B. *sich kümmern um, denken an*. Es lässt sich dann nur zusammen mit der Präposition erfragen.
das Satzgefüge	= besteht aus mindestens einem **Hauptsatz** und einem **Nebensatz**: *Die Zeitung berichtet über ein Ereignis* (HS), *das gestern geschehen ist* (NS). Die Nebensätze können auch vorangestellt oder in den Hauptsatz eingeschoben sein.
die Satzreihe	= besteht aus **mindestens zwei Hauptsätzen**. Diese werden durch nebenordnende Konjunktionen (*und, aber* ...) oder Kommas miteinander verbunden: *Wir wollen „grün" reisen, aber müssen auch auf das Budget achten.*
die Sprachvariante	Je nach **Adressat**/-in und **Kontext** verwenden wir verschiedene Sprachvarianten. Zu ihnen zählen die **Standardsprache** (vor allem schriftlich und an die Regeln der Rechtschreibung gebunden), die **Bildungssprache** (schriftliche, in der Schule benutzte Sprache, z. B. für Klassenarbeiten) und die **Alltagssprache** (vorwiegend mündlich).
das Subjekt	Das Subjekt ist ein **Satzglied**. Das Subjekt bezeichnet jemanden oder etwas, von dem eine Tätigkeit ausgeht oder das in einem bestimmten Zustand ist: *Die Klasse plant ihre Klassenfahrt.*
der Subjektsatz	Nebensätze können im Satz auch die **Rolle eines Subjekts** einnehmen: *Dass wir uns für ältere Menschen einsetzen, ist selbstverständlich.* Subjektsätze stehen immer im Nominativ.
die Umstellprobe	Mithilfe der Umstellprobe kannst du **bestimmen**, wie viele **Satzglieder** ein Satz hat. Die Wörter, die bei der Umstellprobe immer zusammenbleiben, bilden ein Satzglied.
das Verb	Mit Verben bezeichnest du **Tätigkeiten** (*brennen*) oder **Zustände** (*sein*). Im Wörterbuch findest du ein Verb im **Infinitiv**. In Sätzen wird das Verb in gebeugter (= **konjugierter**) **Form** verwendet. Es informiert dich über Person(en), die Zeitform und den Modus (Imperativ, Indikativ und Konjunktiv).
die Wechselpräposition	Die Präpositionen *in, an, auf, hinter, neben, über, unter, vor* und *zwischen* sind Wechselpräpositionen. Das bedeutet, dass sie entweder mit **Dativ** (Wo?) oder **Akkusativ** (Wohin?) stehen können: *Die Familie steht in der Küche*. (*Wo?*→ Dativ) / *Die Familie geht in die Küche*. (Wohin? → Akkusativ).
die Zeitformen	Verben kannst du in **unterschiedlichen Zeitformen** verwenden (vgl. Verbtabelle, S. 316): **Präsens** → wenn du über etwas berichtest, das gerade passiert: *gehen – du gehst.* Manchmal verwendest du das Präsens auch, wenn du ausdrücken willst, dass etwas in der Zukunft passiert: *Morgen gehen wir schwimmen.* **Präteritum** → wenn du schriftlich von einem Ereignis in der Vergangenheit berichtest oder erzählst: *laufen – wir liefen.* **Perfekt** → vor allem dann, wenn du mündlich Vergangenes darstellst: *bekommen – sie haben bekommen*. **Plusquamperfekt** → Wenn in der Vergangenheit zwei Handlungen aufeinanderfolgen, verwendest du für die frühere der beiden Handlungen das Plusquamperfekt: *Nachdem sie die Kinokarte gekauft hatte, betrat sie das Kino.* **Futur I** → wenn du eindeutig ausdrücken willst, dass etwas in der Zukunft geschieht: *Wir werden gewinnen.*

1 Du kannst die Fachwortliste zum Nachschlagen während der Arbeit im Kapitel sowie zum Lernen des Fachwissens und der Methoden hinzuziehen. Nutze dazu die Karteikarten unter dem Webcode.

Digital+
Karteikarten
WES-126428-220

Nomen und Nominalisierungen erkennen

Was bedeutet eigentlich die Abkürzung BFE?

Sie steht für das Wort „Berufsfelderkundungstage“. Beim Hineinschnuppern in Berufe und dem Ausprobieren dort üblicher Tätigkeiten können Schülerinnen und Schüler unterschiedliche Berufe kennenlernen. Das Beste ist, dass sie dadurch ihre Berufswünsche konkretisieren können.

1 **a)** Tauscht euch darüber aus, wozu BFE-Tage an Schulen gut sind. Welche Berufe würdet ihr an diesen Praktikumstagen gerne ausprobieren?
b) Besprecht, warum die unterstrichenen Wörter in den Aussagen großgeschrieben werden müssen und um welche Wortarten es sich hier handelt.
c) Vergleicht eure Ergebnisse mit den Hinweisen in der **LERNBOX**.

(A) Bei der BERUFSFELDERKUNDUNG gewinnen die Schülerinnen und Schüler allein schon durch BEOBACHTEN viele EINBLICKE in die BERUFSWELT.
(B) Das KENNENLERNEN und zum Teil auch AUSPROBIEREN beruflicher Arbeitsabläufe und verschiedener TÄTIGKEITEN sind dabei die obersten ZIELE.
(C) Im BESONDEREN sollen hier REALISTISCHE Schlussfolgerungen bezogen auf die SPÄTERE Berufswahl gezogen werden.
(D) Solche PRAXISNAHEN Einblicke sind im ALLTAG nicht immer MÖGLICH.

2 **a)** Entscheide, ob die in den Sätzen hervorgehobenen Wörter groß- oder kleingeschrieben werden müssen, und schreibe die Sätze richtig ab.
Du musst 10 Wörter großschreiben.
b) Unterstreiche in deinen Sätzen die Signalwörter vor Nomen und Nominalisierungen.
c) Bestimme die Signalwörter und schreibe die Wortart in Klammern dahinter.

LERNBOX

So erkennst du Nomen und Nominalisierungen:

1. **Nomen** und **Nominalisierungen** werden **großgeschrieben**. Fachwortschatz, S. 314
2. Viele Nomen werden mit den **Suffixen** (= Endungen) **-heit, -keit, -nis, -schaft, -ung, -tum** oder **-ling** gebildet: *die Berufsfelderkundung, die Fähigkeit, die Erkenntnis.*
3. **Signalwörter für Nomen** sowie **nominalisierte Verben** und **Adjektive** sind:
   a) **Artikel:** *eine Befragung, die Jobsuche, eines Tages, das Suchen.*
   b) **Possessiv-** oder **Demonstrativpronomen:** *dieser Tag, deine Bewerbung, solche Berufsfelder, mein Bestes, unser Zögern.*
   c) **Adjektive:** *das interessante Gespräch, die gezielte Praktikumssuche.*
   d) **Präposition + Artikel:** *am (an + dem) Mittwoch; beim, im, vom, ans, ins, ...*
   e) **Numerale** (unbestimmte oder bestimmte Zahlwörter): *etwas Gutes, nichts Unbekanntes; ein, zwei, alles, wenig, viel, manches, etwas ...* Fachwortschatz, S. 314
4. Falls ein Signalwort fehlt, kannst du in Gedanken einen Artikel dazusetzen (**Artikelprobe**): *Wenn [die] Bewerbungsunterlagen fehlen, fehlen auch die Personaldaten.*

Richtig schreiben, S. 308
Fachwortschatz, S. 315, RS-Strategien

Von:	Brenda.Issa@gmx.de
An:	Ino-PCHilfe@PCHilfe.com
Betreff:	Bewerbung um einen Praktikumsplatz am BFE-Tag

Witten, 21. januar 20... R1

Sehr geehrte Frau Aydin,

(A) vom 08. bis 10. April finden für die Schülerinnen und Schüler des 8. jahrgangs an meiner Schule berufsfelderkundungstage (BFE-Tage) statt. Durch das kennenlernen verschiedener Berufsfelder sollen wir praxiserfahrungen sammeln und unsere berufswahl konkretisieren. Daher würde ich gerne einen dieser tage in Ihrer Firma absolvieren.

R2
R3, R4
R5
R6, R7 ...

(B) Ich bin begeisterte Computernutzerin und besitze bereits kenntnisse im programmieren. Auch beim erstellen von Homepages habe ich bewiesen, dass ich kreativ bin. Zudem bin ich als Influencerin und Bloggerin tätig. Dieses Hobby hat also auch etwas gutes. In der Schule nehme ich derzeit an der jahrgangsübergreifenden Computer-AG teil und helfe oftmals den jüngsten, im Umgang mit der zielgerichteten recherche fit zu werden. Auch beim korrigieren von eigenen Texten mithilfe von Textkorrekturprogrammen bin ich behilflich. Das beste für die kleinen ist aber, dass ich mich gut mit KI auskenne.

(C) Ich würde gerne meine kenntnisse an meinem erkundungstag vertiefen und könnte Ihnen sicher auch beim reparieren der Computer und unterstützen Ihrer Kunden behilflich sein. So könnte ich auch selbst allerlei nützliches dazulernen.
Ich freue mich auf eine positive Rückmeldung.

Mit freundlichen grüßen
Brenda Issa

3 Brenda möchte einen Praktikumstag in einer Computerfirma absolvieren:

a) Überprüfe mithilfe der **LERNBOX** von Seite 185, ob in Brendas Bewerbung alle für das Unternehmen wichtigen Informationen enthalten sind.

b) Welche Kenntnisse und Interessen gibt sie an?

c) Diskutiert in einer Murmelphase zu zweit, ob ihre E-Mail zielführend und angemessen formuliert ist. Begründet eure Einschätzung.

Denke daran, welche Kenntnisse und Fähigkeiten man im Computergeschäft braucht.

4 Brenda hat in ihrer E-Mail oft die Großschreibung nicht beachtet:

a) Untersuche die markierten Wörter in Abschnitt (A). Erkläre mithilfe der **LERNBOX** auf Seite 289, warum sie großgeschrieben werden müssen. Notiere den entsprechenden Hinweis aus der **LERNBOX**: R1: Januar → der Januar (4. Artikelprobe).

b) Finde die Fehler in Absatz (B) und korrigiere sie.

Beachte die Signalwörter unter Hinweis 3 (**LERNBOX**) oder mache die Artikelprobe. Du findest in Absatz (B) neun Fehler bei Nomen oder Nominalisierungen.

c) Überarbeite Absatz (C). Finde und korrigiere die Fehler in der Großschreibung.

d) Überlege, welche Auswirkungen es für Brenda haben könnte, wenn die Bewerbung nicht korrigiert würde.

(AH) S. 65

Digital+ Textvorlage WES-126428-221

Groß- und Kleinschreibung von Farbbezeichnungen

1 **a)** Zu welchem Bestandteil (Task Cards) hat Nina den folgenden Text ihres Audioführers geschrieben?
b) Welche Farbbezeichnungen habt ihr auch genutzt?

... Mittig fällt das (1) GOLDGELB des Collies, der seine (2) SCHWARZEN Augen in die Ferne richtet, ins Auge. Seine (3) DUNKELBRAUNEN Ohren sind gespitzt – vielleicht hört er ein Geräusch? Direkt vor dem (4) HELLWEIß strahlenden Haus, dessen Sockel (5) KAMINROT abgesetzt ist, kannst du zwei Personen erkennen: Eine (6) ROTBLONDE Frau lehnt mit dem Rücken am Erker und schaut auf das leuchtende (7) ZITRONENGELB des Präriegrases. Sie trägt ein (8) TÜRKISBLAUES, langärmeliges Kleid, das ein wenig (9) GRÜN schimmert, und hält die Arme verschränkt. Ob sie unbeteiligt ist oder nur fröstelt, wissen wir nicht. Der Ausschnitt der Frau wirkt (10) SCHNEEWEIß, als hätte sie keine Sonne abbekommen. Der auf der (11) HELLGRAUEN Verandastufe sitzende (12) BLONDE Mann trägt ein (13) WEIßGRAUES T-Shirt. Das (14) TIEFSCHWARZ seiner langen Hose findet sich in den (15) SCHWARZBRAUNEN Fensterrahmen und dem (16) DUNKELGRÜN des Waldes links wieder. Der Mann lockt den (17) SENFGELBEN Collie, den das aber nicht zu interessieren scheint. Die Nachmittagssonne taucht die Szene in ein mattes (18) BLAU. Die beiden Personen beschäftigen sich nicht miteinander ...

2 **a)** Groß oder klein? Entscheide mithilfe der Hinweise in der **LERNBOX**, wie Nina die hervorgehobenen Farbbezeichnungen schreiben muss. Schreibe die Farbbezeichnungen dann in der richtigen Schreibweise auf. Notiere dazu auch das Wort, an dem du dich orientiert hast (Signalwort des **Nomens** / Nomen oder Verb, auf das sich das Farb**adjektiv** bezieht). Schreibe so: (1) <u>das</u> Goldgelb, (2) schwarzen <u>Augen</u> ...

Richtig schreiben, S. 308

Du findest fünf Farbbezeichnungen mit Signalwort, die als Nomen verwendet werden. Diese schreibst du groß. Klein schreibst du zehn Farbbezeichnungen, die ein Nomen näher beschreiben, und drei, die sich auf ein Verb beziehen. Achtung: Manchmal gibt es zwei Signalwörter.

Schreibe fünf Farbezeichnungen groß und dreizehn klein.

b) Zwei Farben passen nicht genau. Welche würdest du stattdessen einsetzen?

AH S. 66

Wähle aus: SONNENGELB, SATTGELB, SOMMERGELB, BEIGEGELB, HELLGELB.

LERNBOX

Schreibweisen von Farbbezeichnungen

1. Farbangaben, die **Nomen** sind, schreibst du immer **groß**. Du erkennst sie an den vorausgehenden **Signalwörtern** (Artikel, Possessiv- oder Demonstrativpronomen, Adjektiv, Präposition + Artikel, Numerale: *<u>das</u> Sonnengelb (des Rasens), <u>dieses</u> Hellweiß (des Hauses), <u>helles</u> Blau, (der Blick) <u>ins</u> Grüne, <u>beim</u> Betrachten, <u>nichts</u> Großartiges*. Manchmal stehen vor einem Nomen zwei Signalwörter: *<u>das</u> <u>leuchtende</u> Zitronengelb.*
2. Wenn Farbbezeichnungen **Adjektive** (Wie ist etwas?) sind, schreibst du sie **klein**. Sie stehen **vor einem Nomen**, das sie beschreiben, oder sie **beziehen sich auf ein Verb**: *das türkise <u>Kleid</u>, / Das Haus <u>leuchtet</u> weiß.*

Fachwortschatz, S. 315

Verbindungen aus Nomen und Verb

(A) Bester Künstler gesucht!

Dortmund. Auf eine (1) *Erfolg?versprechende* Idee kam eine 10. Klasse für die Finanzierung ihrer Abschlussfahrt: Zunächst dachte man an die Aufführung eines (2) *Herz?zerreißenden* Theaterstückes. Doch dann entstand die (3) *Bahn?brechende* Idee, den Wettbewerb „Reichwein-Gesamtschule sucht den besten Künstler“ zu veranstalten. Zunächst hatten viele die (4) *Irre?führende* Vorstellung, dass sich nur wunderbare Stimmen bewerben sollten. Als sich aber Schülerinnen und Schüler mit anderen Fähigkeiten (5) *Rat?suchend* an die Initiatoren wandten, wurde entschieden, den Wettbewerb zu öffnen. Die erste Vorstellung wird am Samstag (6) *Statt?finden.* Für jeden (7) *Teil?nehmenden* „Star“ gibt es einen Preis. Daher muss man nicht (8) *Angst?erfüllt* in die Konkurrenz starten.

(B) Glück im Unglück

Münster. Gestern musste ein kleines Propellerflugzeug wegen Benzinmangels auf einem Feld landen. Die (1) *Not?landende* Maschine kam vor einem Bauernhof zum Stehen. Auch das Funkgerät fiel aus. Der Pilot stand (2) *Hilfe?rufend* vor dem Flugzeug, als ein (3) *Zähne?fletschender* Kampfhund auf ihn zukam. Der (4) *Kampf?erprobte* Hund hatte deutliche Absichten, sodass der Pilot sich (5) *Schutz?suchend* in sein Flugzeug zurückzog. Erst als der Bauer erschien und den (6) *Respekt?einflößenden* Hund an die Leine nahm, wagte sich der Pilot wieder heraus.

1 **a)** Lies die Zeitungstexte: Über welche Ereignisse wird hier berichtet?
b) Tauscht euch begründet und textbezogen dazu aus, um welche Textart es sich hier jeweils handelt und welchen Ressorts die Texte zuzuordnen sind.

2 **a)** Entscheide, wie die Verbindungen aus Nomen und Verb geschrieben werden. Orientiere dich dazu an den Hinweisen in der **LERNBOX**. Arbeite ▯ mit Bericht (A) / ▮ mit Bericht (A) und (B). Schreibe so: Text (A) – (1) erfolgversprechende …
▯ Schreibe in Text (A) sieben Verbindungen zusammen, bei einer kannst du entscheiden.
▮ **b)** Ergänze hinter deinen Lösungen, welchen Hinweis aus der **LERNBOX** du angewendet hast.

(AH) S. 67

LERNBOX

So schreibst du Verbindungen aus Nomen und Verb:

1. Die meisten **Verbindungen** aus **Nomen** und **Verb** schreibst du **getrennt**: *Rad fahren, Fußball spielen, Zeitung lesen …*
2. Steht das Verb in der **Partizipform** (*fahrend, gefahren*), kannst du die Verbindung mit Nomen getrennt oder zusammenschreiben: *der Zeitung lesende Junge* oder *der zeitunglesende Junge.*
3. Wird in der Verbindung mit Partizip ein Wort (Artikel oder Präposition) eingespart, schreibst du zusammen. Mache die **Erweiterungsprobe**: *Angst?erfüllt → ~~mit~~ Angst erfüllen → angsterfüllt / Zähne?fletschen → ~~die~~ Zähne fletschen → zähnefletschend.*
4. Verbindungen aus **Nomen** und **nominalisiertem Verb** schreibst du **zusammen**. Du erkennst die Nominalisierung des Verbs am **Signalwort** (s. **LERNBOX**, S. 289): *Alle lieben das Schlittenfahren.*
5. a) **Immer klein** und **zusammen** schreibst du: *eislaufen, heimgehen, leidtun, nottun, preisgeben, standhalten, stattfinden, teilhaben, teilnehmen.* Es sind **Lernwörter**.
   b) Das gilt auch für die **Partizipform**: *eislaufend, stattfindend, teilnehmend …*

» Fachwortschatz, S. 314
» Fachwortschatz, S. 314
» Richtig schreiben, S. 308
» Fachwortschatz, S. 315
» Fachwortschatz, S. 314

Verbindungen aus Adjektiv und Verb

(A) Neben Em konnte man auf dem schmalen Treppenabsatz leicht fallen. / Die Begegnung mit K. würde ihm ganz und gar nicht leichtfallen, dennoch war er aufgeregt.

(B) Em möchte das Missverständnis unbedingt richtigstellen. / Noch vier Stunden – Paul muss seine Uhr richtig stellen und geduldig sein.

1 **a)** Zu welchen Textstellen im Roman (Seite 219–220) gehören diese Aussagen?
b) Tauscht euch aus, welche Gedanken Paul wohl gerade durch den Kopf gehen.

2 **a)** Ermittle, warum die unterstrichenen Verbindungen aus Adjektiv und Verb in (A) und (B) je einmal zusammen und einmal getrennt geschrieben werden.
Prüfe, welche Bedeutung diese Wörter jeweils haben.
b) Vergleiche deine Erklärung mit dem 3. Hinweis in der **LERNBOX**.

Nach dieser (1) groß?angelegten Suchaktion nach K. muss ich (2) fest?stellen, dass mein Ziel jetzt (3) nah?scheint – auch wenn Papa mich irgendwie (4) kalt?stellen wollte ... Dass meine Mutter hier wohnt, ist (5) nahe?liegend – da steht K. Köfler auf der Klingel. Es muss doch (6) möglich?sein, sie hier spontan zu erwischen. Von ihrer Verantwortung kann sie sich nicht (7) frei?sprechen – und unser Kennenlernen wird sicher (8) weit?reichende Konsequenzen haben. Sie muss mich doch auch irgendwie (9) lieb?haben. Was hat Em nur? Warum wird die Tür nicht geöffnet??? Ich werde (10) wiederholt?klingeln. Ich habe ihr doch gezeigt, dass ich sie (11) wert?schätze. Aber warum reagiert Em so komisch?

3 **a)** Beantworte Pauls letzte Frage.
b) Schreibe die Wortverbindungen in Pauls innerem Monolog richtig auf.
Nutze die Bedeutungs- oder die Betonungsprobe (Hinweis 3 und 4, **LERNBOX**).
Schreibe vier Ausdrücke getrennt und sieben zusammen.
c) Begründe die Schreibweise mithilfe der Hinweise in der **LERNBOX**.
d) Ergänze Sätze mit den Ausdrücken *fest?nageln, kurz?entschlossen, lang?weilen.*

(AH) S. 68

LERNBOX

So schreibst du Verbindungen aus Adjektiv und Verb:

1. **Verbindungen** aus **Adjektiv** und **Verb** schreibst du meist **getrennt**: *laut lachen – Er hat laut gelacht. / hoch klettern – Sie können hoch klettern.*
2. Verbindungen aus Adjektiv und Verb in **Partizipform** kannst du **getrennt-** oder **zusammenschreiben**, wenn die Verbindung als Adjektiv gebraucht wird: *ein viel gelesenes Buch / ein vielgelesenes Buch.*
3. a) Du **musst** eine Verbindung aus Adjektiv und Verb **zusammenschreiben**, wenn sich eine **neue Bedeutung** ergibt (= **Bedeutungsprobe**): *Paul ist schwer gefallen.* (= *Paul ist schwer gestürzt.*) **Aber:** *Der Besuch ist Paul sehr schwergefallen.* *(= Der Besuch hat Paul Probleme bereitet.)*
   b) Das gilt auch für **Verbindungen aus Adjektiv und Partizip:** *der ihm schwerfallende Besuch / die wertschätzende Freundin Em.*
4. Du kannst die Schreibweise auch durch die **Betonungsprobe** ermitteln: Bei **getrennter Schreibweise** werden beide Wörter **gleich betont** (*leicht fallen – Die Preise werden leicht fallen.*); bei **Zusammenschreibung** liegt die Betonung auf dem **ersten Wortbestandteil** (*leichtfallen – Das Gespräch ist ihm nicht leichtgefallen.*).

Richtig schreiben, S. 308
Fachwortschatz, S. 315, RS-Strategien
Richtig schreiben, S. 308

Verbindungen aus „anderen Wortarten“ und Verb

Ⓐ Ich kann so nicht weitermachen!

Ⓑ Ich weiß nicht, was ich noch weiter machen könnte. Vielleicht hast du einen Rat?

1 **a)** Was geht wohl gerade in Paul vor? Greife dazu seine Aussagen Ⓐ + Ⓑ auf.
b) Wie erklärst du dir die unterschiedliche Schreibweise der markierten Wörter? Stelle Vermutungen dazu an, indem du auf Bedeutung und Betonung achtest.
c) Vergleiche deine Vermutungen mit den Hinweisen in der **LERNBOX**.

Nachdem Paul nun (1) *heraus?gefunden* hat, dass sein Vater ihm nicht die Wahrheit gesagt hat, will er mit der Suche nach K. (2) *fort?fahren* und nicht mehr (3) *weg?laufen*. Dazu sollen ihm Linn und Amira (4) *bei?stehen*, denn er will mit seiner Mutter (5) *zusammen?treffen*. Vielleicht würde er auch Em (6) *wieder?sehen*, ein klasse Mädchen, das neulich im Park (7) *auf?getaucht* war. Sie hatte sich ihm (8) *zu?gewendet*, als er nach dem Streit völlig verstört (9) *dort?gehockt* hatte. Dann hatten sie lange (10) *zusammen?gesessen*. So ganz konnte er sie noch nicht (11) *durch?dringen*, aber sie würde ihm sicher (12) *weiter?helfen*. Also würde er nach *(13) vorne?schauen …*

2 **a)** Schreibe den Text ab und entscheide dabei, ob du die Verbindungen aus „anderen Wortarten“ und Verb getrennt- oder zusammenschreiben musst.
Schreibe zwei Verbindungen getrennt und zehn zusammen, einmal ist beides möglich.
b) Verdeutliche durch Unterstreichen (vgl. **LERNBOX**, 2b), was jeweils betont wird.

3 **a)** Formuliere Sätze zur Fortsetzung. Nutze eine der Proben, um die Schreibweise zu ermitteln (vgl. **LERNBOX**, Hinweis 2): *fort/fahren, wieder/geben, zusammen/fahren*.
» Richtig schreiben, S. 308
Formuliere mit jedem Ausdruck einen Satz und entscheide, wie er geschrieben wird. Beginne so: (1) Paul will mit der Suche …
Formuliere sechs Sätze und nutze jedes Wort zweimal (1 x getrennt, 1 x zusammen).
b) Überprüft eure Beispielsätze gemeinsam. Nutzt zur Begründung eine der Proben.
(AH) S. 69
Bestimme auch die Wortarten der Wörter, die hier mit einem Verb verbunden werden.

LERNBOX

So schreibst du Verbindungen aus „anderen Wortarten“ und Verb:

1. a) **Adverbien** und **Präpositionen** (*fort, her, heran, hin, los, um, weg, weiter, wider, wieder, zurück, zusammen, ab, auf, aus, durch, mit, nach, über, vor, zu*) können mit Verben Verbindungen eingehen: *auftauchen, überholen …* Sie werden meist **zusammengeschrieben** (vgl. Fachwortschatz, S. 314).
   b) Durch diese Verbindungen entstehen **ganz neue Bedeutungen** oder die Verbindungen haben **mehrere Bedeutungen**, während es in anderen Sprachen für diese jeweils andere **Wörter gibt**: z. B. im Vergleich zum Türkischen – *einlaufen (ein Schiff läuft in den Hafen → girmek, ich laufe mich warm → koşmak, das Wasser läuft ins Becken → akmak …*) (vgl. Sprache untersuchen, S. 282).
2. a) Einige dieser Ausdrücke treten aber **getrennt- oder zusammengeschrieben** auf. Dies ermittelst du mithilfe der **Bedeutungsprobe**: Ergibt sich eine **neue Bedeutung**, schreibst du zusammen: *etwas vorhersagen (= weissagen)*. Bleibt die ursprüngliche Bedeutung beider Wörter erhalten, schreibst du getrennt: *etwas vorher sagen (= davor sagen)*.
   b) Du kannst die Schreibweise auch durch die **Betonungsprobe** (vgl. FWS, S. 315) ermitteln: Bei **getrennter Schreibweise** werden beide Wörter **gleich betont** (*etwas <u>vorher</u> <u>sagen</u>*); bei **Zusammenschreibung** liegt die Betonung auf dem **ersten Wortbestandteil** (*ein Unglück <u>vorher</u>sagen*).
   c) Die dritte Möglichkeit, um die Schreibweise herauszufinden, ist die **Erweiterungsprobe** (vgl. Fachwortschatz, S. 315). Ergänze dazu zwischen Adverb und Verb ein weiteres Satzglied: *etwas <u>vorher</u> (mit Überzeugung) <u>sagen</u>*. Dies geht nur bei der Getrenntschreibung.

Fachwörter lernen und richtig schreiben

1 **a)** Einige Jugendliche möchten ein Tagespraktikum in einer Autowerkstatt machen, um einen Einblick in den Beruf Kfz-Mechatroniker/-in zu bekommen. Tauscht euch zu zweit darüber aus, was ihr bereits über diesen Beruf wisst.
b) Betrachtet das Foto: Was macht die Praktikantin dort gerade?

2 **a)** Lies den folgenden Text und erkläre, weshalb der Beruf inzwischen Kfz-Mechatroniker bzw. Kfz-Mechatronikerin heißt.
b) Unterschlängele alle **Fachbegriffe**, die zu diesem Beruf gehören. Schlage ihre Bedeutung im Lexikon nach oder recherchiere sie im Internet. Wähle dazu sechs, acht, alle Fachwörter aus.

» Fachwortschatz, S. 314

Digital+ Textvorlage WES-126428-222

Praktikumstag als Kfz-Mechatroniker/-in

Früher nannte sich der Beruf Kfz-Mechaniker/-in. Heute noch verbinden viele Menschen damit die Vorstellung von Tätigkeiten wie Reifen wechseln, Öl nachgießen, Batterien austauschen oder Karosserieschäden beseitigen. Doch das Berufsbild ist vielfältiger, denn die Elektronik eines Autos ist durch die vielen Steuerungssysteme umfangreicher und bedeutsamer geworden. Das gilt insbesondere für E-Autos. Daher hat man ein Kunstwort geschaffen, das die Gegenstandsbereiche von Mechanik und Elektronik verbindet: die Mechatronik.
Wer heute in eine Autowerkstatt geht, sieht sofort, dass hier ohne computergesteuerte Mess- und Diagnosegeräte nichts mehr geht. Mit einer besonderen Software, die je nach Fahrzeugtyp und Marke variieren kann, kann die Funktionsfähigkeit von Motor, Antrieb, Fahrwerk und Fahrzeugelektronik überprüft werden. Daher muss ein/-e Kfz-Mechatroniker/-in der Lage sein, die entsprechende Hardware und Software einzurichten, um z. B. elektrische und hydraulische Steuerungen kontrollieren zu können. Ein Vergleich der Ist-Werte mit den Soll-Werten ist der Ausgangspunkt für die Diagnose von Mängeln und liefert dadurch Hinweise auf notwendige Reparaturen.

die Batterie: ein Speicher für elektrische Energie auf elektrochemischer Basis
der Karosserieschaden: Schaden am äußeren Teil des Fahrzeugs, der das Fahrgestell, den Motor etc. umgibt

3 **a)** Markiere alle Fachbegriffe, deren Rechtschreibung du schwierig findest. Präge dir mithilfe der **Falt-Methode** (siehe **LERNBOX**) die Schreibweise ein.
b) Diktiert euch den Text und überprüft ihn mit einem Textkorrekturstift.

AH S. 70
» Fachwortschatz, S. 314

LERNBOX

So prägst du dir die Schreibung von Fachwörtern ein:

der Karosse-rieschaden	der Karosse-rieschaden	der ~~Karose-rieschaden~~

(hier knicken) (hier knicken)

1. Nimm ein **DIN-A4-Blatt** im **Querformat** und knicke es zweimal. So entstehen drei **Spalten**.
2. Zuerst schreibst du die **Wörter mit Artikel** (am besten im Singular) in die **erste Spalte**, sprichst sie deutlich aus und unterstreichst **Besonderheiten** oder **schwierige Stellen in der Rechtschreibung.**
3. Präge dir nun das erste Wort ein.
4. Klappe die erste Spalte um und schreibe das Wort in die **dritte Spalte**.
5. Stellst du Fehler fest, schreibst du das Wort korrekt in die **zweite Spalte** und markierst die Stelle, an der du zuvor einen Fehler gemacht hast.

Das Komma in Satzgefügen

Ⓐ Werbung ist eine Macht die wir unterstützen. Wir kaufen etwas das wir nicht wollen. Das ist so obwohl uns dies bewusst ist.

Ⓑ Ohne Werbung wäre unser Leben in dem der Konsum eine wichtige Rolle spielt farblos. Wir werfen unser schwer verdientes Geld aus dem Fenster weil wir im Grunde gerne Opfer von vorgegaukelten Traumwelten werden.

1 Tauscht euch begründet aus, welcher Aussage über Werbung ihr eher zustimmt.

2 In diesen Aussagen fehlen die Kommas. Setze sie an die richtige Stelle. Untersuche dazu zunächst den Aufbau der Satzgefüge:

a) Markiere die Konjunktionen und Relativpronomen in unterschiedlichen Farben und unterstreiche dann die Nebensätze. Orientiere dich dazu an den Hinweisen 1–3 in der **LERNBOX**. Arbeite mit Text Ⓐ, Text Ⓑ, mit beiden Texten.

In Text Ⓐ musst du jeweils zwei Relativpronomen und eine Konjunktion markieren.

b) Ergänze nun die fehlenden Kommas, die Nebensatz und Hauptsatz trennen (vgl. Hinweise 4 und 5, **LERNBOX**).

In Text Ⓐ musst du drei Kommas setzen.

Digital+ Textvorlage WES-126428-223

Der Simsor ist unsere neueste Entwicklung. Die Menschheit hat schon lange darauf gewartet. Mit dem Simsor ändert sich Ihr Leben. Nichts bleibt mehr unerforscht. Der Simsor dringt in die kleinste Ritze ein. Vertrauen Sie unserer Technologie. Sie ist die neueste auf dem Markt. Ein neues Strahlen wird Ihr Heim durchfluten. Alles andere können Sie getrost vergessen. Finden Sie einen neuen Freund in Ihrem Simsor.

3 **a)** Besprecht, für welches Produkt hier geworben werden könnte und was es kann.

b) Überarbeite den Werbetext, indem du Satzgefüge bildest und so Bezüge herstellst.

So kannst du beginnen: Der Simsor ist unsere neueste technische Entwicklung, auf welche die Menschheit schon lange gewartet hat …

AH S. 71

LERNBOX

Das Komma in Satzgefügen

1. Ein **Satzgefüge** besteht mindestens aus einem **Haupt-** und einem **Nebensatz**. Der Hauptsatz (HS) ist in sich **abgeschlossen**. Fachwortschatz, S. 314–315
2. Viele **Nebensätze** (NS) erkennst du an der einleitenden **Konjunktion** (*als, dass, obwohl, sodass, wenn, weil …*) und der Stellung des **Prädikats am Satzende**. Der Nebensatz kann nicht für sich alleine stehen: *Der Simsor ist phantastisch, weil er vieles kann.* Fachwortschatz, S. 314
3. a) Der **Relativsatz** ist ein **Nebensatz**, der sich auf ein Nomen bezieht und durch ein **Relativpronomen** eingeleitet wird (*der, die, das / welcher, welche, welches*). Fachwortschatz, S. 315
   b) Vor dem Relativpronomen kann auch eine **Präposition** (*für, in, an, unter …*) stehen: *Das Produkt, für das geworben wird, ist neu.* Fachwortschatz, S. 314
4. Haupt- und Nebensätze werden **immer** durch **Kommas** voneinander getrennt. Der Nebensatz kann **vor** und **nach** dem Hauptsatz stehen sowie in diesen **eingeschoben** sein.

Immer dem neuesten Trend auf der Spur

(A) [Jugendliche suchen ihren eigenen Stil], [der den Eltern meist nicht gefällt]. [Das finden andere befremdlich], [obwohl er gerade der Zeit entspricht]. Viele Jugendliche sind unsicher ob sie dem Trend folgen sollen. Muss man wirklich jede Mode wenn sie gerade angesagt ist mitmachen? Die Suche nach dem eigenen Stil mit dem man sich wohlfühlt kann dauern. Die Kleidung der Erwachsenen gilt häufig als spießig und die die beispielsweise Popstars oder Influencer/-innen tragen als „in". Auch Gruppenzwang spielt eine große Rolle weil Jugendliche erst ihren Platz in der Gesellschaft finden müssen. Sie wollen natürlich im Vordergrund stehen da ihnen die Anerkennung durch die Gruppe wichtig ist.

(B) Aber trendige Kleidung die heutzutage so schnell wechselt kann teuer werden. So hat eine Studie ergeben dass Jugendliche für ihre Kleidung im Jahr über 4 Milliarden Euro ausgeben. Dabei geht es meist nicht darum was einem zusagt. Meist geht es eher darum ob z. B. der aktuelle Star auf YouTube sie gerade für unverzichtbar hält. Häufig muss es die Markenjacke sein obwohl sie gar nicht zu einem passt. Eine Hose vom Trödelmarkt wenn sie auch noch so schön ist geht gar nicht. „Out" sind auch diejenigen die nicht ein bestimmtes Zeichen auf ihren Schuhen tragen.

(C) Schon in der Grundschule bekommen Kinder zu spüren dass es nur um die Produkte in der Werbung geht. Dem Kind dann zu erklären dass es nicht auf die Marke ankommt ist nicht einfach da Mobbing und Ausgegrenztwerden oft die Folgen der „falschen" Kleidung und der lieb gemeinten Butterbrotdose sind die anderen missfällt.

Digital+ Textvorlage WES-126428-224

4 Lest den Text und tauscht euch dazu aus, welchen Einfluss Werbung durch Vorbilder wie Stars und Influencerinnen und Influencer auf Jugendliche und auch auf euch hat.

5 **a)** Untersuche den ersten Satz (Abschnitt (A)) und finde mithilfe der **LERNBOX** heraus, welche Strategie hier angewendet wurde, um die Kommas richtig zu setzen. Vergleicht danach eure Ergebnisse miteinander.

b) Setze die fehlenden Kommas und nutze eine der Strategien aus der **LERNBOX**. Du kannst auch verschiedene Strategien zusammen anwenden. Arbeite mit Absatz (A), Absatz (A) und (B), Absatz (A), (B) und (C) (mehrere NS).

c) Vergleiche deine Ergebnisse mit den Lösungen im Webcode.

Digital+ Lösungen WES-126428-225

LERNBOX

Strategien zur Kommasetzung bei Satzgefügen

1. Lies den Satz (Murmelstimme) und achte auf **Sprechpausen**. Sie deuten oft auf die Stelle hin, an der du ein Komma setzt. Achtung: Um diese Strategie zu nutzen, musst du ein guter Leser bzw. eine gute Leserin sein!
2. Unterscheide Haupt- und Nebensätze. Achte dazu auf die **Erkennungswörter**, die einen Nebensatz einleiten, und unterstreiche sie. Das sind **Konjunktionen** (*wenn, dass, obwohl ...*) oder **Relativpronomen** – auch mit **Präposition** (*der, die, in dem, für das ...*).
3. Ermittle die **Sinneinheiten** des Satzes:
   a) Markiere die **Prädikate**. Klammere die **zugehörigen Wörter** ein. Prüfe, ob das Prädikat mehrteilig ist.
   b) Setze zwischen diesen Sinneinheiten ein **Komma**.
   c) Wenn der Nebensatz in den Hauptsatz **eingeschoben** ist, mache mit einem Pfeil deutlich, **wo der Hauptsatz weitergeht.**

Fachwortschatz, S. 315
Richtig schreiben, S. 308–309

Nebensätze mit *das/dass* unterscheiden

1 **a)** Zu welchem Gedicht (Kapitel „Auszeit") hat Mel ihren Text verfasst?
b) Tauscht euch begründet dazu aus, zu welcher Äußerung von S. 137 sie Stellung genommen hat und ob ihr den Standpunkt nachvollziehen könnt.
c) Überprüfe anhand der **LERNBOX** (Seite 137), ob alle Bestandteile enthalten sind.
Finde diese Bestandteile: Wiedergabe Aussage, Erläuterung, begründete Meinung.

[Ein Schüler sagt nach dem Lesen], [(1) das/dass man durch die Augen des lyrischen Ichs erkenne] (2) das/dass dessen Sehnsuchtsort die Natur sei. Er will mit dieser Aussage verdeutlichen (3) das/dass das lyrische Ich den Frühling genießt und in eigenen Sprachbildern die angenehme Luft und das sanfte Geräusch (4) das/dass es hört beschreibt. (5) Das/dass die Natur der Sehnsuchtsort des lyrischen Ichs ist wird durch die positiv wirkende Wortwahl deutlich, wie z. B. „lichter Schein" (V. 4) und das Adjektiv „magisch" (V. 6) (6) das/dass der Szene eine Art Zauber verleiht. Auch durch die Wünsche ist erkennbar (7) das/dass der Sprecher sich getrieben (V. 10) und „selig blind" (V. 12) fühlt. Das Fröhliche in ihm (8) das/dass von einer Art Aufbruchsstimmung geprägt ist zeigt sich durch den Ruf „Hoch Aurora" (V. 14) an die Göttin der Morgenröte. Dieses Gedicht (9) das/dass Joseph v. Eichendorff geschrieben hat klingt somit feierlich und das lyrische Ich (10) das/dass in der Natur unterwegs ist erscheint voller Tatkraft. Also gibt die Natur dem Sprecher Kraft und lässt ihn lebendig wirken. Daher stimme ich der Aussage des Schülers (11) das/dass der Sehnsuchtsort des lyrischen Ichs die Natur sei zu.

(1) dass (K)
(2)

2 **a)** Entscheide mithilfe der Hinweise in der **LERNBOX**, ob du *das* oder *dass* schreiben musst, und grenze die Nebensätze durch Kommas ab.
Du musst insgesamt 5 x *das* und 6 x *dass* schreiben sowie 16 Kommas setzen.
b) Überprüfe mit der Ersatzprobe, ob du *dass* oder *das* richtig eingesetzt hast. Kennzeichne mit einem Pfeil, worauf sich *das* oder *dass* jeweils bezieht.
c) Ergänze jeweils am Rand den Anfangsbuchstaben der Wortart in Klammern: K, R.

Digital+
Textvorlage
WES-126428-226

AH S. 72

LERNBOX

Nebensätze mit *das* oder *dass* unterscheiden und Kommas setzen

1. Um zu entscheiden, ob du *das* oder *dass* schreiben musst, musst du prüfen, worauf sich der Nebensatz jeweils bezieht:
   a) Das **Relativpronomen *das*** (R) bezieht sich auf ein vorausgehendes (sächliches) Nomen. Diesen Relativsatz trennst du durch ein Komma vom Rest des Satzes ab. Er kann nachgestellt oder eingeschoben sein: *Hier zeigt sich das Gemüt, das von Freude geprägt ist. / Das Gemüt, das von Freude geprägt ist, zeigt sich hier.*
   b) Nebensätze mit der **Konjunktion *dass*** (K) stehen oft nach Verben oder Ausdrücken des Sagens, Meinens oder Wünschens und setzen diese fort. Du trennst sie durch ein Komma vom Rest des Satzes ab. Sie können voran- oder nachgestellt sowie eingeschoben sein: *Ich meine, dass sie recht hat. / Ich bin der Ansicht, dass so etwas mitreißend ist.*
2. Bist du unsicher, führe die **Ersatzprobe** durch.

Fachwortschatz, S. 314
Richtig schreiben, S. 308
Fachwortschatz, S. 315, RS-Strategien

Satzgefüge mit mehreren Nebensätzen (Satzbaupläne)

1 Betrachte das Bild: Was ist dort abgebildet und wozu dient die Konstruktion?

Wozu brauchen wir einen Sinnesparcours?

(A) [Unsere Sinne ermöglichen uns] (HS), [dass wir am Leben teilnehmen können] (NS 1), [sodass wir uns selbst, unsere Umwelt und Mitmenschen wertschätzen können] (NS 2).

(B) Man kann Selbstvertrauen entwickeln, wenn man sich selbst bewusst wahrnimmt, weil man sich dann wertvoll fühlt.

(C) Gleichermaßen kann man aber auch Empathie und Verständnis für Menschen entwickeln, die ihre Sinne nicht vollständig nutzen können, da man in einem Sinnesparcours dafür ein Bewusstsein schaffen kann.

(D) Man kann Einschränkungen im Alltag nachempfinden, wenn man die verschiedenen Hürden überwindet, sodass solche Parcours dafür sensibilisieren.

(E) Durch das Einsetzen der eigenen Sinne, die man auch begreifen muss, werden also die Selbst- und Fremdwahrnehmung gefördert, damit die Lebenskompetenz gestärkt wird, die wiederum dazu führt, dass man sich besser vor äußeren Einflüssen (wie Gruppenzwängen, Drogenkonsum oder Mobbing) abgrenzen kann.

Digital+ Textvorlage WES-126428-227

2 Tauscht euch darüber aus, ob ihr die dargestellten Funktionen eines Sinnesparcours nachvollziehen könnt, und sprecht auch darüber, warum die genannten Fähigkeiten für das Miteinander von Menschen so wichtig sind.

3 **a)** Untersuche Satz (A) und mache dir die Reihenfolge der Satzarten (HS/NS) klar. Begründe deine Zuordnung mit den Erkennungswörtern für Nebensätze und der Stellung des **Prädikats**. Orientiere dich am 1. Hinweis der **LERNBOX** (Seite 300).

b) Verfahre mit den Sätzen (B)–(D) ebenso: Markiere die Prädikate, unterstreiche die Erkennungswörter (Konjunktionen, Relativpronomen) und klammere die Sinneinheiten ein. Bestimme danach, ob es sich um einen Haupt- oder Nebensatz handelt. Ihr könnt die Sätze abschreiben oder sie über den Webcode herunterladen.

Die Bauweise dieser Sätze ist gleich. Orientiere dich an den Erkennungszeichen.

c) Bearbeite Satz (E) ebenso. Achtung! Hier wurde ein Nebensatz in den Hauptsatz eingeschoben, sodass sich eine **Satzklammer** ergibt.

d) Überlege dir, warum es wichtig ist, in eigenen Texten nicht zu komplexe Satzgefüge zu nutzen.

e) Vergleicht eure Ergebnisse miteinander.

» Richtig schreiben, S. 309
» Fachwortschatz, S. 314
» Fachwortschatz, S. 315

4 Stelle die Sätze so um, wie im 2. Hinweis der **LERNBOX** dargestellt. Achte dabei auf die richtige Kommasetzung und bedenke, dass du die Satzgliedstellung im Hauptsatz ändern musst (vgl. 3. Hinweis der **LERNBOX**). Wie viele Möglichkeiten gibt es jeweils? Arbeite dazu mit drei, vier, allen Sätzen.

5 Kennst du die fünf Sinne? Zähle sie auf. Informiere dich dann durch das Lesen des Textes genauer darüber.

Ⓐ Das Riechen ist der älteste Sinn der ursprünglich die Funktionen des Warnens und Lockens hatte weil ein Geruch vom Gehirn schneller wahrgenommen wird als ein Bild. Dagegen entsteht das Hören durch Schallwellen die in verschiedenen Frequenzbereichen wahrzunehmen sind die wiederum durch die gebogene Form des Gehörgangs in unserem Ohr verstärkt werden. Da die Haut unser größtes Sinnesorgan ist ist das Tasten und Fühlen unsere Nahtstelle zur Umwelt durch die fünf verschiedene Wahrnehmungsmöglichkeiten erzielbar sind: Druck, Kälte, Wärme, Kraft und Schmerz.
Ⓑ Indem er etwa 5000 verschiedene Empfindungen auslösen kann ist der Geschmackssinn der die Empfindungen süß, sauer, salzig, bitter und umami[1] hervorrufen kann der einfachste aller Sinnesorgane. Das Auge ist aber unser wichtigstes Sinnesorgan da etwa 80 % dessen was um uns herum geschieht von den Augen wahrgenommen wird sodass eine Einschränkung in diesem Bereich für die Personen besonders gravierende Folgen hat.

[1] **umami:** fleisc

6 **a)** Setze in Teil Ⓐ die fehlenden Kommas in den Satzgefügen. Wende die Strategien zur Zeichensetzung aus der **LERNBOX** von Seite 297 an und orientiere dich an den Möglichkeiten aus Hinweis 2. Du kannst dir den Text über den Webcode herunterladen.
Insgesamt musst du sechs Kommas setzen.
b) Setze auch in Teil Ⓑ die fehlenden Kommas. Beachte dabei, dass ein Nebensatz auch in den Hauptsatz eingeschoben sein kann.

Digital+
Textvorlage
WES-126428-228

(AH) S. 73

LERNBOX

Kommasetzung in Satzgefügen mit mehreren Nebensätzen

1. a) Ein Satzgefüge kann **mehrere Nebensätze** enthalten, die sich **aufeinander beziehen**. Sie werden durch Kommas abgetrennt.
   b) Achte auf die **Erkennungszeichen für Nebensätze**: **Konjunktionen** (*dass, sodass, weil, obwohl, wenn …*) und **Relativpronomen** (*der, in dem, deren, dessen, welche, in welchem, was …*) sowie auf die Stellung des **Prädikats** am Satzende (vgl. **LERNBOX** S. 296 und 297).
2. Hauptsätze und Nebensätze können im Satzgefüge **unterschiedlich angeordnet** sein: Wenn der Hauptsatz nach hinten gestellt wird, ändert sich **dort die Satzgliedstellung**: Das Prädikat wird nach vorne gesetzt:
   – [*Unsere Sinne ermöglichen uns*], [*dass wir am Leben teilnehmen können*], [*sodass wir Wertschätzung für uns selbst, unsere Umwelt und Mitmenschen entwickeln können*].
   HS — *NS 1* — *NS 2*
   – [*Dass wir am Leben teilhaben können*], [*sodass wir Wertschätzung für uns selbst, unsere Umwelt und Mitmenschen entwickeln können*], *ermöglichen uns unsere Sinne*].
   – [*Dass wir am Leben teilhaben können*], [*ermöglichen uns unsere Sinne*], [*sodass wir Wertschätzung für uns selbst, unsere Umwelt und Mitmenschen entwickeln können*].
3. Um abwechslungsreich zu schreiben oder bestimmte Aussagen zu betonen, wende die Umstellprobe an und prüfe, wie die Sätze am besten aneinander anschließen und zueinander passen.

Kommasetzung bei Subjekt- und Objektsätzen

(A) Unser Engagement für Bolivien ist wichtig für die Menschen dort.
→ [Dass wir uns für Bolivien engagieren], [ist wichtig für die Menschen dort].

(B) Wir erwarten durch das Eine-Welt-Dinner viele Spenden.
→ [Wir erwarten durch das Eine-Welt-Dinner], [dass viele Gäste spenden werden].

1 **a)** Um welches Projekt der Schülerinnen und Schüler geht es in diesen beiden Aussagen? Tauscht euch dazu aus, warum es an der Schule durchgeführt wird.
b) Hier wird je zweimal die gleiche Aussage formuliert: Worin unterscheiden sich die Sätze jeweils? Vergleiche dein Ergebnis mit den Hinweisen 1 und 2 der **LERNBOX**.
c) Markiere in der zweiten Satzvariante den Nebensatz und bestimme mithilfe des 3. Hinweises in der **LERNBOX**, ob es sich um einen **Subjekt-** oder **Objektsatz** handelt.

» Fachwortschatz, S. 314–315

(1) Die große Teilnahme am Dinner freut mich. / (2) Die fleißige und vielseitige Organisation wird belohnt. / (3) Wir diskutieren die Aufteilung der Spenden auf verschiedene Hilfsprojekte. / (4) Wir denken über die gleichmäßige Verteilung der Gelder nach.

2 **a)** Formuliere die Sätze so um, dass Subjekt- oder Objektsätze entstehen. Unterstreiche den Nebensatz und trenne Haupt- und Nebensatz durch ein Komma voneinander. Orientiere dich an Hinweis 2 und 3 der **LERNBOX**.
Formuliere so: (1) Dass so viele Menschen … / (2) Wer fleißig und vielseitig …
b) Vergleicht eure Sätze miteinander: Bleibt der Sinn immer erhalten?
c) Benenne, ob es sich bei deinen Nebensätzen um Subjekt- oder Objektsätze handelt, und bestimme den Fall des Objektsatzes. Kläre auch, welche uneingeleitet sind.

Digital+
Textvorlage
WES-126428-229

LERNBOX

So setzt du bei Subjekt- und Objektsätzen Kommas:

1. Viele Satzglieder können zu Nebensätzen umgeformt werden. Der Satz wäre ohne diese Nebensätze unvollständig. **Subjekt-** und **Objektsätze** trennst du mit einem **Komma** vom Hauptsatz ab.
2. a) Nebensätze, die für ein Subjekt stehen, heißen **Subjektsätze**. Diese Nebensätze stehen für das Subjekt im Satz, du erfragst sie also mit ***Wer?*** oder ***Was?***
   Dass wir uns für Bolivien engagieren, ist wichtig für die Menschen dort. → *Was ist wichtig für die Menschen dort? Dass wir uns für Bolivien engagieren.*
   b) Nebensätze, die für ein Objekt stehen, heißen **Objektsätze**. Diese Nebensätze stehen für das Objekt im Satz, du erfragst sie also mit ***Wessen?, Wem?, Wen?*** oder ***Was?*** Die Art des Objekts wird vom Verb bestimmt (vgl. Verb-Tabelle mit Fällen, Seite 316):
   Wir erwarten durch das Eine-Welt-Dinner, dass viele Gäste spenden werden. → ***Wen oder was*** *erwarten wir durch das Eine-Welt-Dinner? Dass viele Gäste spenden werden. / Ich meine, das Dinner begeistert die ganze Schule.* → ***Wen oder was*** *meine ich? Das Dinner begeistert die ganze Schule.*
3. a) Subjekt- und Objektsätze werden zumeist durch die **Konjunktionen** *dass* und *ob* oder durch **Fragepronomen** (*wer, wie, welcher* …) eingeleitet.
   b) Es gibt auch Objektsätze, die nicht eingeleitet werden (= **uneingeleitet**). Anders als in eingeleiteten Nebensätzen steht das **Prädikat** hier an zweiter Position im Satz. Auch uneingeleitete Nebensätze werden durch ein Komma vom Hauptsatz abgetrennt.: *Ich meine, das Dinner begeistert die ganze Schule.*

Kommasetzung bei Infinitivgruppen

Ⓐ Eine Klassenfahrt unterstützt Schülerinnen und Schüler dabei selbstständig Entscheidungen zu treffen und Verantwortung für das Allgemeinwohl zu übernehmen.

Ⓑ In dieser Woche versuchen sie zu kooperieren und sich auf Gemeinsames zu einigen um eine positive Atmosphäre zu erzeugen.

Ⓒ Während des Aufenthalts auf Spiekeroog lernen sie nicht zu streiten ohne auf die eigene Meinung verzichten zu müssen.

1 **a)** Tauscht euch dazu aus, warum diese Ziele für eine Klassenfahrt wichtig sind.

b) Entscheidet zu zweit mithilfe der **LERNBOX**, ob und wo ein Komma gesetzt werden muss, um den Hauptsatz von der Infinitivgruppe zu trennen. Markiert dazu die Infinitivgruppen und besprecht, welche Regel jeweils angewendet werden muss.

Ihr müsst folgende Kommas setzen: ein Komma in Ⓐ und Ⓑ, zwei Kommas in Ⓒ.

Digital+ Textvorlage WES-126428-230

Auf der Klassenfahrt kann man hautnah erleben, was es bedeutet [Rücksicht zu nehmen]. Die Lehrkräfte haben die Möglichkeit die Aktionen zu begleiten. Solche Fahrten sind eine Chance das soziale Lernen und den Teamgeist zu fördern ohne belehrend zu wirken. Zudem bieten sie Gelegenheiten die Unterrichtsinhalte (z. B. aus Biologie) im realen Kontext erlebbar zu machen und deren Verständnis zu vertiefen. Dem Rauschen des Meeres zu lauschen und den Strand von Müll zu befreien verstärkt das Bedürfnis nicht untätig herumzusitzen. Die Aktionen fordern die Teilnehmenden heraus ihre Fähigkeiten zu entdecken und einzusetzen anstatt nur im Klassenraum zu lernen.

2 Schreibe die Sätze ab. Markiere danach die **Infinitivgruppen** und klammere sie wie im Beispiel ein. Setze dann die fehlenden Kommas und überprüfe die Zeichensetzung mit den Hinweisen in der **LERNBOX**.

Fachwortschatz, S. 314

Du musst insgesamt 11 Infinitivgruppen markieren, aber nur 8 Kommas setzen, weil einige Gruppen durch *und* verbunden sind.

AH S. 74

LERNBOX

Kommasetzung bei Infinitivgruppen

1. a) **Infinitive mit *zu*** bezeichnet man als **Infinitivgruppen**. Diese Ausdrücke werden mit einem **Komma** vom Rest des Satzes abgetrennt, wenn sie **satzwertig** sind. Das heißt, sie lassen sich leicht in die Form von Nebensätzen bringen: *Ziele einer Klassenfahrt sind (HS), soziales Lernen und Teamgeist zu fördern. → Ziele einer Klassenfahrt sind, dass soziales Lernen und Teamgeist gefördert werden.*
   b) Manchmal kann das Komma an verschiedenen Stellen stehen. Setze es passend, um **Missverständnisse auszuschließen**: *Die Aktionen ermutigen sie, nicht zu verweigern.* oder *Diese Aktionen ermutigen sie nicht, zu verweigern.*
2. **Infinitive mit *zu*** darfst du **nicht mit Komma(s) abtrennen**, wenn sie **Teil des Prädikats** sind: *Wir haben den Tischdienst zu erledigen. / Wir brauchen heute nicht zu helfen. / Mit ihm ist nicht zu reden.*
3. Orientiere dich an **Erkennungswörtern**, wie unterordnenden **Konjunktionen** (*um, ohne, statt, anstatt, außer, als …*), oder nutze die **Umstellprobe**, um herauszufinden, wo die Infinitivgruppe beginnt und endet: *Anstatt Müll zu hinterlassen, nehmen wir ihn mit. → Wir nehmen den Müll mit, anstatt ihn zu hinterlassen.*

Fachwortschatz, S. 314

Fachwortschatz, S. 314

Kommasetzung bei Partizipialgruppen

(A) Naturerlebnisse und Umweltbewusstsein betreffend ermöglichen Klassenfahrten unschätzbare Erfahrungen.

(B) Meist kommt es bei der ersten Begegnung mit der unberührten Natur weit entfernt von städtischem Trubel oder digitaler Ablenkung zu intensiven Erlebnissen.

(C) Das Spektrum der Unterkünfte bietet mit langer Erfahrung und vielen nachhaltig ausgerichteten Häusern und Programmen langfristig erprobt dafür den idealen Rahmen.

(D) Biologische und geografische Aspekte des schulischen Lehrplans hautnah erlebt erzielen eine tiefere Wertschätzung für unsere Umwelt.

(E) Die Schönheit eines Sonnenaufgangs am Strand erlebt oder dem Rauschen des Meeres zugehört möchte man nicht mehr untätig herumsitzen.

(F) Klassenfahrten fördern auf diese Weise das gemeinsame Erlebnis in den Blick nehmend das Bewusstsein für den Schutz unserer Natur und die Notwendigkeit nachhaltiger Lebensweisen stets die Verantwortung für das eigene Handeln übernehmend.

1 Besprecht nach dem Verfassen eurer Definition zu Nachhaltigkeit (Seite 150–151), inwiefern die Aussagen oben dazu passen und welche weiteren Vorteile genannt werden.

2 **a)** Untersuche Satz (A) genauer. Welcher Teil des Satzes ist markiert? Lies hierzu die Hinweise 1 und 2 in der **LERNBOX**.

b) Markiere in den Sätzen (B)–(E) ebenfalls die **Partizipialgruppen** und entscheide mithilfe der **LERNBOX**, Hinweise 3–5, ob du ein Komma setzen musst oder nicht.

Du musst insgesamt sechs Kommas setzen, zwei weitere kannst du setzen.

c) Setze auch die fehlenden Kommas in Satz (F).

d) Wähle drei Sätze aus und formuliere sie so um, dass der Satz sich besser liest, z. B.
Klassenfahrten ermöglichen oft unschätzbare Erfahrungen, wenn man an Naturerlebnisse und das Umweltbewusstsein denkt.

Digital+
Textvorlage
WES-126428-231

Fachwortschatz, S. 314

(AH) S. 75

LERNBOX

Kommasetzung bei Partizipialgruppen

1. Das **Partizip Präsens** (*laufend, tanzend*) wird verwendet, um etwas gerade Stattfindendes genauer zu beschreiben. Das **Partizip Perfekt** (*gesagt, verletzt*) bezeichnet hingegen oft den Abschluss einer Tätigkeit, eines Vorgangs oder Zustands.
2. Hängen von dieser Form des Verbs noch weitere Wörter ab, spricht man von einer **Partizipialgruppe**: *Nachhaltige Unterkünfte bieten, knapp formuliert, ein großes Spektrum an Erlebnissen.*
3. Partizipialgruppen kannst du durch Kommas abtrennen, um die **Gliederung des Satzes** deutlich zu machen oder um **Missverständnisse auszuschließen**: *Naturerlebnisse und Umweltbewusstsein betreffend(,) ermöglichen Klassenfahrten oft unschätzbare Erfahrungen.*
4. Du musst ein Komma setzen, wenn Partizipialgruppen mit einem **hinweisenden Wort** oder einer **Wortgruppe** angekündigt werden: *Wenn wir auf diese Weise, Nachhaltigkeit in den Blick nehmend, reisen, schaffen wir dafür ein Bewusstsein.*
5. Du musst auch ein Komma setzen, wenn die Partizipialgruppen ein **Nomen** oder **Pronomen** näher erläutern: *Viele nachhaltig ausgerichtete Häuser und Programme, langfristig erprobt, bieten dafür den idealen Rahmen.*

Untersuchungsergebnisse belegen und richtig zitieren

Ⓐ [...] Das lyrische Ich befindet sich auf einem Flughafen an einer Startbahn (vgl. V. 1) und nimmt mit seinen Sinnen ein Flugzeug wahr. Es beschreibt, es höre die Motorgeräusche (vgl. V. 2), sehe die Maschine vorbeiziehen (vgl. V. 3) und fühle das Beben des Bodens der Startbahn (vgl. V. 5) unter sich. Dies wirkt so, als sei das lyrische Ich gedanklich und emotional vollständig in die Situation auf dem Flugplatz eingetaucht. [...]

Ⓑ [...] In der ersten Strophe des Liedes beschreibt ein lyrisches Ich, dass es sich auf einem Flugplatz befindet: „Wind Nord/Ost Startbahn null drei" (V. 1). Dort nimmt es intensiv Eindrücke wahr, sodass der Zuhörer diese quasi miterlebt, das heißt, er hört („hör ich die Motoren", V. 2), sieht („Wie ein Pfeil zieht sie vorbei", V. 3) und fühlt („der nasse Asphalt bebt", V. 5) dasselbe wie das lyrische Ich. [...]

1 **a)** Die beiden Textauszüge stammen aus unterschiedlichen Textuntersuchungen. Hier wird jeweils anders belegt. Markiere diese Stellen: Worin unterscheiden sie sich?
Beachte: *Art, zu belegen – verwendete Verbformen*.
b) Denke über die Wirkung dieser verschiedenen Zitierweisen nach: Wann ist es sinnvoll, nur Belege anzugeben, wann solltest du Textstellen wörtlich zitieren?

2 **a)** Besprecht zu zweit, warum ihr in Textuntersuchungen, zum Beispiel bei der Untersuchung eines Gedichts, eure Ergebnisse belegen müsst.
b) Erklärt euch in Partnerarbeit, worauf ihr beim **Zitieren** achten müsst: Eine Person erläutert das wörtliche Zitieren (Ⓐ), der/die andere erklärt, wir ihr indirekt zitiert (Ⓑ).
» Fachwortschatz, S. 315
c) Vergleicht eure Erklärungen mit den Hinweisen in der **LERNBOX** auf Seite 305.
d) Lege dir eine Karteikarte für deine Rechtschreibkartei an, auf der du die wichtigsten Hinweise zu den richtigen Zitiertechniken anhand der **LERNBOX** festhältst.
Eine verkürzte Form der Darstellung findest du im Fachwortschatz auf Seite 315.

Auszug aus einer Textuntersuchung zum Songtext „Über den Wolken"

[..] Das lyrische Ich sehnt sich vermutlich nach Harmonie und Zufriedenheit. Dieses wird deutlich, indem es eine Gedankenreise macht. Es befindet sich auf einem Flughafen nahe einer Startbahn (vgl. V. ___) und schildert seine Sinneseindrücke: Es hört ein Dröhnen (vgl. V. ___), fühlt ein Beben (vgl. V. ___) und sieht den Regen (vgl. V. ___). Diese Eindrücke verdeutlicht es zum Beispiel durch Vergleiche (Wie ein Pfeil zieht sie vorbei, vgl. V.___/ Wie ein Schleier, vgl. V. ____) und Metaphern (der nasse Asphalt bebt, vgl. V. ___/ staubt der Regen, vgl. V. ____). Die erste Strophe endet mit einer Metapher, denn das Flugzeug schwebt [d]er Sonne entgegen (vgl. V. ___), durch die angedeutet wird, dass das lyrische Ich in Gedanken mitfliegt. [...]

Digital+
Textvorlage
WES-126428-232

3 **a)** Lies den Auszug aus einer Untersuchung zum Songtext „Über den Wolken" (Seite 131): Zu welcher inhaltlichen Aufgabe von Seite 132 hat der Schüler gearbeitet?
b) Woran erkennst du, dass es sich hier nur um einen Auszug handelt?

4 In der Textuntersuchung (S. 304 unten) wurde nicht richtig zitiert.

a) Ergänze mithilfe des Liedtextes (Seite 131) die fehlenden Versangaben. Lade dir dazu den Text über den Webcode herunter.

b) Markiere die wörtlichen Zitate und ergänze die Anführungszeichen.

Du musst 5 Zitate kennzeichnen und mit Anführungszeichen versehen.

c) Ein Zitat wurde in den Satz integriert und daher hinsichtlich der Rechtschreibung angepasst. Finde heraus, wie die Veränderung des Zitats gekennzeichnet wurde.

Die übertragene Bedeutung der genannten Ausdrücke ┌ in Strophe I und des Ausdrucks ┌ Strophe IV ist grundsätzlich, dass diese den Alltag und die Sorgen des lyrischen Ichs darstellen. In der ersten Strophe stehen diese Ausdrücke im Kontrast zur Sehnsucht, die das lyrische Ich durch die gedankliche Reise mit dem Flugzeug ┌ auslebt. Der folgende Refrain ┌ zeigt, was es durch seine Gedankenreise erreichen will ┌, nämlich die Abkehr von den eigenen Ängsten und Sorgen ┌, die es am Himmel ┌ als nicht mehr so belastend empfindet. Am Ende in der vierten Strophe jedoch ist das Motorgeräusch des Flugzeugs verklungen ┌. Das lyrische Ich realisiert, dass es immer noch am Boden ist und die Ängste und Sorgen folglich auch nicht verschwunden sind. Daher beschreibt es durch das Wetter und die Umstände ┌ seine eigene Stimmung und persönliche Wünsche ┌.

┌ „nasse(r) Asphalt" (vgl. V. 5), …
┌
┌
┌
┌
┌
┌
┌
┌ ┌

5 Eine Schülerin hat zur zweiten Teilaufgabe (Aufgabe B, Seite 132) ihre Ergebnisse formuliert, ohne sie durch Textstellen zu belegen.

a) Überlege, welche Zitate aus dem Liedtext (Seite 131) an den gekennzeichneten Stellen eingefügt werden könnten, um ihre Ergebnisse zu belegen und zu veranschaulichen. Schreibe sie mit Versangabe an den Rand. Nutze das Korrekturzeichen ┌ einfügen.

b) Schreibe den Text mit den Zitaten ab. Überlege jeweils, ob du wörtlich oder indirekt zitieren willst. Orientiere dich dazu an der **LERNBOX**.

Digital+ Textvorlage WES-126428-233

» Sprache untersuchen, S. 267
AH S. 76

LERNBOX

So belegst du Ergebnisse deiner Textuntersuchung richtig:

In Textuntersuchungen **belegst** du deine Ergebnisse, um sie zu **veranschaulichen** und damit deine Leser diese **nachvollziehen** können. Dazu hast du verschiedene Möglichkeiten:

1. **So zitierst du wörtlich:**
   Wenn du eine **Textstelle** (Wörter, Satzteile, ganze Sätze) **wörtlich** wiedergibst, musst du sie **buchstabengetreu** übernehmen. Setze das **Zitat in Anführungszeichen** und gib die **Zeilen** (Z.) oder **Verse** (V.) an.
   a) Wenn das **Zitat am Ende eines Satzes** steht, setzt du das Zitat und die Zeilen-/Versangaben **in Klammern**. Der **Schlusspunkt** deines Satzes steht **hinter der Klammer**: *Das lyrische Ich befindet sich auf einem Flugplatz („Wind Nord/Ost Startbahn null drei", V. 1).*
   b) Wenn du das **Zitat in einen Satz einfügst**, steht nur die Zeilen-/Versangabe in Klammern: *Anhand der letzten Metapher in Strophe I kann man erkennen, dass das lyrische Ich gern im Flugzeug sitzen würde, denn es „schwebt [d]er Sonne entgegen" (V. 7–8).*
   c) **Auslassungen** im Zitat kennzeichnest du so: *[…].*
2. **So zitierst du indirekt:**
   Wenn du nur den **ungefähren Wortlaut** oder den Sinn einer Aussage wiedergeben willst, musst du die **indirekte Wiedergabe** verwenden (Konjunktiv I). Ergänze auch hier die **Zeilen-/Versangabe in Klammern**: *Das lyrische Ich beschreibt, es höre die Motorgeräusche (vgl. V. 2), sehe die Maschine vorbeiziehen (vgl. V. 3) und fühle das Beben des Bodens der Startbahn (vgl. V. 5) unter sich.*

Fachwörter richtig schreiben

	1	2	3	4	5	6	7	8	9	10	11	12	13
a	N	Z	E	W	T	N	A	N	O	S	N	O	K
b	O	E	I	J	U	N	E	M	O	N	O	R	P
c	M	O	B	T	P	U	K	U	P	L	Ö	P	F
d	I	S	E	E	A	C	O	M	U	X	K	V	R
e	N	E	M	O	N	T	M	L	N	I	O	M	E
f	A	R	T	U	L	S	M	A	K	F	N	L	M
i	L	A	K	O	V	G	A	U	T	F	J	Q	D
h	I	W	Y	V	E	S	C	T	H	U	U	K	W
i	S	Z	G	R	R	E	O	B	Z	S	N	M	O
j	I	T	H	E	B	R	E	V	D	A	K	R	R
k	E	V	E	L	O	T	I	P	W	A	T	I	T
l	R	A	C	H	G	U	I	K	L	I	I	Ö	X
m	U	D	G	E	L	A	K	T	K	U	O	Ä	V
n	N	S	U	F	E	N	T	E	U	Z	N	I	O
o	G	H	A	U	P	T	S	A	T	Z	U	Z	N

1 Fachbegriffe (vgl. **Falt-Methode** Seite 295) werden häufig falsch geschrieben. Darum musst du sie dir als Lernwörter einprägen. Besprecht, welche Fachbegriffe ihr aus dem Bereich Rechtschreibung kennt und warum sie wichtig sind.

» Richtig schreiben, S. 314

Denke zum Beispiel an *Rechtschreibstrategien, Kenntnisse zu Wortarten* etc.

2 **a)** In dem Rätselgitter sind 17 Fachbegriffe aus den Bereichen Rechtschreibung und Grammatik waagerecht, senkrecht und diagonal sowie vorwärts und rückwärts verborgen. Markiere so viele, wie möglich.

Digital+
Rätselgitter
WES-126428-234

Die Anfangsbuchstaben der Wörter findest du unter folgenden Koordinaten: 2x a1, a2, a13, b13, c7, c8, c9, c13, d11, e5, 2x i5, i10, j10, n4, o2.

b) Vergleicht eure Lösungen zu zweit: Welche Fachbegriffe habt ihr nicht entdeckt?

c) Schreibe die Satzanfänge unten ab und setze die Fachbegriffe ein.

d) Vergleiche deine Lösungen mit deinem Partner oder deiner Partnerin.

e) Überlegt euch weitere Sätze mit Lücken, in die man diese Fachbegriffe einsetzen könnte, und stellt sie euch als Aufgabe in der Klasse.

(A) Aus diesen Satzarten kann sich ein Satz zusammensetzen: … und … .
(B) Wortarten sind zum Beispiel …, …, …, … oder … .
(C) Zu den Satzzeichen gehören das … oder der … .
(D) Buchstaben unterteilt man in …, … und … .
(E) Nomen erkennt man unter anderem an einem … . Liegt eine … vor, werden auch Adjektive und Verben als Nomen gebraucht.
(F) Wörter, die aus anderen Sprachen übernommen werden, nennt man … .
(G) Beim … ist es wichtig, dieses durch Satzzeichen zu kennzeichnen.
(H) Wenn man die Rechtschreibregeln nicht befolgt, macht man … .

Am PC überarbeiten: Rechtschreibhilfen

Graffiti-Künstler im Einsatz gegen die fade Fassade

An der Gesamtschule Nord in Waltrob wurde die Sporthalle-Fassade verschöhnert. Drei Schüler und Schülerinen nutzen drei Wochen ihrer sommerferien in der Zeit vom 15.07.–05.08.2024, um eine 30 m langen Fassade der Sporthalle der Schule mit Symbolen zu Sinneswahrnehmungen heraus zu putzen – Pausen gab es dabei kaum. Nach anleiten und ausbilden der Schulkunst-AG durch den preisgekrönten Graffitikünstler Jounes Zhari entstand bunte Kunstwerke. Das Geld, dass sie für die Farben benötigten, wurden über die Stadt und eine Spendenaktion gesammelt. Der Schulleiter komentierte das Ergebnis abschliessend sehr positiv: „So schön hätte sich warscheinlich keiner das Ergebnis vorgestelt.“

Digital+
Textvorlage
WES-126428-235

1 Nino hat zur der Graffiti-Aktion (vgl. Seite 26) in Waltrop einen Bericht verfasst:

a) Prüfe den Bericht inhaltlich: Enthält er alle wichtigen Informationen (Antworten auf die W-Fragen)? Wurden Fakten und Namen richtig aus den Materialien übernommen?

Finde zwei Fehler in der Schreibung der Namen.

Ergänze Informationen zur Planung mithilfe des Korrekturzeichens ⌐einsetzen.

b) Besprecht, warum einige Wörter rot und andere blau unterschlängelt wurden.

c) Vergleicht eure Lösungen mit dem 1. Hinweis der **LERNBOX**.

d) Verbessere die unterschlängelten Wörter, wie in Hinweis 2 erläutert.

2 **a)** Die unterstrichenen Wörter werden von der PC-Rechtschreibhilfe nicht erkannt. Kläre mit einem Partner/einer Partnerin, um welche Fehlerarten es sich handelt.

b) Korrigiert diese Fehler. Nutzt dazu die **LERNBOX**, Hinweis 3.

c) Tippe den Text mit deinem Textverarbeitungsprogramm **überarbeitet** ab (vgl. **LERNBOX**, Hinweis 2), um zu überprüfen, ob du alle Fehler korrigiert hast.

» Fachwortschatz, S. 315

LERNBOX

So nutzt du die Rechtschreibprüfung am PC:

1. Achte beim Eingeben in dein Textverarbeitungsprogramm darauf, dass die **automatische Rechtschreib- und Grammatiküberprüfung aktiviert** ist. Das Programm gleicht die Schreibweise mit einem internen Wörterbuch ab und erkennt viele **Rechtschreibfehler** (rot) und **Grammatikfehler** (blau).
2. Klicke mit der **rechten Maustaste** auf **gekennzeichnete Wörter** (Beispiel: *Waltrop*): Das Programm macht **Korrekturvorschläge**. Prüfe sie und wähle durch Anklicken aus. Wurde ein Wort als fehlerhaft gekennzeichnet, obwohl es richtig ist, klicke auf „Ignorieren“ oder auf „Hinzufügen zum Wörterbuch“.
3. Diese **Fehlerarten** erkennt das **Rechtschreibprogramm manchmal nicht**:
   - **Großschreibung von Verben und Adjektiven**, die nominalisiert sind: *das Lachen, im Folgenden* (→ **LERNBOX** Seite 289),
   - **Zusammenschreibung von Adjektiven und Verben**, die eine neue Gesamtbedeutung ergeben: *einen Angeklagten freisprechen* (→ **LERNBOX** Seite 293),
   - **Zusammenschreibung von Verbindungen aus „anderen Wortarten“ und Verben** (→ **LERNBOX** Seite 294),
   - ***das* im Gegensatz zu *dass*** (→ **LERNBOX** Seite 298).
   - **(unbekannte) Namen** (Personen/Orte); **überprüfe sie in** Texten für die Öffentlichkeit immer.
4. **Prüfe** deine Texte vor dem Verschicken oder Ausdrucken **selbst noch einmal genau**. Orientiere dich dazu an deinen eigenen Fehlerschwerpunkten (vgl. Seite 310–311).

Strategien für die richtige Rechtschreibung und Zeichensetzung anwenden

Du kennst schon viele Rechtschreib- (orange) und Zeichensetzungsstrategien (blau), die du nutzen kannst, um weniger Fehler zu machen. Hier findest du alle Strategien zu Rechtschreib- und Zeichensetzungsproblemen, die du kennst, auf einen Blick. Ergänze die Übersicht in Aufgabe **3** (Seite 309) durch Aspekte, die in diesem Schulbuch hinzugekommen sind.

Strategie	Erklärung und Anwendung	Rechtschreib- u. Zeichensetzungsproblem	Seite
Silbenprobe	Lange und kurze Vokale erkennen: Ich prüfe den Vokal: nach langem Vokal ist die Silbe offen, nach kurzem Vokal ist sie durch einen Konsonanten geschlossen.	Wörter mit *ie* / Schreibung von doppelten Konsonanten / Wörter mit *ck* und *tz* / Schreibung von *s, ss* und *ß*	
Verlängerungsprobe	Endungen zum Klingen bringen: Ich verlängere das Wort: Nomen → Plural, Verben → Wir-Form/ Infinitiv, Adjektive → vor ein Nomen setzen oder 1. Steigerungsstufe	*b, d, g* im Auslaut / Schreibung von Adjektiven auf *-isch, -lich, -ig* / Schreibung von *s* und *ß*	
Ableitungsprobe	Verwandte Wörter finden: Ich bilde Wörter der Wortfamilie mit gleichem Wortstamm.	Schreibung von *ä* und *äu* / silbentrennendes *h*	
Signalwörter/Artikelprobe	Großschreibung erkennen: Ich überprüfe, ob ich einen Artikel davorsetzen kann, oder achte auf die Signalwörter (Artikel, Adjektive, Pronomen, Präposition + Artikel, ,).	Schreibung von Namen/Nomen; Großschreibung von nominalisierten Verben und Adjektiven / Zeitangaben richtig schreiben / richtig schreiben	289, 290, 291
Ersatzprobe	Unterscheidung von das/dass: Ich prüfe, ob ich statt *das* auch *dieses, jenes, welches* einsetzen kann. Wenn nein, schreibe ich *dass*.	*das* oder *dass*	296
Betonungsprobe/	Getrennt- und Zusammenschreibung: Wenn ich in Verbindungen aus Verb und Verb, Adjektiv und Verb, „anderen Wortarten" und Verb den ersten Teil betone, schreibe ich zusammen; es verändert sich die Bedeutung. Einige Verbindungen aus Nomen und Verb sind Lernwörter.	Verbindungen aus Verb und Verb / Verbindungen aus Adjektiv und Verb /	292, 293
Erweiterungsprobe	Getrennt- und Zusammenschreibung: Wenn ich zwischen Adverb und Verb eine Ergänzung setzen kann, schreibe ich getrennt. / Wenn ich in der Verbindung von Partizip und Nomen ein Wort einspare, schreibe ich zusammen.		201 294
Lernwörter	Wörter, die ich mir nicht mit einer Strategie herleiten kann, sind Lernwörter: Ich sammle sie in einer Wörterliste, in meiner Rechtschreibkartei oder schlage sie nach.	Fremdwörter / Wörter mit *x, chs, ks. cks* / einige Verbindungen aus Nomen u. Verb /	295, 306, 292
Lesepausen aufspüren	Kommas setzen bei Lesepausen: Ich setze beim sinnentnehmenden Lesen Zeichen, wo ich eine Pause mache: lange Pause = Satzschlusszeichen, kurze Pause = Komma.	Kommas und Satzschlusszeichen setzen	296, 297, 298
Sinneinheiten bilden	Kommas setzen durch Bilden von Sinneinheiten: Ich unterstreiche die Prädikate und klammere die dazugehörigen Wörter ein. Hängen diese eng zusammen, setze ich ein Komma.	Komma in Satzreihen (HS, HS) setzen / Komma in Satzgefügen (HS, NS) setzen	296, 297, 300, 301

Strategie	Erklärung und Anwendung	Rechtschreib- u. Zeichensetzungsproblem	Seite
Erkennungszeichen beachten	**Erkennungswörter für Zeichensetzung (z. B. Konjunktion, Relativpronomen) einprägen:** Ich achte auf neben- und unterordnende Konjunktionen, Relativpronomen, Adverbien u. . Nebensätze können vor- und nachgestellt bzw. eingeschoben sein.	Kommas in Satzreihen (HS, HS) setzen / Kommas in Satzgefügen setzen (HS, NS) / Kommas bei Infinitivgruppen setzen	296, 297, 300, 302
Wörtliche Rede u. markieren	**Zeichen setzen bei wörtlicher Rede und Zitaten:** Ich unterschlängele, was gesagt wird, und unterstreiche den Redebegleitsatz oder die wörtlichen Zitate. Die wörtliche Rede u. die Zitate setze ich in Anführungszeichen und grenze sie mit einem Komma oder Doppelpunkt vom übrigen Satz ab.	Zeichen der wörtlichen Rede /	304, 305
Aufzählungen entdecken	**Kommas setzen bei Aufzählungen:** Ich unterstreiche die Wörter und Wortgruppen, die aufgezählt werden. Zwischen den ersten setze ich ein Komma, die letzte ergänze ich durch *und* oder *sowie* und setze kein Komma.	Kommas bei Aufzählungen setzen	
Bezugswörter ausmachen	**Kommas setzen bei Appositionen und :** Ich markiere das Bezugswort und suche nach einer näheren Erläuterung/Angabe; diese grenze ich durch Kommas ab.	Kommas bei Appositionen / Kommas bei Partizipialgruppen	303

1 Setzt euch in Vierergruppen zusammen und erarbeitet die folgenden Aufgaben:
a) Zuerst liest jede/jeder für sich die bekannten Strategien auf den Seiten 308–309.
b) Klärt danach gemeinsam Fragen, falls euch einige Strategien noch unklar sind.

1) die Mül/lltonne – (2) Ich weiß, das/dass das ein gutes Projekt ist. – (3) nachhaltig/k – (4) mass/ßvoll – (5) Paul will seine Mutter finden (Komma?) weil sie ihm fehlt. – (6) Herr Meyer (Komma?) der Klassenlehrer (Komma?) möchte das Ziel der Klasse unterstützen. – (7) die Reu/äuber – (8) wach?rütteln – (9) E/erkenntnis – (10) Beim S/spielen vergisst sie die Alltagsprobleme.

2 Mit Strategien kannst du Probleme in der Rechtschreibung und Zeichensetzung lösen:
a) Welche Strategie würdest du anwenden, um die Rechtschreibprobleme im Kasten zu klären? Schreibe die Wörter und Sätze richtig auf. Notiere in Klammern dahinter die Strategie, die du angewendet hast. Unterstreiche die Problemstelle. Schreibe so:
im f/Folgenden → im Folgenden = in dem Folgenden (Artikelprobe)
Löse fünf, acht, alle Probleme.
b) Vergleicht eure Lösungen in eurer Vierergruppe miteinander. Seid ihr unsicher, schlagt im Duden nach.

AH S. 77

3 In diesem Kapitel habt ihr noch Neues zu den Strategien gelernt. Arbeitet mit den folgenden Aufgaben in eurer Gruppe weiter:
a) Lade dir zuerst die Tabelle oben über den Webcode herunter.
b) Ergänze die markierten Stellen in der Tabelle mit neuem Wissen aus dem Kapitel.
Setze die folgenden Wörter ein: *Verbindung aus Adverb und Verb – Farbbezeichnungen – Numerale – Bedeutungsprobe – Zitate – Possessiv- oder Demonstrativpronomen – Verbindungen aus „anderen Wortarten" und Verb – Zeichen bei Zitaten – Verbindung aus Nomen und Verb (Partizip) – Fachwörter – Infinitive mit zu – bei Partizipialgruppen*

Digital+
Tabelle zum Ergänzen
WES-126428-236

Texte überarbeiten – Fehlerschwerpunkte ermitteln

Den zweiten Tag der Berufsfelderkundungstage, 8. April 20…, habe ich in der
Kindertagesstäte „Wühlmäuse“ verbracht um den Beruf der Erzieherin näher R1, Z2
kenenzulernen. Das Gebeude liegt mitten im Wald und ist umgeben von R3, R4
Grünflächen mit einem Abenteuerspielplatz sodass die Kinder den Grossteil Z5, R6
der Tage dort draußen verbringen obwohl es zeitweise ganz schön stürmisch Z7
war und sogar ein bisschen geschneit hat.

Direkt beim ankommen wurde ich freudich von der „Erdmännchen“- R8, R9
Gruppe begrüßt. Das sind die Älteren Kinder mit denen ich dann auch den ge- R10, Z11
samten Tag verbracht habe. Diese Gruppe besteht aus 25 Kindern im Alter
von 5–6 Jahren. Es sind also zum Teil Vorschulkinder dabei. Das ist wichtig,
denn je nach alter unterscheidet sich auch das Program, das denn Kindern R12, R13, R14
dort geboten wird.
Da viele Eltern früh zur Arbeit müsen began der Tag für mich schon um 7:00 R15, Z16, R17
Uhr während die Erzieherinnen an jedem Tag so früh anfangen. Bis etwa 7:30 Z18, R19
Uhr war die sogenannte „offene Ankunftszeit“. Das bedeutet, das erst mal R20
alle Kinder gebracht werden und miteinander spielen dürfen bis alle da sind. Z21
Dan wurde das gemeinsame Früstück vorbereitet. Ich half der Erzieherin R22, R23
Claudia dabei ein Bircher Müsli vorzubereiten und unterschiedliches Obst zu Z24
schneiden. Auch zwei sechsjährige durften durch rühren und Tischdecken un- R25, R 26
terstützen. Von etwa 8:00 Uhr bis 8:30 Uhr frühstückten wir gemeinsam,
nachdem wir das „Frühstücks-Lied“ gesungen hatten.
Unmittelbar danach gab es die sogenannte frühkindliche Spracherziehung.
Ich durfte in der Kuschelecke eine Geschichte vorlesen und die Kinder konn-
ten ihr Hörverständnis mit Biltkarten zur Geschichte überprüfen. Das heißt sie R27, Z 28
erzählten das was sie verstanden hatten, nach. Dazu habe auch ich Fragen ge- Z29
stelt, die beantwortet werden musten. R30, R31
Etwa ab 10:00 Uhr zogen sich die Kinder warm an. Die meisten hatten Gumi- R32
stiefel und Regenjacken dabei. Mit Schal und Handschuhen bewaffnet ging es Z33
raus auf den Abenteuerspielplatz. Hier bestand meine Aufgabe hauptsächlich
darin für die Aufsicht zu sorgen. Aber immer wieder kamen die kleinen, um Z34, R35
neu erlernte Kunststücke stolz zu presentieren. R36
Zum aufwärmen und Essen gingen wir um ca. 11:45 Uhr wieder rein, da alle R37
auch ziemlich durchgefroren waren. Es dauerte sehr lange bis alle ihre Klei- Z38
dung ausgezogen und sortiert an die kleinen Haken gehängt hatten. Da das Es-
sen von einem Caterer gebracht wurde war es natürlich schon fertig. Also Z39
setzten wir uns an die gedegten Tische und konnten ab etwa 12:30 Uhr zu Mit- R40
tag essen. Es gab Spaghetti mit Fleischklöschen. Nachdem alle satt waren half R41, Z42
ich den Kindern beim putzen der Zähne und beim Umziehen, denn sie sollten R43
sich für ein Mittagsschläfchen ein wenig hinlegen. Aber einige konnten gar

nicht schlafen und wollten lieber mit mir in der Spieleecke spielen. Das war für die Erzieherinen aber auch okay denn so klein waren die Kinder auch nicht mehr. R44, Z45
Ab etwa 14:30 Uhr wurde dann gebastelt. Eine Bastelvorlage berücksichtigend Z46
stellten wir Fensterbilder mit Ostermotiwen her die mit buntem Krepppapier R47, Z48
beklebt wurden. Jedes Kind durfte sein Bild mit nach Hause nehmen um es den Z49
Eltern zu schenken. Ab 15:30 Uhr kamen die ersten Eltern, weil sie ihre Kinder abholen wollten denn sie kamen zum abholen direkt von der Arbeit in die KiTa. Z50, R51, R52
Mein Tag endete um 16:30 Uhr und ich kann sagen, das die Betreuung der Kinder großen Spaß gemacht hat. R53

1 **a)** Luca hat zu seinem zweiten BFE-Tag einen Tagesbericht geschrieben: Tauscht euch darüber aus, was er gemacht hat und was euch an dem Tag gefallen hätte.
b) Inhaltlich ist der Bericht gelungen, aber er enthält einige Rechtschreib- (R) und Zeichensetzungsfehler (Z). Ermittle die Fehler. Kennzeichne sie mit deinem Textkorrekturstift im Text (s. Webcode).

Digital+ Textvorlage WES-126428-237

Fehlerarten			
Großschreibung		das/dass	
Schreibung s-Laute		Komma/Punkt in Satzreihen	
Doppelkonsonanten (außer ss)	I	Komma in Satzgefügen	
b/p, d/t, g/k		Komma bei Relativsätzen	
Schreibung von ä/äu		Komma in Aufzählungen	
Wörter mit Dehnungszeichen (h, ie)		Komma bei Infinitivgruppen	
Getrennt- und Zusammenschreibung		Komma bei Partizipialgruppen	I
Lernwörter, Fach- und Fremdwörter		Das muss ich außerdem üben:	

Digital+ Vorlage Tabelle WES-126428-238

2 **a)** Führe eine **Fehlerschwerpunktanalyse** für Luca durch: Stelle fest, welche Fehler häufig auftreten. Übertrage dazu die Tabelle oder lade sie dir über den Webcode herunter und ordne die Fehler zu. Finde mindestens 30, 40, alle Fehler.
b) Zähle die Fehlerarten: Welche Häufigkeiten kannst du feststellen? Zu welchen Fehlerquellen sollte Luca üben? Suche Übungsaufgaben in diesem Kapitel heraus.

Fachwortschatz, S. 314

3 **a)** Nutze die **Rechtschreib- und Zeichensetzungsstrategien** und berichtige die Fehler. Wähle 15, 20, 25 Fehler aus. Schreibe so:
R1: die Kindertagesstätte → die Kin der ta ges stät te (Silbenprobe; die erste Silbe in die Stät te ist geschlossen, Konsonant wird verdoppelt);
Z2: [...] [habe ich in der Kindertagesstätte „Wühlmäuse" verbracht], [um den Beruf der Erzieherin kennenzulernen]. → satzwertige Infinitivgruppe durch Komma abgrenzen (Sinneinheiten bilden, Erkennungszeichen)
b) Vergleicht eure Korrekturen und besprecht, welche Strategien ihr angewendet habt.

Richtig schreiben, S. 308–309
Fachwortschatz, S. 314
AH S. 78

4 Verfahre mit deinen eigenen korrigierten Texten ebenso. Lege dir eine **Textkorrekturkarte** an. Diese legst du beim Schreiben von Texten zur Erinnerung vor dich hin.

Fachwortschatz, S. 315

Selbstständig mit Texten üben

Luca will nach der Fehlerschwerpunktanalyse (vgl. Seite 310–311) auch selbstständig nach geeignetem Material zum Üben suchen.

1 **a)** Sammelt Ideen, wo und wie ihr geeignete Materialien zum Üben von Rechtschreibung und Zeichensetzung finden könnt.
b) Informiert euch auch, welche Apps und Programme (z. B. *ANTON, Duden Mentor, Kapiert.de* ...) eure Schule bereitstellt.

2 Luca will seine KI-App zur Erstellung passender Aufgaben zur Unterscheidung von *das/dass* nutzen, weil er sich dabei noch unsicher ist. Das ist sein Prompt:

> Erstelle mir Übungen als Lückentext, mit denen ich die Unterscheidung der Konjunktion dass und des Relativpronomens das trainieren kann.

a) Das Ergebnis der KI findest du unten: Lies die Aufgaben und löse sie.

Übung 1: Lückentexte – Fülle die Lücken mit „dass" oder „das" aus.
1. Ich weiß, ____ du morgen kommst.
2. Der Film, _____ wir gestern gesehen haben, war spannend.
3. Es ist wichtig, ____ du rechtzeitig anfängst zu lernen.
4. Das Buch, ____ auf dem Tisch liegt, gehört mir.
5. Sie glaubt, _____ er die Wahrheit sagt.
6. Das Auto, _____ er gekauft hat, ist rot.
7. Ich hoffe, _____ du meine Nachricht erhalten hast.
8. Der Lehrer sagt, ____ wir unsere Hausaufgaben pünktlich abgeben sollen.

Übung 2: Sätze umformulieren – Setze die folgenden Sätze um, indem du „dass" oder „das" korrekt einfügst.
1. Ich habe gehört, ____ es morgen regnen soll.
2. Sie hat mir erzählt, ____ sie eine neue Stelle gefunden hat.
3. Der Hund, ____ dort sitzt, ist sehr freundlich.
4. Es freut mich, ___ du zu meiner Party kommen kannst.

Übung 3: In den folgenden Sätzen ist jeweils ein Fehler. Finde den Fehler und korrigiere ihn.
1. Ich glaube das sie heute nicht kommt.
2. Das Buch das du mir empfohlen hast, ist interessant.
3. Ich bin mir nicht sicher das ich das richtig verstanden habe.

b) Vergleiche deine Lösungen mit denen eines Mitschülers/einer Mitschülerin.
c) So ganz genau passen die Aufgaben nicht zum Anliegen von Luca: Tauscht euch darüber aus, was euch beim Lesen der Aufgabenstellungen und beim Lösen der generierten Aufgaben aufgefallen ist. Setzt dazu Lucas Übungswunsch und die Lösungen in Beziehung.
d) Entwickelt gemeinsam einen genaueren Prompt und probiert ihn aus. Nutzt dazu die Hinweise im Webcode.

Digital+
Hinweise: Prompten
WES-126428-239

Richtig schreiben

Kompetenz / Inhalt	Selbsteinschätzung ☺ 😐 ☹	Fremdeinschätzung ☺ 😐 ☹	Bemerkungen	Hier kannst du weiterüben:
Ich kann …				
Großschreibung erkennen: – Nomen und Nominalisierungen erkennen. (S. 289–290) – Farbbezeichnungen richtig schreiben. (S. 291)				AH, S. 65 AH, S. 66
erkennen, ob Wörter getrennt- oder zusammengeschrieben werden: – Verbindungen aus Nomen und Verb. (S. 292) – Verbindungen aus Adjektiv und Verb. (S. 293) – Verbindungen aus „anderen Wortarten“ und Verb. (S. 294)				AH, S. 67 AH, S. 68 SB, S. 218, AH, S. 69
Fachwörter richtig schreiben und mit der Falt-Methode üben. (S. 295)				SB, S. 192–193, AH S. 70
Zeichen richtig setzen: – Komma in Satzgefügen. (S. 296–297) – Nebensätze mit *das* und *dass*. (S. 298) – Satzgefüge mit mehreren Nebensätzen und Satzbaupläne. (S. 299–300) – Kommas in Subjekt- und Objektsätzen. (S. 301) – Kommas bei Infinitivgruppen. (S. 302) – Kommas bei Partizipialgruppen. (S. 303) – Untersuchungsergebnisse belegen und richtig zitieren. (S. 304–305)				AH, S. 71 SB, S. 136; AH, S. 72 SB, S. 73; AH, S. 73 SB, S. 156; AH, S. 74 AH, S. 75 AH, S. 76
Rechtschreibung und Zeichensetzung prüfen: – Fachwörter rund um Rechtschreibung und Grammatik richtig schreiben. (S. 306) – Texte mit der Rechtschreibhilfe am PC kontrollieren. (S. 307) – Strategien für Rechtschreibung und Zeichensetzung anwenden. (S. 308–309) – eigene Fehlerschwerpunkte ermitteln und eine Textkorrekturkarte erstellen. (S. 310–311)				SB, S. 19 AH, S. 77 SB, S. 197; AH, S. 78
Rechtschreibung und Zeichensetzung mit Texten selbstständig üben. (S. 312)				

AH = Arbeitsheft, SB = Schülerband

Fachwörter und Methoden

das Adverb	Adverbien kannst du mit Verben verknüpfen. Durch diese Verbindungen ergeben sich neue Bedeutungen: *fort-, her-, heran-, hin-, los-, weg-, weiter-, widerfahren* etc.
das Fachwort	= Wörter, die nur in einem bestimmten Kontext (Sachgebiet) verwendet werden, z. B. *Berufsfelder* ...
die Falt-Methode	= dient zum Einprägen von Fach- und Fremdwörtern.
der Fehlerschwerpunkt	Die Ermittlung von Fehlerschwerpunkten hilft dir, einen Überblick über persönliche Fehlerquellen zu erhalten. So findest du heraus, welche Aspekte der Rechtschreibung und Zeichensetzung du noch üben musst.
die Getrennt- und Zusammenschreibung	– Verbindungen aus **zwei Verben** kannst du immer getrennt schreiben: *schwimmen gehen*. Werden sie nominalisiert, schreibst du sie groß und zusammen: *das Schwimmengehen*. Wenn sich die Bedeutung in der Kombination mit *bleiben* und *lassen* verändert, schreibst du zusammen: *fallenlassen = aufgeben*. – Das gilt auch für die Kombination von **Adjektiv und Verb** (*freisprechen*), sonst schreibst du getrennt. – Diese Regeln wendest du auch auf die Kombination von Nomen und Verb an. Hier gibt es aber **Lernwörter**, die du dir einprägen musst: *eislaufen, heimgehen, leidtun, nottun* ... – Die Verbindungen von **Nomen und Partizip** schreibst du zumeist zusammen: *zähnefletschend*. – Verbindungen aus **Adverbien/Präpositionen und Verb** schreibst du zumeist zusammen: *zusammenarbeiten, nachlaufen, überfahren*. – Wende zur Überprüfung die **Bedeutungs-** oder **Betonungsprobe** an.
der Hauptsatz	Er enthält immer ein Subjekt und ein Prädikat: *Wir setzen uns für die gute Sache ein. (HS)*
die Infinitivgruppe	= Infinitive mit *zu* grenzt du durch ein Komma ab, wenn sie **satzwertig** sind. Das heißt, sie bilden formal keinen Satz, lassen sich aber in die Form von Nebensätzen bringen: *Es ist uns wichtig, Rücksicht zu nehmen.* → *Es ist uns wichtig, dass wir Rücksicht nehmen.*
die Konjunktion	= Satzverknüpfungswörter, die **Satzreihen** (HS + HS) oder **Satzgefüge** (HS + NS) verknüpfen. Nebenordnende Konjunktionen in **Satzreihen** sind: *und, oder, aber, denn, sondern, doch*. Sie leiten einen **Hauptsatz** ein. Unterordnende Konjunktionen in **Satzgefügen** sind: *dass, weil, da, als, obwohl, wenn, nachdem, damit, sodass, ohne dass* ... Diese leiten einen **Nebensatz** ein, d. h., das Prädikat steht immer am Schluss. Sätze können mehrere Nebensätze mit Konjunktionen enthalten, die sich aufeinander beziehen.
die Konjunktion dass	Sie leitet einen **Nebensatz** ein, der oft nach Verben wie *wissen, meinen, behaupten, vermuten, sich freuen, bedauern* steht und den **Hauptsatz** näher erläutert. *Das lyrische Ich meint, dass die Freiheit über den Wolken grenzenlos sein kann.* Ein *dass*-Satz kann auch von einem Nomen abhängig sein.
das Lernwort	Sammle diese Wörter mitsamt ihrer Bedeutung in deiner **Rechtschreibkartei** oder **Wörterliste** (*exorbitant, der Wechsel, heimgehen, leidtun, teilnehmen, die Mayonnaise*), um dir die Schreibung einzuprägen.
der Nebensatz	Ein Nebensatz kann nicht ohne **Hauptsatz** stehen; er wird häufig von einer **Konjunktion** oder einem **Relativpronomen** eingeleitet und durch Komma(s) vom Hauptsatz abgetrennt. Das Prädikat steht am Ende: *Weil Produkte im Netz beworben werden (NS), kennt sie jeder (HS).*
die Nominalisierung	Wenn sie nominalisiert werden, schreibst du die Infinitive von Verben sowie Adjektive groß. Dies erkennst du zum Beispiel, wenn ein **Signalwort** davorsteht: *das Befragen, dieses Beobachten, die Kleinen glauben* ... Steht kein Signalwort davor, führe die **Artikelprobe** durch.
die Numerale	= unbestimmte oder bestimmte Zahlwörter: *etwas, nichts, zwei, wenig* ... Sie sind **Signalwörter** für Nomen und **Nominalisierungen**.
der Objektsatz	= Nebensätze, die für ein Objekt stehen: *Wir erwarten, dass viele spenden werden. (Wen oder Was?)*. Diese Sätze sind auch oft **uneingeleitet**: *Wir meinen, den Weg zu kennen.*
die Partizipform, die Partizipialgruppe	= Partizip Präsens: *sehend, wiederholend, nachdenkend* ...; Partizip Perfekt: *gesehen, wiederholt, nachgedacht* ... **Partizipialgruppen**, die diese Formen enthalten, trennst du durch ein Komma ab, um Missverständnisse auszuschließen oder wenn sie durch hinweisende Worte angekündigt werden: *Wenn wir auf diese Weise, Nachhaltigkeit in den Blick nehmend, reisen, schaffen wir dafür ein Bewusstsein.*
das Prädikat	Das Prädikat ist das Satzglied, das aus der konjugierten Form des Verbs besteht. Es steht im Aussagesatz i.d.R. an zweiter Satzgliedposition: *Der Simsor **ist** fantastisch.* Steht der Hauptsatz hinter einem Nebensatz, rückt das Prädikat im Hauptsatz an die zweite Position: *Weil er vieles kann, **ist** der Simsor fantastisch.*

die Präposition	= mit Dativ: *ab, aus, bei, nach, außer, seit, von, mit, zu.* / mit Akkusativ: *bis, für, durch, gegen, ohne, um.* / Wechselpräpositionen: *in, vor, über, neben, zwischen, hinter, unter, auf, an.* Sie können in Verbindungen mit Verben neue Wörter bilden (**Bedeutungsprobe**) und werden dann zusammengeschrieben.
der Relativsatz	= **Nebensatz**, mit dem nähere Angaben, meist zu einem Nomen, gemacht werden. Er wird durch ein **Relativpronomen** oder **Relativpronomen mit Präposition** eingeleitet: *Das ist Werbung, in der dies vorkommt.*
die Rechtschreib-strategie	**Ableitungsprobe** (= ein verwandtes Wort aus der **Wortfamilie** finden): s*ehen* → *er sieht, der Seher, die Sehschärfe …* → *ä/äu*, Dehnungs-*h* und silbentrennendes *h*; **Betonungsprobe** (= Getrennt- und Zusammenschreibung): *sitzenbleiben, hängenlassen* → Verbindungen aus Verb und Verb, aus Adjektiv und Verb, aus „anderen“ Wortarten und Verb; **Bedeutungsprobe** (= Getrennt- und Zusammenschreibung): *freisprechen = von Schuld befreien* → Verbindungen aus Verb und Verb, aus Adjektiv und Verb, aus „anderen“ Wortarten und Verb; **Ersatzprobe** (= *dieses, jenes, welches* einsetzen) → *das / dass*; **Erweiterungsprobe** (= Getrennt- und Zusammenschreibung): *etwas vorher (mit Überzeugung) sagen* → Verbindungen aus Adverb u. Verb; *angsterfüllt, zähnefletschend* → Verbindungen aus Partizip u. Verb; **Signalwörter überprüfen** oder **Artikelprobe** (= Großschreibung): *das Bewerben* → Namen/Nomen/ Nominalisierungen, Zeitangaben, Farbbezeichnungen; **Silbenprobe** (= geschlossene oder offene Silbe): *das Din ner* → Wörter mit Silbenbogen aufschreiben für: Wörter richtig trennen, Wörter mit *ie*, mit *s*-Lauten, mit Doppelkonsonanten, mit *ck* und *tz*; **Verlängerungsprobe** (= Buchstaben zum Klingen bringen): *die Wand – die Wän de* → *b, d, g* im Auslaut, Schreibung von Adjektiven auf *-isch, -lich, -ig,* Schreibung von *s* und *ß*; **Wörter zerlegen** (= ein Wort in seine Bestandteile zerlegen): *aufdrehen* → *auf dre hen, das Fuß ball trai ning* … → Wenn du unsicher bist, wie du Zusammensetzungen schreiben musst, **zerlege** sie zuerst und **verlängere** dann das erste Wort: *der Hau?meister* → *die Häu ser + der Meister,* **Wortarten erkennen**: Wortarten zu kennen, hilft dir bei der Entscheidung, ob du groß- oder kleinschreiben musst. Außerdem weißt du dann auch, ob das Wort einen Nebensatz einleitet, den du dann vom Hauptsatz durch ein Komma abgrenzen musst → *Ich weiß, dass du Recht hast.*
das Satzgefüge	Es besteht mindestens aus einem **Haupt-** und einem **Nebensatz**. Den Nebensatz erkennst du z. B. an der einleitenden (= unterordnenden) **Konjunktion** (*als, wenn, während, dass, obwohl, wenn …)*, an dem **Relativpronomen** sowie an dem Prädikat am Satzende: *Ich surfe im Internet, obwohl dort Cookies verwendet werden.* Haupt- und Nebensatz im Satzgefüge werden durch Kommas voneinander getrennt.
die Satzklammer	Wenn ein Hauptsatz durch einen eingeschobenen Nebensatz in zwei Teile aufgeteilt wird, bezeichnet man dies als Satzklammer: *Durch das Einsetzen der eigenen Sinne, die man auch begreifen muss, werden die Selbst- und Fremdwahrnehmung gefördert.*
satzwertig	= entspricht von der Funktion her einem Nebensatz: *Wir glauben, die Insel zu kennen.*
das Signalwort	= Erkennungszeichen z. B. zur Ermittlung der Großschreibung: **Artikel:** *eine Befragung, eines Tages …* / **Possessiv-/Demonstrativpronomen**: *deine Bewerbung, dieses Verhalten …* / **Adjektive**: *der gute Entwurf …* / **Präposition + Artikel:** *im (in + dem) Büro, beim, am, am, ans, ins …* / **Numerale:** *viele Mails …*
der Subjektsatz	= Nebensätze, die für ein Subjekt stehen: *Es ist wichtig, dass wir uns für Bolivien engagieren.*
die Textkorrektur-karte	Darauf notierst du deine **Fehlerschwerpunkte**. Ergänze die passenden **Rechtschreibstrategien**, um sie dir für deine nächsten Texte einzuprägen. Nutze sie zum Schreiben eigener Texte und für Berichtigungen.
überarbeiten	Beim Überarbeiten hältst du dich an festgelegte Kriterien. Wenn du Anmerkungen am Rand mit einem Textkorrekturstift notierst, nutze die **Korrekturzeichen**. Wende zur Prüfung der Rechtschreibung und Zeichensetzung die **Strategien** an (s. Seiten 308 und 309) und orientiere dich an deinen **Fehlerschwerpunkten**.
die Wörterliste	Eine Wörterliste unterstützt dich dabei, neue Wörter, deren Bedeutung, Funktion und Schreibweise einzuprägen. Notiere links das Wort (bei Nomen mit Artikel) und ergänze rechts eine Erklärung. Eine **Rechtschreibkartei** ist auch eine Art Wörterliste.
zitieren/belegen	Um Untersuchungsergebnisse zu belegen, kann du Textstellen direkt oder indirekt wiedergeben. Beim direkten Zitieren achtest du auf den genauen Wortlaut und setzt die Übernahmen in Anführungsstriche. Ergänze Seiten- oder Zeilenangabe nach einem Komma oder in Klammern. Setze am Ende einen Punkt.

1 Du kannst die Fachwortliste zum Nachschlagen während der Arbeit im Kapitel sowie zum Lernen des Fachwissens benutzen. Nutze die Karteikarten unter dem Webcode.

Digital+
Karteikarten
WES-126428-240

Verben

- Verben untersuchen (Zeitformen)

  Digital+ Übersicht WES-126428-241

- Unregelmäßige Verben

  Digital+ Übersicht WES-126428-242

- Verben und Ergänzungen

  Digital+ Übersicht WES-126428-243

Wortarten

- Wortarten im Überblick

  Digital+ Übersicht WES-126428-244

Nomen und Pronomen

- Nomen und Pronomen untersuchen

  Digital+ Übersicht WES-126428-245

Anforderungsbereich I (Reproduktion)	
Nenne/Benenne	Informationen ohne Kommentierung zusammentragen
Beschreibe	Textaussagen oder Sachverhalte wertungsfrei in eigenen Worten darstellen
Gib wieder	Inhalte sachlich in eigenen Worten formulieren
Fasse zusammen	Inhalte verkürzt und strukturiert in eigenen Worten wiedergeben

Anforderungsbereich II (Reorganisation und Transfer)	
Untersuche/ Erschließe	an Texten, Aussagen, Sachverhalten oder Problemstellungen fragegeleitet arbeiten
Ordne ... ein	Inhalte in einen Zusammenhang einbinden
Vergleiche	Texte oder Sachverhalte aspektgeleitet gegenüberstellen, um Gemeinsamkeiten und Unterschiede zu ermitteln
Erkläre/ Erläutere	Textaussagen oder Sachverhalte auf Basis von Kenntnissen darstellen und durch zusätzliche Informationen oder Beispiele veranschaulichen
Setze ... in Beziehung zu	aspektgeleitet Zusammenhänge zwischen Textaussagen, Sachverhalten oder Analyseergebnissen herstellen

Anforderungsbereich III (Reflexion und Problemlösung)	
Nimm Stellung	einen eigenen Standpunkt zu einer Aussage oder Meinung formulieren und auf Basis eines Textes und/oder eigener Erfahrungen und/oder Informationen begründen
Schlussfolgere	auf der Grundlage vorgegebener Informationen zu eigenen Erkenntnissen gelangen
Beurteile	zu einem Text oder Sachverhalt ein selbstständiges und begründetes Urteil fällen
Bewerte	zu einem Text oder Sachverhalt ein selbstständiges und begründetes Urteil mit Bezug zu eigenen Wertmaßstäben fällen
Begründe	eigene Aussagen überzeugend (z. B. mit Belegen oder Beispielen) stützen
Überprüfe/ Prüfe	eine Aussage oder einen Sachverhalt auf Grundlage eigener Kenntnisse untersuchen und zu einem Ergebnis kommen
Gestalte	auf Grundlage einer Vorlage ein eigenes Produkt erarbeiten

TEXTSORTENVERZEICHNIS

Jugendbuchauszüge

Kommentare

Lyrische Texte

Meldungen

Nichtlineare Texte

Protokolle

Reportagen

Social-Media-Beiträge

Werbeanzeigen

STICHWORTVERZEICHNIS

Lernboxen

Sprache

Texte

Kommunikation

Medien

Methoden

Checklisten

TEXT- UND BILDQUELLENVERZEICHNIS

Textquellen

15 Unbekannter Verfasser (dpa): „Das Kabinett des Zauberers“ – Die Drei ??? ermitteln. Aus: Süddeutsche Zeitung, München, 19.03.2024: https://www.sueddeutsche.de/kultur/altonaer-theater-das-kabinett-des-zauberers-drei-ermitteln-dpa.urn-newsml-dpa-com-20090101-240309-99-281348 [Zugriff: 29.08.2024]. © dpa

15 Unbekannter Verfasser (dpa): Verbraucher geben mehr für Computerspiele aus. Aus: Die Welt, Berlin, 09.04.2024: https://www.welt.de/regionales/nrw/article250937742/Verbraucher-geben-mehr-fuer-Computerspiele-aus.html [Zugriff: 29.08.2024]

15 Unbekannter Verfasser: Kinderspiel für Schimpansen: Auch Affen können „Schnick-Schnack-Schnuck“. Aus: BILD, Berlin, 13.08.2017: https://m.bild.de/ratgeber/wissenschaft/beruehmte-deutsche-forscher/affen-schnick-schnack-schnuck-52847420.bildMobile.html?t_ref=https%3A%2F%2Fwww.bild.de%2Fratgeber%2Fwissenschaft%2Fberuehmte-deutsche-forscher%2Faffen-schnick-schnack-schnuck-52847420.bild.html [Zugriff: 29.08.2024]

15 Tina Brambrink: Wolfgang Borchert – Schüler lassen Luftballons steigen. Aus: Recklinghäuser Zeitung, Recklinghausen, 20.05.2021: https://www.recklinghaeuser-zeitung.de/recklinghausen/schueler-lassen-friedensballons-steigen-w1635546-6000006962/ [Zugriff: 29.08.2024] (verändert)

15 Julia Rupprich: Jugendliche werben für die EU und fürs Wählen ab 16. Aus: Bayerischer Rundfunk, München, 20.04.2024: https://www.br.de/nachrichten/deutschland-welt/jugendliche-werben-fuer-die-eu-und-fuers-waehlen-ab-16,UATCiSJ [Zugriff: 29.08.2024]

15 Daniel Theweleit: Der ewige Zweite wird zum Giganten. Aus: Frankfurter Allgemeine Zeitung, faz.net, 14.04.2024. © Frankfurter Allgemeine Zeitung GmbH, Frankfurt. Alle Rechte vorbehalten. Zur Verfügung gestellt vom Frankfurter Allgemeine Archiv.

16 Andreas Poulakos: Schule testet späteren Unterrichtsbeginn. Köln: Westdeutscher Rundfunk, 08.04.2024: https://www1.wdr.de/nachrichten/gleitzeit-schule-ausschlafen-jugendliche-100.html [Zugriff: 29.08.2024] (verändert)

18 Laura Vorberg: Gleitzeitmodell – Eine ausgeschlafene Idee. Aus: Rheinische Post, Düsseldorf, 11.04.2024: https://rp-online.de/politik/analyse-und-meinung/gleitzeit-an-schulen-welche-vorteile-das-modell-hat-und-warum-es-trotzdem-unrealistisch-ist_aid-110320871 [Zugriff: 29.08.2024]

93 Unbekannter Verfasser: Was ist Social-Media-Werbung eigentlich? Köln: Bundeszentrale für gesundheitliche Aufklärung (BZgA), o.J.: https://www.ins-netz-gehen.de/social-media/influencer-werbung-wie-kann-ich-sie-durchschauen/ [Zugriff: 12.08.2024] (verändert)

94 Nina Probst: Für Influencer und Unternehmen: Werbung auf Instagram kennzeichnen. Kissing: sma Socialmediaakedemie, WEKA Medie GmbH & Co.KG, o.J.: https://www.socialmediaakademie.de/blog/werbung-auf-instagram-kennzeichnen/ [Zugriff: 03.09.2024]

95 Unbekannter Verfasser: Cookies kontrollieren und verwalten: So geht‘s! Düsseldorf: Verbraucherzentrale, o.J.: https://www.verbraucherzentrale.de/wissen/digitale-welt/datenschutz/cookies-kontrollieren-und-verwalten-so-gehts-11996 [Zugriff: 02.09.2024] (verändert)

121 Matthias Kaufmann: Sprechen Sie werbisch? Aus: Spiegel Online, Hamburg, 11.05.2011: https://www.spiegel.de/karriere/berufsleben/fachjargon-quiz-sprechen-sie-werbisch-a-762085.html [Zugriff: 17.05.2024]

123 Arno Holz: Mählich durchbrechende Sonne (1898). In: Clara Paul (Hrsg.): In den Himmel schauen. Gedichte zum Träumen. Berlin: Insel Verlag 2023, S. 14–15. ISBN 978-3-458-68266-0.

124 Henning May: 3 Tage am Meer (2023). Rechte beim Urheber.

127 Otto Reinhards (1983): Welle. c/o Thomas Schefter, Aphorismen.de, o.J.: https://www.aphorismen.de/gedicht/68075 [Zugriff: 09.08.2024]

127 Frank Volkmar (1998): Abends am Meer. c/o Thomas Schefter, Aphorismen.de, o.J.: https://www.aphorismen.de/gedicht/232395 [Zugriff: 09.08.2024]

128 Johann Wolfgang von Goethe (1810): Sommer. In: Ders.: Die Romantische Poesie. STanzen zu ERklärung eines Maskenzugs aufgeführt den 30. Januar 1810. Stanze V. In: Goethe- und Schiller-Archiv, Weimar, o.J. : https://archive.thulb.uni-jena.de/gsa/receive/gsa_cbu_00005435 [Zugegriffen am 05.02.2025]

131 Reinhard Mey (1974): Über den Wolken. Aus: zebis – Portal für Lehrpersonen, Luzern: https://www.zebis.ch/sites/default/files/teaching_material/reinhard_mey_-_ueber_den_wolken.pdf [Zugriff: 09.08.2024]

133 Joseph von Eichendorff (1815): Frische Fahrt. In: Ahnung und Gegenwart. Ein Roman. Mit einem Vorwort von de la Motte Fouqué. In: Wolfgang Frühwald, Brigitte Schillbach (Hrsg.): Joseph von Eichendorff. Ahnung und Gegenwart. Erzählungen I (= Joseph von Eichendorff. Werke in fünf Bänden. Band 2). Frankfurt: Deutscher Klassiker Verlag 1985, ISBN 3-618-60120-4, S. 185.

139 Mascha Kaléko (1933): Sehnsucht nach der kleinen Stadt. In: Gisela Zoch-Westphal (Hrsg.), Mascha Kaleko: Die paar leuchtenden Jahre. Dtv 2003, München, S. 29–30. © dtv Verlagsgesellschaft, München

205 Tania Witte: Einfach nur Paul. Würzburg: Arena Verlag GmbH 2022. Seite 8–9, 17, 20.

207 Tania Witte: Einfach nur Paul. Würzburg: Arena Verlag GmbH 2022. Seite 50, Seite 27.

209 Tania Witte: Einfach nur Paul. Würzburg: Arena Verlag GmbH 2022. Seite 32–41.

213 Tania Witte: Einfach nur Paul. Würzburg: Arena Verlag GmbH 2022. Seite 119–125.

217 Tania Witte: Einfach nur Paul. Würzburg: Arena Verlag GmbH 2022. Seite 120–127.

219 Tania Witte: Einfach nur Paul. Würzburg: Arena Verlag GmbH 2022. Seite 203–206.

224 Tania Witte: Einfach nur Paul. Würzburg: Arena Verlag GmbH 2022. Seite 233–238.

230 Tania Witte: Einfach nur Paul. Würzburg: Arena Verlag GmbH 2022. Seite 262–264.

236 Unbekannter Verfasser: Inhalt. In: Sieger sein. Filmheft mit Materialien für die schulische und außerschulische Bildung, Heft 38. Berlin: Vision Kino gGmbH 2024, S. 4: https://www.visionkino.de/fileadmin/user_upload/Unterrichtsmaterial/filmhefte/Viki-Filmheft-Nr38-Sieger_sein.pdf [Zugriff: 06.12.2024] (verändert)

237 Soleen Yusef: Drehbuchauszug „Sieger sein“. DCM Pictures, Westdeutscher Rundfunk Köln, Südwestrundfunkt, Boje Buck Produktion GmbH, 2024.

239 Soleen Yusef: Interview mit Soleen Yusef. In: Presseheft „Sieger sein“. Berlin: DCM FILM DISTRIBUTION GMBH 2024, S. 8–11.

241 Soleen Yusef: Drehbuchauszug „Sieger sein“. DCM Pictures, Westdeutscher Rundfunk Köln, Südwestrundfunkt, Boje Buck Produktion GmbH, 2024.

248 Soleen Yusef: Drehbuchauszug „Sieger sein“. DCM Pictures, Westdeutscher Rundfunk Köln, Südwestrundfunkt, Boje Buck Produktion GmbH, 2024.

252 Soleen Yusef: Drehbuchauszug „Sieger sein“. DCM Pictures, Westdeutscher Rundfunk Köln, Südwestrundfunkt, Boje Buck Produktion GmbH, 2024.

263 Daniel Schieferdecker: Von Mumienfüßen und Keuschheitsgürteln. Diese 7 skurrilen Zeitungsmeldungen hat es tatsächlich gegeben. In: Esquire.de c/o Burda Hearst Publishing GmbH, München & New York, 16.10.2022: https://www.esquire.de/entertainment/skurrile-zeitungsmeldungen [Zugriff: 27.01.2025] (verändert)

264 Unbekannter Verfasser (wit/dpa): Nach 23 Jahren: Portemonnaie zwischen Kinosesseln gefunden. Hamburg: Spiegel Online, 09.05.2023. (verändert) wgr/© dpa.

273 Am Steuer eingeschlafen – Lkw-Fahrer verliert 18 Tonnen Hühnerfedern. Aus: t-online.de c/o Ströer Content Group, Köln, 24.05.2018: https://www.t-online.de/nachrichten/panorama/id_83822658/usa-lkw-fahrer-verliert-18-tonnen-huehnerfedern.html [Zugriff: 28.01.2025] (verändert)

274 Yuriko Wahl-Immel: Höchstbegabtes Kind – Mit einem Jahr sprach er ganze Sätze: Ruben ist zwölf, hat Abi und will jetzt studieren. Aus Stern.de c/o G+J Medien GmbH, Hamburg, 05.08.2022: https://www.stern.de/familie/kinder/ruben-charara-ist-zwoelf--hat-abitur-und-will-jetzt-studieren-32604292.html [Zugriff: 28.01.2025] (verändert)

279 Jochen Leffers: Denglisch in der Werbung. Komm rein und finde wieder raus. Aus: Spiegel Online, Hamburg, 28.07.2004: https://www.spiegel.de/lebenundlernen/uni/denglisch-in-der-werbung-komm-rein-und-finde-wieder-raus-a-310548.html [Zugriff: 29.01.2025]

Bildquellen

|Abfallwirtschaftsbetriebe der Stadt Münster, Münster: 114.1. |akg-images GmbH, Berlin: Hopper, Edward: Cape Cod Morning, 1950 © Heirs of Josephine N. Hopper/VAGA at ARS, NY/VG Bild-Kunst, Bonn 2025 56.1. |Alamy Stock Photo, Abingdon/Oxfordshire: Artepics/Hopper, Edward: Apartment Houses, 1923 © Heirs of Josephine N. Hopper/VAGA at ARS, NY / VG Bild-Kunst, Bonn 2025 38.1, 40.1, 61.2; Graham Prentice 177.3; Hudson Fleece 123.6; Wavebreak Media ltd 165.1; YAY Media AS / Alamy Stock Vector 284.3. |Alamy Stock Photo (RMB), Abingdon/Oxfordshire: AndreyPopov 87.2; Baran Mawa 244.1; Westend61 GmbH/Mareen Fischinger 191.3. |Arena Verlag GmbH, Würzburg: Tania Witte: Einfach nur Paul 204.2. |Asaro, Cesare, Wien: 20.1, 20.2. |Berghahn, Matthias, Bielefeld: 2.2, 4.3, 7.1, 34.1, 36.1, 39.1, 41.1, 43.1, 43.2, 44.1, 55.5, 59.1, 124.1, 147.1, 178.1, 183.2, 187.2, 187.3, 187.4, 187.5, 187.6, 187.7, 187.8, 187.9, 192.2, 192.4, 195.3, 195.4, 195.5, 195.6, 195.7, 195.8, 198.2, 198.3, 198.4, 198.5, 201.1, 201.2, 201.3, 201.4, 265.1, 265.2, 265.3, 265.4, 265.5, 265.6, 265.7, 265.8, 265.9, 271.1, 280.1, 280.2, 280.3, 281.2, 281.3, 289.1, 289.2, 291.1. |Bridgeman Images, Berlin: Hopper, Edward: Room in New York, 1932 © Heirs of Josephine N. Hopper/VAGA at ARS, NY / VG Bild-Kunst, Bonn 2025 52.3; Hopper, Edward: Sea Watchers, 1952, Lefevre Fine Art Ltd., London/© Heirs of Josephine N. Hopper/VAGA at ARS, NY / VG Bild-Kunst, Bonn 2025 44.2, 46.1; Hopper, Edward: Summertime, 1943 © Heirs of Josephine N. Hopper/VAGA at ARS, NY / VG Bild-Kunst, Bonn 2024 52.1. |Bundesagentur für Arbeit, Nürnberg: 180.1, 183.1, 186.1, 186.6, 187.1, 192.1, 195.1, 198.1; 2025: www.arbeitsagentur.de/jobsuche 180.2. |Bundesinstitut für Öffentliche Gesundheit, Köln: Der Druck der Abbildung erfolgt mit freundlicher Genehmigung durch das Bundesinstitut für Öffentliche Gesundheit im Rahmen der „Ins Netz gehen“-Kampagne. 111.1. |Bundeszentrale für gesundheitliche Aufklärung (BZgA), Referat T4, Köln: Suchtprävention 120.1. |Colourbox.com, Odense: 3.1, 89.3. |DCM Film Distribution GmbH, Berlin: 236.2, 237.1, 237.2, 237.3, 239.2, 243.1, 243.2, 243.3, 246.1, 246.2, 246.3, 246.4, 246.5, 246.6, 246.7, 251.1, 256.1, 256.2, 256.3, 256.4, 256.5, 256.6, 257.1, 257.2. |Domke, Franz-Josef, Wunstorf: 235.1. |Dr. August Oetker KG, Bielefeld: 262.1. |dSign Systems GmbH, Schmalkalden: https://taskcards.eu/de 48.1, 48.2, 50.3. |EDEKA-Zentrale, Hamburg: 108.2. |Edward Hopper (1882-1967): Hopper, Edward: Four Lane Road, 1956 © Heirs of Josephine N. Hopper/VAGA at ARS, NY / VG Bild-Kunst, Bonn 2025 58.1. |Ellert, Mario, Bremen: 279.3. |Evelyn Neuss Illustration, Hannover: 4.2, 6.1, 148.1, 149.1, 150.1, 151.1, 153.2, 154.1, 154.2, 155.1, 157.3, 157.4, 158.1, 159.4, 160.1, 161.3, 162.1, 163.1, 164.2, 166.3, 167.2, 169.1, 170.2, 171.1, 173.1, 175.1, 175.2, 175.3, 175.4, 177.2, 236.1, 236.3, 237.4, 237.5, 237.6, 237.7, 237.8, 237.9, 238.1, 238.2, 238.3, 240.1, 240.4, 240.5, 241.2, 242.1, 242.4, 242.5, 243.4, 243.5, 243.7, 245.2, 245.3, 247.2, 247.3, 249.1, 249.2, 249.3, 250.1, 250.2, 250.4, 251.6, 252.1, 253.1, 253.3, 254.1, 255.1, 255.5, 255.6, 255.7, 256.7, 257.3, 258.1, 258.2. |Feldhaus, Hans-Jürgen, Münster: 306.1. |fotolia.com, New York: Chabraszewski, Jacek 203.1; contrastwerkstatt 122.9; digitalstock 273.1; I. Bartussek 191.10; JiSIGN 61.3; Johanna Mühlbauer 88.3; Picture-Factory 105.1; Tanja 121.1. |Fotostudio Henke, Paderborn: 307.2. |Fries, Claudia, Laubach: 147.5. |Getty Images, München: Edward Hopper: Nighthawks (1942)/Art Institute of Chicago 260.1; Hopper, Edward: Summer Evening, 1947 © Heirs of Josephine N. Hopper/VAGA at ARS, NY / VG Bild-Kunst, Bonn 2025 52.2. |Getty Images (RF), München: Merdan, Jasmin 21.3. |Heimrich, Heike, Berlin: 209.4, 219.2, 219.3, 219.4, 219.5, 219.6, 219.7, 219.8, 220.1, 220.2, 220.3, 220.4, 220.6, 220.7, 220.11, 222.5, 224.2, 224.3, 234.1. |Hochmann, Carmen, Gütersloh: 147.3. |HORNBACH Baumarkt AG, Bornheim bei Landau/Pfalz: Kampagne „Entfesselt.“ der HORNBACH Baumarkt AG aus dem Jahr 2022, Kreativagentur: HeimatT-BWA\, Produktion: Stink Films 99.1, 100.1. |Hoth, Katharina, Erfurt: 62.2, 63.1, 63.2, 63.3, 68.1, 74.1, 79.2, 83.1, 84.1. |Imago, Berlin: penofoto/Nowack, Guenter 282.1; penofoto/P.Nowack 303.1. |Imago Creative, Berlin: Depositphotos 268.1; Zoonar.com/Stephan SÜhling 165.2. |Imago Editorial, Berlin: ANP/Marcel Krijgsman 270.1; Depositphotos 269.1; Funke Foto Services 274.1, 276.1; imageBROKER/Martin Siepmann via 123.9; Marc Schüler 165.3; Michael Gstettenbauer 261.1; Müller-Stauffenberg 279.2; Pius Koller 279.1; Poss, Rolf 275.1; RalfxRottmann / Funke Foto Services 12.2, 13.1; Rochau, Alexander 302.1. |Intermate Media GmbH, Berlin: Influencerin Chrissi / Beiersdorff 91.2. |iStockphoto.com, Calgary: Bryson, Jani 92.9; DarthArt 89.5; Debenport, Steve 312.1; fermate Titel; golero 26.4; gorodenkoff 105.2; grinvalds 89.6; hatman12 203.3; Heather Shimmin 61.1; HRAUN Titel; Iona Studio 282.2; iunderhill 123.5; Kamyshanskii, Maksim 92.1; Lightcome 37.4; Liudmila Chernetska 97.6; m-imagephotography 297.1; MaksimYremenko 18.1; milindri 88.4; monkeybusinessimages 282.4; natashapetrova 122.2, 122.4, 122.5, 122.6, 123.2, 123.3, 123.4, 123.8; nd3000 105.3; Obaba 300.4, 300.5, 300.6, 300.7, 300.8; ONYXprj 97.5; SanderStock 282.3; SeventyFour 16.2; spfdigital 88.2. |Kalch, Franziska, Gornau: 206.1. |Kartographie Michael Hermes, Hardegsen Hevensen: 153.4, 157.1, 157.2, 159.3, 161.2, 166.1, 170.1, 171.3, 177.1. |kompetenzz.de, Bielefeld: 106.1. |laif, Köln: Bischof, Franz 191.8. |LIO Design GmbH, Braunschweig: LAYOUTELEMENT 324.4. |Lookphotos, München: Heinz Wohner 270.2. |Lottermoser, Elisabeth, Gütersloh: 147.4. |mauritius images GmbH, Mittenwald: Science Source/Will & Deni McIntyre 33.2. |MESSE ESSEN GmbH, Essen: Anzeigenmotiv der Aus-

stellerkommunikation zum 40. Jubiläum der Weltleitmesse des Gartenbaus - IPM ESSEN 2024 102.1. |Miller, Carla, Dortmund: 250.3. |Minkus Images Fotodesignagentur, Isernhagen: 122.3. |Naumann, Andrea, Aachen: 2.1, 8.1, 9.1, 12.1, 14.1, 16.1, 19.1, 21.1, 24.1, 25.1, 25.2, 147.2, 272.1, 304.1. |OKAPIA KG - Michael Grzimek & Co., Frankfurt/M.: Frischknecht, Patrick 298.1. |Oxford Designers and Illustrators, Oxford: 101.1. |PantherMedia GmbH (panthermedia.net), München: Rinaldi, Giuseppe 267.1. |Picture-Alliance GmbH, Frankfurt a.M.: dpa Themendienst 203.2; dpa/Cineplex Hamm 264.1; dpa/Dittrich, Hauke-Christian 30.1, 30.2; dpa/Murat, Marijan 191.5; Edward Hopper: Cape Cod Evening 1939 © Heirs of Josephine N. Hopper/VAGA at ARS, NY/VG Bild-Kunst, Bonn 2025 47.1, 50.1, 61.4, 291.2; Eventpress Hoensch 33.1; FrankHoemann/SVEN SIMON 122.7; Geisler-Fotopress/Hardt, Christoph 239.1; Pressebildagentur ULMER 89.4; Tack, Jochen 89.2; TANZER Richard 186.3, 186.5; Tim Ireland 89.1; Vennebernd, R. 88.1; Zoonar 92.10. |Regionales Bildungsnetzwerk, Arnsberg: 182.1, 182.2, 182.3. |Reimers, Silke, Mainz: 88.5, 97.1. |Schäfer, Anke, Laubach: 316.1. |Schmidt, Marianne, Teningen: Schmidt, Teningen 120.3. |Schumann, Friederike, Berlin: 33.3, 33.4. |Shutterstock.com, New York: 92.7; 5 second Studio 92.4; Celig 92.5; Olha Solodenko 263.1; pathdoc 283.1; PI 120.2; Rawpixel.com 22.1; Serhii, Hryshchyshen 266.1. |stock.adobe.com, Dublin: alho007 191.6; Berkmann, Daniel 306.5; Cali6ro 285.1; djama 282.5; ehrenberg-bilder 191.2; Ernst, Daniel 92.2; euthymia 97.7; frankaterhardt 122.8; Good Studio 105.4; Hecker, Thomas 122.1, 123.1; ikonoklast_hh 186.2, 186.4, 191.7, 191.11; industrieblick 191.9; Ingo Bartussek 143.1, 143.2, 144.1; Kneschke, Robert 295.1; LIGHTFIELD STUDIOS 92.8; Pfluegl, Franz 123.7; pictworks 277.1; Racle Fotodesign 18.2, 281.1; Schmitt, Henry 121.2; science photo 191.4; Torbz 13.4; unclepodger 121.3; © Galyna Andrushko 127.3. |Thies, Tobias, Hamburg: 62.1, 62.3, 63.4, 63.5, 63.6, 64.1, 66.1, 67.3, 68.2, 70.1, 72.1, 74.2, 76.1, 77.1, 78.1, 79.1, 79.3, 80.4, 82.4, 83.2, 84.2, 87.1, 87.3, 299.1, 301.1. |Tonn, Dieter, Bovenden-Lenglern: 4.1, 5.1, 7.2, 121.4, 128.1, 128.2, 128.3, 131.1, 133.1, 137.1, 137.2, 137.3, 137.4, 137.5, 138.1, 138.2, 138.3, 139.1, 141.2, 191.1, 204.1, 205.1, 205.2, 205.3, 206.6, 206.7, 206.8, 206.9, 206.10, 206.11, 211.1, 212.2, 213.1, 214.1, 215.1, 216.1, 216.2, 217.1, 217.2, 219.1, 220.5, 221.1, 222.4, 223.1, 223.2, 223.3, 223.4, 223.5, 223.6, 223.7, 223.8, 224.1, 225.1, 228.3, 230.1, 278.1, 284.1, 293.1, 323.1. |Viertel, Judith, Geesthacht: 95.1. |Wefringhaus, Klaus, Braunschweig: 311.1. |Wolters-Design, Braunschweig: 19.2.

Druck A[1] / Jahr 2025
Alle Drucke der Serie A sind im Unterricht parallel verwendbar.

Redaktion: Laura Henrici, Niklas Reichel
Umschlaggestaltung: LIO Design GmbH, Braunschweig
Layout: LIO Design GmbH, Braunschweig
Druck und Bindung: Westermann Druck GmbH, Georg-Westermann-Allee 66, 38104 Braunschweig

ISBN 978-3-14-126428-9

Alle Inhaltsfelder sind in jedem Kapitel abgedeckt
Der Aufgabentyp 4a: Eine Gedichtuntersuchung schreiben

Klartext deckt kompetenzorientiert alle Inhaltsfelder des Kernlehrplans ab – in jedem Kapitel. Die erforderlichen Kompetenzen werden an einem konkreten Aufgabentyp erarbeitet. Wer dem Kapitel folgt, baut zunehmend Kompetenzen auf und erarbeitet sich Stück für Stück die Kompetenzerwartungen der jeweiligen Jahrgangsstufen. Integrative Rechtschreib- und Grammatikvermittlung, Leseübungen sowie Methoden und Arbeitstechniken unterstützen den Kompetenzaufbau.

INHALTSFELD KOMMUNIKATION

Jedes Kapitel bietet funktionale und adressatenorientierte Sprechanlässe und trainiert mit vielfältigen Audios das Hörverstehen.

INHALTSFELD MEDIEN

Kompetent und kritisch-reflektiert Medien nutzen: Das gelingt mit Medien-Seiten, die in den thematischen Kontext eingebundenen sind.

INHALTSFELD TEXTE

Der Schreibprozess ist der Kern jedes Kapitels und wird anhand authentischer Schreibanlässe mit Ziel des Aufgabentyps aufbauend erarbeitet. Checklisten vermitteln Sicherheit und ermöglichen direktes Feedback bei der Überarbeitung.

Auszeit | ***Aufgabentyp 4a: Gedichte analysieren***